KB091368

네트워크 분석

A FIRST COURSE IN NETWORK SCIENCE

네트워크 분석

소셜 미디어에서 신경망까지

필립포 멘처·산토 포르투나토·칼리튼 데이비스 지음
손승우·엄영호·이상훈·이은·김희태·이미진 옮김

i!i
에이콘

 에이콘출판의 기틀을 마련하신 故 정완재 선생님 (1935-2004)

콜린, 마시밀리아노, 아이리스, 고마워.

— 필립포 멘처

나의 부모님과 동생에게

— 산토 포르투나토

리즈, 지나, 메리 조, 제이. 당신의 사랑과 지지가 내겐 전부입니다.

— 칼리튼 데이비스

지은이 소개

필립포 멘처^{Fillippo Menczer}

인디애나대학교 블루밍턴의 정보학, 컴퓨팅 교수다. ACM의 저명한 과학자이자 인디애나대학교 네트워크 과학 연구소^{IUNI, Indiana University Network Science Institute}의 이사로 있다. 주요 저널인 「Network Science」, 「EPJ Data Science」, 「PeerJ Computer Science」의 편집자를 맡고 있다. 주요 연구 분야는 네트워크 과학, 전산 사회 과학, 웹 과학이며, 소셜 미디어 조작에 대응하는 데 중점을 두고 있다. 잘못된 정보의 확산 연구에 관한 그의 업적이 전 세계 뉴스에 보도됐다.

산토 포르투나토^{Santo Fortunato}

네트워크 과학 연구소^{IUNI}의 이사이자 인디애나대학교의 정보학 교수다. 최근 네트워크 과학, 특히 네트워크 커뮤니티 발견, 컴퓨터 사회 과학 및 '과학에 관한 과학'^{science of science} 연구에 집중하고 있다. 사회물리학 발전의 중요한 공로로 2011년 독일물리학회의 사회물리학과 경제물리학 분야 젊은 과학자상을 받았으며, IC2S2^{International Conference on Computational Social Science}의 창립 의장이다.

칼리튼 데이비스^{Calyton A. Davis}

인디애나대학교에서 수학 학·석사를 마치고, 정보학 박사 학위를 취득했다. 소셜 미디어 분석을 위한 빅데이터 플랫폼, 온라인 남용 방지를 위한 머신러닝 알고리듬, 클라우드 소싱 플랫폼의 설계 및 사회 운동에서 소셜 미디어의 역할이 그의 연구 분야다. 소셜 봇 탐지에 관한 그의 업적이 전 세계 주요 뉴스 매체에 소개됐다. Botometer, Kinsey Reporter, Observatory on Social Media를 포함한 그의 웹 프로그램들은 매주 사용자 수천 명의 수백만 건의 쿼리에 응답한다. 네트워크 과학 과정을 위한 고급 교육 자료 개발의 공로로 2017년 'Informatics Associate Instructor Award'에서 수상했다.

| 감사의 글 |

이 책의 첫 아이디어는 이전 동료 알렉스 베스피냐니[Alex Vespignani]와의 대화에서 비롯됐다. 수년 동안 동료인 산드로 플라미니[Sandro Flammini], 안용열[Yong-Yeol Ahn], 필리포 라디키[Filippo Radicchi]는 귀한 조언을 해주었다. 여러 학생들이 인디애나대학교의 네트워크 과학 과정을 가르치는 데 도움을 주었다. 그중 이 책의 몇 가지 연습문제를 처음으로 고안한 마이크 코노버[Mike Conover]의 도움에 감사하다. 또한 책의 초안에 피드백을 해준 동료들, 특히 클라우디오 카스텔라노[Claudio Castellano], 차토 카스티요[Chato Castillo]를 비롯한 여러 익명의 리뷰어에게 감사를 전한다.

훌륭한 공동연구자들과 학생, 박사후연구원, 방문연구자에게도 감사를 전한다. 안나 마구이트만[Ana Maguitman], 벤 마르키네스[Ben Markines], 브루노 곤살베스[Bruno Gonçalves], 청청 샤오[Chengcheng Shao], 디엡 티 호앙[Diep Thi Hoang], 디미타르 니콜로프[Dimitar Nikolov], 에밀리오 페라라[Emilio Ferrara], 지오바니 루카 치암파글리아[Giovanni Luca Ciampaglia], 야콥 라키에비치[Jacob Ratkiewicz], 재슬린 카우르[Jasleen Kaur], 호세 라마스코[Jose Ramasco], 카이-청 양[Kai-Cheng Yang], 카리사 맥켈비[Karissa McKelvey], 카즈 사사하라[Kazu Sasahara], 랴오 신 우[Le-Shin Wu], 릴리안 웡[Lilian Weng], 루카 마리아 아이엘로[Luca Maria Alello], 마크 메이스[Mark Meiss], 마커스 야콥슨[Markus Jakobsson], 미하이 아브람[Mihai Avram], 니콜라 페라[Nicola Perra], 오누르 바롤[Onur Varol], 픽-마이 후이[Pik-Mai Hui], 프라샨트 시라르카[Prashant Shiralkar], 프세메크 그라보비치[Przemek Grabowicz], 루즈 아키밧[Ruj Akavipat], 샤오단 루[Xiaodan Lou], 샤오링 순[Xiaoling Sun], 조허 카치왈라[Zoher Kachwala] 및 그 밖에 언급할 분이 너무 많다. 이들은 놀랍도록 밝고 재미있는 사람들로 책의 아이디어, 데이터셋, 일러스트레이션에 다양한 방법으로 기여했다.

복잡계 네트워크 및 시스템 연구 센터, 인디애나대학교의 정보학, 컴퓨팅 및 엔지니어링 학부, 인디애나대학교 네트워크 과학 연구소 전담 직원의 도움 없이는 이 책을 쓰는 것이 불가능했을 것이다. 무엇보다도 타라 홀브룩[Tara Holbrook], 미셸 돔케[Michele Dompke], 롭 헨더슨[Rob Henderson], 데이브 쿨리[Dave Cooley], 패티 마브리[Patty Mabry], 앤 맥크라니[Ann McCranie], 발 펜체바[Val Pentchev], 매튜 허친슨[Matthew Hutchinson], 차투리 페리 칸카나마라지[Chathuri Peli Kankanamalage], 벤 세레트[Ben Serrette]에게 대단히 감사하다. 격려와 피드백을 준 케임브리지대학교 출판부의 닉 기번스[Nick Gibbons]에게도 감사드린다.

NetworkX의 작성자인 아릭 해그버그[Aric Hagberg], 피터 스워트[Pieter Swart], 댄 슐트[Dan Schult]에게 감사하다. 넷로고[NetLogo]를 개발 및 유지 관리하기 위해 노력하는 유리 윌렌스키[Uri Wilenski]와 노스웨스턴대학교의 연결된 학습 및 컴퓨터 기반 모델링 센터[Center for Connected Learning and Computer-Based Modeling]에 감사드린다.

마지막으로, 우리가 해야 할 일보다 더 많은 일을 하는 동안에도 우리를 사랑하고 지원하고 참아준 가족들에게 아주 큰 감사의 빚을 졌다.

손승우(sonswoo@hanyang.ac.kr)

포스텍^{POSTECH} 물리학과를 졸업하고, 카이스트^{KAIST}에서 물리학으로 석·박사 학위를 받았다. 복잡계 네트워크를 포함한 복잡계 연구를 진행 중으로 집단 거동, 동기화 현상에 관심이 많다. 캐나다 캘거리대학교에서 박사후연구원 과정을 마친 후, 한양대학교 ERICA 캠퍼스 응용물리학과 교수로 재직 중이다. 현재 APCTP 과학문화위원, 한국복잡계학회와 한국데이터사이언스학회의 운영이사로 활동하고 있다.

- https://scholar.google.co.kr/citations?user=GUpdvGoAAAAJ

엄영호(yheom@uos.ac.kr)

카이스트^{KAIST} 물리학과에서 학·석·박사 학위를 받았다. 복잡계와 네트워크 과학의 근본 현상을 비롯해 도시 복잡계, 과학에 관한 과학$^{science\ of\ science}$, 소셜 네트워크에 관련된 문제들을 연구하고 있다. 영국 스트라스클라이드대학교 수학 및 통계학과에서 교수로 근무했으며, 현재 서울시립대학교 물리학과에서 교수로 재직 중이다. 한국물리학회와 한국복잡계학회 회원으로 활동하고 있다.

- https://scholar.google.co.kr/citations?user=4nirJyUAAAAJ

이상훈(lshlj82@gnu.ac.kr)

카이스트^{KAIST} 물리학과를 졸업하고, 동 대학에서 통계물리학 관점으로 바라본 네트워크 과학에 대한 연구들로 물리학 박사 학위를 받았다. 학부 연구생 시절부터 자연계와 사회의 상호작용 양상에 대한 네트워크 과학 연구를 해오고 있으며, 특히 최근에는 군집^{community} 구조와 같은 네트워크의 중간 크기 성질과 그것의 기계학습$^{machine\ learning}$에 많이 쓰이는 인공신경망$^{artificial\ neural\ network}$으로의 응용 가능성에 대한 연구를 수행 중이다. 현재 진주에 있는 경상국립대학교 물리학과 교수로 재직 중이다.

- https://scholar.google.co.kr/citations?user=GuruM50AAAAJ

이 은(eunlee@pknu.ac.kr)

이화여자대학교 정보통신학과를 졸업하고, 성균관대학교에서 복잡계 및 네트워크 과학으로 박사 학위를 받았다. 소셜 네트워크와 그로 인한 인지 편향 및 집단적 동역학에 관한 연구를 수행해왔고, 특별히 불균등하게 분포된 자원, 특성, 네트워크의 구조가 사회에 미치는 영향에 큰 관심을 갖고 있다. 현재 국립부경대학교 과학컴퓨팅학과의 교수로 근무하며, 학벌이 학자의 진로 선택에 미치는 영향 및 집단적 동역학을 연구하고 있다.

김희태(hkim@kentech.ac.kr)

고려대학교 생명유전공학부를 졸업하고, 성균관대학교 에너지과학과에서 네트워크 과학으로 박사 학위를 받았다. 전력망을 복잡계 네트워크적인 관점으로 분석하는 연구를 수행해왔으며, 특히 동기화 안정성과 지속 가능성을 중심으로 분석한다. 아시아태평양이론물리센터에서 박사후연구원을 마치고 칠레 Universidad de Talca와 Universidad del Desarrollo를 거쳐 현재 한국에너지공과대학교 에너지공학부 교수로 재직 중이다.
- https://scholar.google.co.kr/citations?user=52OfnhEAAAAJ

이미진(mijinlee@hanyang.ac.kr)

성균관대학교 물리학과에서 물리학으로 학·박사 학위를 받았다. 네트워크 과학과 데이터를 활용해 복잡계를 이해하는 연구에 관심이 많다. 전염병 확산, 시설 배치 등 우리 주변에서 일어나는 현상을 관찰하고 분석하는 것이 주된 관심사다. 인하대학교 박사후연구원을 거쳐 현재 한양대학교 ERICA 캠퍼스 응용물리학과 교수로 재직 중이다.
- https://scholar.google.co.kr/citations?user=YtV_KAgAAAAJ

오늘날 우리의 삶은 다양한 네트워크로 기술됩니다. 교통, 통신, 전기, 가스, 상하수도 등의 사회 인프라는 현대인의 삶을 지탱하는 기본이지요. 우리는 이런 기간망 위에서 다양한 종류의 소셜 네트워크를 이루며 살아갑니다. 가장 기본이 되는 가족이라는 연결에서 시작해 친구, 동문, 직장 동료로 소셜 네트워크는 확대되어 갑니다. 온라인 소셜 네트워크 서비스SNS는 이런 연결을 손쉽게 표현하는 도구입니다. 각기 다른 SNS들이 각기 다른 역할을 하지요. 개인적인 친분 관계의 지인에게 소식을 전하는 용도인 줄 알았던 것이 미디어의 성격을 띠기도 하고 훌륭한 마케팅 도구가 되기도 합니다.

개인의 생활에는 또한 여러 생물학적 과정이 관여하고 있습니다. 생명 유지에는 에너지를 공급하는 음식의 섭취와 소화 그리고 그 뒤의 신진대사 과정이 개입하고 있지요. 이런 신진대사 과정을 연구하는 데도 네트워크 분석을 활용합니다. 유전자들은 단백질을 조립하기 위한 정보를 갖고 있습니다. 단백질은 다시 유전자의 정보를 읽는 데 관여하지요. 이런 과정이 생명 유지와 번식에 함께하고 있습니다. 이 또한 네트워크 분석을 통해 연구하고 있습니다. 인간의 뇌 연결망 연구를 통해 사람의 의식과 의사결정 과정을 연구합니다. 최근에는 인공신경망 모델을 발전시키기 위해 뇌의 기본 단위인 신경세포들로 구성된 여러 부위들 간의 연결을 연구합니다.

이렇게 중요한 네트워크 분석이 생물학, 사회학, 경제학, 문화, 역사, 예술까지 다양한 분야에 쓰이고 있는 반면, 네트워크 분석을 체계적으로 배울 수 있는 기회는 많지 않습니다. 대학의 어떤 학과로 진학해야 하는지 혹은 어떤 과목을 들으면 되는지가 분명하지 않지요. 네트워크 과학이 본격적으로 연구된 지 20년 정도 지난 비교적 젊은 과학이기에 그럴 수 있겠습니다. 다행인 것은 최근에 네트워크 과학을 설명하는 훌륭한 책들이 여럿 출판됐습니다. 그중 지금 여러분께서 집어 든 이 책이 가장 간략하며 실용적이라 확신합니다.

지난해에 한국복잡계학회의 네트워크 연구자들이 모여 복잡계 네트워크 연구 확산을 위해 해외의 좋은 도서를 번역하고 기본서를 집필하자는 데 의견을 모았습니다. 처음으로 번역할 책으로 가장 최근에 출판됐으며 실용적인 프로그램 코드까지 제공하는 책을 선택했습니다. 이 책의 원제인 'A First Course in Network Science'답게 네트워크 분석

의 기본 용어와 네트워크 모델을 간략하면서

워크 용어와 개념을 파이썬 기반의 코드를 이용

있도록 하고 있습니다.

이 책의 대표 저자인 필립포 멘처와 산토 포르투나

가 졸업한 인디애나대학교 블루밍턴의 정보학과 교수로

크 과학 연구소[IUNI]를 설립했고 이사로 활동하고 있습니다. 도

에서 활동하는 네트워크 과학자로서 활발한 연구와 저술 활동

나대학교는 네트워크 과학 분야 최대 학술대회인 NetSci를 주관하

과학의 성지가 되어가고 있습니다. 그들이 공동 저술한 이 책을 한국

네트워크 과학자 여섯 명이 함께 번역했습니다. 이 공동 번역 작업 덕분

내에 빠르게 소개할 수 있었고 네트워크 전문용어도 모두 납득할 만한 표현

는 데 큰 도움이 됐습니다.

이 책을 번역하자는 제안을 처음 해주신 가톨릭대학교 조항현 교수님과 적극적

지와 응원을 해주신 이재우 한국복잡계학회 회장님, 성균관대 김범준 교수님, 카이스

정하웅 교수님께 감사드립니다. 이 책의 저자인 필립포 멘처와 원활한 연락이 닿도록 도

움을 주신 인디애나대학교 안용열 교수님께 감사합니다. 네트워크 과학 분야의 여러 책

들을 번역해 보급하고자 뜻을 세워주신 에이콘출판사 권성준 사장님을 비롯한 편집 팀

여러분에게도 감사드립니다. 이 책이 네트워크 분석을 처음 접하는 독자들께 유용하게

쓰이고 책장에 두고 종종 꺼내보는 좋은 책이 되었으면 합니다.

네트워크는 우리 생활의 모든 상황에 존재한다. 친구, 통신, 컴퓨터, 웹, 교통 네트워크는 우리가 외부에서 경험하는 예이며, 우리의 뇌 세포와 신체 내 단백질은 생존과 지능을 결정하는 네트워크를 형성한다. 사람들이 페이스북이나 트위터를 통해 소통하거나, 아마존에서 물건을 사거나, 구글에서 검색하거나, 가족 방문을 위해 항공권을 구매할 때에 네트워크를 미처 알지 못한 채 사용한다. 오늘날 네트워크 프로세스에 대한 기본적인 이해는 기술에서부터 마케팅, 관리에서 디자인, 생물학에서 예술 및 인문학에 이르는 일자리에 필요하다. 이 책은 네트워크에 대한 연구와 네트워크가 우리 삶의 형태를 만드는 관계의 복잡한 패턴을 이해하는 데 어떻게 도움이 되는지 탐구한다.

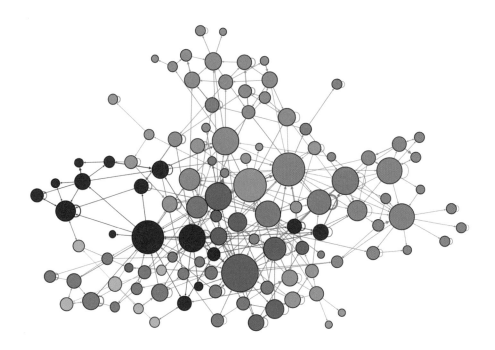

이 책 역시 네트워크로 볼 수 있다. 장, 절, 하위 절 사이의 관계가 위 그림에 나와 있다. 연결선은 (목차에서 볼 수 있는) 책의 계층 구조와 장, 절, 그림, 표, 수식, 글상자 사이의 상호 참조를 나타낸다. 노드 색깔은 장을 나타내며, 노드 크기는 연결선 수에 비례한다.

왜 네트워크 과학의 '첫 코스'인가?

이 책이 네트워크 과학을 다룬 첫 번째 책은 아니다. 사실 몇 권의 훌륭한 책이 있어 1장에서 소개했다. 인디애나대학교에서 수년 동안 정보학, 컴퓨터 과학, 데이터 과학, 비지니스, 자연 과학, 사회 과학의 다양한 분야 학부 학생을 대상으로 이 주제를 가르치고 있다. 이러한 경험을 통해 학생들이 고등학교나 대학 초급 수준을 넘어서는 수학과 컴퓨터 배경지식이 부족하고, 프로그래밍을 배우는 동안에 관심 있는 응용 분야에서 네트워크를 이해하고 사용하기 위해 '손을 더럽히며' 프로그램 코드를 작성하길 바란다는 사실을 알게 됐다. 그래서 이론과 계산 모두에서 폭넓은 튜토리얼과 문제를 개발해 학생들에게 네트워크 과학에 대한 풍부한 실습을 제공했다. 이런 접근 방식으로 이 책은 일부 입문적 프로그래밍 지식과 직접 하며 배우려는 의지 외에는 기술적 선수과목 없이 광범위한 학습자에게 네트워크를 소개한다. 이 책이 네트워크 과학의 '첫 코스'로 적절한 이유다.

개요

여러 분야의 네트워크를 조사해보니 학생들에게 가장 친숙한 소셜 네트워크에 대해 이야기하는 것이 좋다. 이를 통해 '좁은 세상 성질'(짧은 경로)과 뭉침clustering(삼각구조와 이행성transitivity[1]) 같은 개념을 도입할 수 있다. 케빈 베이컨Kevin Bacon 게임[2]과 같은 재미있는 학습 활동을 통해 이런 주제를 설명한다. 그런 다음 친구 관계의 역설Friendship Paradox을 이용해 허브의 역할을 탐구하고 네트워크의 견고성에 대해 논의한다. 다음으로 방향성 네트워크와 가중치 네트워크를 각각 소개한다. 웹, 위키백과, 참고문헌 인용, 트래픽, 트위터를 이용해 방향과 가중치의 역할을 설명한다. 마지막 세 장에서는 네트워크 생성 모델, 커뮤니티 찾기 방법, 네트워크 위에서 발생하는 동역학적 프로세스와 같은 고급 주제를 다룬다.

각 장에서 어려운 주제와 수학적 표현은 피하고 네트워크의 핵심적인 점을 이해하는 데 필요한 기본 개념에 초점을 맞춘다. 약간의 수학이 도움이 될 때는 글상자로 추가한다. 이러한 다소 기술적인 내용은 건너뛰더라도 기본적으로 주제를 이해하는 데는 문제가 없다. 하지만 이 추가 내용을 따라올 수 있는 학생들은 자료를 더 깊이 이해할 수 있을 것이다. 각 장에는 프로그래밍 튜토리얼과 연습문제가 포함되어 있어 독자가 네트워크

---

1   네트워크에서 A가 B, C와 연결됐을 때, B와 C도 연결되려는 경향을 측정하는 데 쓰인다. - 옮긴이

2   어떤 영화배우에서 출발하여 같은 영화에 출연한 배우들의 연결로 여섯 단계 안에 케빈 베이컨에 도달하는 게임으로, 인터넷에 '오라클 오브 베이컨(The Oracle of Bacon)'이라는 사이트(https://oracleofbacon.org/)가 있다. - 옮긴이

생성과 분석을 위한 실습 활동을 통해 지식을 적용하고 테스트할 수 있다. 이 튜토리얼은 책 전체에 걸쳐 개념을 설명하는 데 사용되는 실제 네트워크의 예에서 이뤄진다. 튜토리얼 코드와 네트워크 데이터는 책의 깃허브 저장소[3]에서 사용할 수 있다. 또한 에이콘출판사 깃허브 저장소 https://github.com/AcornPublishing/first-network-science에서도 동일한 파일을 다운로드할 수 있다.

대상 독자

온라인 소셜 미디어 인기의 폭발적 증가와 상업적 성공에 따라 많은 학생이 네트워크의 '내부'에 대해 배우는 데 관심을 보이고 있다. 이 책은 기술 분야가 아닌 대학원 입문 과정에도 유용할 수 있지만 주로 학부 수준의 모든 학생을 대상으로 한다. 데이터 과학, 정보학, 비지니스, 컴퓨터 과학, 공학, 정보 과학, 생물학, 물리학, 통계, 사회 과학 프로그램의 학생들은 이 책을 바탕으로 한 과정이 도움이 될 것이다. 학생들의 관심은 네트워크 과학을 더 깊이 연구할 만큼 충분히 자극될 것이며, 학생들은 아마도 구글, 페이스북, 트위터, 혹은 그들 자신의 네트워크 스타트업에서 일할 수 있는 직업을 선택할 것이다.

교수법

기술적인 수학 또는 프로그래밍 배경지식은 필요하지 않으므로 이 책은 네트워크 활용 능력과 프로그래밍 활용 능력을 포함한 모든 수준의 입문 과정에 적합하다. 이런 과정에서는 수학 글상자는 건너뛸 수 있다. 협업 컴퓨팅 실습에서 프로그래밍 튜토리얼을 통해 공부하고 코딩 연습문제를 주어 학생들이 네트워크와 관련된 데이터 분석 작업을 수행할 수 있을 만큼 충분한 기술을 습득할 수 있다. 이것이 인디애나대학교의 접근 방식으로, 두 코스에 걸쳐 책을 가르친다. 첫 번째 입문 수업은 파이썬으로 '동시 수행 프로그래밍concurrent programming' 과정을 수강했거나 수강 중인 2, 3학년 학생을 대상으로 한다. 두 번째 수업은 3, 4학년을 대상으로 한다. 첫 번째 코스는 0~4장의 내용을 대략적으로 다룬다. 두 번째 코스는 폭넓은 리뷰를 거친 후 5~7장에 초점을 맞추고 이전 자료에 대한 몇 가지 고급 튜토리얼을 더한다.

---

3 github.com/CambridgeUniversityPress/FirstCourseNetworkScience

폭넓은 프로그래밍 튜토리얼과 연습을 통해 교수자는 실습 활동을 쉽게 이끌 수 있으며, 학생들은 네트워크 개념에 대한 이해를 강화하고 테스트할 수 있다. 활동에는 네트워크 분석에 널리 사용되는 라이브러리인 NetworkX에 대한 튜토리얼과 이 책에서 다루는 모든 주제, 기초 연습부터 고급 기술까지 포함된다. 예를 들어, 한 튜토리얼에서는 웹에서 소셜 네트워크 데이터를 추출하는 단계로 학생들을 안내한다. 트위터 API^{Application Programming Interface}를 이용해 학생들은 인기 주제를 분석하고, 영향력 있는 사용자를 찾아내고, 해시태그가 온라인으로 어떻게 확산되는지 보여주는 정보 확산 네트워크를 재구성할 수 있다. 프로그래밍 튜토리얼과 연습문제를 수행하는 학생들은 모든 유형의 네트워크를 만들고, 가져오고, 내보내고, 분석하고, 조작하고, 시각화하는 데 능숙해질 것이다.

튜토리얼은 가장 대중적인 스크립트 프로그래밍 언어인 파이썬으로 되어 있다. 파이썬 프로그래밍의 기본 개념을 리뷰하는 내용은 부록 A에 포함되어 있다. 모든 튜토리얼은 온라인에서 Ipython 노트북으로 사용 가능하다. 시간이 지남에 따라 NetworkX와 파이썬이 발전하고 책의 일부 코드를 업데이트해야 할 수도 있다. 이런 업데이트는 책의 깃허브 저장소에 기록을 남겨둔다.

물론 네트워크 프로그래밍을 위한 igraph, SNAP, graph-tool과 같은 라이브러리도 있다. 이 책에서 선택한 NetworkX는 순수하게 파이썬으로 작성되어 파이썬에 익숙한 학생이 쉽게 디버깅을 할 수 있다. C 언어로 작성됐지만 파이썬 인터페이스로 되어 있는 많은 대안도 있다. 이는 더 효율적이긴 하나 디버깅이 더 어렵다.

마지막으로, 일부 장에서는 대화형 모델을 활용해 거대 덩어리, 좁은 세상 현상, 페이지랭크, 선호적 연결, 전염병 확산과 같은 네트워크 현상을 보여준다. 이러한 모델은 인기 있는 시뮬레이션 플랫폼인 넷로고로 실행된다. 넷로고 튜토리얼과 몇몇 중요한 모델이 부록 B에 실려 있다.

표지에 대해

오누르 바롤^{Onur Varol}이 논문(Ferrara et al., 2016)에서 생성한 표지의 네트워크는 트위터에서 #SB277 해시태그의 확산을 보여준다. 이 해시태그는 예방접종 요건 및 면제에 관한 2015년 캘리포니아 법률을 의미하며, 네트워크는 법안 지지자와 반대자들 사이에서 온라인으로 진행된 토론을 나타낸다. 노드는 트위터 사용자를 나타내며, 링크는 리트윗을 통해 사용자 사이에 확산되는 정보를 보여준다. 노드 크기는 계정의 영향력(사용자가 리트윗된 횟수)을 나타내고, 노드 색상은 봇점수^{bot score}(빨간색 노드는 봇 계정일 가능성이 높고, 파란색 노드는 사람일 가능성이 높다)를 나타낸다.

Cover Image: Onur Varol, CC BY-ND(https://creativecommons.org/licenses/by-nd/4.0/)

https://cacm.acm.org/magazines/2016/7/204021-the-rise-of-social-bots

오탈자

한국어판의 정오표는 에이콘출판사의 도서정보 페이지 http://www.acornpub.co.kr/book/first-network-science에서 볼 수 있다.

문의사항

한국어판에 관한 질문은 에이콘출판사 편집 팀(editor@acornpub.co.kr)이나 옮긴이의 이메일로 문의하길 바란다.

서론

네트워크^{network}: (명사) 상호 연결되거나 상호 관련된 체인, 그룹, 또는 시스템

친구가 없는 세상을 상상해보라. 교차로가 없는 도로. 서로 연결되지 않은 컴퓨터. 네트워크가 없는 이런 세상은 아무 일도 일어나지 않는 매우 슬프고 지루한 곳이 될 것이다. 설사 무슨 일이 발생하더라도 아무도 모를 것이다. 그런 세상은 상상할 수 없다. 우리의 삶은 관계, 상호작용, 커뮤니케이션, 웹과 같은 네트워크에 의해 완전히 정의되기 때문이다. 세포 유전자 사이의 상호작용을 관장하는 생물학적 네트워크는 우리의 발달을 결정하고, 뇌 신경망은 생각을 하게 하고, 정보 네트워크는 우리의 지식과 문화를 인도하고, 교통 네트워크는 우리가 움직일 수 있게 하고, 소셜 네트워크는 우리의 삶을 유지시킨다.

네트워크는 간단하고 복잡한 상호작용을 표현하고 연구하는 일반적이지만 강력한 방법이다. 이 책은 네트워크에 대한 연구와 네트워크가 우리의 삶을 형성하는 연결과 관계의 패턴을 이해하는 데 도움이 되는지 알아본다. 본질적으로 네트워크는 우리가 노드^{node}라고 부르는 상호 연결된 개체의 집합과 링크^{link}라고 부르는 연결에 대한 가장 간단한 설명이다. 네트워크 표현은 특정 시스템의 많은 세부 사항을 드러내고 구성요소 사이의 상호작용에 초점을 맞추기 때문에 매우 일반적이고 강력하다. 따라서 네트워크는 광범위

하게 다양한 시스템을 연구하는 데 사용된다. 노드는 사람, 도시, 컴퓨터, 웹사이트, 개념, 세포, 유전자, 종^{species} 등 모든 종류의 개체를 나타낼 수 있다. 링크는 사람들 사이의 우정, 공항 사이의 운항, 인터넷에서 컴퓨터 사이에 오간 패킷, 웹 페이지 사이의 링크, 뉴런 사이의 시냅스 등과 같이 개체들 사이의 관계 또는 상호작용을 나타낸다.

네트워크에 대한 기본 개념, 정의 및 명명법을 소개하기 전에 사회, 인프라, 정보, 생물학적 네트워크의 몇 가지 예를 살펴보자. 여기서 보여주는 모든 예의 데이터는 책의 깃허브 저장소에서 사용할 수 있다.[1] 이 책에서 집중하는 네트워크는 규모가 큰 경향이 있다. 물론 설문조사나 인터뷰로 구성한 소셜 네트워크와 같은 소규모 시스템을 연구하여 많은 것을 배울 수 있다. 이러한 경우 개별 노드와 연결을 아주 자세히 조사하는 것이 의미가 있는 반면, 대규모 네트워크 분석은 거시적 속성, 노드와 링크의 종류, 일반적인 거동 및 이상 현상에 초점을 맞추는 경향이 있다.

0.1 소셜 네트워크

소셜 네트워크$^{social\ network}$(사회연결망)는 어떤 종류의 관계로 연결된 사람들의 그룹이다. 친구 관계, 협업, 로맨스, 또는 단순한 아는 관계는 모두 한 쌍의 사람들을 연결하는 사회적 관계의 예다. 소셜 네트워크에 대해 이야기할 때는 보통 특정 유형의 관계를 생각한다. 사람은 소셜 네트워크의 노드로 표시하고, 관계는 두 사람 사이의 링크로 표시한다. 따라서 네트워크는 관계의 표현이다. 네트워크는 한 쌍의 사람들을 넘어서는 수준에서 관계에 대해 이야기하고, 설명하고, 분석할 수 있게 한다.

다양한 유형의 소셜 네트워크가 있고 중요하게 연구할 만하다. 의료진은 성관계 네트워크를 분석해 성병의 확산을 막는 방법을 찾는다. 경제학자들은 취업 추천 네트워크를 연구해 노동 시장의 불평등과 차별을 고심한다. 그리고 과학자들은 학술 출판물의 공동 저자 네트워크를 조사해 영향력 있는 사상가와 아이디어를 찾아낸다.

요즘은 온라인 소셜 네트워킹 사이트를 사용해 우리의 사회적 유대를 추적한다. 페이스북과 트위터 같은 플랫폼은 파트너, 친구, 동료, 지인, 때로는 수백 명과 같이 많은 사람과 계속 연락하고, 거리에 관계없이 편리하게 소통할 수 있게 한다. 그림 0.1은 페이스북 소셜 그래프의 일부로 친숙한 네트워크를 보여준다. 이 네트워크에서 노드는 미국 대학의 페이스북 계정을 가진 사람들이고 연결은 실제 우정에서 단순히 아는 사람에 이르

---

1   https://github.com/CambridgeUniversityPress/FirstCourseNetworkScience

그림 0.1 노스웨스턴대학교의 페이스북 사용자 네트워크 시각화. 노드는 사람을 나타내고, 링크는 페이스북 친구 연결을 나타낸다.

기까지 다양한 유형의 관계를 나타낼 것이다. 네트워크 시각화를 보는 것만으로도 사회 구조에 대해 알 수 있다. 어떤 사람들은 더 많은 인맥을 갖고 있다. 여기서는 해당 노드들을 더 크고 어둡게 표시했다. 이들은 인기 있는 학생, 교사, 또는 관리자일 수 있다. 또한 네트워크가 크게 두 부분으로 나뉘어 있음을 알 수 있다. 데이터가 익명 처리되어 있어 확실히 알 수 없지만, 큰 서브네트워크는 대부분 학부 학생으로 구성되고 작은 서브네트워크에는 대학원생이 포함된다고 해석할 수 있다. 두 그룹 안의 노드 사이에는 연결이 있지만, 각 그룹의 노드 사이에는 연결이 많지 않다. 즉, 학부생은 대학원생보다 다른 학부생들과 친구가 될 가능성이 더 높다. 대부분의 소셜 네트워크에서 보이는 전형적인 이러한 현상에 대한 공식적인 이름은 나중에 소개하겠다.

온라인 소셜 네트워크의 데이터를 사용할 수 있는 것은 과학자들에게 매우 신나는 일이다. 과거에는 불가능했던 규모와 해상도로 인간 상호작용을 연구할 수 있다. 누가 누구와 친구가 되고, 누가 무엇에 관심을 갖고, 누가 무엇을 좋아하고, 무엇을 추천하고, 네트워크를 통해 정보가 어떻게 전파되는지를 알 수 있다. 이 데이터는 사람들이 일을 발견, 추적, 조사, 모델링할 수 있는 전례 없는 기회를 준다. 망원경이 우리에게 먼 행성과 별을 처음으로 볼 수 있게 해줬고, 현미경을 통해서 살아 있는 조직과 미생물을 들여다볼 수 있었던 것처럼, 소셜 미디어는 사회 시스템과 인간 활동에 대한 연구를 가능하게 한다. 이런 기회가 연구자에게 흥미진진하지만 남용의 위험이 없는 것은 아니다. 온라인의 상호작용은 우리의 개인 정보를 노출한다. 우리는 고용주가 예비 직원의 당황스러운 사진을 찾아보거나 수백만 사용자의 데이터를 수집하는 해커나 정치 조직과 관련된 스캔들에 대한 이야기를 듣는다. 위험성은 미묘할 수 있다. 많은 사람에 대한 약간의 정보를 아는 것이 의도한 것보다 훨씬 많은 것을 드러낸다. 두 명의 MIT 학생이 페이스북의 데이터를 사용해 어떤 사람의 온라인 친구들의 성별과 성적 취향을 확인하는 것만으로 그 사람이 동성애자인지 예측할 수 있음을 발견했다. 또한 온라인 소셜 네트워크에서는 남을 속이려 다른 사람인 척하기 쉽고 이를 알아차리기도 어렵다. 소셜 피싱^{social phishing}은 온라인 소셜 네트워크에서 알아낸 피해자의 친구를 사칭해 피해자가 민감한 정보를 공개하도록 유도하는 기술이다. 두 명의 인디애나대학교 학생이 이러한 방식으로 피해자 72%의 비밀번호를 얻을 수 있음을 보였다.

소셜 네트워크에 대한 데이터는 여러 소스로부터 뽑아낼 수 있다. 사람들의 이동성 패턴을 적용해 도시 교통망을 개선하려 휴대폰에서 통화 데이터를 수집할 수 있다. 과학자들 사이의 공동 저자를 파악하기 위해 과학 출판물 데이터베이스에서 이름을 뽑아낼 수 있다. 같은 논문의 공동 저자 2명이 서로 연결될 것이다(몇몇 과학자들은 이름이 같을 수 있기 때문에 이것이 간단하지는 않다). 만약 영화 배우 사이의 협업을 알고 싶으면, 인터넷 영화 데이터베이스(IMDB.com)에서 영화 크레딧 데이터를 추출할 수 있다. 그림 0.2는 이러한 두 가지 네트워크를 보여준다. 하나는 영화와 배우 두 종류의 노드가 있다. 영화와 주연 배우를 연결했다. 다른 네트워크에서는 영화에 공동 출연한 배우 사이를 연결했다. 묘사된 네트워크는 영화 데이터베이스의 아주 작은 부분만을 반영했지만, 몇 가지 명확한 패턴을 알 수 있다. 노드가 클수록 많은 영화에서 활동한 스타임을 나타내며 더 많은 연결을 갖고 있다. 또한 네트워크가 시대, 언어, 또는 영화 장르와 연관된 몇 개의 밀집된 그룹으로 구성되어 있음을 알 수 있다. 그림 0.2(b)에는 할리우드(파란색), 웨스턴(청록색), 멕시코

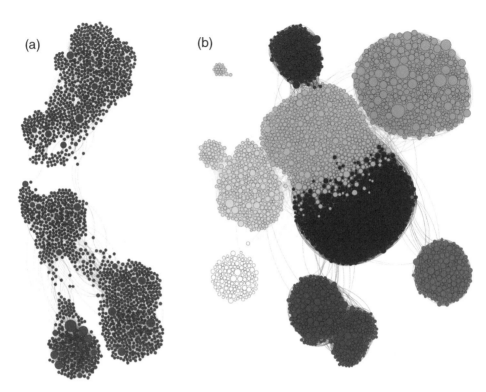

그림 0.2 (a) 인터넷 영화 데이터베이스의 영화, 배우의 소규모 표본에 기반한 영화 배우 네트워크. 노드는 영화(파란색)와 배우(빨간색)를 나타낸다. 링크는 영화의 주연 배우에게 연결한다. (b) 인터넷 영화 데이터베이스에서 약간의 배우를 뽑아서 만든 영화 공동 출연 네트워크. 링크는 적어도 하나의 영화에 공동 출연한 두 사람을 연결한다. 색상은 영화 장르 또는 언어, 국가를 나타낸다.

(보라색), 중국(노란색), 필리핀(주황색), 터키와 동유럽(녹색), 인도(빨간색), 그리스(흰색), 성인(분홍색) 배우들이 있다. 6장에서는 이러한 그룹을 발견하는 방법과 그 그룹에 대해 알아볼 것이다.

0.2 커뮤니케이션 네트워크

페이스북과 영화 네트워크에서 링크는 상호적이다. 페이스북에서는 다른 사람이 동의하지 않는 한 친구가 될 수 없으며, 영화 크레딧에 실리지 않고 영화에 출연할 수 없다. 그러나 모든 소셜 네트워크가 상호 링크를 갖는 것은 아니다. 예를 들어, 트위터는 반드시 상호적일 필요가 없는 링크를 갖는 인기 있는 소셜 네트워크다. 앨리스^{Alice}는 밥^{Bob}이 반드시 앨리스를 팔로우하지 않아도 밥을 팔로우할 수 있다. 결과적으로 트위터 네트워크

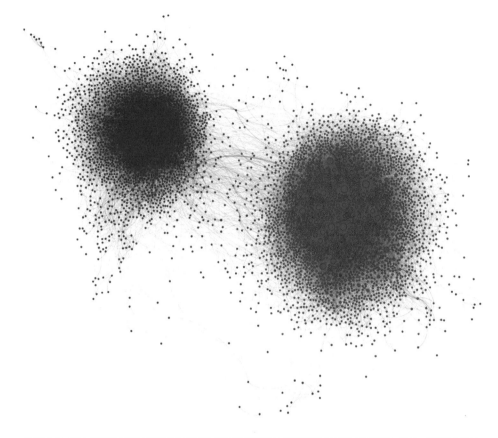

그림 0.3 미국 정치에 대한 게시물을 공유한 사람들 사이에서 트위터의 리트윗 네트워크. 링크는 2010년 미국 중간 선거 전후로 각각 보수적(빨간색) 또는 진보적(파란색) 메시지와 관련된 해시태그인 #tcot 또는 #p2를 사용한 게시물의 리트윗을 나타낸다. 밥이 앨리스의 게시물을 리트윗할 때 앨리스에서 밥으로 방향성 링크를 그려 메시지가 앨리스에서 밥으로 전파된 것을 나타낸다. 링크의 방향은 따로 표시하지 않았다.

가 담아내는 관계는 우정이 아니다. 누군가가 게시한 내용을 보기 위해 팔로우한다. 당신이 게시물을 리트윗하면 당신의 팔로워에게 표시된다. 이는 정보를 광범위하게 공유하는 좋은 방법이다. 따라서 트위터는 주로 정보 확산을 목적으로 하는 소셜 네트워크인 커뮤니케이션 네트워크$^{communication\ network}$다. 그림 0.3의 리트윗 네트워크는 미국 선거 중 정치적 메시지의 확산을 보여준다. 더 큰 노드는 밖으로 나가는 링크$^{outgoing\ link}$를 더 많이 가진 노드다. 사용자가 다른 사용자에 의해 리트윗되는 횟수가 영향력을 측정하는 방법이기 때문이다. 아마도 좀 더 놀라운 사실을 금방 알아차렸을 것이다. 빨간색 노드로 표시된 보수진영의 사용자가 대부분 다른 보수주의자의 메시지를 리트윗한다. 반면 파란색 노드로 표시된 진보진영의 사용자는 비슷한 방식으로 진보적인 내용을 공유한다. 사실 이런 사회적 연결의 선호적 패턴을 통해 한 사람의 정치적 성향을 높은 정확도로 알 수 있다. 동종선호homophily라고 하는 이런 속성은 2장에서 논의할 것이다. 네트워크 구조에서 정치적 선호를 추론하는 알고리듬은 6장에서 설명할 것이다.

트위터 같은 네트워크를 통해 해시태그와 뉴스의 확산을 추적해 아이디어와 문화적 개념이 사람들 사이에 어떻게 퍼지는지 관찰할 수 있다. 소셜 미디어 또한 속기 쉬운 사용자에 의해 무의식적으로 전달되는 잘못된 정보를 퍼트리는 데 사용된다. 가짜 뉴스 사이트와 '소셜 봇social bot'으로 알려진 자동화된 혹은 반자동의 계정을 이용해 악의적인 개체들은 정치적인 목적이나 광고를 통한 트래픽으로 금전적 수익을 얻고자 저렴하고 효과적으로 허위 정보 캠페인을 만들어내고 증폭할 수 있다. 최근 몇 년 동안 이러한 유형의 소셜 미디어 조작이 전 세계적으로 급증하는 모습을 목격했다. 누군가 사람들이 온라인에서 보는 정보를 제어할 수 있다면, 그들의 의견을 조작할 수 있다. 이것은 많은 나라의 민주주의에 대한 위협이다. 유권자에게 정보가 없으면 자유 선거를 할 수 없기 때문이다. 학계 연구자들과 산업 엔지니어들은 대책을 개발하기 위해 열심히 노력한다. 정보 확산을 가능하게 하는 네트워크의 구조와 동역학을 이해하는 것이 이런 노력의 중요한 요소다.

트위터에서의 소셜 링크는 사용자가 게시물을 만들기 전에 연결된다. 게시물은 보통 사용자의 모든 팔로워에게 뿌려진다. 이메일에서 노드는 소셜 네트워크와 마찬가지로 사

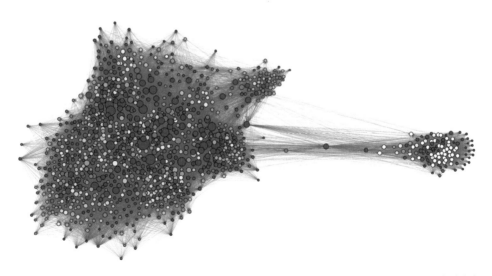

그림 0.4 에너지 회사 엔론(Enron)의 직원들이 보낸 이메일 데이터베이스를 기반으로 한 네트워크. 이 데이터는 2001년 회사가 붕괴된 후 미국 연방 에너지 규제 위원회(US Federal Energy Regulatory Commission)가 조사하는 동안 수집된 것이다. 조사 결과 이메일은 공공의 것으로 여겨져 역사 연구 및 학술 목적으로 공개됐다. 네트워크 중앙의 핵심적인 작은 부분만 표시했다. 화살표는 링크 방향을 나타낸다.

람이다. 그러나 각 메시지는 한 명 이상의 특정 수신자를 대상으로 한다. 링크는 주고받은 메시지를 바탕으로 한다. 이메일은 특정 플랫폼에 의존하지 않는다. 프로토콜은 개방되고 분산되어 있어 단일 조직이 모든 트래픽을 제어하지 않는다. 결과적으로 이메일은 여전히 가장 널리 사용되는 통신 네트워크 중 하나다. 그림 0.4는 이메일 네트워크의 예를 보여준다. 다시 말하지만 링크는 발신자에서 수신자로 화살표로 표시되어 향한다. 노드의 크기와 색상은 각각 '들어오는 링크 수'와 '나가는 링크 수'를 나타낸다. 더 큰 노드는 더 많은 사람으로부터 이메일을 받고, 더 어두운 노드는 더 많은 사람에게 이메일을 보낸다. 더 큰 노드는 더 어두워지는 경향이 있고 그 반대의 경우도 마찬가지라는 사실은 이메일을 보내는 것과 받는 것 사이에 상관관계가 있음을 알려준다.

0.3 웹과 위키백과

웹^{Web}은 가장 큰 정보 네트워크다. 현재는 모든 종류의 서비스를 제공하는 데 사용되지만 원래는 하이퍼링크 또는 클릭할 수 있는 링크로 연결된 문서(페이지) 네트워크였다. 1990년대 초, 팀 버너스리$^{Tim Berners-Lee}$는 과학자들이 제네바 인근의 유럽입자물리연구소$^{CERN, European Organization for Nuclear Research}$의 고에너지 물리학 실험 정보에 쉽게 접근할 수 있기를 바랐다. 그는 세 가지 핵심 아이디어를 냈다. (1) 페이지 이름 지정 시스템, URL$^{Uniform Resource Locator}$, (2) HTML$^{HyperText Markup Language}$이라 불리는 하나의 페이지에서 다른 페이지로 넘어갈 수 있는 하이퍼링크^{hyperlink}를 포함한 문서를 작성할 수 있는 간단한 언어, (3) 클라이언트(브라우저)가 서버와 통신하기 위한 HTTP$^{HyperText Transfer Protocol}$라는 간단한 통신규약. 이 세 가지 구성요소를 통해 웹이 탄생했다. 버너스리는 링크를 클릭해 서버에서 페이지와 미디어를 다운로드하는 최초의 웹 서버와 브라우저 소프트웨어를 직접 구현하기까지 했다. 사실 여기에서 작동하는 두 가지 네트워크를 볼 수 있다. 하나는 정적인 '링크 그래프$^{link graph}$'로, 주어진 특정한 시각에 웹 페이지와 링크의 스냅샷으로 구성된다. 다른 하나는 동적인 트래픽 네트워크로, 웹을 탐색하는 사람들에 의해 나타난다. 전형적인 철학적 질문을 쉽게 풀어보자면, 두 페이지 사이에 링크가 있지만 아무도 이를 클릭하지 않으면 그것은 웹의 일부일까? 물론 대답은 '웹^{Web}'이라고 말할 때 우리가 생각하는 두 네트워크 중 어느 것인가에 따라 다르다. 이후의 장들에서는 이런 정보 네트워크를 모두 탐색하는 데 더 많은 시간을 할애할 것이다.

웹은 너무 커서 작은 부분이라도 의미 있는 방식으로 시각화할 수 없다. 단일 웹사이트의 페이지(글, 항목)들의 네트워크인 위키백과^{Wikipedia}에 집중해보자. 위키백과는 전 세계

그림 0.5 위키백과 정보 네트워크의 일부. 노드는 수학에 대한 글이다. 위키백과 글 사이의 링크만 고려하고 외부 페이지에 대한 링크는 무시했다. 노드 크기는 글의 중요도에 비례하며, 색상은 본문에 논의된 커뮤니티들을 강조해 표시한다.

수천 명의 자원자들이 편집한 공동 백과사전으로, 웹에서 가장 인기 있는 도착점 중 하나다. 여러 언어로 된 위키백과 버전이 있으나 영어 버전에만 집중해보자. 영어 위키백과는 수백만 개의 항목이 있는 거대한 네트워크다(그리고 계속 커지고 있다). 그러니 그림 0.5에 표시한 수학에 관련된 일부에만 집중해보자. 여기서 노드의 크기는 페이지랭크^{PageRank}로 어떤 글을 링크한 다른 글들을 바탕으로 해당 글이 얼마나 중요한가를 파악하는 중심도 $_{centrality}$ 측정이다. 자세한 내용은 4장에서 논의할 것이다. 예를 들어, 중간에 있는 큰 흰색 노드는 수학에 대한 일반적인 글이다. 이 네트워크의 또 다른 특징은 큰 회색의 '코어^{core}' 와 여러 개의 작은 그룹이 있다는 것이다. 이 그룹들은 특정 주제 또는 수학 분야와 밀접하게 연결된 글들의 클러스터다. 예를 들어 역사적인 그리스(파란색), 아랍(녹색), 인도(갈색) 수학자들에 대한 글, 현대 인도 수학자(황갈색), 수학과 예술(주황색), 통계학(청록색), 게임 이론(노란색), 수학 소프트웨어(보라색), 교육학 이론(빨간색) 설명이 있다. 또한 여러 클러스터들을 연결하는 '브리지^{bridge}' 노드가 보인다. 이런 성질은 많은 실제 네트워크에서 발견된다.

0.4 인터넷

종종 인터넷^{Internet}을 컴퓨터와 기타 연결 장치의 네트워크라고 생각하지만, 실제로는 네트워크의 네트워크다. 사실 인터넷이라는 단어는 네트워크 간 접속^{internetworking} 또는 라우터^{router}라는 특별한 노드를 통해 다른 컴퓨터 네트워크를 연결하는 데서 유래했다. 그래서 여러 레벨에서 인터넷을 관찰할 수 있다. 가장 낮은 레벨에는 동일한 로컬 또는 광역 네트워크에 개별 컴퓨터를 연결하는 하드웨어 장치가 있다. 이러한 네트워크는 라우터로 연결되어 있어 멀리서 보면 라우터의 네트워크를 생각할 수 있다. 좀 더 멀리서 보면 인터넷 서비스 제공 업체$^{ISP, Internet Service Provider}$가 관리하는 네트워크 그룹을 볼 수 있다. 이 조직은 내부 네트워크 구조(라우터가 연결되는 방법)를 자율적으로 결정해 '자율 시스템$^{AS, autonomous system}$' 이라고도 한다. 특별한 '경계^{border}' 라우터가 하나의 AS를 다른 AS에 연결해 AS 네트워크를 형성한다.

그림 0.6은 인터넷 라우터 네트워크의 일부를 보여준다. 인터넷은 중앙의 통제나 조정 없이 발전하지만, ISP들은 라우터 연결 방법에 대한 로컬 규칙을 따른다. ISP들은 최소의 비용으로 최고의 서비스를 제공하려 노력한다. 결과적으로 특정 규칙이 만들어진다. 예를 들면, 가장 많은 트래픽을 전달하는 인터넷 부분을 종종 '백본^{backbone}'(중추)이라

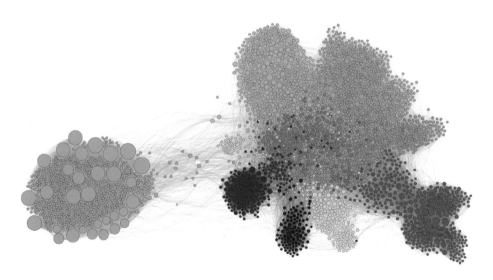

그림 0.6 인터넷 라우터 네트워크의 일부. 이 지도는 인터넷 호스트 사이에 작은 데이터 패킷(프로브(probe))을 보내는 도구를 사용해 응용 인터넷 데이터 분석 센터(Center for Applied Internet Data Analysis, CAIDA.org)에서 만든 스냅샷이다. 색은 라우터의 지리적 분포를 반영하여 조밀하게 모여 있는 클러스터를 찾아내는 커뮤니티 탐색 알고리듬으로 정해졌다. 6장에서는 이 방법론을 사용해 이런 클러스터들이 무엇을 나타내는지 연구하는 방법을 배울 것이다.

고 한다. 인터넷 백본을 관리하는 대규모 통신 회사는 통신 두절을 방지하는 데 큰 관심이 있으므로 불필요한 부분이 많은 네트워크를 공학적으로 조작한다. 따라서 대형 라우터가 서로 연결되어 있는 빽빽한 '코어'가 보인다. 인터넷의 '주변부^{periphery}'(예를 들어, 집안의 라우터)로 이동함에 따라 네트워크는 더 드물게 연결된다. 이런 계층적인 코어-주변부 구조^{core-periphery structure}는 다양한 종류의 네트워크에서 흔하며 2장에서 설명할 것이다. 그림 0.6에 표시된 라우터 네트워크에서 왼쪽의 녹색 클러스터는 나머지 네트워크와 잘 분리되어 있다. 이는 이런 네트워크를 그리는 데 사용된 프로브 방법의 편향 때문일 수 있다. 대부분의 측정은 미국에서 이뤄졌고 이 클러스터의 라우터들은 그 안에 있다. 관련된 특이점은 녹색 클러스터에 매우 큰 노드가 있다는 것이다. 이는 많은 연결이 있는 라우터를 나타낸다. 이는 실제로 동일한 편향으로 인한 측정 오류일 수 있다. 사실 라우터는 하드웨어 제약으로 제한된 수의 연결만 가질 수 있다. 문제가 있는 방법으로 네트워크에 대한 데이터를 수집하면 분석이 잘못된 결론으로 이어질 수 있음을 알려준다.

0.5 교통 네트워크

또 다른 중요한 네트워크 종류는 다양한 유형의 운송과 관련이 있다. 노드는 도시, 도로 교차로, 공항, 항구, 기차나 지하철 역 등의 장소다. 그러나 이 네트워크들은 서로 매우 다르다. 예를 들어, 도로망은 인근 도시 사이의 이동 거리를 최소화하기 위해 지역 특성에 따라 발전한다. 이로 인해 대부분의 노드가 네 방향 교차로와 같은 비슷한 수의 연결을 갖는 그리드(격자) 구조가 나타난다. 그림 0.7에서는 그리드 구조가 없는 항공 운송 네트워크를 보여준다. 그 이유는 항공사가 교통량이 적은 공항 사이에 값비싼 직항을 추가하지 않고 출발지와 목적지 사이의 환승 횟수를 최소로 하려 하기 때문이다. 간단한 해결책은 공항을 기존 허브에 연결하는 항공편을 추가하는 것이다. 결과적으로 항공 운항 네트워크는 '허브와 스포크^{hub and spoke}' 구조를 보인다. 일부 허브 노드에는 엄청난 수의 링크가 있는 반면, 대부분의 노드에는 연결이 거의 없다.

특히 운송이나 통신과 관련된 특정 유형의 네트워크 연구를 할 때는 그 정적 구조와 이러한 네트워크 위에서 발생하는 동적 프로세스의 관점에서 생각할 수 있다. 예를 들어, 항공 운송 네트워크를 생각해보자. 그림 0.7은 공항에서 출발하는 실제 여행과는 별개로 공항 사이에 존재하는 일련의 경로로 볼 수도 있고, 혹은 공항 사이를 이동하는 사람들로부터 나오는 트래픽 네트워크로도 볼 수 있다. 후자의 의미에서 링크는 트래픽 양이 다르

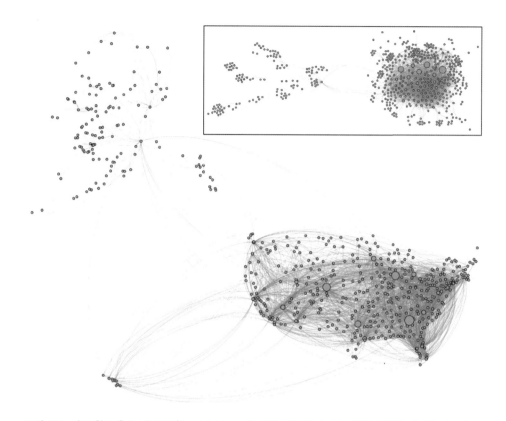

그림 0.7 미국 항공 운송 네트워크(OpenFlights.org의 운항 데이터). 노드는 해당 공항의 지리적 좌표에 따라 배치되어 미국 대륙, 알래스카, 하와이의 형태를 파악할 수 있다. 위도가 높은 알래스카가 지도 투영 방법으로 인해 실제 크기보다 크게 표시됐다. 예를 들면 애틀랜타, 시카고, 덴버와 같은 대부분의 연결편이 있는 허브 공항은 분명히 알아볼 수 있다. 삽입 그림은 동일한 네트워크를 1.10절에서 설명할 '포스 디렉티드(force-directed)' 레이아웃으로 펼친 것이다.

기 때문에 천차만별이고, 또한 시간에 따라 변한다. 네트워크의 구조와 동역학이 모두 중요하다. 때로는 링크의 방향과 가중치를 통해 트래픽을 표현해 동역학을 포착한다. 이는 4장에서 논의한다. 또 어떤 경우에는 네트워크가 시간이 지남에 따라 성장하고 변할 수 있게 하는 실제 프로세스 또는 네트워크에서 발생하는 상호작용을 연구하고 싶을 수 있다. 5장과 7장은 네트워크 동역학에 대한 이런 주제들을 다룬다.

0.6 생물학적 네트워크

우리 몸 안의 세포 내에서 단백질이라 불리는 특별한 분자들은 다양한 방식으로 상호작용한다. 예를 들어, 한 단백질이 접혀서 그 구조가 바뀌면 다른 단백질의 기능이나 효소의 활동을 조절할 수 있다. 단백질은 효소의 생화학 반응을 촉매하고 신진대사에 필수적이다. 신진대사는 우리의 조직과 기관을 구성하는 단백질을 만들고 지원하기 위한 에너지를 수확함으로써 생명을 유지하는 과정이다. 단백질은 또한 세포 신호 및 면역 반응을 조절한다. 이러한 모든 상호작용은 단백질 상호작용 네트워크, 신진대사 네트워크, 유전자 조절 네트워크 등의 네트워크로 볼 수 있다. 이러한 생물학적 네트워크들이 세포 안에 존재한다. 더 높은 수준에서 신체 내의 신경 세포(시냅스^synapse) 사이의 연결은 우리의 뇌를 형성하는 신경망을 만든다. 그리고 좀 더 높은 수준에서 전체 생물 종들이 상호작용한다. 한 종의 동물은 다른 종을 먹이로 보고 생태학적 네트워크를 만들거나 종 사이의 먹이 그물을 만든다. 이 네트워크를 생각할 때 생태 균형은 각자 서로 유지할 수 있는 종들의 가능성에 달려 있다. 그러한 먹이 그물에서 노드를 제거하면(예를 들어, 한 종이 멸종할 때) 생태계 네트워크의 다른 부분의 생존에 영향을 미친다. 그림 0.8은 단백질 상호작용 네트워크, 신경망, 먹이 그물 세 가지 유형의 생물학적 네트워크를 보여준다. 그것들은 모두 지구의 생명에 필수 요소다.

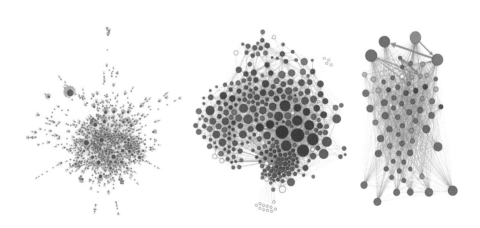

그림 0.8 세 가지 생물학적 네트워크. 왼쪽: 효모(yeast)의 단백질 상호작용 네트워크. 노드 크기는 상호작용하는 단백질의 수에 비례한다. 가운데: 예쁜꼬마선충(Caenorhabditis elegans)의 신경망. 큰 노드는 나가는 시냅스가 많은 뉴런을, 빨간색 노드는 들어오는 시냅스가 많은 뉴런을 나타낸다. 오른쪽: 플로리다 에버글레이즈(Florida Everglades)에 서식하는 종들의 먹이 그물. 방향성 링크는 먹이에서 포식자로 화살표가 향한다. 링크의 폭으로 표현된 가중치는 두 종 사이의 에너지 흐름을 나타낸다. 노드 크기와 색상은 각각 들어오고 나가는 링크를 나타내므로 큰 파란색 노드는 먹이 그물의 상위에 있는 종이고, 작은 빨간색 노드는 하위에 있는 종이다.

0.7 요약

네트워크는 상호작용하는 요소가 많은 복잡한 시스템을 모델링하고 연구하는 일반적인 방법이다. 네트워크의 몇 가지 예를 보았다. 노드는 사람에서 웹 페이지, 단백질에서 종, 인터넷 라우터에서 공항에 이르기까지 다양한 유형의 개체를 나타낼 수 있다. 노드는 레이블 외에 지리적 위치, 부유함, 활동, 연결선 수 등의 특징을 가질 수 있다. 링크는 또한 물리적에서부터 가상으로, 화학적에서 사회적으로, 의사소통에서 정보에 이르기까지 다양한 종류의 관계를 나타낼 수 있다. 링크는 웹의 하이퍼링크와 이메일처럼 방향을 가질 수 있고, 결혼처럼 상호적일 수도 있다. 링크는 모두 동일할 수 있다. 또는 유사성, 거리, 교통량, 용량, 가중치 등과 같이 다른 특징을 가질 수 있다.

0.8 더 읽을거리

개인 간의 사회적 관계를 그래픽적으로 표현하기 위해 네트워크를 사용하는 것은 이러한 소셜 네트워크를 소시오그램^{sociogram}이라 부른 모레노와 제닝스(Moreno and Jennings, 1934)에 의해 도입됐다.

훨씬 더 최근의 연구에 따르면 온라인 소셜 네트워크는 개인의 성적 취향을 드러내고 (Jernigan and Mistree, 2009), 매우 효과적인 피싱 공격을 가능하게 할 수 있다(Jagatic et al., 2007). 코노버 등(Conover et al., 2011b)은 트위터의 정치 정보 확산 네트워크가 매우 양극화되고 분리되어 있음을 보여줬다. 결과적으로 몇 개의 노드 레이블로 시작해 그것을 네트워크 이웃을 통해 전파시킴으로써 사용자들 대부분의 정치적 성향을 높은 정확도로 예측할 수 있다(Conover et al., 2011a).

웹의 창시자가 공동 집필한 책에서 웹의 비전, 디자인, 역사에 대해 읽을 수 있다(Berners-Lee and Fischetti, 2000).

Spring et al.(2002)에서는 인터넷의 구조를 측정하기 위해 프로브를 사용하는 방법을 설명한다. Achlioptas et al.(2009)에서는 이러한 접근법에 표본추출 편향이 있음을 보여준다. 네트워크 설계에 도움이 될 수 있는 '구조 생성기^{topology generator}'라는 모델을 개발하기 위해 컴퓨터 과학자들은 라우터와 자율 시스템 네트워크의 구조를 분석한다(Rossi et al., 2013). 인터넷 네트워크에 대해 더 알고 싶다면 Pastor-Satorras and Vespignani(2007)을 추천한다.

효모 단백질 상호작용 네트워크에 대한 데이터는 Jeong et al.(2001)에서 구했다. 예쁜꼬마선충$^{C.\ elegans}$ 신경망 데이터는 White et al.(1986)에서 구했다. 인간의 두뇌 네트워크 또는 '커넥톰^{connectome}'에 대해 배우려면 Sporns(2012)를 추천한다. 에버글레이즈 생태계 네트워크는 Ulanowicz and DeAngelis(1998)에서 얻었다. 먹이 그물에 대해 자세히 알아보려면 Dunne et al.(2002)와 Melián and Bascompte(2004)를 참고하라.

이 책에 수록된 여러 실제 네트워크 예제에 대한 데이터는 네트워크 리포지터리$^{Network\ Repository}$에서 제공한다(Rossi and Ahmed, 2015). 시각화는 Gephi를 사용했다(Bastian et al., 2009). 레이아웃 알고리듬은 1장에서 설명한다.

연습문제

0.1 그림 0.9의 도로 지도를 생각해보자. 트래픽 패턴의 네트워크 표현을 만드는 경우 다음 중 네트워크 링크를 구성하는 데 가장 적합한 선택은 무엇인가?(힌트: 다음 질문에 대한 답이 이번 질문에 대한 답을 알려줄 수 있고 그 반대도 마찬가지다.)

  a. 거리를 따라 걷는 보행자들

  b. 도로 구간(예: 12번가와 13번가 사이의 5번 애비뉴)

  c. 전체 도로(예: 5번 애비뉴)

  d. 도로를 주행하는 차량들

0.2 그림 0.9의 도로 지도를 생각해보자. 트래픽 패턴의 네트워크 표현에서 다음 중 네트워크의 노드를 구성하는 데 가장 적합한 선택은 무엇인가?(힌트: 이전 질문에 대한 답이 이 질문에 대한 답을 알려줄 수 있고 그 반대도 마찬가지다.)

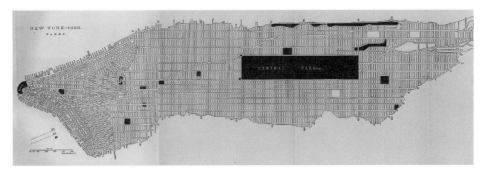

그림 0.9 1880년 뉴욕 지도. 1886년 미국 통계조사국(U.S. Census Office)의 조지 워링 주니어(George E. Waring, Jr.)가 편집한 도시 사회 통계 보고서(Report on the Social Statistics of Cities)에서 발췌. 텍사스대학교 도서관 이미지 제공

a. 도시 블록(예: 5~6번 애비뉴와 12~13번가 사이의 블록)

　　b. 거리 교차로(예: 5번 애비뉴와 12번가가 만나는 지점)

　　c. 거리를 따라 걷는 보행자들

　　d. 도로를 주행하는 차량들

0.3　　그림 0.7의 미국 항공 운송 네트워크에서 노드는 공항을 나타낸다. 두 공항 사이의 링크는 무엇을 나타낼 수 있는가?

0.4　　그림 0.7의 미국 항공 운송 네트워크를 그림 0.9의 맨해튼 도로 지도와 비교하라. 항공 교통망은 맨해튼 도로망에 없는 특징을 보여준다. 이 주요 특징은 무엇인가?

　　a. 링크가 없는 싱글톤^{singleton} 노드

　　b. 노드 사이의 다중 경로

　　c. 둘 이상의 연결 링크가 있는 노드

　　d. 링크가 많은 허브 노드

0.5　　페이스북의 소셜 그래프에서 '친구' 관계를 가장 잘 나타내는 링크 유형은 방향성 링크와 방향이 없는 링크 중 무엇인가?

0.6　　트위터 소셜 그래프에서 '팔로워' 관계를 가장 잘 나타내는 링크 유형은 방향성 링크와 방향이 없는 링크 중 무엇인가?

네트워크 구성요소

노드^{node}: (명사) 선이나 경로가 교차하거나 분기하는 네트워크 혹은 다이어그램에서의 점

0장에서 실제 네트워크의 몇 가지 예를 살펴봤으니, 이제 네트워크를 설명할 수 있는 기본 정의와 측정량을 배워보자.

1.1 기본 정의

네트워크 또는 그래프는 매우 일반적인 용어로서, 노드라는 구성요소와 링크라는 노드 쌍 사이의 연결들의 집합이다. 링크는 노드가 나타내는 구성요소들 사이에 관계가 있음을 나타낸다. 앞서 살펴본 것처럼 링크는 의사소통, 사회적, 물리적, 지리적, 개념적, 화학적, 생물학적 관계 또는 다른 상호작용에 해당할 수 있다. 두 노드 사이에 링크가 있으면 인접하거나 연결되어 있다고 말한다. 연결된 노드들은 이웃^{neighbor}이라고 부른다.

네트워크는 광범위한 시스템에서 상호 관계의 편리한 개념적 표현을 가능하게 하는 일반적인 이론적 프레임워크를 제공하며, 0장에서 몇 가지 예를 살펴봤다. 네트워크 연구는 수학, 컴퓨터 과학, 사회학 및 커뮤니케이션 연구에서 오랜 전통을 갖고 있다. 최근 네트워크는 물리학과 생물학에서도 집중적으로 연구되는데, 네트워크와 관련된 다른 분

야에서는 종종 독자적인 명명법을 도입했다. 예를 들어 일부 분야에서는 네트워크를 그래 프^{graph}라고 하고, 노드를 꼭짓점^{vertex}이라고 하며, 링크를 에지^{edge}라고 한다(때때로 우리도 이 러한 용어를 사용할 것이다). 네트워크를 설명하기 위한 엄격한 용어는 18세기 레온하르트 오일러$^{Leonhard\ Euler}$까지 거슬러 올라가서 수학 분야의 그래프 이론에서 찾을 수 있다. 여기 서 그래프 이론에 대한 엄격한 소개를 하려는 것은 아니다. 여기서는 주로 용어를 만들고 네트워크 세계로 첫발을 내디딜 수 있는 일련의 기본 개념을 소개하는 데 관심이 있다. 하지만 때때로 형식적인 표기법이 도움이 되므로 이런 경우 음영 처리된 영역이나 상자 로 공식 표기법을 넣을 것이다. 예를 들어, 글상자 1.1에서 네트워크의 엄격한 정의를 확 인할 수 있다. 이후의 장들에서는 실제 시스템을 분석하는 데 필요한 추가 개념과 정의를 소개한다.

네트워크 G에는 두 요소가 있다. 노드 또는 꼭짓점이라는 N개의 구성요소의 집합과 링크 또는 에지라고 하는 L개의 노드 쌍들의 집합이다. 링크 (i, j)는 노드 i와 j를 연결 한다. 네트워크는 방향을 표현하거나 방향을 표현하지 않을 수 있다. 방향성 네트워 크는 유향 그래프^{digraph}라고도 한다. 방향성 네트워크에서 링크는 방향성 링크$^{directed\ link}$라 고 하고, 링크 노드 순서는 그 방향을 반영하는데, 링크 (i, j)는 원천 노드$^{source\ node}$ i에 서 목표 노드$^{target\ node}$ j로의 이동을 나타낸다. 방향이 없는 네트워크에서는 모든 링크 가 양방향성으로, 링크에 있는 두 노드의 순서는 중요하지 않다. 또한 네트워크는 가 중치를 갖거나 갖지 않을 수도 있다. 가중치 네트워크$^{weighted\ network}$에서 링크에는 연관 된 가중치^{weight}가 있어서, 노드 i와 j 사이의 가중치 링크 (i, j, w)는 가중치 w를 갖는다. 네트워크는 때로 방향과 가중치를 모두 표현할 수 있고, 이 경우 방향성 가중치 링크 를 갖는다.

각 네트워크는 총 노드 수 N과 총 링크 수 L로 특징지어진다. 시스템을 구성하는 구분 되는 구성요소의 수를 나타내기 때문에 N을 네트워크 크기^{size}라고 한다. 노드와 링크의 수는 네트워크를 정의하는 데 충분하지 않아서, 노드들이 링크로 연결되는 방법을 나타 내야만 한다.

다양한 네트워크 종류를 정의하는 여러 링크 유형이 있다. 페이스북(그림 0.1)과 같은 일부 네트워크에서는 링크에 방향이 없으며 이를 선분으로 표시하는데 이런 네트워크는 방향성이 없다고 한다. 반대로 위키백과(그림 0.5) 같은 경우에는 링크에 방향이 있고 화살표로 표시한다. 이렇게 방향이 있는 링크를 갖는 네트워크를 **방향성 네트워크**directed network 라고 한다. 방향성 네트워크는 1.6절과 4장에서 좀 더 자세히 설명한다.

　항공 운송 네트워크(그림 0.7)와 같은 일부 경우, 링크는 연관 가중치를 갖는데 이를 **가중치 네트워크**weighted network라고 한다. 네트워크는 방향과 가중치를 둘 다 표현할 수 있다. 이메일 네트워크는 통신 트래픽(메시지 수)을 나타내는 링크 가중치와 방향을 갖는 방향성 가중치 네트워크의 한 예다. 가중치가 부여된 네트워크는 1.7절과 4장에서 다시 설명한다. 그림 1.1은 각각 방향이 없는, 방향이 있는, 가중치가 있는 네트워크를 보여준다.

　그 밖에도 여러 종류의 네트워크가 있지만, 네트워크에는 둘 이상의 노드 유형이 있을 수 있다. 예를 들어, 영화배우 네트워크 그림 0.2(a)에는 영화와 사람을 나타내는 두 가지 유형의 노드가 있다. 이 네트워크에서 링크는 배우를 영화에 연결하지만, 배우 사이나 영화 사이에는 링크가 없다. 소위 **이분 네트워크**bipartite network라 불리는 경우의 한 사례다. 이분 네트워크에는 두 그룹이 있어서 링크는 동일한 그룹의 노드가 아닌 다른 그룹의 노드만을 연결한다. 이분 네트워크의 다른 예로는 노래와 아티스트, 학급과 학생, 제품과 고객 사이의 관계를 기록하는 네트워크가 있다. 이분 네트워크에 대한 자세한 내용은 4장을 참고하라.

　네트워크에는 여러 유형의 링크가 있을 수 있는데, 이런 경우를 **다중 네트워크**multiplex network라고 한다. 영화배우를 예로 들면 서로 결혼한 배우들 사이의 링크를 추가하는 경우

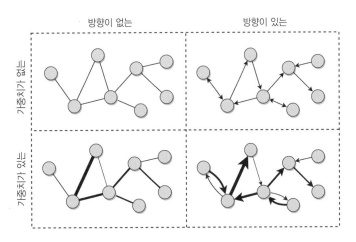

그림 1.1 네트워크의 방향성과 가중치에 대한 시각적 표현. 원은 노드를 나타내고, 이웃한 노드 쌍은 선분(링크) 또는 화살표(방향성 링크)로 연결된다. 화살표는 링크의 방향을 나타내며, 링크의 두께는 가중치가 적용된 네트워크에서 가중치를 나타낸다.

를 상상할 수 있다. 위키백과의 예(그림 0.5)에서 하이퍼링크^{hyperlink} 외에도 위키백과 사용자의 클릭(조회수)을 나타내는 가중치 링크가 있을 수 있고, 글을 수정한 사람이 같은 위키백과 글 사이의 방향이 없는 링크가 있을 수 있다. 이러한 네트워크와 더 복잡한 유형의 네트워크는 1.8절에서 자세히 이야기하겠다.

1.2 프로그램 코드에서 네트워크 다루기

몇 개의 노드와 링크가 있는 네트워크라도 관리 분석하고 시각화하려면 소프트웨어 도구를 사용하거나 자체 프로그램 코드를 작성해야 한다. 다양한 프로그램 언어로 네트워크를 처리하는 라이브러리뿐 아니라 네트워크 분석 및 시각화 도구가 많이 있다. 책 전반에서 이러한 도구들 중 몇 가지를 언급할 것이다. 예를 들면, 0장의 시각화는 Gephi라는 애플리케이션으로 그렸다. 그러나 네트워크를 직접 해보며 이해하려면 '손을 더럽히며' 코드를 작성해야 한다고 생각한다. 이 책을 사용하는 학생들은 초보자와 전문가 모두에게 인기 있는 프로그래밍 언어인 파이썬^{Python}에 어느 정도 익숙하다고 가정하겠다.[1] 삶을 더 쉽게 만들기 위해 네트워크를 만들고 다루며, 네트워크의 구조와 동역학, 기능을 연구하기 위한 파이썬 라이브러리(패키지)인 NetworkX(networkx.github.io)를 사용할 것이다. NetworkX는 네트워크의 데이터 구조, 알고리듬, 네트워크 측정 및 생성 함수뿐만 아니라 기초적인 시각화 기능을 제공한다.[2]

파이썬에서 NetworkX를 한번 읽어 들이면 방향이 없는 네트워크('그래프')를 쉽게 만들고, 몇 개의 노드와 링크를 추가할 수 있다. 노드는 정수 ID로 참조되고 링크는 에지로 호출된다.

```
import networkx as nx # 항상 NetworkX를 먼저 임포트하시오!
G = nx.Graph()
G.add_node(1)
G.add_node(2)
G.add_edge(1,2)
```

한 번에 몇 개의 노드와 링크를 넣는다.

---

1 부록 A에 입문용 파이썬 자습서가 있다. 책의 깃허브 저장소(github.com/CambridgeUniversityPress/FirstCourse NetworkScience)에서도 다운로드할 수 있다.

2 책의 깃허브 저장소에 입문용 NetworkX 자습서가 있다.

```
G.add_nodes_from([3,4,5,...])
G.add_edges_from([(3,4),(3,5),...])
```

노드와 링크의 내역, 한 노드의 이웃 노드 정보를 읽어올 수 있다.[3]

```
G.nodes()
G.edges()
list(G.neighbors(3))
```

노드와 링크를 모두 돌아보는 방법은 다음과 같다.

```
for n in G.nodes:
    print(n, list(G.neighbors(n)))
for u,v in G.edges:
    print(u, v)
```

마찬가지로, 방향성 네트워크('DiGraph')도 만들 수 있다.

```
D = nx.DiGraph()
D.add_edge(1,2)
D.add_edge(2,1)
D.add_edges_from([(2,3),(3,4),...])
```

방향성 네트워크이기 때문에 노드 1에서 노드 2로의 링크는 노드 2에서 노드 1로의 링크와 다르다. 또한 링크를 추가할 때 노드가 없는 경우에는 자동으로 노드가 추가되므로 편리하다. 또한 네트워크의 크기와 링크 수를 가져오는 기능도 있다.

```
D.number_of_nodes()
D.number_of_edges()
```

방향성 네트워크에서 노드의 이웃들을 요청할 때는 노드에서 출발하여 연결된 이웃과 노드에 도달하여 연결된 이웃 모두를 보여준다. 그러나 해당 노드를 향해 연결된 에지와 해당 노드로부터 나가는 에지만을 구분해 얻는 predecessors(), successors()라는 함수도 있다.

```
list(D.neighbors(2))
list(D.predecessors(2))
list(D.successors(2))
```

---

3 NetworkX의 판올림으로 neighbors(n) 함수의 용법이 바뀌어 이를 수정했다. - 옮긴이

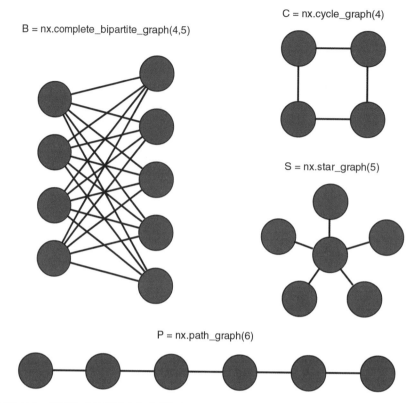

그림 1.2 NetworkX 기능으로 만들어진 간단한 네트워크: 완전 이분 네트워크(B), 순환 경로(cycle, C), 스타(star, S), 경로(path, P). '완전' 네트워크라는 개념은 다음 절에서 소개한다.

마지막으로, 다양한 유형의 네트워크를 생성하는 기능이 있다. 일반적으로 이러한 기능에는 노드 또는 링크 수를 지정해줘야 한다. 다음은 그림 1.2에 보여준 몇 가지 네트워크를 만들어내는 코드다.

```
B = nx.complete_bipartite_graph(4,5)
C = nx.cycle_graph(4)
S = nx.star_graph(5)
P = nx.path_graph(6)
```

NetworkX 튜토리얼을 읽고 북마크에 추가할 것을 강력히 권한다.[4] 그리고 이걸 기억하라. 따라 하다 막혔을 때 구글^{Google}과 스택 오버플로우$^{Stack\ Overflow}$는 유용한 친구가 되어줄 것이다.

---

4 networkx.github.io/documentation/stable/tutorial.html, networkx.github.io/documentation/stable/

1.3 조밀도와 성김도

네트워크의 최대 링크 수는 시스템의 노드 사이에 가능한 개개의 연결 수에 의해 제한된다. 따라서 최대 링크 수는 노드 쌍의 수로 주어진다. 가능한 모든 노드 쌍이 링크로 연결된 최대 링크 수를 갖는 네트워크를 완전 네트워크$^{\text{complete network}}$라고 한다.

N개의 노드가 있는 방향이 없는 네트워크의 최대 링크 수는 구분 가능한 노드 쌍의 수다.

$$L_{max} = \binom{N}{2} = N(N-1)/2 \qquad (1.1)$$

직관적으로 각 노드는 $N-1$개의 다른 노드에 연결할 수 있고 그런 노드가 N개 있다. 그러나 이 방법은 각 쌍을 두 번 셈하게 되므로 2로 나누어준다. 방향성 네트워크에서는 각 노드 쌍을 각 방향에 따라 한 번씩 총 두 번 헤아려야 한다. 그래서 $L_{max} = N(N-1)$이다. N개 객체들의 집합에서 가능한 객체 쌍을 세는 것은 이 책의 뒷부분에서 다시 나올 것이다. 수학자들은 이 공식 $\binom{N}{2}$에 'N 선택 2'라는 이름을 붙였다.[4]

이분 네트워크에서는 한 그룹의 각 노드가 다른 그룹의 모든 노드에 연결되면 '완전하다^{complete}'고 한다(그림 1.2의 예제 B 참고). 이 경우 $L_{max} = N_1 \times N_2$로, 여기서 N_1, N_2는 두 그룹의 크기다.

실제로 존재할 수 있는 링크의 비율은 실제로 연결된 노드 쌍의 비율로, 네트워크 조밀도^{density}라 한다.[6] 완전 네트워크는 최대 조밀도인 1을 갖는다. 그러나 대부분의 노드 쌍이 서로 직접 연결되지 않기 때문에 실제 링크 수는 일반적으로 최댓값보다 훨씬 작다. 따라서 대부분의 실제 대규모 네트워크에서 조밀도는 1보다 10분의 1, 100분의 1로 훨씬 더 작다. 이는 네트워크 구조를 다루는 데 도움이 되는 중요한 성질로 성김도^{sparsity}라 한다.[7] 직관적으로, 네트워크에 연결선이 적을수록 더 성기다.

---

5 'N choose 2'를 직역해 'N 선택 2'라고 했으나 'N 조합 2', 'N개에서 2개를 고르는 경우의 수'로 쓸 수 있겠다. – 옮긴이

6 'density'는 주로 '밀도'로 번역되나, 네트워크에서는 링크 밀도(link density)를 뜻하는 것으로 조밀도가 나은 번역이라 생각된다. – 옮긴이

7 우리말에 대체되는 단어가 없으나 성김도 또는 듬성도라 하면 될 듯 하다. – 옮긴이

N개의 노드와 L개의 링크를 갖는 네트워크의 조밀도는 다음과 같다.

$$d = L/L_{max} \tag{1.2}$$

방향이 없는 네트워크에서는 다음과 같이 주어진다.

$$d = L/L_{max} = \frac{2L}{N(N-1)} \tag{1.3}$$

그리고 방향성 네트워크에서 조밀도는 다음과 같다.

$$d = L/L_{max} = \frac{L}{N(N-1)} \tag{1.4}$$

완전 네트워크에서는 $L = L_{max}$이므로 정의상 $d = 1$이다. 성긴 네트워크에서는 $L \ll L_{max}$이므로 $d \ll 1$이다. 네트워크가 매우 커지면 노드 수에 따라 링크 수가 어떻게 증가하는지 알 수 있다. 링크 수가 노드 수에 비례하여 증가하거나($L \sim N$) 더 느리면 네트워크가 성기다 말한다. 대신 링크 수가 더 빠르게 증가하는 경우, 예를 들어 네트워크 크기에 2차 함수적으로 증가하면($L \sim N^2$) 네트워크가 조밀하다고 한다.

네트워크 성김도의 중요성을 보이기 위해 페이스북의 예를 살펴보겠다. 이 책의 집필 당시 페이스북은 약 20억 명의 사용자가 있다($N \approx 2 \times 10^9$). 완전 네트워크라면 $L \approx 10^{18}$개의 링크가 있게 된다. 이는 0이 18개나 있는 수이고 그렇게 큰 데이터를 저장할 방법이 없다! 그러나 다행히도 소셜 네트워크는 매우 성기고 페이스북도 예외는 아니다. 각 사용자는 평균 1,000명 이하의 친구가 있어서 조밀도는 약 $d \approx 10^{-6}$이다. 여전히 많은 양의 데이터이지만 페이스북이 관리할 수 있다.

표 1.1은 0장에서 설명한 네트워크 예제의 크기와 조밀도에 대한 기본 통계를 보여준다.[7] 이런 네트워크가 서로 매우 다르지만 모두 성기다.

NetworkX를 이용하면 방향성 네트워크와 방향이 없는 네트워크의 조밀도를 쉽게 측정할 수 있다.

```
nx.density(G)
nx.density(D)
CG = nx.complete_graph(8471)  # 큰 완전 네트워크
print(nx.density(CG))         # 계산기가 필요 없다!
```

---

7 이 네트워크들의 데이터는 이 책의 깃허브 저장소에 있다. github.com/CambridgeUniversityPress/FirstCourse NetworkScience

표 1.1 네트워크 예제의 기본 통계. 네트워크 유형은 방향성(directed, D)과 가중치(weighted, W)로 표현한다. 유형에 대한 레이블이 없으면 방향성과 가중치가 없는 것이다. 방향성 네트워크의 경우 들어오는 연결선 수(in-degree)의 평균값을 적었다. 이는 나가는 연결선 수(out-degree)의 평균값과 같다.

네트워크	유형	노드 수 (N)	링크 수 (L)	조밀도 (d)	평균 연결선 수 $(\langle k \rangle)$
노스웨스턴대학교 페이스북		10,567	488,337	0.009	92.4
IMDB 영화와 주연배우		563,443	921,160	0.000006	3.3
IMDB 공동 출연	W	252,999	1,015,187	0.00003	8.0
미국 정치 이슈 트위터	DW	18,470	48,365	0.0001	2.6
엔론 이메일	DW	87,273	321,918	0.00004	3.7
위키백과 수학 분야	D	15,220	194,103	0.0008	12.8
인터넷 라우터		190,914	607,610	0.00003	6.4
미국 항공 운송망		546	2,781	0.02	10.2
세계 항공 운송망		3,179	18,617	0.004	11.7
효모 단백질 상호작용		1,870	2,277	0.001	2.4
예쁜꼬마선충 신경망	DW	297	2,345	0.03	7.9
에버글레이즈 생태 먹이 그물	DW	69	916	0.2	13.3

1.4 서브네트워크

많은 경우 우리는 네트워크의 부분집합에 관심을 갖는다. 이는 그 자체로 네트워크이며 서브네트워크^{subnetwork} 혹은 부분 그래프^{subgraph}라 한다. 서브네트워크는 노드의 부분집합과 이 노드들 사이의 모든 링크를 선택해 만들어진다.

그림 1.3은 방향이 없는 네트워크와 방향성 네트워크의 서브네트워크에 대한 몇 가지 예를 보여준다. 특정 유형의 서브네트워크가 많고 적음의 성질은 실제 네트워크를 특징 짓는 데 중요하다. 예를 들어, 클리크^{clique}는 노드의 부분집합이 모두 서로 연결된 '완전 서 브네트워크'다. 완전 네트워크의 모든 노드 쌍은 연결되어 있으므로 그 서브네트워크의 모든 노드 쌍 또한 연결되어 있다. 그래서 완전 네트워크의 모든 서브네트워크는 클리 크다.

서브네트워크 중 특별한 경우로, 한 노드의 자기주변 네트워크^{ego network}(에고 네트워크)가 있다. 에고^{ego}라 불리는 선택된 노드와 그 이웃으로 구성된 서브네트워크다. 자기주변 네 트워크는 종종 소셜 네트워크 분석에서 연구된다.

NetworkX를 사용하면 노드의 부분집합을 지정함으로써 주어진 네트워크의 서브네트 워크를 만들 수 있다.

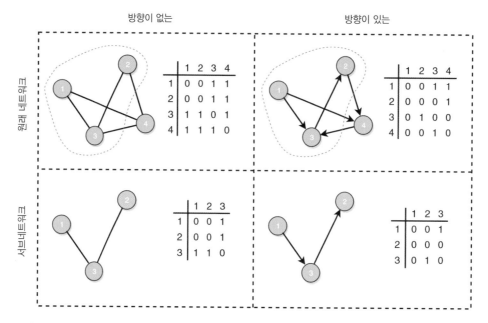

그림 1.3 네트워크와 서브네트워크. 각 네트워크의 인접 행렬(adjacency matrix)도 함께 표시한다(1.9절 참고).

```
K5 = nx.complete_graph(5)
clique = nx.subgraph(K5, (0,1,2))
```

1.5 연결선 수

노드의 연결선 수^{degree}는 링크 또는 이웃의 수다. 노드 i의 연결선 수는 k_i로 표기한다. 그림 1.4는 방향이 없는 네트워크에서 몇 노드의 연결선 수를 보여준다. 그림에서 노드 **a**처럼 이웃이 없는 노드는 연결선 수가 $0(k = 0)$으로 싱글톤^{singleton}이라 한다.

네트워크의 평균 연결선 수는 $\langle k \rangle$로 표시한다. 이는 중요한 특성으로, 조밀도와 직접 비례하는 관련이 있다.

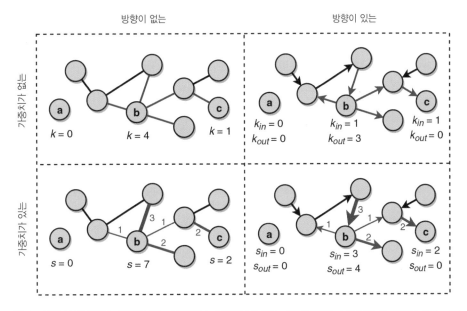

그림 1.4 방향성 네트워크, 방향이 없는 네트워크, 가중치 네트워크, 가중치 없는 네트워크의 연결선 수와 연결 강도(strength)의 설명. 노드 **a**, **b**, **c**의 링크와 가중치를 빨간색으로 표시하여 연결선 수와 연결강도를 표시한다.

네트워크의 평균 연결선 수는 다음과 같이 정의된다.

$$\langle k \rangle = \frac{\sum_i k_i}{N} \tag{1.5}$$

방향이 없는 네트워크에서 각 링크는 두 노드의 연결선 수에 기여하기 때문에 식 (1.5)의 분자를 $2L$로 쓸 수 있다. 방향이 없는 네트워크의 조밀도 정의(식 (1.3))로부터 $2L = dN(N-1)$이다. 그러므로

$$\langle k \rangle = \frac{2L}{N} = \frac{dN(N-1)}{N} = d(N-1) \tag{1.6}$$

그리고 역으로

$$d = \frac{\langle k \rangle}{N-1} \tag{1.7}$$

이건 말이 된다. 한 노드의 최대 가능 연결선 수는 그 노드가 다른 모든 노드에 연결될 때 얻을 수 있는 $k_{max} = N - 1$이다. 직관적으로 조밀도는 평균과 최대 연결선 수의 비율이다.

표 1.1은 0장에서 설명한 네트워크 예제의 평균 연결선 수를 보여준다. NetworkX에는 주어진 노드의 연결선 수를 돌려주는 함수가 있다. 인수가 없으면 각 노드의 연결선 수를 파이썬 딕셔너리^{dictionary} 자료형으로 돌려준다.

```
G.degree(2)  # 노드 2의 연결선 수를 돌려준다.
G.degree()   # 네트워크 G의 모든 노드의 연결선 수를 돌려준다.
```

3장에서는 네트워크의 개별 노드의 연결선 수가 네트워크의 구조를 특징짓는 데 아주 중요한 속성임을 알 수 있다. 지금까지는 방향이 없는 네트워크의 연결선 수를 정의했다. 다음으로 방향성 네트워크와 가중치 네트워크로 정의를 확장한다.

1.6 방향성 네트워크

네트워크의 그래픽 표현에서 링크의 방향성은 각 링크의 방향을 나타내는 화살표로 표시된다. 방향성 네트워크와 방향이 없는 네트워크의 주된 차이점은 그림 1.1에 나와 있다. 방향이 없는 네트워크에서 두 노드 사이에 링크가 있으면 인접한 노드가 양방향으로 연결된다. 반대로 방향성 네트워크에 링크가 있다고 해서 반드시 반대 방향 링크가 있다는 것을 의미하지는 않는다. 이런 사실은 2장에서 더 자세히 논의되는 방향성 네트워크의 연결성에 중요한 결과를 가져온다.

방향성 네트워크에서 노드의 연결선 수를 고려할 때는 들어오는 링크와 나가는 링크를 따로 생각해야 한다. 노드 i의 들어오는 링크의 수, 또는 전임자^{predecessor} 수는 들어오는 연결선 수^{in-degree}라 하며 k_i^{in}으로 표시한다. 노드 i의 나가는 링크의 수, 또는 후임자^{successor} 수는 나가는 연결선 수^{out-degree}라 하며 k_i^{out}으로 표시한다. 그림 1.4는 방향성 네트워크에서 몇몇 노드의 들어오는 연결선 수와 나가는 연결선 수를 보여준다.

이미 방향성 네트워크의 조밀도를 식 (1.4)에서 정의했다. 들어오는 연결선 수와 나가는 연결선 수의 평균은 식 (1.5)와 유사하게 정의할 수 있다.

NetworkX에는 주어진 노드의 들어오는 연결선 수와 나가는 연결선 수를 돌려주는 기능이 있다. 네트워크가 방향성이면 degree() 함수는 들어오는 연결선 수와 나가는 연결선 수의 합인 전체 연결선 수를 돌려준다.

```
D.in_degree(4)
D.out_degree(4)
D.degree(4)
```

1.7 가중치 네트워크

네트워크의 그래픽 표현에서 링크의 가중치 속성은 각 링크의 가중치를 나타내는 각기 다른 너비의 선으로 표시된다. 가중치 0은 링크가 없는 것과 같다. 가중치 네트워크와 가중치 없는 네트워크의 주요 차이점은 그림 1.1에 나와 있다.

가중치 네트워크도 방향성을 갖거나 갖지 않을 수 있다. 먼저 방향이 없는 가중치 네트워크의 좀 더 간단한 경우를 가정해보자. 가중치 네트워크에서 한 노드의 연결선 수는 가중치를 무시하고 셀 수 있다. 그러나 가중치를 고려하는 것이 중요할 수 있다. 따라서 노드의 가중치 연결선 수$^{\text{weighted degree}}$ 또는 **연결강도**^{strength}를 링크 가중치의 합으로 정의할 수 있다. 마찬가지로, 방향성 가중치 네트워크에서 들어오는 **연결강도**$^{\text{in-strength}}$와 나가는 **연결강도**$^{\text{out-strength}}$를 정의할 수 있다. 이 두 가지 경우가 그림 1.4에 설명되어 있다.

방향이 없는 네트워크에서 노드 i의 가중치 연결선 수 혹은 연결강도는 다음과 같이 표시된다.

$$s_i = \sum_j w_{ij} \tag{1.8}$$

여기서 w_{ij}는 노드 i와 j 사이의 가중치다. 노드 i와 j 사이에 링크가 없으면 $w_{ij} = 0$으로 가정한다. 방향성 가중치 네트워크에서는 들어오는 연결선 수와 나가는 연결선 수를 유사하게 일반화하여 들어오는 연결강도와 나가는 연결강도를 정의할 수 있다.

$$s_i^{in} = \sum_j w_{ji} \tag{1.9}$$

$$s_i^{out} = \sum_j w_{ij} \tag{1.10}$$

여기서 w_{ij}는 노드 i에서 j로의 방향성 링크의 가중치다.

NetworkX에서 그래프와 방향성 그래프 모두 링크에 '가중치' 속성을 부여할 수 있다. 여러 가중치 링크를 추가할 때 각 링크는 연속된 세 수로 지정되며 세 번째 요소가 가중치다.

```
W = nx.Graph()
W.add_edge(1,2,weight=6)
W.add_weighted_edges_from([(2,3,3),(2,4,5)])
```

예를 들어, 큰 가중치를 갖는 링크를 출력해야 하는 경우 관련 가중치 데이터가 있는 링크 리스트를 가져올 수 있다.

```
for (i,j,w) in W.edges(data='weight'):
    if w > 3:
        print('(%d, %d, %d)' % (i,j,w))  # 조건에 따라 링크 (2,3)은 건너뛴다.
```

마지막으로, degree() 함수를 사용하고 weight 속성을 지정하여 주어진 노드의 연결강도를 얻을 수 있다.

```
W.degree(2, weight='weight')  # 노드 2의 연결강도는 6 + 3 + 5 = 14다.
```

1.8 다중 계층 네트워크와 시간적으로 변하는 네트워크

그림 0.7의 미국 항공 운송 네트워크에서 링크는 해당 항공편을 운항하는 특정 항공사에 관계없이 공항 간 직항 항공편을 나타낸다. 그러나 상황에 따라서는 각 항공사별로 항공편을 분류하는 것이 가치 있다. 항공사 네트워크를 통해 지연된 일정의 전파를 예측하거나 이런 지연이 승객의 이동에 미치는 영향을 조사할 수 있다. 실제로 각 항공사는 다른 항공사의 항공편으로 재예약^{rebook}하는 것이 비싸기 때문에 먼저 자체 항공편으로 승객을 재예약하려고 한다. 따라서 특정 항공사의 항공 운송 네트워크는 다른 항공사의 네트워크와 얽혀 있긴 하지만 고유한 정체성이 있다. 이런 경우에 시스템을 여러 층을 조합한 다중 계층 네트워크$^{multilayer \ network}$로 표시하는 것이 좋다. 여기서 각 계층은 특정 항공사의 항공 운송 네트워크다. 노드는 공항이고 링크는 동일한 회사에서 운영하는 항공편이다.

다중 계층 네트워크의 각 계층이 동일한 노드 집합에 만들어진 경우 멀티플렉스^{multiplex} 네트워크라 한다. 항공 운송 네트워크는 멀티플렉스의 한 예다. 또 다른 예는 각기 다른 계층이 각기 다른 유형의 사회적 관계를 나타내는 소셜 네트워크다. 예를 들어 한 계층은 친구 관계를, 다른 계층은 가족 관계를, 또 다른 관계는 동료 관계 등을 나타낼 수 있다. 각 계층의 노드는 동일한 개인을 나타낸다.

시간적으로 변하는 네트워크^{temporal network}는 멀티플렉스 네트워크의 특별한 경우다. 링크는 각 노드-노드 상호작용이 서로 다른 시간에 발생한다는 점에서 동적이다. 노드 역시 네트워크의 발전(성장, 진화) 여러 단계에서 나타나고 사라질 수 있다는 점에서 동적 특성을 가질 수 있다. 예를 들어, 트위터에서 사용자 활동 네트워크는 시간에 따라 변한다. 포스트, 리트윗, 멘션이 각기 다른 시간에 발생하기 때문이다. 이것들은 타임스탬프로 식별 가능하다. 시간적으로 변하는 네트워크의 시간 범위를 연속된 간격으로 나눌 수 있다. 각 간격 동안에 존재하는 모든 노드와 링크는 시스템의 한 스냅샷^{snapshot}을 구성한다. 각 스냅샷은 그림 1.5와 같이 멀티플렉스의 한 계층으로 해석될 수 있다.

다중 계층 네트워크에는 동일한 계층에 있는 노드 쌍을 연결하는 계층 내 링크^{intralayer link}와 각기 다른 계층에 있는 노드 쌍을 연결하는 계층 간 링크^{interlayer link}가 있다. 멀티플렉스 네트워크의 특별한 경우로 계층 간 링크가 계층의 각 노드를 다른 계층의 대응 노드에 연결한다. 이러한 링크는 각기 다른 계층에서 동일한 노드의 복사본을 결합하기 때문에 커플링^{coupling}이라 한다.

전통적으로 멀티플렉스 네트워크는 여러 계층의 데이터를 통합한 결과 네트워크를 연구해 분석했다. 예를 들어, 그림 0.3과 그림 0.7은 각각 시간 간격과 다른 항공사에 해당하는 멀티플렉스 네트워크를 통합한 것이다. 통합된 네트워크는 보통 멀티플렉스 네트워크의 링크에 가중치가 없다 할지라도 가중치 네트워크가 된다. 일반적으로 각기 다른 계

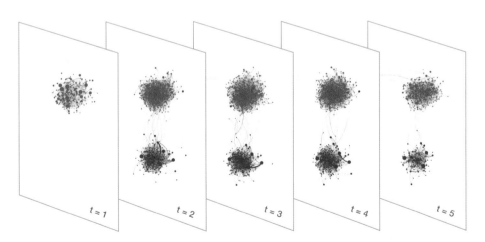

그림 1.5 정치적 리트윗의 시간적으로 변하는 네트워크. 각 스냅샷에는 특정 시간 간격의 타임스탬프가 있는 리트윗 링크가 담겨 있다. 시간에 따라 이런 스냅샷을 모아서 그림 0.3에 표시된 정적인 네트워크를 얻는다.

층의 동일한 노드 쌍을 연결하는 여러 링크가 통합 시스템에서 하나의 가중치가 있는 링크로 바뀌기 때문이다. 예를 들어, 그림 0.3의 링크는 사용자가 다른 사용자를 리트윗하는 횟수에 따라 가중치를 준 것이다. 그러나 통합 과정은 원래 다중 계층 시스템에서 전해주는 많은 귀중한 정보를 버리게 된다. 항공 운송의 경우 다른 항공사에 해당하는 네트워크를 합하면서 해당 네트워크에서 승객의 환승을 연구할 수 없게 된다. 이는 특정 항공사에 영향을 미치는 파업이나 기술적인 문제의 경우에 필요할 수 있다.

일반적으로 각 계층은 자체 노드와 링크의 집합으로 특징지을 수 있다. 따라서 계층은 완전히 다른 그래프를 나타낼 수 있고, 결과 시스템은 네트워크의 네트워크^{network of network}다. 여기서 계층 간 링크는 네트워크 노드 사이의 의존 관계를 나타낼 것이다. 고전압 송전선으로 발전소와 소비 중심지를 연결하는 전력망을 생각해보자. 발전소는 전기의 생산과 송전을 모니터링하고 관리하는 컴퓨터에 의해 제어된다. 이러한 컴퓨터는 인터넷으로 연결된다. 결국 인터넷 라우터의 전력 공급은 발전소에 의존한다. 따라서 전력망과 인터넷이라는 2개의 결합된 네트워크를 가진 시스템이 있는 것이다.

이러한 결합된 시스템에서 한 네트워크는 전력 전송을 최적화하기 위해 다른 네트워크에 영향을 줄 수 있다. 전력망은 필요에 따라 전력 전송 경로를 바꾸어 변경할 수 있다. 그러나 이러한 종류의 네트워크의 네트워크는 예측할 수 없는 취약점을 유발할 수도 있다. 소프트웨어 문제나 어떤 공격으로 전력망에서 하나 이상의 노드가 중단될 수 있고, 전기가 없는 지역의 인터넷 또한 중단되어 다른 노드에 장애가 발생할 수 있다. 극단적인 경우, 전력망의 많은 부분에 영향을 미치는 연쇄적인 장애^{cascading failure}라는 대참사의 도미노 효과가 발생한다. 이러한 이유로 네트워크의 네트워크는 집중 연구되는 주제다.

이해가 쉽도록 이 책에서는 주로 한 종류의 노드와 한 종류의 링크만 있는 네트워크를 주로 다룬다. 방향이 없는 네트워크에서 한 쌍의 노드를 연결하는 링크는 최대 하나만 있다고 가정한다(방향성 네트워크에서는 그림 1.1에서 보인 것처럼 각 방향에 하나씩 2개의 링크가 있을 수 있다). 또한 하나의 노드가 자기 자신을 연결하는 링크, 즉 셀프 루프^{self-loop}는 고려하지 않을 것이다. 각 링크는 서로 다른 2개의 노드를 연결한다고 가정할 것이다.

1.9 네트워크 표현법

네트워크를 컴퓨터 파일이나 메모리에 저장하고 읽어오려면 노드와 링크를 형식적으로 표현할 방법이 필요하다. 몇 가지 네트워크 표현법이 있다. 가장 간단한 방법은 인접 행렬

^{adjacency matrix}이다. 각 행렬 요소가 그 행과 열 인덱스^{index}에 해당하는 두 노드 사이의 링크를 나타내는 $N \times N$ 행렬이다.

인접 행렬의 행렬 요소 a_{ij}는 노드 i와 j 사이의 링크를 나타낸다. 노드 i와 j가 인접해 있으면 $a_{ij} = 1$이고, 그렇지 않으면 $a_{ij} = 0$이다.

그림 1.3에서는 다양한 방향성 네트워크와 방향이 없는 네트워크를 해당 인접 행렬과 함께 시각적으로 표현했다.

방향이 없는 네트워크에서는 인접 행렬이 대칭 행렬이다. 행과 열을 바꾸어도 행렬은 그대로다. 따라서 행렬의 절반은 불필요한 정보를 갖고 있다. 방향성 네트워크의 경우 인접 행렬은 대칭이 아니다. 가중치가 없는 네트워크의 경우 행렬 요소는 링크의 존재 여부를 표시하기 위해 각각 1 또는 0 값만을 갖는다. 가중치 네트워크의 경우 행렬 요소는 링크 가중치에 해당하는 모든 값을 가질 수 있다. 이미 식 (1.8) ~ 식 (1.10)의 w_{ij}에서 가중치 네트워크의 인접 행렬 요소를 경험했다.

NetworkX에서 인접 행렬을 가져와서 출력하고 행렬 표현을 사용해 링크 속성을 가져오거나 설정할 수 있다.

```
print(nx.adjacency_matrix(G)) # 그래프
G.add_edge(3,4)
G[3][4]['color']='blue'
print(nx.adjacency_matrix(D)) # 방향성 그래프
D.add_edge(3,4)
D.add_edge(4,3) # 방향성 그래프에서는 앞의 에지와 같지 않다.
print(nx.adjacency_matrix(W)) # 가중치 그래프
W.add_edge(2,3)
W[2][3]['weight'] = 2
```

인접 행렬 표현은 네트워크의 수학적 형식과 일치하지만 일반적으로 공간을 많이 차지하며 행렬 요소가 드문드문하여 실제 네트워크를 저장하는 데 효율적이지 않다. 필요한 저장 공간은 네트워크 크기의 제곱(N^2)으로 커지지만, 네트워크의 링크가 드문 경우 이 공간의 대부분은 링크가 없음을 표시하는 0을 저장하며 낭비된다. 크기가 크며 성긴 네트워크에서 좀 더 압축적인 네트워크 표현은 각 노드의 이웃 목록을 저장하는 데이터 구조인 인접 리스트^{adjacency list} 방법이다. 인접 리스트는 존재하지 않는 링크는 무시하고 인접 행렬에서 0이 아닌 값인 기존 링크만 표시하기 때문에 성긴 네트워크를 효과적으로

나타낸다.

NetworkX는 네트워크의 인접 리스트를 돌며 링크와 링크의 속성을 읽어 들이는 기능을 제공한다. 예를 들어, 다음은 각 노드의 이웃을 출력하는 한 방법이다.

```
for n,neighbors in G.adjacency():
    for number,link_attributes in neighbors.items():
        print('(%d, %d)' % (n,number))
```

세 번째로 앞서와 마찬가지로 효율적인 방법은 연결된 노드 쌍으로 각 링크를 나열하는 에지 리스트^{edge list} 방식이다. 어떤 쌍으로도 표현되지 않는 싱글톤^{singleton}의 경우는 노드를 별도로 나열할 필요가 있다. 가중치 네트워크의 경우 각 링크는 3개의 값으로 표시하고 세 번째는 가중치다.

이 책에서는 에지 리스트 표현법을 사용해 네트워크를 저장할 것이다. NetworkX에는 에지 리스트 방법을 이용해 네트워크 파일을 읽고 쓰는 함수가 있다. 에지 리스트 파일 형식을 다음과 같이 직접 볼 수 있다.

```
nx.write_edgelist(G, "file.edges")
G2 = nx.read_edgelist("file.edges")      # G2는 G와 같다.
nx.write_weighted_edgelist(W, "wf.edges") # 가중치를 기록
with open("wf.edges") as f:
    for line in f:
        print(line)
W2 = nx.read_weighted_edgelist("wf.edges") # W2는 W와 같다.
```

1.10 네트워크 그리기

네트워크를 그리고 시각적 표현을 살펴봄으로써 네트워크에 대해 많은 것을 배울 수 있다. 이를 위해 각 노드를 평면에 펼치기 위한 네트워크 레이아웃 알고리듬^{network layout algorithm}이 필요하다(정교한 3차원 레이아웃도 있지만 이 책에서는 다루지 않는다). 다양한 종류의 네트워크를 표현하는 데 적절한 레이아웃 알고리듬이 많다. 예를 들어, 그림 0.7에서는 항공 운송 네트워크를 그리기 위해 지리적 레이아웃^{geographic layout}을 사용했다. 상대적으로 작은 네트워크의 경우 동심원이나 중요한 계층 구조를 나타낼 수 있는 레이어에 배치하는 방법이 좋다. 가장 많이 사용되는 네트워크 레이아웃 알고리듬 종류는 0장의 네트워크 예제 대부분을 시각화하는 데 사용된 포스 디렉티드 레이아웃 알고리듬^{force-directed layout algorithm}이다. 그림

0.7의 삽입 그림도 이 방법을 사용했다.

　포스 디렉티드 레이아웃 알고리듬의 목표는 연결된 노드는 서로 가깝게 배치되고, 모든 링크의 길이가 비슷하며, 교차되는 링크의 수를 최소화하도록 노드를 배치하는 것이다. 이 레이아웃이 작동하는 아이디어를 얻기 위해 동일한 전하를 가진 두 입자 사이의 힘과 같이 두 노드를 서로 밀어내는 힘을 상상해보자. 여기에 더해 2개의 연결된 노드가 서로 너무 멀리 떨어져 있을 때 잡아당기는 힘을 만들어주는 스프링을 상상해보자. 포스 디렉티드 레이아웃 알고리듬은 이런 물리 시스템을 시뮬레이션하여 노드가 시스템의 에너지를 최소로 하도록 움직인다. 연결된 노드는 서로를 향해 이동하고 연결되지 않은 노드에서 멀어진다.

　그 결과가 미적으로도 만족스러운 그림일 뿐 아니라 때로는 0장에서 본 것처럼 네트워크에서 가장 명백한 커뮤니티를 시각화한다. 예를 들어, 그림 0.3에서 커뮤니티의 사람들이 진보적이든 보수적이든 서로 빽빽이 연결되어 있어 결국 레이아웃에서 함께 무리 지어진다.

　NetworkX에는 가장 기본적인 네트워크 레이아웃 알고리듬을 사용해 네트워크를 그리는 기능이 있다.

```
import matplotlib.pyplot
nx.draw(G)
```

그림을 그리려면 Matplotlib 같은 시각화 인터페이스가 필요하다. 이 방법은 100개 이하의 노드를 갖는 작은 네트워크에서는 그럭저럭 작동한다. 대규모 네트워크의 경우 더 나은 시각화 도구가 있다. 0장의 예는 Gephi의 포스아틀라스2^{ForceAtlas2} 레이아웃 알고리듬으로 시각화했다.

1.11　요약

1장에서는 네트워크를 설명할 수 있는 기본 정의와 측정값을 소개했다.

1. 네트워크는 노드와 노드 쌍을 연결하는 링크라는 두 가지 요소의 집합으로 구성된다.

2. 서브네트워크는 일부 노드와 그 사이의 모든 링크를 포함하는 네트워크의 부분집합이다.

3. 방향성 네트워크에서 링크는 방향이 있다. 노드 1에서 노드 2로 링크가 있을 수 있지만 노드 2에서 노드 1로 반드시 링크가 있는 것은 아니다. 방향이 없는 네트워크에서는 링크가 양방향이다.

4. 가중치 네트워크에서 링크에는 중요도, 유사성, 거리, 교통량 등과 같은 속성을 갖는 연결을 나타내는 가중치가 있다. 가중치가 없는 네트워크에서는 모든 링크가 같다.

5. 다중 계층 네트워크는 각기 다른 종류의 노드와 링크를 갖고 있으면 상호 연결된 계층으로 나뉜다. 만약 각 계층의 노드가 같으면 다중 계층 네트워크를 멀티플렉스 네트워크라고 한다.

6. 네트워크의 조밀도는 노드 쌍의 비율이다. 모든 노드 쌍이 연결되면 완전 네트워크이고, 조밀도가 1이다. 대부분의 실제 네트워크는 성기다. 매우 낮은 조밀도를 갖는다.

7. 노드의 연결선 수는 이웃의 수다. 방향성 네트워크에서는 들어오는 링크와 나가는 링크를 각각 측정하는 들어오는 연결선 수, 나가는 연결선 수를 갖는다. 가중치 네트워크의 경우 노드의 연결강도는 링크 가중치의 합이다. 가중치가 있는 방향성 네트워크에서는 들어오는 연결강도와 나가는 연결강도가 있다.

8. 인접 리스트와 에지 리스트 방식은 성긴 네트워크를 저장하기에 효율적인 방법이다.

9. NetworkX는 파이썬 언어로 네트워크를 코딩하는 널리 쓰이고 편리한 프로그래밍 라이브러리다.

1장에서는 네트워크 과학에서 사용되는 기본 어휘들을 정의했다. 다음에 이어지는 장들에서는 실제 네트워크를 설명하고, 분석하며, 모델링하고, 근본적인 시스템과 현상에 대해 알려주는 내용을 배울 수 있도록 더 많은 측정값과 성질을 소개할 것이다.

1.12 더 읽을거리

이 책의 입문 내용을 넘어서는 네트워크 과학을 다룬 훌륭한 책들이 있다. 칼다렐리와 케싸(Caldarelli and Chessa, 2016)는 여러 사례 연구의 데이터 과학을 좀 더 깊이 파고든다. 물리학 분야로의 진출에 관심이 있다면 Barabási(2016)을 참고하자. 경제학과 사회 과학의 연관성을 탐구하고 싶다면 Easley and Kleinberg(2010)을 추천한다. 고등 물리학, 수학, 사회 과학 주제의 경우 선택할 수 있는 자료가 많다(Wasserman and Faust, 1994; Caldarelli,

2007; Barrat et al., 2008; Cohen and Havlin, 2010; Bollobás, 2012; Dorogovtsev and Mendes, 2013; Latora et al., 2017; Newman, 2018).

키벨래 등(Kivelä et al., 2014)과 보칼레티 등(Boccaletti et al., 2014)은 다중 계층 네트워크에 대한 영향력이 있는 리뷰를 썼다. 시간적으로 변하는 네트워크는 홀메와 사라마키(Holme and Saramäki, 2012)가 리뷰했다. 가오 등(Gao et al., 2012)은 네트워크의 네트워크를 분석했다. 네트워크의 네트워크에서의 대재앙적 장애는 레이스 등(Reis et al., 2014)과 라디키(Radicchi, 2015)가 논의했다.

네트워크 그리기의 배경지식은 Di Battista et al.(1998)을 참고하자. (스프링 레이아웃으로 알려진) 포스 디렉티드 네트워크 레이아웃 알고리듬은 이아데스(Eades, 1984)가 도입했고, 카마다와 카와이(Kamada and Kawai, 1989), 푸루흐터만과 라인골드(Fruchterman and Reingold, 1991)에 의해 개선됐다. 이 책에서 여러 시각화에 쓰인 포스아틀라스2 레이아웃 알고리듬은 자코미 등(Jacomy et al., 2014)이 개발했다.

연습문제

1.1 이 책의 깃허브 저장소에 있는 1장 튜토리얼을 살펴보라.

1.2 N개의 노드를 갖는 네트워크를 생각해보자. 하나의 주어진 링크가 연결할 수 있는 최대 노드의 수는 얼마인가? 하나의 주어진 노드에 연결할 수 있는 최대 링크의 수는 얼마인가?

1.3 그림 0.9의 도로 지도를 생각해보자. 이 네트워크의 격자와 같은 구조는 대부분의 노드가 같은 연결선 수를 갖는다는 뜻이다. 이 네트워크에서 가장 흔한 연결선 수는 얼마인가?

1.4 그림 0.9의 도로 지도를 생각해보자. 맨해튼에는 일방통행 도로가 많다. 이는 교통 흐름의 좋은 네트워크 모델은 방향성 링크를 가져야 한다는 뜻이다. 격자형으로 연결되어 있고, 일방통행 도로를 갖는 이 네트워크의 서브네트워크를 생각해보자(즉, 모든 노드는 두 일방통행 도로가 교차하는 네 갈래 교차로다). 이 서브네트워크에서 가장 흔한 들어오는 연결선 수와 나가는 연결선 수는 얼마인가?

1.5 어떤 네트워크 측정값을 사용하면 그림 0.9의 맨해튼 도로 지도에서 인접한 교차로 쌍 사이의 교통량을 표현할 수 있겠는가?

1.6 N개의 노드가 있는 방향성 네트워크를 생각해보자. 들어오는 총 연결선 수, 즉 네트워크에 있는 모든 노드의 들어오는 연결선 수의 합을 생각해보자. 이를 나가는 총 연결선 수와 비교해보자. 다음 중 이런 네트워크에 대해 사실이어야 하는 것은 무엇인가?

a. 들어오는 총 연결선 수는 반드시 나가는 총 연결선 수보다 작다.

b. 들어오는 총 연결선 수는 반드시 나가는 총 연결선 수보다 크다.

c. 들어오는 총 연결선 수는 반드시 나가는 총 연결선 수와 같다.

d. 이 중 어느 것도 해당되지 않는다.

1.7 사용자가 노드이고 특정 사용자가 다른 사용자를 리트윗한 횟수를 표시하고자 하는 트위터 리트윗 네트워크를 고려해보자. 이 관계를 가장 잘 표현하는 링크 종류는 무엇인가?

a. 방향과 가중치가 없는 링크

b. 방향이 없는 가중치 링크

c. 가중치가 없는 방향성 링크

d. 가중치가 있는 방향성 링크

1.8 트위터의 해시 태그가 동시에 나타나는 그래프를 생각해보자. 이 네트워크에서 해시 태그는 노드이고, 두 해시 태그 사이의 링크는 얼마나 자주 두 해시 태그가 트윗에 함께 나타나는가다. 이 관계를 가장 잘 나타내는 링크 유형은 무엇인가?

a. 방향과 가중치가 없는 링크

b. 방향이 없는 가중치 링크

c. 가중치가 없는 방향성 링크

d. 가중치가 있는 방향성 링크

1.9 이야기나 연극의 등장인물로 구성된 네트워크를 생각해보자. 노드는 사람이고, 해당 등장인물이 대화에 참여하면 두 노드 사이에 링크가 존재한다. 이 관계를 나타낼 수 있는 에지의 종류는 무엇인가? 답의 타당함을 설명해보라.

a. 방향과 가중치가 없는 에지

b. 방향이 없는 가중치 에지

c. 가중치가 없는 방향성 에지

d. 가중치가 있는 방향성 에지

1.10 각 등장인물이 누구에게 얼마나 많이 말하는지 표현하는 네트워크의 좀 더 복잡

한 버전을 만들기를 원한다고 생각해보자. 이 관계를 가장 잘 나타내는 링크의 종류는 무엇인가?

a. 방향과 가중치가 없는 링크

b. 방향이 없는 가중치 링크

c. 가중치가 없는 방향성 링크

d. 가중치가 있는 방향성 링크

1.11 소셜 네트워크에 당신과 24명의 친구(총 25명)가 모두 서로 친구인 서브네트워크가 있다고 생각해보자. 이런 서브네트워크를 무엇이라 부르는가? 그리고 이 서브네트워크에는 몇 개의 링크가 있는가?

1.12 N개의 노드가 있는 방향이 없는 네트워크를 생각해보자. 이 네트워크가 가질 수 있는 최대 링크 수는 얼마인가?

1.13 1종 노드는 N_1개, 2종 노드는 N_2개로 총 N개의 노드가 있는(즉, $N_1 + N_2 = N$) 이분 네트워크를 생각해보자. 이 네트워크의 최대 링크 수는 얼마인가?

1.14 N개의 노드가 있는 완전 네트워트 A와 N개의 노드가 있는 이분 네트워크 B가 주어졌다. N이 2보다 클 때($N > 2$) 다음 중 사실인 것은?

a. 네트워크 A가 네트워크 B보다 링크가 더 많다.

b. 네트워크 A는 네트워크 B와 같은 수의 링크를 갖는다.

c. 네트워크 A가 네트워크 B보다 링크가 더 적다.

d. 이 중 어느 것도 2보다 큰 N에 대해 사실이 아니다.

1.15 완전 네트워크에서는 각 노드 쌍 사이에 링크가 있음을 기억하라. N개의 노드가 있는 방향이 없는 완전 네트워크는 $N(N-1)/2$개의 에지가 있다. N개의 노드와 $N(N-1)/2$개의 링크를 갖는 방향이 없는 모든 네트워크는 완전 네트워크인가? 그 이유를 설명하라.

1.16 다음과 같은 인접 행렬을 생각해보자.

$$
\begin{array}{c}
\begin{array}{cccccc} A & B & C & D & E & F \end{array} \\
\begin{array}{c} A \\ B \\ C \\ D \\ E \\ F \end{array}
\begin{pmatrix}
0 & 1 & 0 & 0 & 0 & 0 \\
0 & 0 & 2 & 0 & 0 & 0 \\
0 & 0 & 0 & 0 & 0 & 0 \\
0 & 1 & 0 & 0 & 1 & 0 \\
0 & 0 & 0 & 0 & 0 & 1 \\
2 & 1 & 3 & 1 & 1 & 0
\end{pmatrix}
\end{array}
\qquad (1.11)
$$

i번째 행과 j번째 열의 항목은 노드 i에서 노드 j로 향하는 링크의 가중치를 나타낸다. 예를 들어, 두 번째 행과 세 번째 열의 항목은 2다. 즉, 노드 **B**에서 노드 **C**로 향하는 링크의 가중치는 2다. 이 행렬은 어떤 종류의 네트워크를 나타내는가?

  a. 방향과 가중치가 없는 네트워크

  b. 방향이 없는 가중치 네트워크

  c. 가중치가 없는 방향성 네트워크

  d. 가중치가 있는 방향성 네트워크

1.17 식 (1.11)의 인접 행렬로 정의된 네트워크를 생각해보자. 이 네트워크에는 몇 개의 노드가 있는가? 링크는 몇 개인가? 셀프 루프가 있는가?

1.18 식 (1.11)의 인접 행렬로 정의된 네트워크를 생각해보자. 다른 모든 노드로 나가는 링크가 있는 노드가 있는가? 그렇다면 어떤 노드인가? 다른 모든 노드로부터 들어오는 링크가 있는 노드가 있는가? 그렇다면 어떤 노드인가?

1.19 식 (1.11)의 인접 행렬로 정의된 네트워크를 생각해보자. 싱크^{sink}는 들어오는 링크는 있지만 나가는 링크가 없는 노드로 정의된다. 만약 그런 노드가 있다면 어떤 노드가 이런 속성을 갖고 있는가?

1.20 식 (1.11)의 인접 행렬로 정의된 네트워크를 생각해보자. 노드 **C**의 들어오는 연결강도는 얼마인가? 나가는 연결강도는 얼마인가?

1.21 식 (1.11)의 인접 행렬로 정의된 네트워크를 방향이 없고 가중치가 없는 네트워크로 변환하라(방향성 그래프를 방향이 없는 그래프로 변환할 때 i에서 j로, 혹은 j에서 i로, 또는 양쪽으로 방향성 링크가 있으면 방향이 없는 그래프에서 노드 i와 j가 연결된다). 결과 행렬을 쓰거나 참고하기 위해 네트워크 다이어그램을 그릴 수 있다. 이 변환된 네트워크에는 몇 개의 노드가 있는가? 링크는 몇 개인가?

1.22 연습문제 1.21에서 설명한 대로 만든, 식 (1.11)의 인접 행렬로 정의된 네트워크의 가중치가 없고 방향이 없는 버전을 생각해보자. 이 네트워크에서 최소 연결선 수는 얼마인가? 최대 연결선 수는 얼마인가? 평균 연결선 수는 얼마인가? 조밀도는 얼마인가?

1.23 각각 동일한 수의 노드와 링크를 가진 2개의 방향이 없는 네트워크를 생각해보자. 두 네트워크는 꼭 동일한 최대, 최소 연결선 수를 가져야 하는가? 그 이유를 설명하라. 두 네트워크는 꼭 동일한 평균 연결선 수를 가져야 하는가? 그 이유를

설명하라.

1.24 페이스북의 네트워크가 매우 성기다는 사실을 확인했다. 약 10억 명의 사용자가 있고 각각 평균 1,000명의 친구가 있다고 가정하자.
- 페이스북이 연례 보고서를 발간했는데 네트워크의 사용자 수가 동일하게 유지되는 동안 사용자당 평균 친구 수가 증가했음을 보여준다고 가정해보자. 이것은 네트워크 조밀도가 증가했다는 뜻인가, 감소했다는 뜻인가, 그대로라는 뜻인가?
- 위의 가정 대신, 사용자 수와 사용자당 평균 친구 수가 모두 두 배로 증가했다고 가정해보자. 이것은 네트워크 조밀도가 증가했다는 뜻인가, 감소했다는 뜻인가, 그대로라는 뜻인가?

1.25 넷플릭스는 사용자가 시청하거나 평가한 타이틀에 연결하는 이분 네트워크를 사용해 고객 선호도 데이터로 보관한다. 넷플릭스의 영화 라이브러리에는 스트리밍과 우편으로 보내는 DVD를 합해 약 100,000개의 타이틀이 있다. 2013년 4분기에 넷플릭스는 약 3,300만 명의 사용자를 보고했다. 이 네트워크의 평균 사용자 연결선 수가 1,000이라고 가정해보자. 이 네트워크에는 대략 몇 개의 링크가 있는가? 이 네트워크가 성기다고 생각하는가, 조밀하다고 생각하는가? 설명해보라.

1.26 넷플릭스는 사용자와 타이틀을 연결하는 큰 이분 네트워크를 이용해 고객 선호도 데이터를 보관한다. 2013년부터 2014년까지 넷플릭스의 라이브러리 크기가 동일하지만 사용자 수가 증가했다고 가정해보자. 또한 이 네트워크의 평균 사용자 연결선 수가 일정했다고 가정해보자. 이 네트워크의 조밀도가 증가했는가, 감소했는가, 또는 그래도 유지됐는가?

좁은 세상

경로path**1**: (명사) 네트워크에서 되돌아가는 일 없이 계속해서 한 방향으로 따라갈 수 있는 아크arc**2**의 배열

많은 종류의 네트워크가 몇 가지 근본적인 특징을 보인다. 2장에서는 그런 특징 중에서 이웃 사이의 유사성, 노드를 연결하는 짧은 경로, 같은 이웃을 공유하는 노드들이 만드는 삼각구조라는 세 가지 특징을 알아본다. 소셜 네트워크는 이러한 특징을 잘 나타내주는 친숙한 사례다. 소셜 네트워크에서 노드는 사람을 나타내고 링크는 친구 관계, 직장에서의 관계, 지인 관계, 가족 관계와 같은 사회적 관계를 나타낸다. 소셜 네트워크는 가장 널리 연구된 네트워크이며 한 세기를 아우르는 연구 결과가 있다.

2.1 노드 간의 유사성

소셜 네트워크에서 노드는 나이, 성적 정체성, 인종, 성적 취향, 위치, 관심 있는 주제 등의 여러 성질을 갖고 있다. 연결된 노드들은 종종 비슷한 성질을 갖는 경향이 있다. 예를

---

1   좀 더 엄밀히 정의하면 경로는 같은 노드를 거듭 거치지 않는 이어진 링크의 배열이라고 할 수 있다. – 옮긴이
2   방향성 링크를 말함 – 옮긴이

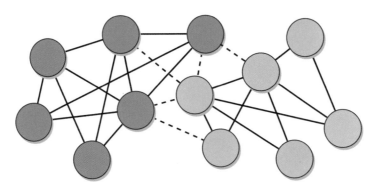

그림 2.1 네트워크 동류성의 예시. 같은 색을 가진 노드들이 다른 색을 가진 노드들에 비해 서로 더 잘 연결되는 모습을 볼 수 있다. 특히, 각 노드가 가진 링크의 다수는 같은 색의 노드들로 향하며 다수의 링크는 같은 색의 노드들을 연결한다. 점선은 다른 색의 노드들을 연결하는 소수의 링크를 나타낸다.

들어, 친족들은 근처에 살거나 친구들은 비슷한 관심사가 있을 수 있다. 이러한 경향을 학술적으로 동류성^assortativity이라 한다. 그림 2.1은 색깔로 나타낸 노드 성질에 기반한 동류성을 보여준다. 좀 더 놀라운 동류성의 예는 그림 0.3에 나타난 트위터의 사례다. 동류성 덕택에 개인의 특징을 이웃을 조사해 예측할 수 있다. 예를 들어, 0.1절에서 봤듯이 연구자들은 페이스북 사용자의 성적 지향과 트위터 사용자의 정치적 선호가 사용자 프로필에 나와 있지 않더라도 사용자의 친구 집단을 분석해 꽤 정확하게 알아낼 수 있음을 알게 됐다.

소셜 네트워크에서 동류성은 여러 원인으로 나타날 수 있다. 만약 사람들이 어떤 점에서 비슷하다면, 그들은 서로를 선택해 연결될 가능성이 높다. 이런 성질은 일상적으로 유유상종으로 불린다. 학술적으로는 동종선호^homophily라고 한다. 예를 들어, 지리적으로 가까운 곳에 사는 사람끼리 혹은 같은 운동이나 취미를 즐기는 사람끼리 만나거나 친구가 될 가능성이 높다. 데이트 앱들은 공유된 개인적 특징에 기반해 짝을 추천할 때 동종선호를 이용한다. 반대의 원인은 사회적 영향^social influence을 통해 시간이 흐름에 따라 친구들이 서로 비슷해지는 것이다. 사람은 태어날 때부터 서로를 흉내 내는 사회적 동물이다. 우리의 생각, 의견, 선호는 다른 사람과의 교류를 통해 강하게 영향을 받는다. 비슷함이 연결을 만드는가 혹은 연결이 비슷함을 만드는가? 동류성의 원인을 분리해내는 것은 어렵다. 종종 이런 요인은 동시에 사회적 연결을 형성하며 서로를 강화한다. 이 질문은 7장에서 다시 다룰 것이다.

동종선호의 어두운 면도 있다. 소셜 미디어에서는 같은 세계관을 가진 사람과 연결되기 아주 쉬운 반면에, 손가락으로 한 번 툭 건드리기만 해도 다른 의견을 가진 사람과 관계를 끊을 수 있다. 더욱이 이렇게 선택적, 효율적으로 정보가 공유되고 소비됨에 따라 매우 효과적으로 사람들의 의견에 영향을 미칠 수 있게 된다. 그림 0.3에서 명확히 나타나듯이 이러한 메커니즘은 온라인 커뮤니티의 분열과 분리를 일으킨다. 같은 의견을 가진 사람에 둘러싸일 때, 우리는 자신의 생각에 반하기보다는 더욱 강화하는 정보와 의견만을 접하게 되는 메아리 방$^{echo\ chamber}$에 있게 된다. 4장에서 살펴보겠지만, 우리가 잘못된 정보와 소셜 봇에 의한 여론 조작에 취약하기 때문에 메아리 방에 있게 되는 것은 위험하다.

NetworkX를 이용해 주어진 노드의 속성에 기반하여 네트워크의 동류성을 계산할 수 있다. 속성이 성별처럼 범주형인지 나이처럼 수치형인지에 따라 두 종류의 함수가 있다.

```
assort_a = nx.attribute_assortativity_coefficient(G, category)
assort_n = nx.numeric_assortativity_coefficient(G, quantity)
```

동류성은 소셜 네트워크에 국한되지 않는다. 많은 종류의 네트워크에서 노드들은 이웃끼리 비슷할 수 있는 성질을 갖는다. 예를 들어, 어떤 네트워크의 노드라도 연결선 수라는 근본적인 성질이 있다. 연결선 수에 기반한 동류성은 **연결선 수 동류성**$^{degree\ assortativity}$ 혹은 **연결선 수 상관**$^{degree\ correlation}$이라고 불린다. 이 동류성은 연결선 수가 큰 노드들이 다른 연결선 수가 큰 노드와 자주 연결되고 연결선 수가 적은 노드들이 다른 연결선 수가 적은 노드와 자주 연결될 때 나타난다. 이런 동류성을 보이는 네트워크는 **동류적**^{assortative}이라 한다.

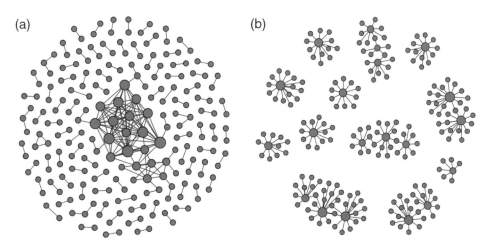

그림 2.2 네트워크의 연결선 수 동류성: (a) 동류적 네트워크, (b) 이류적 네트워크

그림 2.2(a)는 동류적 네트워크의 예를 보여준다. 연결선 수가 큰 허브 노드들이 빽빽이 연결된 코어^{core}를 이루고 있는 반면에, 연결선 수가 적은 노드들이 성기게 서로 연결되거나 코어 노드에 연결되어 있다. 따라서 동류적 네트워크는 어떤 코어-주변부 구조^{core-periphery structure}를 갖고 있다고 할 수 있다(3장에서 더 자세히 다룰 것이다). 소셜 네트워크는 보통 동류적이다. 이와 반대로 연결선 수가 큰(적은) 노드와 연결선 수가 적은(큰) 노드가 연결되는 네트워크를 이류적^{disassortative}이라 한다. 그림 2.2(b)에 나타나듯 이류적 네트워크에서 허브 노드들은 별 모양 덩어리의 중심에 자리한다. 월드와이드웹, 인터넷, 먹이 그물 및 다른 생물학적 네트워크들이 이류적인 경향이 있다.

네트워크의 연결선 수 동류성을 측정하는 두 가지 방법이 있다. 두 방법 모두 이웃하는 노드의 연결선 수 사이의 상관관계^{correlation} 측정에 기반한다. 두 변수 중 한 변수의 큰 값이 다른 변수의 큰(작은) 값에 대응하는 경향이 있을 때, 두 변수는 양(음)의 상관관계를 갖는다. 피어슨 상관계수^{Pearson's correlation coefficient}는 상관관계를 측정하는 잘 알려진 방법이다. 이 계수는 −1과 1 사이의 값을 갖는데, 0은 상관관계가 없음을 의미하고 ±1은 각각 완벽한 양/음의 상관관계를 나타낸다.

네트워크 동류성의 한 가지 측정량은 연결된 한 쌍의 노드의 연결선 수 사이의 피어슨 상관계수로 정의되는 동류성 계수^{assortativity coefficient}다. NetworkX를 이용해 다음처럼 계산할 수 있다.

```
r = nx.degree_assortativity_coefficient(G)
```

동류성 계수가 양수이면, 네트워크는 동류적이다. 동류성 계수가 음수라면, 네트워크는 이류적이다.

두 번째 방법은 노드 i의 이웃의 평균 연결선 수를 측정하는 것에 기반한다.

$$k_{nn}(i) = \frac{1}{k_i} \sum_j a_{ij} k_j \tag{2.1}$$

여기서 노드 i와 j가 이웃이면 $a_{ij} = 1$이고 아니면 0이다. 다음으로 연결선 수가 k인 노드들의 k 가장 가까운 이웃 함수 $\langle k_{nn}(k) \rangle$를 연결선 수가 k인 모든 노드의 $k_{nn}(i)$의 평균으로 정의한다. 만약 $\langle k_{nn}(k) \rangle$가 연결선 수 k의 증가 함수라면, 연결선 수가 큰 노드들은 연결선 수가 큰 노드들과 연결되는 경향이 있으며 네트워크가 동류적임을 의미한다. 만약 $\langle k_{nn}(k) \rangle$가 k의 감소 함수라면, 네트워크는 이류적이다.

NetworkX를 이용해 노드의 연결선 수와 노드의 이웃의 연결 사이의 상관관계를 계산할 수 있다.[3]

```
import scipy.stats
knn_dict = nx.k_nearest_neighbors(G)
k, knn = list(knn_dict.keys()), list(knn_dict.values())
r, p_value = scipy.stats.pearsonr(k, knn)
```

피어슨 상관계수 계산을 위해 scipy 패키지가 필요함을 유의하라.

4장에서는 웹에 매우 중요한 정보 내용에 기반한 동종선호의 한 종류에 대해 배울 것이다.

2.2 경로와 거리

원천 노드[source node]에서 출발해 링크를 가로질러 가며 목표 노드[target node]에 도달할 수 있다면, 네트워크에서 두 노드 사이에 경로[path]가 있다고 한다. 경로는 가로지른 링크의 배열이다. 경로를 이루는 링크의 수를 경로 길이[path length]라고 한다. 두 노드 사이에는 여러 개의 경로가 존재할 수 있으며 이들은 서로 다른 길이를 갖거나 같은 링크들을 공유하거나 하지 않을 수 있다. 방향이 있는 경로에서는 링크의 방향을 준수해야 한다. 사이클[cycle]은 원천 노드와 목표 노드가 같은 특별한 경로다. 단순 경로[simple path]는 같은 링크를 두 번 다시 지나지 않는다. 이 책에서는 단순 경로에 초점을 맞출 것이다. 경로 찾기는 네트워크 과학의 가장 초기에 연구됐다(글상자 2.1).

경로의 개념은 네트워크에서 노드 사이의 거리[distance]를 정의하는 데 기초가 된다. 두 노드 간 거리의 자연스러운 측정량은 두 노드를 연결하며 최소 개수의 링크를 가로지르는 경로의 링크 수다. 이런 경로를 최단 경로[shortest path]라고 부르며, 이 경로의 길이를 최단 경로 길이[shortest-path length]라고 한다. 두 노드 사이에는 다수의 최단 경로가 있을 수 있다. 당연히 최단 경로들은 같은 길이를 갖고 있다. 2.5절에서 두 노드 사이의 최단 경로를 어떻게 찾는지 볼 것이다. 수송 네트워크처럼 인접한 노드들 사이의 지리적 거리가 링크에 반영되는 경우가 있다. 이때는 경로 길이를 경로 위 링크의 지리적 거리의 합으로 재정의할 수 있다. 베를린에서 파리를 거쳐 로마로 가는 경로의 길이는 베를린에서 파리로 가는 거리와 파리에서 로마로 가는 거리의 합이다. 지리적 거리 같은 가중치가 없는 네트워크는 모

---

3 NetworkX v3에서 k_nearest_neighbors(G) 함수는 삭제 예정으로 nx.average_degree_connectivity 사용을 권장한다. - 옮긴이

1736년 레온하르트 오일러는 한 수학 문제를 풀기 위해 최초로 그래프 이론^{graph theory}을 이용했다. 당시 프러시아의 도시였던 쾨니히스베르크는 프레겔 강에 의해 네 부분(남안, 북안, 크나이호프 섬, 롬세 섬)으로 나눠져 있었으며 이 네 부분은 7개의 다리로 이어져 있었다. 문제는 각 다리를 오직 한 번만 지나면서 모든 다리를 지나는 경로를 찾는 것이었다. 오일러는 이 문제를 도시의 네 부분을 노드로 그리고 다리를 링크로 바꾼 네트워크 위에서 각 링크를 오직 한 번만 지나면서 모든 링크를 지날 수 있는 경로를 찾는 더 일반적인 문제로 바꾸었다.

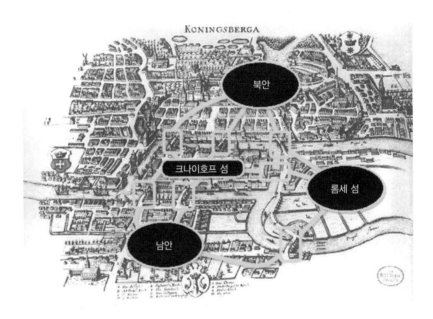

오일러는 그러한 경로(오일러를 기리기 위해 현재 오일러 경로^{Eulerian path}라고 불린다)가 원천 노드와 목표 노드를 제외한 모든 노드가 짝수 연결선 수를 가져야 존재한다는 것을 증명했다. 이런 경로가 어떤 한 노드를 지나기 위해 그 노드에 붙어 있는 하나의 링크를 통해 들어온다면 또 다른 링크를 통해서 나가야 하기 때문에 노드들은 짝수의 연결선 수를 가져야 한다. 만약 원천 노드와 목표 노드가 다르다면, 경로가 원천 노드에서 출발할 때 다시 방문하면 안 되므로(목표 노드라면 경로가 도착하면 다시 그 노드를 떠나서는 안 되므로) 홀수의 연결선 수를 갖는다. 만약 원천 노드와 목표 노드가 같다면(오일러 사이클^{Eulerian cycle}), 그 노드는 홀수의 연결선 수를 가질 수 없다. 쾨니히스베르크 네트워크의 네 노드의 연결선 수는 모두 홀수이므로, 오일러 경로는 없다.

든 링크가 거리 1인 특수한 경우로 생각할 수 있다.

그림 2.3은 방향과 가중치의 유무가 다른 네트워크들에서 두 노드 사이의 최단 경로를 보여준다. 방향과 가중치가 모두 없는 네트워크에서 최단 경로는 경로가 가로지르는 링크의 수가 최소인 경로이며, 경로의 방향에 상관없이 같은 값을 갖는다.[3] 노드 **a**와 **b** 사이에 두 경로가 있지만 노드 **d**를 지나가는 경로[4]가 한 링크 더 길다. 최단 경로[5]는 노드 **d**를 거치지 않고 노드 **e**와 **f** 사이의 링크를 지나가며 길이는 ℓ_{ab} = 4다. 가중치는 없지만 방향이 있는 네트워크에서 경로를 따르는 링크의 방향과 경로의 방향이 같아야 하기 때문에 앞의 경우와 다르다. 따라서 노드 **a**에서 **b**에 도달하는 경로는 **d**를 지나가는 하나의 경로만 존재하며, 이 방향이 있는 최단 경로의 길이는 ℓ_{ab} = 5다. 방향성 네트워크에서는 종종 어떤 두 노드 사이에 경로가 없을 수 있음을 유의하라. 예를 들어, 어떤 노드가 오직 들어오는 링크만 있다면 경로의 원천 노드가 될 수 없다. 그림 2.3의 방향성 네트워크에

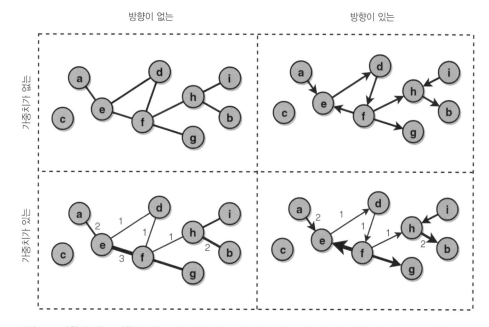

그림 2.3 방향이 없는, 방향이 있는, 가중치가 없는, 가중치가 있는 네트워크의 최단 경로. 링크 가중치는 거리를 나타내며 붉은색으로 나타나 있다. 방향이 없는 네트워크에서 노드 **a**와 **b** 사이의 최단 경로와 방향성 네트워크에서 노드 **a**로부터 **b**로 가는 최단 경로가 파란색으로 강조되어 있다. 노드 **c**와 다른 노드 사이에는 어떤 경로도 없다. 방향성 네트워크에서 최단 경로는 경로 위의 링크 방향과 일치하는 방향이어야 하고, 따라서 노드 **b**로부터 **a**로 가는 경로가 없다.

---

3   예를 들어, 노드 A에서 B로 가는 최단 경로와 B에서 A로 가는 최단 경로는 서로 길이가 같다. – 옮긴이

4   a–e–d–f–h–b – 옮긴이

5   a–e–f–h–b – 옮긴이

서는 노드 **g**로부터 시작하는 경로가 없다. 마찬가지로, 노드 **a**처럼 나가는 링크만 있다면 그 노드에 도달하는 경로는 없다.

방향은 없지만 가중치가 있는 그림 2.3의 네트워크는 링크 거리를 사용할 때 어떤 일이 일어나는지 보여준다. 이런 경우에 노드 **a**와 **b** 사이의 최단 경로는 노드 **d**를 지나간다. 이 최단 경로는 링크를 하나 더 지나가지만 노드 **e**와 **f** 사이의 거리의 합은 1 + 1 = 2이며, 이는 노드 **e**와 **f**를 연결하는 링크에 해당되는 거리인 3보다 작다. 방향과 가중치가 모두 있는 경우도 이해하기 쉽다. 최단 경로는 링크의 방향에 유의하여 경로상의 링크들의 거리의 합을 최소화하여 얻는다. 가중치가 있는 두 네트워크에서 노드 **a**로부터 **b**까지의 최단 경로의 길이는 ℓ_{ab} = 7이다.

많은 네트워크에서 링크 가중치는 연결된 두 노드 사이의 유사성이나 상호작용 세기의 측정량을 표현한다. 이럴 때는 경로상의 링크 가중치의 합이 큰 경로를 찾는 데 관심이 있을 수 있다. 이런 경로를 찾는 흔한 방법은 가중치의 역수(1 나누기 가중치)로 거리를 정의하는 것이다. 그러면 큰 가중치는 짧은 거리에 대응하게 되며, 큰 가중치를 갖는 경로를 찾는 문제는 최단 경로를 찾는 문제와 동등해진다.

최단 경로의 길이를 노드 간 거리의 측정량으로 사용해 전체 네트워크의 총 거리를 정의할 수 있다. 평균 최단 경로 길이^{average shortest-path length}(혹은 단순히 평균 경로 길이^{average path length})는 네트워크의 모든 노드 쌍 사이의 최단 경로의 길이를 평균해 얻을 수 있다. 네트워크의 지름^{diameter}은 네트워크의 모든 노드 쌍 사이의 최단 경로 길이 중 최댓값이다(즉, 네트워크에서 가장 긴 최단 경로의 길이다). 지름이란 명칭은 원 위의 임의의 두 점 사이의 최대 거리가 원의 지름이 되는 기하학에서 유래했다.

수학적으로 방향과 가중치가 없는 네트워크에서 평균 경로 길이는 다음과 같이 정의할 수 있다.

$$\langle \ell \rangle = \frac{\sum_{\{i<j\}} \ell_{ij}}{\binom{N}{2}} = \frac{2 \sum_{\{i<j\}} \ell_{ij}}{N(N-1)} \tag{2.2}$$

여기서 ℓ_{ij}는 노드 i와 j 사이의 최단 경로의 길이이며, N은 노드 수다. 합은 모든 노드 쌍에 대해 이뤄지고 노드 쌍의 수를 나누어 평균을 계산한다. 방향성 네트워크의 평균 경로 길이도 비슷하게 계산할 수 있지만 거리 ℓ_{ij}는 노드 i와 j 사이의 방향이 있는 경로에 기반하고 노드의 각 쌍을 두 방향에 맞춰 두 번 고려해서 다음처럼 계산한다.

$$\langle \ell \rangle = \frac{\sum_{\{i \neq j\}} \ell_{ij}}{N(N-1)} \tag{2.3}$$

가중치 네트워크에서는 링크 거리에 기반해 정의된 ℓ_{ij}를 이용해 비슷하게 계산한다. 네트워크의 **지름**은 다음과 같이 계산한다.

$$\ell_{max} = \max_{i,j} \ell_{ij} \tag{2.4}$$

평균 경로 길이와 지름의 정의는 각 노드 쌍에 대해 최단 경로 길이가 잘 정의되어 있다고 가정한다. 만약 어떤 노드 쌍 사이에 경로가 없다면, 평균 경로 길이와 지름이 정의되지 않는다. 예를 들어, 그림 2.3의 네트워크들은 따로 떨어진 노드 **c**와 다른 어떤 노드들 사이에도 경로가 없다. 이렇게 경로가 없는 경우는 무한대의 거리를 가진 경로로 간주할 수 있다. 이런 상황을 다루는 몇 가지 방법이 있다.

만약 몇몇 경로가 없을 때, 방향이 없는 네트워크의 평균 경로 길이를 정의하고 싶다면 다음 공식을 사용할 수 있다.

$$\langle \ell \rangle = \left(\frac{\sum_{\{i<j\}} \frac{1}{\ell_{ij}}}{\binom{N}{2}} \right)^{-1} \tag{2.5}$$

만약 노드 i와 j 사이에 경로가 없다면 $\ell_{ij} = \infty$이고 따라서 $1/\ell_{ij} = 0$으로 정의된다. 방향성 네트워크도 같은 방식으로 평균 경로 길이를 구할 수 있다.

2.3절에서는 일부 경로가 누락됐을 때 네트워크 거리와 지름을 계산하는 다른 방법을 다룰 것이다.

평균 경로 길이와 지름은 모두 네트워크의 일반적인 거리를 나타내는 데 사용할 수 있다. 이 책에서는 전자를 사용할 것이다. 정의에 따르면 평균은 최댓값을 넘을 수 없지만, 평균 경로 길이와 지름은 네트워크의 크기가 커질 때 비슷하게 변하기 때문에 때때로 같은 의미로 사용하는 경우가 있다.

NetworkX에는 경로의 존재 여부를 확인하고, 최단 경로를 찾고, 네트워크의 한 경로 길이 혹은 네트워크의 평균 경로 길이를 계산해주는 함수가 있다. 그림 2.3의 방향과 가중치가 없는 네트워크의 경우는 다음과 같다.

```
nx.has_path(G, 'a', 'c')          # 거짓
nx.has_path(G, 'a', 'b')          # 참
nx.shortest_path(G, 'a', 'b')     # ['a','e','f',h','b']
nx.shortest_path_length(G,'a','b') # 4
nx.shortest_path(G, 'a')          # 딕셔너리
nx.shortest_path_length(G, 'a')   # 딕셔너리
nx.shortest_path(G)               # 모든 쌍
nx.shortest_path_length(G)        # 모든 쌍
nx.average_shortest_path_length(G) # 오류
G.remove_node('c')                # G를 연결하라.
nx.average_shortest_path_length(G) # 이제 괜찮음
```

원천 노드가 명시될 때만, 원천 노드에서 시작하는 모든 최단 경로 혹은 최단 경로들의 길이를 얻을 수 있다. 원천 노드와 목표 노드가 모두 주어지지 않는다면, 모든 노드 쌍에 대한 최단 경로의 객체를 얻게 된다.

방향성 네트워크를 다룰 때는 함수들은 같으나 링크 방향을 고려한다. 방향이 있고 가중치가 없는 그림 2.3의 네트워크를 예로 살펴보면 다음과 같다.

```
nx.has_path(D, 'b', 'a')     # 거짓
nx.has_path(D, 'a', 'b')     # 참
nx.shortest_path(D, 'a', 'b') # ['a','e','d','f',h','b']
```

가중치 네트워크를 다룰 때는 가중치 속성으로 링크에 거리를 저장한다. 그런 다음 경로 계산 시 NetworkX에 가중치를 거리로 해석하라고 지시할 수 있다. 방향이 없고 가중치가 있는 그림 2.3의 네트워크를 예로 살펴보면 다음과 같다.

```
nx.shortest_path_length(W, 'a', 'b')          # 4
nx.shortest_path_length(W, 'a', 'b', 'weight') # 7
```

2.3 연결상태와 덩어리

네트워크의 구조와 기능을 관련지으려면, 네트워크의 연결상태^{connectedness}를 고려하는 것이 유용하다. 연결상태는 네트워크의 물리적 구조의 많은 성질을 설명한다. 예를 들어, 3장에서 연결상태를 통해 네트워크의 견고성을 연구할 수 있다.

1장에서 네트워크의 링크 수는 노드 수에 의해 제한됨을 보았다. 이는 상한값이다. 별

로 재미있는 상황은 아니겠지만 네트워크에 링크가 전혀 없을 수 있기 때문에 하한값은 0이다. 5장에서 보겠지만, 조밀도가 높을수록 네트워크가 연결될(즉, 임의의 한 노드로부터 다른 임의의 한 노드에 링크와 중간 노드를 따라 이어진 경로를 통해 도달할 수 있다) 가능성이 커진다. 링크 수가 적을수록 그리고 조밀도가 낮을수록, 네트워크가 단절될 가능성이 커진다. 그리하여 많은 노드 혹은 노드의 그룹이 서로 도달 가능하지 않게 된다.

NetworkX에는 네트워크의 연결 여부를 알려주는 알고리듬이 있다. 예를 들어, 그림 1.2의 네트워크들은 모두 연결되어 있다.

```
K4 = nx.complete_graph(4)
nx.is_connected(K4)          # 참
C = nx.cycle_graph(4)
nx.is_connected(C)           # 참
P = nx.path_graph(5)
nx.is_connected(P)           # 참
S = nx.star_graph(6)
nx.is_connected(S)           # 참
```

네트워크가 연결되지 않았다면 네트워크가 단절됐다[disconnected]고 한다. 단절된 네트워크는 둘 이상의 연결된 덩어리[connected component] 혹은 더 줄여서 덩어리[component]로 이뤄져 있다. 덩어리는 하나 이상의 노드를 포함하는 서브네트워크다. 덩어리 내부의 한 쌍의 노드는 경로를 통해 연결되지만 다른 덩어리에 속하는 한 쌍의 노드를 연결하는 경로는 없다. 많은 실제 네트워크에서 가장 큰 연결된 덩어리는 네트워크의 상당 부분을 포함하며, 거대 덩어리[giant component]라고 한다. 연결된 네트워크에서 거대 덩어리는 전체 네트워크와 일치한다.

그림 2.4는 방향이 없는 네트워크에서는 방향이 없는 경로 기반으로 그리고 방향성 네트워크에서는 방향이 있는 경로를 기반으로 각각 다르게 정의된 네트워크의 덩어리를 보여준다. 그림의 방향이 없는 네트워크는 3개의 덩어리를 갖고 있다. 정의에 따라 싱글톤[singleton][6]은 다른 노드에 연결되어 있지 않으므로 자체의 덩어리에 속한다. 방향성 네트워크에서는 한 노드에서 다른 노드에 도달할 수 있는지를 결정할 때 링크 방향에 주의해야 하기 때문에 상황이 더 복잡하다. 물론 링크 방향을 무시하고 마치 링크에 방향이 없는 것처럼 다룰 수 있다. 이런 경우 덩어리를 약하게 연결된 덩어리[weakly connected component]라고 한다. 그림 2.4의 방향성 네트워크는 3개의 약하게 연결된 덩어리를 갖고 있다. 하지만 약하게 연결된 덩어리에 속하는 모든 노드가 서로 방향이 있는 경로를 통해 도달 가능하지는 않을 수도 있다.

---

6 연결이 없는 노드 – 옮긴이

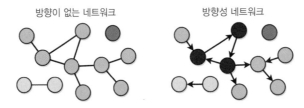

그림 2.4 연결된 덩어리. 색깔은 다른 덩어리를 나타낸다. 방향이 없는 네트워크의 예시에서는 하나가 싱글톤인 3개의 덩어리를 관찰할 수 있다. 연한 파랑 노드는 거대 무리를 구성한다. 방향성 네트워크의 예시에서는 3개의 약하게 연결된 덩어리를 관찰할 수 있다. 가장 큰 약하게 연결된 덩어리는 연한 파랑과 진한 파랑 노드를 포함한다. 진한 파랑 노드는 강하게 연결된 덩어리를 구성한다.

강하게 연결된 덩어리strongly connected component에서는 모든 노드 쌍 사이에 양방향으로 각각 최소 하나의 방향이 있는 경로가 있다. 그림 2.4에서 가장 큰 강하게 연결된 덩어리는 3개의 노드를 갖고 있다. 다른 모든 노드는 자신만을 포함한 강하게 연결된 덩어리에 각각 속해 있다. 강하게 연결된 네트워크 혹은 덩어리에는 각 노드에서 출발하는 적어도 하나의 방향이 있는 사이클이 있다. 그 이유를 알아보기 위해 강하게 연결된 네트워크의 어떤 두 노드 **a**와 **b**를 고려하자. 두 노드는 같은 강하게 연결된 덩어리에 있기 때문에 노드 **a**로부터 **b**에 도달하는 방향이 있는 경로와 노드 **b**로부터 **a**에 도달하는 경로가 존재한다. 이 두 경로를 조합하면 하나의 사이클이 된다.

연결된 덩어리를 정의했으니 네트워크가 단절됐을 때 네트워크 거리 측정 문제로 돌아가 보자. 한 가지 방법은 거대 덩어리에 속한 노드만 고려하는 것이다. 또 다른 방법은 모든 덩어리를 다 고려하되, 같은 덩어리에 속하는 노드 쌍으로만 평균을 구하는 것이다. 단절된 네트워크의 지름을 구하기 위해 각 덩어리의 지름을 구하고 최댓값을 취할 수 있다.

강하게 연결된 덩어리 S에 도달할 수는 있지만 S로부터 도달할 수는 없는 노드의 집합을 식별할 수 있다. 만약 이들이 S에서 도달 가능하다면 S의 일부가 될 것이다. 이 집합을 S의 속 덩어리in-component라 한다. 마찬가지로, S로부터 도달할 수는 있지만 S에는 도달할 수 없는 노드의 집합을 S의 바깥 덩어리out-component라고 정의한다.

방향성 네트워크가 하나의 강하게 연결된 덩어리라면 네트워크가 강하게 연결되어 있다고 한다. 방향성 네트워크가 하나의 약하게 연결된 덩어리라면 네트워크는 약하게 연결되어 있다고 한다.

NetworkX는 네트워크의 연결된 덩어리를 식별하는 함수를 제공한다. G와 D를 각각 그림 2.4의 방향이 없는 네트워크와 방향성 네트워크라고 하자.

```
nx.is_connected(G)                                                  # 거짓
comps = sorted(nx.connected_components(G), key=len, reverse=True)
nodes_in_giant_comp = comps[0]
GC = nx.subgraph(G, nodes_in_giant_comp)
nx.is_connected(GC)                                                 # 참
nx.is_strongly_connected(D)                                         # 거짓
nx.is_weakly_connected(D)                                           # 거짓
list(nx.weakly_connected_components(D))
list(nx.strongly_connected_components(D))                           # 많은 싱글톤
```

이 예에서는 connected_components() 함수의 출력을 나열하고 정렬하기 위해 sorted()
내장 함수를 사용한다. 덩어리 크기를 기준으로 정렬하기 위해 key=len으로 지정하고 내
림차순으로 출력하기 위해 reverse=True라고 지정한다. 이렇게 지정하면 첫 번째 출력은
거대 덩어리다.

2.4 트리

이 절에서는 아무 링크나 하나 삭제하면 2개의 덩어리로 쪼개지는 특수한 종류의 방향이
없고 연결된 네트워크를 소개한다. 이런 네트워크를 트리^{tree}라고 부른다.

트리의 링크 수는 $L = N - 1$이다. 실제로 이렇다는 것을 확인하기 위해 2개의 노드
($N = 2$)를 가진 네트워크부터 시작해보자. 이때 네트워크가 연결되기 위해서는 하나
의 링크($L = 1$)만 있으면 된다. 다음에 하나씩 노드를 추가해보면, 추가되는 노드가 기
존의 노드와 연결하기 위해 하나의 링크를 더해주면 된다. 따라서 링크 수는 언제나 노
드 수보다 하나 적게 된다. 어떤 링크를 제거해도 하나 이상의 노드는 단절된다.

트리는 다른 흥미로운 성질도 있다. 트리에는 사이클이 없다. 트리가 사이클을 가질 수
없다는 사실을 귀류법을 통해 증명할 수 있다. 만약 어떤 트리에 사이클이 있다면, 트리
를 단절하지 않고 최소한 하나의 링크를 사이클에서 제거할 수 있을 것이다. 그렇다면 이
트리는 더 이상 트리가 아니게 된다. 이는 모순이다. 사이클이 없기 때문에 주어진 한 쌍
의 노드를 연결하는 오직 하나의 경로만 있게 된다.

트리는 계층적^{hierarchical}이다. 트리에서 아무 노드를 하나 골라 루트^{root}라고 부를 수 있다.
트리의 각 노드는 루트 방향에 있는 하나의 부모 노드와 루트에서 멀어지는 방향에 있는

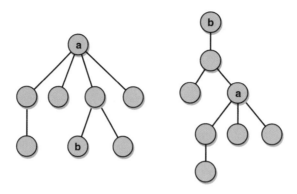

그림 2.5 트리의 계층 구조. 동일한 트리가 각각 노드 **a**와 **b**를 루트로 삼고 각각을 최상단에 놓은 2개의 다른 배치로 나타나 있다. 각 노드는 위에 부모 노드(루트는 부모가 없다)가 있고 아래에 자식 노드가 있다(리프들은 가장 아래에 있고 자식 노드가 없다).

하나 이상의 자식 노드와 연결되어 있다. 단, 부모가 없는 루트와 자식이 없는 트리의 리프(잎)^{leaf}는 예외다. 트리의 계층 구조는 그림 2.5에 나타나 있다.

NetworkX에는 네트워크가 트리인지를 알려주는 알고리듬이 있다. 예를 들어, 셋 이상의 노드를 가진 완전 네트워크는 사이클이 있기 때문에 트리가 아니다. 그림 1.2의 별 모양 네트워크나 경로 네트워크는 트리의 예다.

```
K4 = nx.complete_graph(4)
nx.is_tree(K4)          # 거짓
C = nx.cycle_graph(4)
nx.is_tree(C)           # 거짓
P = nx.path_graph(5)
nx.is_tree(P)           # 참
S = nx.star_graph(6)
nx.is_tree(S)           # 참
```

2.5 최단 경로 찾기

2.2절에서 최단 경로에 대해 다뤘다. 하지만 실제로 두 노드 사이에서 어떻게 최단 경로를 찾을까? 이를 위해서는 전체 네트워크의 지도를 만들고 길을 찾아야 한다. 이는 NetworkX 나 그 밖의 네트워크 분석 도구를 통해 할 수 있다. 4장에서 살펴보겠지만, 자동으로 웹 을 검색해 새로운 웹 페이지를 저장하는 웹 크롤러$^{web\ crawler}$를 통해서도 이뤄진다.

원천 노드에서 시작해 네트워크의 다른 모든 노드 사이의 최단 경로를 찾는 알고리듬

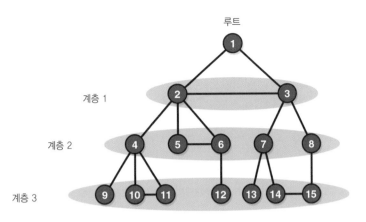

루트

계층 1

계층 2

계층 3

그림 2.6 너비 우선 탐색. 그림에서는 노드 1이 원천 노드로 선택됐다. 먼저 노드 1의 이웃인 노드 2와 3을 방문한다. 이것이 계층 1이며 원천 노드에서 한 걸음 떨어진 모든 노드를 포함한다. 그런 다음 원천 노드에서 두 걸음 떨어진 계층 1에 속하는 노드들의 이웃인 노드 4, 5, 6, 7, 8로 이동한다(계층 2). 마지막으로, 원천 노드에서 거리 3만큼 떨어진 노드 9, 10, 11, 12, 13, 14, 15에 도달한다(계층 3).

혹은 절차를 너비 우선 탐색^{breadth-first search}이라고 한다. 알고리듬의 아이디어는 원천에서 더 멀리 떨어진 더 '깊은 곳'으로 가기 전에 원천에서 일정 거리 안에 있는 네트워크의 전체 '너비'를 방문하는 것이다. 그림 2.6은 방향이 없는 단순한 네트워크에서 이 과정의 예를 보여준다. 원천 노드에서 시작해 이웃 노드를 방문하여 계층 1로 설정하고 원천 노드에서 방문한 노드까지의 거리를 1로 설정한다. 다음에 계층 1에 속하는 노드의 이웃 중 이미 방문한 노드는 제외하고 나머지를 방문해 계층 2로 설정한다. 이 노드의 거리는 2로 설정한다. 그다음에 계층 2에 속하는 노드의 이웃 중에서 방문하지 않았던 노드를 방문해 계층 3으로 설정하고 이 노드의 거리를 3으로 설정한다. 같은 방식을 반복한다. 그림 2.6은 각 계층에 속한 모든 노드가 원천 노드에서 같은 거리에 있음을 보여준다. 네트워크가 연결되어 있다면, 모든 노드를 방문하게 되고 원천 노드에서의 거리를 부여하게 된다. 이 절차는 원천 노드에서 출발하는 방향이 있는 경로를 통해 노드에 도달한다는 점을 제외하고는 웹 같은 방향성 네트워크에서 유사하게 진행한다.

원천 노드에서 다른 노드로 가는 최단 경로를 찾기 위해, 너비 우선 검색 탐색 알고리듬은 원래 네트워크와 동일한 노드를 포함하지만 링크의 부분집합만 포함하는 방향이 있는 최단 경로 트리^{shortest-path tree}를 구축한다. 이 트리는 트리의 루트(원천 노드)와 다른 노드 사이의 최단 경로들을 보여준다. 방향성 네트워크에 적용된 너비 우선 탐색 알고리듬이 그림 2.7에 설명되어 있다. 구현 세부 사항은 글상자 2.2를 참고하라.

너비 우선 탐색 알고리듬을 실행한 후 원천 노드와 같은 연결된 덩어리에 있는 모든

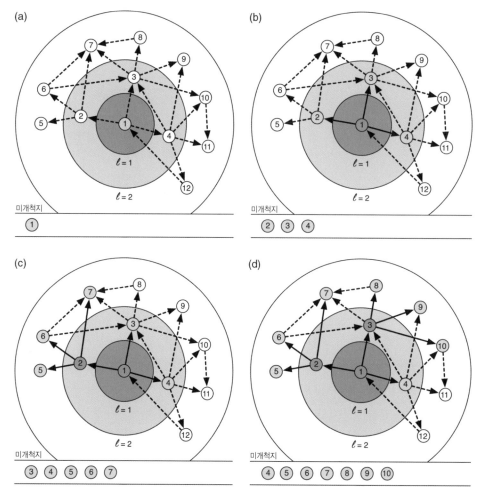

그림 2.7 방향성 네트워크를 가로지르며 원천 노드에서 시작하는 짧은 경로를 찾는 너비 우선 탐색 알고리듬 설명. 노드가 미개척 대기열에 추가되면 밝은 회색으로, 대기열에서 해제되면 어두운 회색으로 표시된다. 링크는 최단 경로 트리에 추가되면 점선에서 실선으로 바뀐다. (a) 미개척지는 원천 노드 1로 초기화된다. (b) 노드 1은 미개척지에서 해제되고 후속 노드 2, 3, 4가 미개척지 대기열에 추가된다. (c) 노드 2가 미개척지에서 해제되고 후속 노드 5, 6, 7이 미개척지 대기열에 추가된다. (d) 노드 3이 미개척지에서 해제되고 후속 노드 8, 9, 10이 미개척지 대기열에 추가된다. 노드 7은 이미 미개척지에 있기 때문에 노드 3에서 7로 가는 링크는 무시한다. 방문한 노드들의 거리가 정해진 후에 이들이 다시 미개척지로 간주되지 않기 위해 알고리듬은 방문한 노드들을 기록한다. 예를 들어, 노드 4를 방문할 때 노드 4의 후속 노드인 노드 3은 원천 노드와의 거리가 이미 1로 설정되어 있으므로 무시할 수 있다. 노드 4를 방문한 후에는 원천 노드에서 거리가 1인 모든 노드를 방문한 것이므로 다음 단계에서는 원천 노드에서 거리가 2인 노드를 방문할 수 있다.

너비 우선 탐색은 원천 노드를 입력으로 사용한다. 알고리듬을 구현하려면 각 노드는 원천 노드에서의 거리를 저장할 속성을 갖고 있어야 한다. 또한 미개척지^{frontier}라고 부르는 노드의 대기열을 유지해야 한다. 대기열은 선입선출 데이터 구조다. 노드가 삽입된(대기열에 추가된) 순서대로 추출(대기 해제)된다.

처음에는 원천 노드 s가 미개척지에 대기한다. 원천 노드 s의 거리는 $\ell(s, s) = 0$으로 설정되며 다른 모든 노드의 거리는 공통의 비현실적인 값, 예를 들어 -1로 설정된다. 궁극적으로 최단 경로 트리가 될 네트워크는 링크 없이 시작한다.

각 반복 시 미개척지의 다음 노드 i를 방문하고 미개척지에서 제외한다. 그런 다음, 노드 i의 후속 노드(혹은 네트워크에 방향이 없다면 노드 i의 각각의 이웃인) j의 거리가 이미 설정되지 않았다면 다음 세 단계를 따른다.

1. 노드 j는 미개척지에 대기한다.
2. 원천 노드에서 노드 j의 거리를 $\ell_{s,j} = \ell_{s,i} + 1$로 설정한다.
3. 노드 i에서 j로 방향이 있는 링크 하나를 최단 경로 트리에 추가한다.

미개척지가 비게 되면 절차를 종료한다. 종료 후에 거리가 설정되지 않은 노드가 있다면, 이들은 원천 노드에서 도달 가능하지 않으며 네트워크의 다른 연결 덩어리에 있어야 한다.

노드에 원천 노드에서의 거리가 할당된다. 원천 노드에서 아무 목표 노드로의 최단 경로를 찾으려면, 원천 노드에 도달할 때까지 목표 노드에서 상위 계층의 이전 노드를 통해 거꾸로 최단 경로 트리의 링크를 따라가야 한다. 트리에서 루트로 가는 경로가 하나만 있다는 것을 기억하라. 각 노드는 하나의 이전 노드가 있다. 다음에 원천 노드에서 목표 노드로의 최단 경로를 얻기 위해 경로를 뒤집어야 한다. 방향이 없는 네트워크에서 이렇게 얻은 최단 경로는 목표 노드에서 원천 노드로의 최단 경로와 같지만 방향성 네트워크에서는 다를 수 있다.

그림 2.7의 예시에서 링크가 실선으로 그려진 최단 경로 트리를 볼 수 있다. 예를 들어, 노드 1에서 노드 7로의 최단 경로에 관심이 있다고 가정해보자. 너비 우선 검색은 이 경로의 길이를 $\ell_{1,7} = 2$로 설정한다. 최단 경로를 찾기 위해 노드 7에서 시작해 최단 경로 트리에 있는 이전 노드인 노드 2로 간 다음에 노드 2의 이전 노드인 노드 1로 간다. 이 경

로를 뒤집어서 최단 경로 **1 → 2 → 7**을 얻는다. 이 경로가 유일한 최단 경로는 아니다. 경로 **1 → 3 → 7** 또한 같은 길이이지만 알고리듬은 원천 노드에서 출발하는 최단 경로 중 하나만 찾아낸다. 또한 이 방향성 네트워크에서 노드 **7**에서 노드 **1**로 향하는 최단 경로는 같지 않다. 사실 그런 경로는 없다.

가중치가 없는 네트워크에서 너비 우선 검색 알고리듬은 하나의 원천 노드에서 다른 모든 노드로 향하는 최단 경로를 찾는다. 가중치 네트워크에서 최단 경로를 찾는 좀 더 복잡한 알고리듬 또한 있다. 모든 노드 쌍 사이의 최단 경로를 찾으려면 각 노드를 원천 노드로 삼아 알고리듬을 N번 실행해야 한다. 이것은 매우 많은 계산이 필요한 일이다. 연습 삼아 NetworkX의 shortest_path(G)(혹은 shortest_path_length(G))를 이 책의 깃허브 저장소[7](또한 표 2.1 참고)에 있는 네트워크 몇몇에 적용해보라. 큰 네트워크에서는 고통스러울 정도로 오랜 시간이 걸림을 알게 될 것이다. 비록 최단 경로가 존재한다고 해도, 그것을 찾는 것이 반드시 쉬운 일은 아니다. 다행히도 7.4절에서 볼 수 있듯이 네트워크는 종종 경험적인 어림짐작 규칙을 따라 목표 노드를 효율적으로 찾을 수 있는 단서를 제공한다.

표 2.1 여러 예시 네트워크의 평균 경로 거리와 뭉침 계수. 네트워크는 표 1.1과 같으며 노드 수와 링크 수 또한 나열되어 있다. 링크 가중치는 무시했다. 평균 경로 거리는 거대 덩어리 안에서 측정됐으며, 방향성 네트워크에서는 강하게 연결된 거대 덩어리 안의 방향이 있는 경로를 고려했다. 방향성 네트워크에서 뭉침 계수의 계산을 위해 링크 방향을 무시했다.

네트워크	노드 수 (N)	링크 수 (L)	평균 경로 길이 ($\langle \ell \rangle$)	뭉침 계수 (C)
노스웨스턴대학교 페이스북	10,567	488,337	2.7	0.24
IMDB 영화와 주연배우	563,443	921,160	12.1	0
IMDB 공동 출연	252,999	1,015,187	6.8	0.67
미국 정치 이슈 트위터	18,470	48,365	5.6	0.03
엔론 이메일	87,273	321,918	3.6	0.12
위키백과 수학 분야	15,220	194,103	3.9	0.31
인터넷 라우터	190,914	607,610	7.0	0.16
미국 항공 운송망	546	2,781	3.2	0.49
세계 항공 운송망	3,179	18,617	4.0	0.49
효모 단백질 상호작용	1,870	2,277	6.8	0.07
예쁜꼬마선충 신경망	297	2,345	4.0	0.29
에버글레이즈 생태 먹이 그물	69	916	2.2	0.55

---

7   github.com/CambridgeUniversityPress/FirstCourseNetworkScience

2.6 사회적 거리

2.2절에서 정의한 평균 경로 거리는 네트워크에서 노드들이 얼마나 가깝거나 멀리 있을 것으로 예상하는지를 나타낸다. 직관적으로 도로망이나 전력망처럼 격자 같은 네트워크에서 경로는 길 수 있다. 많은 실제 네트워크에서도 그런가? 먼저 이 질문을 널리 다룬 몇몇 소셜 네트워크 사례를 살펴보자.

공동 저자 네트워크는 노드와 링크에 대한 데이터를 비교적 쉽게 수집할 수 있기 때문에 잘 연구된 일종의 사회적 협업 네트워크다. 노드는 학자이며 링크는 디지털 저장소에서 얻을 수 있다. 두 명 이상의 학자가 공동 저술한 논문을 쓰면 공동 저자 네트워크에서 이 학자 사이에 논문을 통한 링크가 생긴다.

5장에서 논의하겠지만, 팔 에르되시Paul Erdős는 네트워크 과학에 결정적 기여를 한 유명한 수학자다(그의 삶에 대한 자세한 배경지식은 글상자 5.1 참고). 수학자들은 공동 저자 네트워크에서 에르되시에 해당하는 특정 노드에서 자신까지의 거리를 알아보는 것을 좋아한다. 이 거리를 수학자들의 에르되시 수Erdős number라고 부른다(글상자 2.3). 많은 수학자는 매우 작은 에르되시 수를 갖고 있다. 그림 2.8은 에르되시와 그의 500명 이상의 공동 저자들이 참여하는 협업 네트워크를 보여준다. 실제로 학자들은 단지 에르되시하고만 가까운 것이 아니다. 그들은 모두와 가깝다. 이것은 협업 네트워크에서 흔한 현상이다. 모든 노드 쌍

글상자 2.3 에르되시 수

팔 에르되시는 세계에서 가장 위대한 수학자 중 한 명이었다. 그는 또한 놀라운 생산성과 협업자의 수로 과학자들 사이에서 두각을 나타낸다. 그러므로 에르되시는 그를 통해 과학 협업 네트워크의 많은 노드에서 다른 노드로 이동할 수 있다는 점에서 네트워크의 연결상태에 중요한 역할을 한다. 그래서 그를 위한 특별한 양인 에르되시 수가 정해졌다. 많은 과학자가 자랑스럽게 자신의 홈페이지와 이력서에서 그들의 에르되시 수를 보여준다. 이 수는 단지 공동 저자 네트워크에서 어떤 학자에서 팔 에르되시까지의 최단 경로 길이로 정의된다. 심지어 수학자들을 위해 에르되시 수를 계산해주는 온라인 도구도 있다(www.ams.org/mathscinet/collaborationDistance.html). 예를 들어, 에르되시는 알렉스 베스피냐니Alex Vespignani와 함께 논문을 쓴 판 청Fan Chung과 공동 연구자였다. 알렉스 베스피냐니는 이 책의 두 저자와 공동 저자였으므로 이 책의 두 저자는 3의 에르되시 수를 갖는다. 팔 에르되시의 공동 저자 수가 매우 커서 작은 에르되시 수를 가진 학자는 꽤 많다.

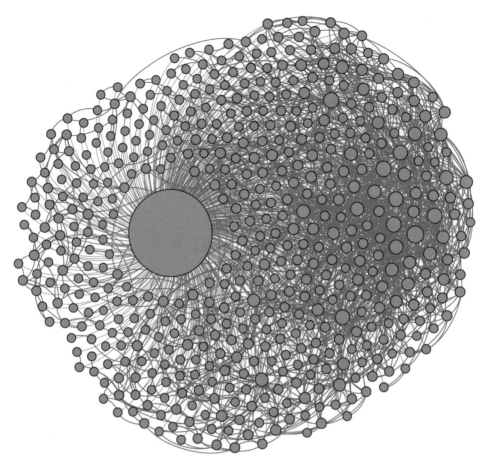

그림 2.8 공동 저자 네트워크 안에 있는 팔 에르되시(가운데 있는 큰 노드)의 자기주변 네트워크. 자기주변 네트워크는 1.4절에서 정의했다.

사이에 짧은 경로가 있다. 아무 두 학자를 골라도 그들은 서로 그렇게 멀지 않다.

협업 네트워크뿐만 아니라 거의 모든 소셜 네트워크의 노드 사이의 경로가 매우 짧다. 당신은 누군가를 아는 누군가를 아는 누군가를 알고 있을 것이고, 몇 단계 후에 지구상의 누구에게든 닿을 수 있다! 좀 더 친숙한 영역에서 설명하기 위해 영화배우를 연결하는 소셜 네트워크를 살펴보자. 0장에서 봤듯이 노드는 배우이며, 영화에 함께 출연한 적이 있다면 두 노드는 연결된다. 케빈 베이컨의 여섯 단계 게임은 이 네트워크에서 유래한 재미있는 게임이다. 그림 2.9에서 설명하는 이 게임은 공동 출연 네트워크에서 임의의 배우와 케빈 베이컨을 연결하는 최단 경로를 찾는 게임이다. 예를 들어, 길이 $\ell = 2$의 경로가 마릴린 먼로^{Marilyn Monroe}와 케빈 베이컨을 연결한다. 오라클 오브 베이컨(oracleofbacon.org)이라는 웹사이트에서 이 게임을 온라인으로 할 수 있다. 이 웹사이트는 공동 출연 네트워크를 구축하기 위해 인터넷 영화 데이터베이스$^{Internet Movie Database}$(IMDB.com)에서 데이터를 가져온다. 케빈 베이컨은 종종 농담으로 영화배우 네트워크의 '허브'로 여겨지지만, 실제로는 특별하지 않다. 아무 두 배우를 입력해도 웹사이트는 노드(배우) 및 링크(영화)의 배열로 최단 경로를 보여준다. 친숙한 배우 두 명이 4개 이상의 링크로 분리되어 있는 것을 찾을 수 있는가? 이 게임을 하면서 찾아보라!

에르되시 수와 오라클 오브 베이컨은 실제 네트워크에서 긴 경로를 찾는 것이 쉽지 않음을 보여준다. 생각해보면, 소셜 네트워크에서 우리 모두는 몇 걸음밖에 떨어져 있지 않다는 짧은 사회적 거리라는 개념은 이해하기 어렵지 않다. 몇 번이나 누군가를 만났는데 공통의 친구가 있어서 놀라본 적이 있는가? 친구의 친구를 우연히 만나게 될 확률이 낮을 것이라는 예상은 전체 인구에 비해 우리가 아는 사람이 얼마나 적은지에 대한 직감에서 비롯된다. 하지만 이런 종류의 일은 충분히 자주 일어나며, 우리가 "세상 참 좁다."라고 외치게 만든다. 좁은 세상$^{small\ world}$은 평균적으로 사회적 거리가 짧다는 통념이다. 결과적으로 친구들의 친구 수는 우리가 생각하는 것보다 훨씬 많고, 소셜 네트워크에서 짧은 경로를 찾는 것은 어쨌든 드문 일이 아니다.

2.7 여섯 단계 분리

케빈 베이컨의 여섯 단계 게임이란 이름은 여섯 단계 분리$^{six\ degrees\ of\ separation}$라는 개념에서 영감을 받았다. 여섯 단계 분리와 좁은 세상은 같은 개념이다. 세상의 어떤 두 사람이든 짧은 일련의 지인들로 연결되어 있다. 다르게 말하면, 소셜 네트워크는 짧은 지름을 갖고 있고 더 짧은 평균 경로 길이를 갖는다. '여섯'이란 숫자는 1920년대 헝가리 작가 프리기예스 카린시$^{Frigyes\ Karinthy}$에서 유래했으며, 이탈리아 발명가 굴리엘모 마르코니$^{Guglielmo\ Marconi}$도 20년 전인 1900년 초에 같은 아이디어를 냈었다. 하지만 '여섯 단계'라는 표현을 유명하게 만든 것은 1960년대에 심리학자 스탠리 밀그램$^{Stanley\ Milgram}$[8]이 실시한 한 실험이었다. 이 실험은 좁은 세상에 대한 최초의 실증적 증거를 제공했다.

밀그램은 모르는 사람 사이의 사회적 거리를 재고 싶었다. 그래서 그는 네브래스카주와 캔자스주에 있는 160명의 피험자들에게 편지를 피험자의 지인에게 전달하도록 요청했고, 이 편지는 결국 메사추세츠주에 있는 목표자에게 전달돼야 한다고 지시했다. 각 편

---

8 밀그램은 실험 대상자들이 다른 사람들에게 고통을 주도록 지시한, 매우 논란이 많은 또 다른 실험으로 유명하다. 권위의 압력으로 인해 인간이 어느 정도까지 부도덕한 행동을 할 수 있을지를 시험하는 것이 실험의 목표였다.

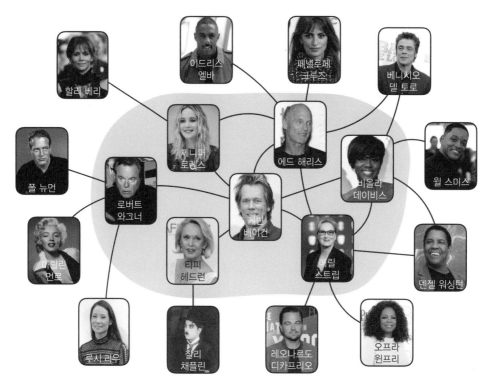

그림 2.9 케빈 베이컨의 여섯 단계 게임의 보기. 공동 출연 네트워크에서 케빈 베이컨에 연결된 노드 중 몇 개가 그늘진 영역에 노드 사이의 링크들과 함께 나타나 있다. 거리 $\ell = 2$인 노드들의 작은 일부도 나타나 있다. 사진의 저작권: Getty Images

지 수신자는 목표자를 알 것 같은 수신자의 지인에게 편지를 전달하기로 되어 있었다. 오직 42통의 편지(26%)가 목표자에게 도달했다. 하지만 편지가 도달했을 때, 경로 길이는 3~12단계로 놀랍도록 짧았다. 그림 2.10은 4단계의 일반적인 경로를 보여준다. 평균 경로 길이는 6단계가 조금 넘었고, 이는 결국 좁은 세상 개념을 대중화한 '여섯 단계 분리'라는 제목의 연극에 영감을 주게 된다. 밀그램의 실험은 2003년 더 많은 피험자를 모으기 위해 이메일을 이용해 재현됐다. 이 실험에는 13개 국가에서 18명의 목표자가 있었다. 24,000명 이상의 피험자로부터 시작된 이메일 전달 경로 중에 384개만 완료됐으며 평균 길이는 4단계였다. 끊어진 다수의 경로를 고려해, 연구의 저자들은 중위 경로 길이를 5~7단계로 추정했고 이는 밀그램의 '여섯 단계'와 일치한다. 더욱 최근인 2011년에 페이스북과 밀라노대학교 연구진은 당시 활동했던 페이스북 사용자 7억 2100만 명(전 세계 인구의 10% 이상인)과 그들 사이의 690억 개의 친구 관계를 조사해 평균 경로 길이가 4.74단계임을 알아냈다.

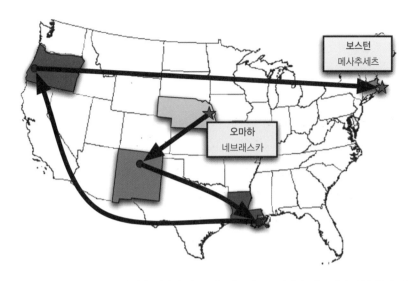

그림 2.10 밀그램의 실험에서 한 편지가 전달된 경로. 네브래스카주 오마하에 있는 시작 피험자는 뉴멕시코주 산타페에 있는 지인에게 편지를 보냈으며 거기서 편지는 루이지애나주 뉴올리언스에 있는 사람에게 전달됐다가 오리건주의 유진에게 전달된 후에 메사추세츠주 보스턴에 있는 목표자에게 도달했다.

지금까지 우리는 케빈 베이컨의 여섯 단계 게임을 하거나 밀그램 및 다른 연구자들의 연구에서 보고된 경로를 '짧다'고 했다. 하지만 언제 경로가 짧다고 할 수 있을까? 무엇에 비해서? 노드가 10개만 있는 네트워크에서 여섯 단계의 경로는 짧다고 부를 수 있는가? 분명히 우리는 짧은 경로가 의미하는 바를 더 정확히 정의해야 하며, 더 정확한 정의는 네트워크의 크기에 상대적이어야 한다. 실제로 크기가 다른 네트워크(또는 서브네트워크)를 고려할 때 평균 경로 길이와 네트워크 크기 사이의 관계를 살펴보는 것이 더 타당하다. 평균 경로 길이가 네트워크 크기에 따라 매우 느리게 커지면 평균 경로 길이가 짧다고 한다.

평균 경로 길이가 네트워크 크기에 따라 느리게 커지는 것을 수학적으로는 평균 경로 길이가 네트워크 크기에 대해 로그적으로 증가하는 것으로 나타낼 수 있다.

$$\langle \ell \rangle \sim \log N$$

b를 밑으로 a의 로그 $\log_b a$는 $b^c = a$를 만족하는 지수 c다. 밑 $b = 10$이 보통 쓰인다. $10^1 = 10$이기 때문에 $\log_{10} 10 = 1$이며 $10^2 = 100$이기 때문에 $\log_{10} 100 = 2$이고 $\log_{10} 1000 = 3$이다. 따라서 로그는 매우 느리게 커지는 함수다.

평균 경로 길이가 네트워크 크기에 따라 매우 느리게 증가한다는 말의 의미는 네트워크에 수천만의 노드가 있더라도 평균 경로 길이는 여전히 한 자리 수라는 뜻이다. 또한 네트워크 크기가 여러 배 증가할 수 있다 해도 평균 경로 길이는 몇 단계만 길어지는 것이다.

이런 종류의 관계를 따르는 짧은 경로는 학문적 협업 네트워크, 배우 네트워크, 고등학교 친구 네트워크, 페이스북 같은 온라인 소셜 네트워크를 비롯한 여러 소셜 네트워크에서 발견된다. 짧은 사회적 거리는 예를 들어 직장을 찾을 때 유용할 수 있다. 하지만 짧은 경로는 소셜 네트워크의 전유물이 아니다. 사실 경로를 찾는 일은 우리가 모든 종류의 네트워크에서 일상적으로 하는 일이다. 예를 들어, 장거리 항공편을 예약할 때는 환승 횟수를 최소화하려고 한다. 네트워크 경로를 찾는 것은 재미있을 수도 있다. 위키레이싱^{Wikiracing}은 위키백과와 함께 작동하도록 고안된 하이퍼텍스트 검색 게임이다. 게임 참가자는 위키백과의 각 항목 안에 있는 링크를 클릭하는 것만으로 둘 다 무작위로 선택된 원천 항목에서 목표 항목으로 이동해야 한다. 게임의 목표는 가장 적은 수의 클릭을 해서 목표 항목에 도달하는 것이다(즉, 짧은 네트워크 경로를 찾는 것이다). 팀을 위한 버전과 주어진 시간을 다투어가며 해야 하는 버전도 있다. 위키게임(thewikigame.com) 같은 온라인 버전의 게임을 해볼 수 있다. 약간의 연습으로 어떤 목표 항목에든 빠르게 도달할 수 있다는 데 놀랄 것이다. 이는 위키백과의 경로가 짧다는 것을 알려준다. 4장에서 보겠지만, 웹도 마찬가지다.

밝혀진 것처럼, 짧은 경로는 거의 모든 실제 네트워크에서 어디서나 볼 수 있는 특징이며 격자 형태의 네트워크 정도가 몇 가지 예외 중 하나다. 표 2.1은 여러 네트워크의 평균 경로 길이를 보여준다.[9] 이 모든 예시 네트워크에서 평균 경로 길이는 몇 단계밖에 안된다. 영화 및 영화배우 네트워크에서는 평균 경로 길이가 좀 더 길다. 하지만 이 네트워크는 링크가 영화와 배우를 연결하는 이분 네트워크임을 명심하라. 두 배우가 같은 영화에 출연할 때 연결되는 공동 출연 네트워크에서 영화가 링크를 나타내며 평균 경로 길이는 거의 반으로 줄어든다. 5장에서는 링크가 무작위로 배정되는 가장 단순한 네트워크에서 짧은 경로를 찾아볼 것이다.

---

9 이 네트워크에 대한 데이터는 이 책의 깃허브 저장소(github.com/CambridgeUniversityPress/FirstCourseNetwork Science)에서 찾을 수 있다.

2.8 친구의 친구

소셜 네트워크에서 만약 앨리스와 밥이 모두 찰리의 친구라면 그들은 서로 친구일 가능성이 높다. 즉, 높은 확률로 내 친구의 친구도 내 친구일 것이다. 이는 네트워크에 많은 삼각구조가 있음을 의미한다. 그림 2.11(a)에서 볼 수 있듯이, 삼각구조는 각 노드 쌍이 링크로 연결되는 삼자 관계(세 노드의 집합)다. 노드의 이웃 노드 사이의 연결은 이 노드끼리 얼마나 긴밀하게 연결됐는지 혹은 뭉쳐져 있는지를 포착하기 때문에 네트워크 국소 구조의 중요한 특징이다.

노드의 뭉침 계수^{clustering coefficient}는 노드의 이웃 노드들의 쌍 중에서 서로 연결된 쌍의 비율이다. 이는 노드를 실제로 포함하는 삼각구조의 수와 노드가 참여할 수 있는 삼각구조의 최대 개수의 비율과 같다.

노드 i의 뭉침 계수는 수학적으로 다음과 같이 정의된다.

$$C(i) = \frac{\tau(i)}{\tau_{max}(i)} = \frac{\tau(i)}{\binom{k_i}{2}} = \frac{2\tau(i)}{k_i(k_i - 1)} \tag{2.6}$$

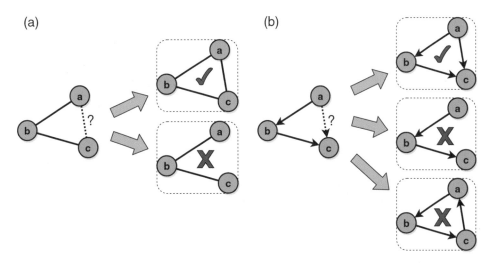

그림 2.11 삼자 관계와 삼각구조: (a) 방향이 없는 네트워크에서 노드 b는 이웃 a 및 c와 연결되어 있다. 세 노드는 노드 a와 c가 서로 연결됐는지 아닌지에 따라 삼각구조를 만들거나 만들지 않을 수 있다. (b) 방향성 네트워크에서 노드 a에서 b로 향하는 링크가 있고 노드 b에서 c로 향하는 링크가 있다. 노드 a에서 c로 향하는 지름길 링크가 방향이 있는 삼각구조를 만든다.

여기서 $\tau(i)$는 노드 i를 포함하는 삼각구조의 수다. 노드 i가 최대로 참여할 수 있는 삼각구조의 수는 노드 i의 k_i 이웃들로 만들어지는 노드 쌍의 수다. 분모의 k_i 항과 $k_i - 1$ 항 때문에 $C(i)$는 오직 노드 i의 연결선 수가 $k_i > 1$일 때만 정의될 수 있다. 즉, 노드가 삼각구조를 만들려면 최소한 2개의 이웃이 있어야 한다.

전체 네트워크의 뭉침 계수는 개별 노드 뭉침 계수의 평균이다.

$$C = \frac{\sum_{i:k_i>1} C(i)}{N_{k>1}} \tag{2.7}$$

평균 뭉침 계수를 계산할 때, 연결선 수가 $k < 2$인 노드들은 제외한다.

그림 2.12는 네트워크에서 몇 개 노드의 예를 통해 뭉침 계수를 계산하는 방법을 보여준다. 노드 **a**는 두 이웃 **f** 및 **g**와 연결되어 있고 이 두 노드는 서로 연결되어 삼각구조를 만든다. 따라서 뭉침 계수는 $C(a) = 1/1 = 1$이다. 노드 **b**는 4개의 이웃이 있다. 이 이웃들로 만들어진 6개의 노드 쌍 중에 (**e**, **c**)와 (**c**, **g**) 이렇게 2개만 연결되어 있다. 따라서 $C(b) = 2/6 = 1/3$이다. 노드 **c**는 링크 (**e**, **b**)와 (**b**, **g**)를 통해 2개의 삼각구조를 만드는 세 이웃이 있다. 세 번째로 가능한 삼각구조는 링크 (**e**, **g**)가 없기 때문에 만들어지지 않았다. 따라서 $C(c) = 2/3$이다. 마지막으로, 노드 **d**는 하나의 이웃 **e**와 연결되어 있다. 그

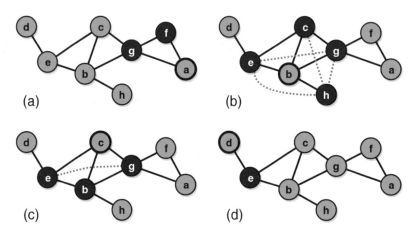

그림 2.12 뭉침 계수의 예시: (a) 노드 **a**는 연결된 두 이웃 노드 **f**와 **g**가 있고 이들은 삼각구조를 만든다. (b) 노드 **b**는 4개의 이웃 노드 **c**, **e**, **f**, **h**가 있다. 6개의 이웃 노드의 쌍 중에 두 쌍이 연결되어 6개의 가능한 삼각구조 중에 2개를 만든다. 회색 점선은 만들어지지 않은 삼각구조의 연결이다. (c) 노드 **c**는 세 이웃 노드 **e**, **b**, **g**가 있고 가능한 세 삼각구조 중에 2개를 만든다. (d) 노드 **d**는 이웃 노드가 **e**뿐이라 가능한 삼각구조가 없고 뭉침 계수가 정의되지 않는다.

러므로 $C(d)$는 정의되지 않는다.

 뭉침 계수의 정의는 방향이 없는 네트워크에만 적용된다. 방향이 없는 삼각구조만 정의했기 때문이다. 방향성 네트워크에서 뭉침 계수의 정의를 확장할 수 있지만, 특정 사례와 관련이 있는 삼각구조의 종류에 따라 정의한다. 예를 들어, 트위터에서는 정보가 이동하는 지름길 경로에 관심이 있을 수 있다. 그림 2.11(b)의 상황을 생각해보자. 만약 **a**가 **b**를 팔로우하고 **b**가 **c**를 팔로우한다면, **a**는 **b**의 리트윗을 통하기보다는 **c**의 트윗을 직접 보기 위해 **c**를 팔로우하는 데 관심이 있을 수 있다. 이런 상황에서 앞서 설명한 종류의 지름길을 나타내는 방향이 있는 삼각구조만 세고 싶을 수 있다. 이 책에서는 방향이 없는 네트워크에서만 뭉침 계수를 다룰 것이다. 방향성 네트워크에서 뭉침 계수를 계산할 때는 링크의 방향을 그냥 무시하고 방향이 없는 것으로 처리한다.

 노드 전체의 뭉침 계수를 평균해 전체 네트워크의 뭉침 계수를 계산할 수 있다. 낮은 뭉침 계수(0에 가까운)는 네트워크에 삼각구조가 거의 없다는 것을 의미하며, 높은 뭉침 계수(1에 가까운)는 네트워크에 삼각구조가 많다는 의미다. 소셜 네트워크의 뭉침 계수는 크다. 가능한 모든 삼각구조의 상당 부분이 존재한다. 예를 들어, 공동 저자 네트워크는 0.5보다 높은 뭉침 계수를 갖기 쉽다. 간단한 메커니즘이 소셜 네트워크에서 삼각구조가 많은 이유를 설명한다. 우리는 공통의 연줄을 통해 사람을 만나고, 따라서 삼각구조를 만들게 된다.[10] 삼각구조 형성^{triadic closure}이라고 불리는 이 메커니즘은 5장에 더 다룰 것이다. 온라인 소셜 네트워크들은 삼각구조 형성을 기반으로 추천을 한다. 예를 들어 페이스북은 공통의 친구를 기반으로 '알 수도 있는 사람'을 추천하며, 트위터는 당신의 친구(당신이 팔로우하는 계정)가 팔로우하는 계정을 추천한다. 이런 추천은 높은 뭉침 계수를 낳는다.

 표 2.1은 여러 네트워크의 뭉침 계수를 나타낸다. 전부는 아니지만 많은 네트워크가 높은 뭉침 계수를 보여준다. 영화 및 배우 네트워크는 뭉침 계수가 $C = 0$이다. 이 네트워크는 이분 네트워크라서 삼각구조가 없기 때문이다. 삼각구조가 있으려면 영화와 영화 사이 혹은 배우와 배우 사이에 링크가 필요한데, 이분 네트워크에서는 이러한 링크가 없다. 대신에 배우들의 공동 출연 네트워크는 높은 뭉침 계수를 보인다. 트위터 리트윗 네트워크는 $C = 0.03$의 낮은 뭉침 계수를 보인다. 왜 그런지 이해하기 위해, 밥이 앨리스를 리트윗하고 찰리가 밥을 리트윗하는 상황을 보자. 그러면 링크는 모두 원래 트윗을 포스팅한 앨리스에게 이어진다. 그러므로 각 리트윗 확산 트리는 별 모양 네트워크처럼 생겼다. 삼각구조는 여러 개의 별 모양 네트워크에 참여하는 사용자에서만 생긴다.

---

10 두 사람의 공통의 연줄인 사람이 두 사람을 소개하는 것으로 생각할 수 있다. - 옮긴이

NetworkX에는 삼각구조의 수를 세주고 노드와 네트워크의 뭉침 계수를 계산해주는 함수가 있다. 현재 NetworkX는 연결선 수가 2보다 작은 노드들의 뭉침 계수를 0으로 설정하며 평균을 계산할 때 이 노드들도 포함한다.

```
nx.triangles(G)          # 노드의 딕셔너리 -> 삼각구조 개수
nx.clustering(G, node)   # 노드의 뭉침 계수
nx.clustering(G)         # 노드의 딕셔너리 -> 뭉침 계수
nx.average_clustering(G) # 네트워크의 뭉침 계수
```

2.9 요약

2장에서는 동류성, 연결상태, 짧은 경로, 뭉침 같은 네트워크의 몇 가지 특징을 배웠다.

1. 동류성은 두 노드의 연결 가능성과 그들의 유사성 사이의 상관관계다. 유사성은 연결선 수, 내용, 위치, 시사적 관심 또는 다른 노드 특성을 바탕으로 측정할 수 있다. 소셜 네트워크에서 동류성은 비슷한 사람끼리 연결되는 경향인 동종선호나 연결된 사람끼리 비슷해지는 경향인 사회적 영향에서 기인할 수 있다.

2. 네트워크에서 경로는 노드를 연결하는 링크의 연속 배열이다. 두 노드 사이의 자연스러운 거리의 측정량은 두 노드를 연결하는 최단 경로가 지나가는 링크의 수로 정의된다. 짧은 경로를 찾는 가장 간단한 방법은 너비 우선 검색 알고리듬이다. 경로와 거리 개념은 링크의 방향과 가중치를 고려해 확장될 수 있다.

3. 트리는 가능한 한 적은 수의 링크로 연결된 방향이 없는 연결된 네트워크다. 트리에는 사이클이 없다.

4. 연결된 덩어리는 같은 덩어리 안의 아무 두 노드 사이에는 경로가 존재하지만 각기다른 덩어리에 있는 두 노드 사이에는 경로가 없는 네트워크의 부분이다. 방향성 네트워크에서는 경로가 링크 방향을 준수하느냐 마느냐에 따라 강하게 연결된 덩어리와 약하게 연결된 덩어리로 구분한다.

5. 네트워크의 평균 경로 길이는 연결된 네트워크 안의 모든 노드 쌍의 최단 경로 길이를 평균해 얻는다. 네트워크가 연결되지 않았다면, 보통 같은 덩어리 안에 있는 노드의 쌍들만 고려한다.

6. 대다수의 실제 네트워크는 평균적으로 매우 짧은 경로를 갖고 있다. 이것은 좁은 세

상 성질이라고 알려져 있다. 소셜 네트워크가 여섯 단계 분리라는 특징이 있다는 통념은 밀그램의 실험에서 비롯됐다.

7. 네트워크의 국소적인 뭉침은 삼각구조 혹은 연결된 삼자 관계의 존재에서 유래한다. 노드의 뭉침 계수는 현존하는 삼각구조의 수와 최대로 가능한 삼각구조 수의 비율을 나타낸다. 전체 네트워크의 뭉침 계수는 노드의 뭉침 계수를 평균 내어 구할 수 있다. 소셜 네트워크는 친구의 친구 삼각구조 덕택에 높은 뭉침 계수를 보인다.

2.10 더 읽을거리

'동종선호homophily'라는 단어는 같다는 뜻의 그리스어 'homós'와 친구 관계라는 뜻의 그리스어 'philia'에서 유래했다. 이 개념은 라자스펠드 등(Lazarsfeld et al., 1954)이 고안했고 (1954), 여러 형태의 동종선호가 존재한다는 사실이 많은 소셜 네트워크 연구를 통해 관찰됐다(McPherson et al., 2001). 아이엘로 등(Aiello et al., 2012)은 여러 온라인 소셜 미디어 플랫폼에서 관심사가 비슷한 사용자들이 친구일 가능성이 높으며 사용자 프로필 메타데이터에 기반한 사용자 간의 유사성이 사용자 사이의 링크를 예측함을 발견했다. k가 장 가까운 이웃 연결 및 동류성 계수는 각각 파스토르-사토라스 등(Pastor-Satorras et al., 2001)과 뉴먼(Newman, 2002)이 고안했다.

연구자들은 동종선호의 부정적인 결과를 점점 더 연구하고 있다. 온라인 소셜 네트워크에서 생각이 같은 사람들을 통해 걸러진 뉴스와 정보에 노출되면 우리가 이미 알고 있거나 동의할 가능성이 있는 정보에 관심이 집중되는 뭉쳐진 집단의 출현을 촉진할 수 있다. 이른바 '메아리 방'(Sunstein, 2001)과 '필터 버블'(Pariser, 2011)은 소셜 미디어 추천 알고리듬의 심한 부작용이며 양극화(Conover et al., 2011b)와 잘못된 정보의 확산(Lazer et al., 2018)으로 이어진다는 주장이 제기돼왔다.

네트워크에서 최단 경로와 연결된 덩어리를 찾는 알고리듬은 복잡한 역사가 있다. 너비 우선 탐색은 1945년에 거절된 추제Zuse와 버크Burke의 박사학위 논문에서 고안됐고, 1959년에 무어Moore도 독립적으로 고안했다. 가중치 네트워크에서 최단 경로를 찾는 유명한 두 알고리듬이 있다. 하나는 다익스트라(Dijkstra, 1959)가 고안한 알고리듬이고 다른 하나는 심벨(Shimbel, 1955), 포드 2세(Ford Jr., 1956), 무어(Moore, 1959), 벨만(Bellman, 1958)이 독립적으로 고안한 벨만-포드 알고리듬이다.

밀그램의 실험(Travers and Milgram, 1969)은 도즈 등(Dodds et al., 2003)에 의해 2003년에

이메일을 사용해 반복됐다. 백스트롬 등(Backstrom et al., 2012)은 페이스북 친구 네트워크의 평균 최단 경로 길이가 5보다 작다는 사실을 발견했다. 뉴먼(Newman, 2001)은 최초로 과학 협업 네트워크의 구조를 연구했다.

와츠는 네트워크, 네트워크의 좁은 세상, 그리고 뭉쳐진 구조를 다룬 다가가기 쉬운 입문서(Watts, 2004)를 썼다. 네트워크에서 삼각구조의 존재는 또한 이행성(Holland and Leinhardt, 1971)이라고 불리기도 한다. 네트워크 뭉침 계수의 초기 정의는 루스와 페리(Luce and Perry, 1949)가 고안했지만, 이 책에서 사용된 노드의 뭉침 계수 정의는 와츠와 스트로가츠(Watts and Strogatz, 1998)가 고안했다.

삼각구조 형성의 개념은 그라노베터의 중대한 논문(Granovetter, 1973)에서 도입됐으며 5장에서 논의할 것이다. 소셜 미디어 플랫폼에서 얻은 데이터를 연구해 웽 등(Weng et al., 2013a)은 삼각구조 형성이 링크 형성에 강한 효과를 줄 뿐만 아니라 통행량에 기반한 지름길 또한 새 링크가 만들어지는 주요한 원인임을 발견했다.

연습문제

2.1   이 책의 깃허브 저장소에 있는 2장 튜토리얼을 살펴보라.[11]

2.2   따로 명시되어 있지 않다면 경로의 길이는 경로 안에 있는 링크의 수다. 임의의 방향이 없고, 연결된 네트워크 안의 주어진 두 노드 사이에 최단 경로가 존재해야만 한다. 이는 참인가 거짓인가? 두 노드 사이에 여러 최단 경로가 있을 수 있다.

2.3   방향이 없는 트리에서 아무 두 노드 사이에 오직 하나의 경로가 존재한다. 참인가 거짓인가?

2.4 N개의 노드가 있는 방향이 없고 연결된 네트워크를 하나 생각해보자. 이 네트워크가 가질 수 있는 최소의 링크 개수는 얼마인가? 만약 네트워크가 연결될 필요가 없다면 최소 링크 수는 변할까?

2.5 N개의 노드를 가진 트리는 $N - 1$개의 링크를 갖는다. 어떤 방향이 없고 연결된 네트워크가 N개의 노드가 있고 $N - 1$개의 링크가 있다면 이 네트워크는 트리여

---

11   github.com/CambridgeUniversityPress/FirstCourseNetworkScience

야 한다. 참인가 거짓인가?

2.6 N개의 노드와 최소 N개의 링크를 가진 어떤 방향이 없는 네트워크는 하나의 사이클은 갖고 있어야 한다. 참인가 거짓인가?

2.7 N개의 노드와 최소 N개의 링크를 가진 어떤 방향성 네트워크는 하나의 사이클은 갖고 있어야 한다. 참인가 거짓인가?

2.8 식 (1.11)의 인접 행렬로 정의되는 네트워크를 생각해보자. 이 네트워크에는 사이클이 있는가? 이 네트워크는 강하게 연결되어 있는가, 약하게 연결되어 있는가?

2.9 식 (1.11)의 인접 행렬로 정의되지만 가중치가 없고 방향이 없는 버전의 네트워크를 생각해보자. 이 네트워크는 트리인가?

2.10 식 (1.11)의 인접 행렬로 정의되지만 가중치가 없고 방향이 없는 버전의 네트워크를 생각해보자. 네트워크의 지름은 얼마인가?

2.11 만약 약하게 연결된 방향성 네트워크를 방향이 없는 네트워크로 변환했다면, 변환된 네트워크는 연결되어 있는가? 그 이유를 설명하라.

2.12 임의의 완전하지 않고 방향이 없는 네트워크를 생각해보자. 이제 링크 하나를 네트워크에 추가한다면 네트워크의 거대 무리 안의 노드 수는 어떻게 변화할 것인가?

a. 오로지 줄어들기만 한다.

b. 줄어들거나 같다.

c. 늘어나거나 같다.

d. 오로지 늘어나기만 한다.

2.13 가중치와 방향이 있는 그림 2.13의 네트워크를 생각해보자. 다음 중 이 네트워크의 연결상태를 가장 정확히 기술한 것은 무엇인가?

a. 강하게 연결되어 있다.

b. 약하게 연결되어 있다.

c. 단절되어 있다.

d. 위의 것 중 어느 것도 아니다.

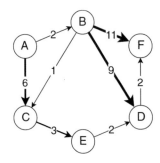

그림 2.13 가중치와 방향이 있는 네트워크. 숫자는 링크의 가중치를 나타낸다.

2.14 가중치와 방향이 있는 그림 2.13의 네트워크를 생각해보자. 노드 **D**의 들어오는 연결강도는 무엇인가? 노드 **C**의 나가는 연결강도는 무엇인가?(1장에서 정의를 확인하라.)

2.15 그림 2.13의 네트워크에서 얼마나 많은 노드가 강하게 연결된 덩어리에 있는가?

2.16 그림 2.14의 네트워크를 생각해보자. 다음 중 이 네트워크의 연결상태를 가장 정확히 기술한 것은 무엇인가?

　　a. 강하게 연결되어 있다.

　　b. 약하게 연결되어 있다.

　　c. 단절되어 있다.

　　d. 위의 것 중 어느 것도 아니다.

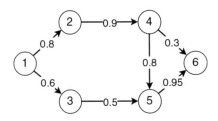

그림 2.14 가중치와 방향이 있는 네트워크. 숫자는 링크의 가중치를 나타낸다.

2.17 링크 가중치는 관계의 강도, 지리적 거리, 링크 케이블로 흐르는 전압처럼 노드 간 관계에 대한 어떤 것이든 나타낼 수 있다. 가중치 네트워크에서 경로 길이를 다룰 때는 가중치가 거리와 어떻게 관계가 있는지부터 정의해야 한다. 그러면 두

노드 사이의 경로 길이는 경로 위의 링크 거리의 합이 된다. 가장 간단한 사례는 링크 가중치가 거리를 나타낼 때다. 그림 2.14의 네트워크를 생각하고 링크 가중치를 거리라고 가정하라. 이 거리 개념을 사용하면, 노드 1과 6 사이의 최단 경로는 무엇인가?

2.18 두 노드 사이의 거리를 정의하는 흔한 방법 중 하나는 링크 가중치의 역수를 취하는 것이다. 그림 2.14의 네트워크를 생각하고 두 인접 노드 사이의 거리를 링크 가중치의 역수로 정의한다고 가정하라. 이때 노드 1과 6 사이의 최단 경로는 무엇인가?

2.19 그림 2.15의 네트워크를 생각해보자. 다음 중 이 네트워크의 지름을 가장 잘 추정한 것은 무엇인가?

a. 2

b. 4

c. 10

d. 20

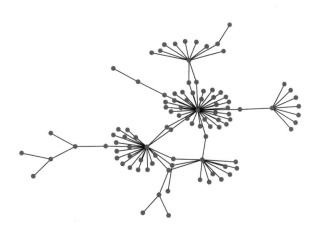

그림 2.15 노랑초파리(Drosophila melanogaster)의 단백질 상호작용 네트워크의 작은 서브네트워크. 각 노드는 노랑초파리 세포의 핵심 기능을 수행하기 위해 다른 단백질과 상호작용하는 단백질을 나타낸다. 연결된 단백질들이 생물학적 기능 수행을 위해 분자 결합을 형성한다는 실험적 증거가 있다.

2.20 그림 2.15의 네트워크를 생각해보자. 다음 중 이 네트워크의 평균 뭉침 계수를 가장 잘 추정한 것은 무엇인가?

a. 0.05

b. 0.5

c. 0.75

d. 0.95

2.21 소셜 네트워크가 그림 2.15의 네트워크 지름과 뭉침 계수를 가질 가능성이 있는가?

2.22 그림 2.16의 네트워크를 생각해보자. 다음 중 이 네트워크의 연결상태를 가장 정확히 기술한 것은 무엇인가?

　　a. 강하게 연결되어 있다.

　　b. 약하게 연결되어 있다.

　　c. 단절되어 있다.

　　d. 위의 것 중 어느 것도 아니다.

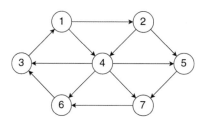

그림 2.16 방향성 네트워크

2.23 그림 2.16의 네트워크 지름은 무엇인가?

2.24 그림 2.16에 있는 네트워크의 방향이 없는 버전을 생각하라. 이 방향이 없는 네트워크의 지름은 무엇인가?

2.25 임의의 방향성 네트워크 D와 그것의 방향이 없는 버전 G를 가정하자. 만약 방향성 네트워크의 평균 최단 경로 길이와 지름이 존재한다면, 방향이 없는 버전의 평균 최단 경로 길이와 지름은 그보다 짧을 것이다. 참인가 거짓인가?

2.26 NetworkX의 경쟁품을 만든다고 상상하라. 두 노드 사이의 최단 경로를 계산하기 위해 shortest_path() 방법을 코드로 작성했고 이제 네트워크의 지름을 계산하는 함수를 작성하려고 한다. 다음 중 어떤 것이 지름 계산 함수를 작성하는 방법을 가장 잘 설명했는가?

a. 먼저 각 노드 쌍 사이의 최단 경로 길이를 계산한다. 지름은 이 값들 중 최솟값이다.

b. 먼저 각 노드 쌍 사이의 최단 경로 길이를 계산한다. 지름은 이 값들의 평균이다.

c. 먼저 각 노드 쌍 사이의 최단 경로 길이를 계산한다. 지름은 이 값들 중 최댓값이다.

d. 먼저 각 노드 쌍 사이의 모든 경로의 평균 길이를 계산한다. 지름은 이 값들 중 최솟값이다.

2.27 네트워크의 지름은 언제나 평균 경로 길이 이상이다. 참인가 거짓인가?

2.28 '여섯 단계 분리' 개념의 이면에 있는 중심 아이디어는 무엇인가?

a. 소셜 네트워크의 뭉침 계수는 높다.

b. 소셜 네트워크는 성긴 네트워크다.

c. 소셜 네트워크에는 연결선 수가 많은 노드가 많다.

d. 소셜 네트워크의 평균 경로 길이는 짧다.

2.29 미국 수학회^{American Mathematical Society}에는 두 수학자 사이의 협업 거리^{collaboration distance}를 찾아주는 웹 도구가 있다(글상자 2.3 참고). 이 도구를 사용해 여러분 기관의 몇몇 수학자 혹은 유명 수학자들의 에르되시 수를 계산하라.

2.30 오라클 오브 베이컨(oracleofbacon.org)을 이용해 공동 출연 네트워크에서 여러분이 생각할 수 있는 한 많은 무명 배우 쌍 사이의 최단 경로 거리를 측정해보라. 최단 경로 길이의 분포를 보여주는 히스토그램을 그리고 당신의 표본을 바탕으로 평균 경로 길이를 추정하라(히스토그램에 친숙하지 않다면, 다음 장에서 정의한다).

2.31 몇 판을 완료할 수 있을 때까지 위키게임(thewikigame.com)을 해보라. 찾은 경로의 평균 길이(클릭 수)는 무엇인가?

2.32 방향이 없는 임의의 네트워크에서 노드의 최대 뭉침 계수는 무엇인가?

2.33 트리에서 노드의 최대 뭉침 계수는 무엇인가?

2.34 1.4절에서 살펴본 자기주변 네트워크의 정의를 기억하고 그림 2.17의 자기주변 네트워크를 보라. 에고^{ego} 노드의 뭉침 계수는 무엇인가?

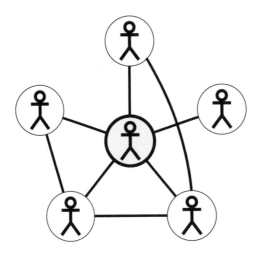

그림 2.17 자기주변 네트워크. 자기 자신은 노란색으로 강조되어 있다.

2.35 그림 2.4의 방향이 없는 네트워크를 생각해보자. 거대 무리에 속하는 노드의 각 쌍의 최단 경로 길이를 계산하라.

2.36 그림 2.4의 방향이 없는 네트워크를 생각해보자. 각 노드의 뭉침 계수를 계산하라.

2.37 그림 2.12의 네트워크 예시를 생각해보자. 각 노드 쌍의 최단 경로 길이와 네트워크의 평균 최단 경로 길이를 계산하라.

2.38 그림 2.12의 네트워크 예시를 생각해보자. 각 노드와 네트워크의 뭉침 계수를 계산하라.

2.39 만약 페이스북이나 링크드인 같은 온라인 소셜 네트워크를 이용한다면, 네트워크에서 여러분의 뭉침 계수를 측정해보라(힌트 1: 만약 트위터나 인스타그램처럼 링크 방향이 있는 소셜 네트워크를 이용한다면, 링크에 방향이 없는 것처럼 취급하라. 힌트 2: 시간이 좀 걸릴 것이다. 여러분 친구들의 작은 표본들로만 계산해 추정하는 것도 괜찮다).

2.40 다음 중 상반되어 보이지만 소셜 네트워크에서 참인 성질은 무엇인가?
   a. 소셜 네트워크는 짧은 경로와 큰 지름을 갖고 있다.
   b. 소셜 네트워크는 작은 지름과 큰 평균 경로 길이를 갖고 있다.
   c. 소셜 네트워크는 많은 연결선 수를 가진 노드를 갖고 있지만 단절되어 있다.
   d. 소셜 네트워크는 강하게 뭉쳐져 있지만 조밀하지는 않다.

2.41 이 책의 깃허브 저장소에 있는 socfb-Northwestern25 네트워크는 노스웨스턴대학교 페이스북 네트워크의 특정한 시점의 데이터다. 노드는 익명의 사용자들이고 링크는 사용자들의 페이스북 친구 관계다. 다음 질문에 답하기 위해 이 네트워크를 NetworkX 그래프로 불러오자. 방향과 가중치가 없는 네트워크에 적절한 그래프 클래스를 사용하라.

1. 이 네트워크에는 몇 개의 노드와 링크가 있는가?

2. 다음 중 이 네트워크의 연결상태를 가장 잘 기술한 것은 무엇인가?

   a. 강하게 연결되어 있다.

   b. 약하게 연결되어 있다.

   c. 연결되어 있다.

   d. 단절되어 있다.

3. 이 네트워크에서 경로의 평균 길이를 알고 싶지만 이렇게 큰 네트워크에서 모든 노드 쌍 사이의 최단 경로를 구하려면 많은 계산이 필요하다. 만약 이 네트워크의 모든 노드 쌍 사이의 최단 경로를 계산하고 싶다면 몇 번의 최단 경로 계산을 해야 하는가? 즉, 이 네트워크에는 몇 개의 노드 쌍이 있는가?(힌트: 이 네트워크는 방향이 없고 보통 자신으로 돌아오는 고리는 무시하는데, 특히 경로를 계산할 때 무시한다.)

4. 시간을 절약하기 위해 표본을 이용해보자. 다음 명령어로 노드의 무작위 상을 얻을 수 있다.

```
random.sample(G.nodes, 2)
```

   이 표본추출은 교체 없이 수행되므로 동일한 노드를 두 번 선택할 수 없다. 이를 1000번 수행하고 각 노드 쌍 사이의 최단 경로의 길이를 기록하라. 네트워크의 평균 경로 길이를 추정하기 위해 이 표본의 평균을 구하라. 추정값을 소수점 한 자리까지 표시하라.

5. 위의 절차를 조금 수정해 네트워크의 지름을 추정하라. 지름의 근삿값은 얼마인가?

6. 네트워크의 평균 뭉침 계수는 얼마인가? 최소 소수점 두 자리까지 표시하라.

7. 네트워크는 동류적인가, 이류적인가? 이 질문을 본문에서 소개한 두 방법으로 대답하라. 답이 다른가?

03

허브

허브^{hub}: (명사) 그 주변으로 다른 것들이 돌거나 그곳으로부터 사방으로 퍼져나가는 중심

지. 활동, 권위, 상업, 교통 등의 중심이 되는 곳

여러분이 비행기로 여행한 적이 있다면 중요한 네트워크인 항공망 네트워크를 통과한 것이다. 그림 0.7에서 미국 항공망 네트워크를 소개했다. 노드는 공항을 나타내고 링크는 이들 사이를 잇는 직항편이다. 대부분의 공항은 규모가 작지만 일부 주요 공항(예: 애틀랜타, 시카고, 덴버)에는 수백, 심지어 수천 개의 목적지로 매일 운항하는 항공편들이 있다. 마찬가지로 사회 공동체에도 다른 사람들보다 훨씬 더 눈에 띄고 영향력 있는 사람들이 있다. 웹에도 google.com과 같이 매우 인기 있는 사이트가 있는 반면, 대부분의 사이트는 사람들이 잘 모른다.

이러한 예들은 여러 네트워크의 중요한 특성인 **불균일성**^{heterogeneity}을 보여준다. 불균일한 네트워크는 네트워크를 이루는 요소들(노드 및 링크)의 속성과 역할이 매우 다양하다. 이는 네트워크로 표현된 복잡계의 다양성^{diversity}을 반영한다. 노드의 연결선 수는 항공망 네트워크, 소셜 네트워크, 웹 및 기타 여러 네트워크에서 나타나는 불균일성의 확실한 근원이다. 일부 노드(애틀랜타, 구글, 버락 오바마)에는 많은 이웃이 있지만, 대부분의 노드에는 이웃이 별로 없다.

노드 또는 링크의 중요도는 **중심도**^{centrality}를 통해 추정할 수 있다. 네트워크의 중심도를 측정하는 방법에는 여러 가지가 있다. 3장에서는 특히 노드에 대한 몇 가지 중요한 중심도를 소개할 예정이다. 곧 논의하겠지만 연결선 수는 중요한 중심도다. 연결선 수가 많은 노드를 **허브**^{hub} 노드라고 한다. 이러한 허브 노드들이 다양한 각종 네트워크를 특징짓는 몇 가지 놀라운 특성의 원인이 된다.

3.1 중심성 측도(중심도)

3.1.1 연결선 수

1장에서 노드의 연결선 수가 해당 노드와 연결된 다른 노드(이웃)의 수라는 것을 배웠다. 그림 0.7에 있는 미국 공항 네트워크의 예에서 노드(공항)의 연결선 수는 직항을 통해 도달할 수 있는 다른 공항의 개수다.

소셜 네트워크에서 노드(개인)의 연결선 수는 그 노드가 다른 노드와 연결된 사회적 연결의 개수다. 예를 들어, 그림 2.8에 나온 것과 같은 공동 저자 네트워크에서 연결선 수는 공동 저자의 수다. 소셜 네트워크에서 연결선 수가 많은 노드는 인맥이 넓은 사람들이다. 그들이 사교적이든, 인기가 많든, 또는 그저 같이 일하고 싶어 하는 사람이든 간에 어떤 의미에서 이런 노드는 중요해 보인다. 따라서 연결선 수는 소셜 네트워크의 중심도를 나타내는 매우 자연스러운 양이다.

네트워크의 **평균 연결선 수**^{average degree}는 노드가 평균적으로 얼마나 연결되어 있는지를 나타낸다. 나중에 살펴보겠지만(3.2절), 평균 연결선 수는 연결선 수 값들의 실제 분포를 대표하기에 적합하지 않을 수도 있다. 많은 실제 네트워크에서처럼 노드들이 매우 다양한 연결선 수를 갖는 경우가 그렇다.

3.1.2 근접도

노드의 중심도를 측정하는 또 다른 방법은 그 노드가 다른 노드와 얼마나 '가까운지'를 결정하는 것이다. 이것은 한 노드에서 다른 모든 노드까지의 거리를 더해서 정한다. 거리가 평균적으로 짧으면 그 합한 양이 작을 것이고, 노드의 중심도가 높다고 할 수 있다. 이를 바탕으로 **근접 중심도**^{closeness centrality}를 정의할 수 있다. 간단히 말해, 근접 중심도는 한 노드에서 다른 모든 노드까지의 거리 합의 역수다.

i라는 노드의 근접 중심도는 다음과 같이 정의된다.

$$g_i = \frac{1}{\sum_{j \neq i} \ell_{ij}} \qquad (3.1)$$

여기서 ℓ_{ij}는 i에서 j까지의 거리이고, 노드 i 자신을 제외한 네트워크의 모든 노드에 대해 더한다. 근접 중심도에 대한 또 다른 공식으로는 다음과 같이 g_i에 $N-1$이라는 상수를 곱하는 방법이 있는데, 여기서 $N-1$은 분모에서 더해지는 항의 개수를 의미한다.

$$\tilde{g}_i = (N-1)g_i = \frac{N-1}{\sum_{j \neq i} \ell_{ij}} = \frac{1}{\sum_{j \neq i} \ell_{ij}/(N-1)} \qquad (3.2)$$

이렇게 하면 네트워크의 크기에 의한 효과를 없앨 수 있어서[1] 근접 중심도 값들을 여러 다른 네트워크에 걸쳐 비교할 수 있게 된다. 중요한 건 g_i의 실젯값이 아니라 다른 노드들의 근접 중심도와 비교한 순위이기 때문에, 단순히 상수만 곱해진 상황에서 노드들의 상대적인 근접 중심도는 식 (3.1)을 쓰는 것과 똑같다. $\sum_{j \neq i} \ell_{ij}/(N-1)$은 우리가 관심을 갖고 있는 노드 i로부터 네트워크의 다른 부분들에 도달하기 위한 평균 거리average distance다. 따라서 근접도closeness는 평균 거리의 역수와 같다.

NetworkX에는 근접 중심도를 계산해주는 함수가 있다.

```
nx.closeness_centrality(G, node) # 노드의 근접 중심도
```

3.1.3 사이 중심도

네트워크에서 발생하는 많은 현상은 확산 과정을 바탕으로 한다(7장 참고). 예를 들어 소셜 네트워크를 통한 정보 전달, 항구를 통한 무역, 집단에서 개인들 간의 물리적인 접촉에 해당되는 네트워크에서의 전염병 전파 등이 있다. 이 확산 과정을 기반으로 하여 세 번째 중심도인 사이 중심도betweenness centrality가 제안됐다. 노드가 중심에 가까울수록 이 과정에 더 자주 개입하게 되기 때문이다.

당연히 확산의 종류에 따라 사이 중심도는 다르게 정의된다. 가장 간단하고 널리 사용

---

1 여기서 네트워크의 크기는 노드의 개수를 뜻한다. 그렇게 나눠주면 단순히 노드가 많다는 이유로 Σ를 통해 더해지는 항의 개수가 늘어나서 값이 커지는 효과를 없앨 수 있다. – 옮긴이

되는 정의는 최단 경로를 따라 한 노드에서 다른 노드로 신호가 전달되는 간단한 과정을 고려한다. 이 방식은 수송 네트워크에서 노드가 처리하는 수송량을 추정하기 위해 많이 사용되며, 해당 노드를 통과하는 최단 경로의 수가 그 노드가 사용되는 빈도를 잘 추정할 것으로 가정한다. 최단 경로가 노드를 통과하는 횟수를 세어서 중심도를 추정하게 된다. 그 횟수가 많을수록 해당 노드가 더 많은 수송량을 제어해, 전체 네트워크에 더 많은 영향을 준다고 생각하는 것이다.

네트워크의 두 노드 사이에 길이가 같은 최단 경로가 둘 이상 있을 수 있다. 예를 들어, 노드 X와 Y가 서로 연결되어 있지 않지만 2개의 공통 이웃 S와 T가 있는 경우 X에서 Y까지 이어지는 길이가 2인 2개의 각기 다른 최단 경로 X-S-Y와 X-T-Y가 있다. h에서 j로 가는 총 σ_{hj}개의 최단 경로가 있고, 그중에서 노드 i를 통과하는 $\sigma_{hj}(i)$개의 최단 경로가 있다고 하자. 그러면 노드 i의 사이 중심도는 다음과 같이 정의된다.

$$b_i = \sum_{h \neq j \neq i} \frac{\sigma_{hj}(i)}{\sigma_{hj}} \qquad (3.3)$$

식 (3.3)에서 합은 (노드 i가 포함된 노드 쌍을 제외한) 모든 노드 쌍 h와 j에 대한 것이다. h와 j 사이의 최단 경로가 i를 지나가지 않는 경우($\sigma_{hj}(i) = 0$), i의 사이 중심도에 있어서 노드 쌍 (h, j)가 기여하는 것은 없다. h와 j 사이의 모든 최단 경로가 i를 지나가면 ($\sigma_{hj}(i) = \sigma_{hj}$), 노드 쌍 (h, j)의 기여도는 1이다. 노드가 리프[leaf2], 즉 하나의 이웃 노드만 있는 경우라면 어떤 경로도 이 노드를 지나갈 수 없다. 따라서 리프 노드의 사이 중심도는 0이다. 잠재적으로 모든 노드 쌍이 사이 중심도에 기여할 수 있으므로, 사이 중심도는 네트워크의 크기(노드의 개수)가 커지면 같이 커지게 된다.

그림 3.1(a)에 있는 예를 살펴보자. 노드 1의 경우 이 노드를 통과하는 최단 경로가 있는 유일한 노드 쌍은 (2, 4)다. 그러나 노드 2와 노드 4 사이에는 길이가 같은 2개의 최단 경로가 있다. 다른 경로는 노드 1이 아닌 노드 3을 통과한다. 따라서 노드 1의 사이 중심도는 1/2이 된다. 이제 노드 3을 보자. 3개의 노드 쌍 (1, 5), (2, 5), (4, 5) 사이의 최단 경로가 3을 통과한다. 앞서 살펴본 것처럼 이 경우에도 노드 2와 노드 4 사이에는 길이가 같은 2개의 최단 경로가 있고 그중 하나만 3을 통과하기 때문에 합산하는 데 1/2만큼 기

---

2   나뭇잎(leaf)과 같이 줄기에 하나의 링크로만 연결된 노드라는 뜻이다. - 옮긴이

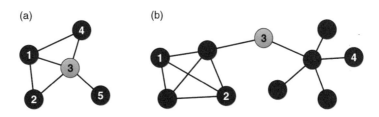

그림 3.1 노드의 사이 중심도를 설명하기 위한 모식도: (a) 주황색 노드는 많은 연결선 수($k_3 = 4$)와 높은 사이 중심도($b_3 = 3.5$)를 갖고 있다. (b) 주황색 노드는 비록 연결선 수는 적지만($k_3 = 2$) 두 서브네트워크의 노드들을 연결하는 유일한 다리 역할을 한다. 예를 들어 노드 1과 노드 2 사이의 최단 경로는 주황색 노드를 통과하지 않지만, 노드 1과 노드 4 사이의 최단 경로는 주황색 노드를 통과해야만 한다. 실제로 왼쪽 서브네트워크에 있는 4개의 노드와 오른쪽 서브네트워크에 있는 5개 노드 사이의 모든 최단 경로는 주황색 노드를 통과한다. 따라서 주황색 노드의 사이 중심도는 $b_3 = 4 \times 5 = 20$이다.

여하게 된다. 다 더하면 결과적으로 노드 3의 사이 중심도는 3.5가 된다. 나머지 노드 2, 4, 5는 이들을 통과하는 최단 경로가 없기 때문에 사이 중심도가 0이다.

어떤 노드가 네트워크에서 일어나는 통신에 있어 중요한 본부^{station}와 같이 특별한 위치에 있다면 높은 사이 중심도를 갖게 된다. 그렇게 되기 위해 꼭 이웃이 많아야 되는 것도 아니다. 일반적으로는 노드의 연결선 수와 사이 중심도에는 상관관계가 있어서 잘 연결된 노드가 대체로 사이 중심도가 높고 사이 중심도가 높은 노드가 대체로 잘 연결되어 있다(그림 3.1(a)). 하지만 예외도 많다. 네트워크에서 여러 지역을 연결하는 노드는 일반적으로 그 연결선 수가 적더라도 그림 3.1(b)에 나오는 것처럼 높은 사이 중심도를 갖고 있다.

이 사이 중심도 개념은 링크로도 바로 확장할 수 있다. 임의의 링크의 사이 중심도는 그 링크를 통과할 수 있는 가능한 모든 노드 쌍 중 실제로 그 링크를 통과하는 최단 경로 수의 비율이다. 사이 중심도가 매우 높은 링크는 종종 커뮤니티^{community}라고 하는 네트워크의 결집된 영역들을 연결한다. 따라서 커뮤니티를 구분해서 찾기 위해 그러한 링크를 찾아내고 제거하는 데 사이 중심도를 사용하기도 한다(6장 참고).

사이 중심도는 네트워크의 크기에 따라 달라진다. 다양한 네트워크들 간의 노드 또는 링크의 사이 중심도를 비교하려면, 사이 중심도 값을 정규화^{normalize}해야 한다.

노드의 사이 중심도에서 노드 i를 통과할 수 있는 경로의 개수가 가질 수 있는 최댓값은 노드 i를 제외한 모든 노드 쌍의 수다. 이를 $\binom{N-1}{2} = \frac{(N-1)(N-2)}{2}$와 같이 표현할 수 있다. 노드 i의 사이 중심도를 정규화하려면 식 (3.3)에 있는 b_i를 여기서 구한 경로의 개수가 가질 수 있는 최댓값으로 나눠주면 된다.

NetworkX에는 다음과 같이 노드와 링크의 정규화된 사이 중심도를 계산할 수 있는 함수가 있다.

```
nx.betweenness_centrality(G)       # 노드들의 딕셔너리 -> 사이 중심도
nx.edge_betweenness_centrality(G)  # 링크들의 딕셔너리 -> 사이 중심도
```

3.2 중심도 분포

온라인 소셜 미디어가 등장하기 전에 연구할 수 있는 소셜 네트워크는 보통 개인적인 인터뷰와 설문조사를 통해 만들어졌는데, 현실적인 시간의 한계로 많은 사람이 참여하지는 못했다. 따라서 수십 개의 노드로 이뤄진 소규모 네트워크를 조사할 수밖에 없었다. 이러한 작은 네트워크에서는 개별 노드를 하나하나 구분해가며 "이 네트워크에서 제일 중요한 노드는 무엇인가?" 같은 질문을 할 수 있었다. 오늘날 우리는 훨씬 더 큰 네트워크를 다룬다. 예를 들어 페이스북의 친구들로 이뤄진 소셜 네트워크에는 20억 명이 속해 있고, 이 중에는 유명한 예능인, 스포츠 스타, 정치인, 사업가, 과학자와 같은 저명한 사람들도 포함되어 있다. 아무리 인기가 있어도, 여기서 그들 각자는 전체 네트워크의 작은 일부분에 연결되어 있을 뿐이다.

이런 대규모 네트워크에서 여러 노드의 중심도가 어떻게 분포하는지 더 잘 이해하려면 통계적 분석을 해야 한다. 통계적 분석을 통해, 네트워크의 단일 요소보다는 유사한 기능을 공유하는 노드와 링크의 종류에 주목할 수 있게 된다. 예를 들어, 비슷한 연결선 수 값을 가진 모든 노드를 같이 묶을 수 있다. 중심도의 통계적 분포는 가능한 모든 값에 대해 얼마나 많은 구성요소(노드 또는 링크)가 특정한 중심도 값을 갖고 있는지 알려준다. 한 예로, 그림 3.2는 작은 예제 네트워크의 연결선 수 분포를 보여준다. 대규모 네트워크에서는 이런 분포가 구성요소의 종류를 구분하는 데 유용하다. 분포를 조사해 주목할 만한 값이 있는지, 혹은 특정 값을 공유하는 그룹이 있는지 확인하고 그에 따라 구성요소를 분류할 수 있다. 또한 분포의 범위(값이 가질 수 있는 영역)는 알고자 하는 특정 중심도에 대한 네트워크 구성요소의 불균일도를 보여준다. 예를 들어, 노드 연결선 수의 크기가 한 자리 숫자에서부터 수백만에 이르기까지 여러 자릿수에 걸쳐 있는 경우 네트워크는 연결선 수가 매우 불균일한(다양한) 것이다. 앞으로 살펴보겠지만, 이러한 불균일도는 네트워크의 구조와 기능 모두에 영향을 미친다.

글상자 3.1에서 확률 분포를 정의하고, 이를 계산하는 방법을 기술했다. 실제 네트워

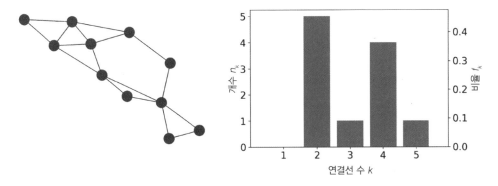

그림 3.2 작은 네트워크의 연결선 수 분포에 대한 히스토그램 표현법. 먼저 각 노드의 연결선 수 목록을 만든다. 각 연결선 수 k에 해당되는 히스토그램 막대의 높이는 연결선 수가 k인 노드의 개수 n_k에 해당한다. 연결선 수의 상대적인 빈도 f_k는 전체 노드들 중 연결선 수가 k인 노드의 비율로 정의되며, f_k 값들도 함께 나타내었다.

크에서 중심도의 확률 분포를 조사하기 위해 트위터Twitter의 사용자 네트워크와 위키백과의 수학math에 해당하는 항목article 네트워크(en.wikipedia.org/wiki/Category:Mathematics) 이렇게 두 가지 네트워크를 예로 들어봤다. 트위터 네트워크에서 노드는 사용자이며 앨리스에서 밥으로 향하는 방향성 링크는 밥이 앨리스가 트윗한 내용(혹은 그 일부)을 리트윗했음을 나타낸다. 위키백과의 노드는 페이지이고 링크는 한 페이지에서 다른 페이지를 잇는 하이퍼링크다. 두 네트워크 모두 방향성이 있다. 우리가 살펴보는 트위터 네트워크에는 18,470개의 노드와 48,365개의 링크가 있다(평균 연결선 수는 2.6이다). 위키백과 네트워크에는 15,220개의 노드와 194,103개의 링크가 있다(평균 연결선 수는 12.8이다). 네트워크의 크기에 비해 평균 연결선 수가 적다는 것은 두 네트워크가 모두 성기다sparse는 뜻이다(즉, 링크로 연결된 노드 쌍이 매우 적다). 이것은 많은 실제 네트워크에서 흔히 나타나는 특성이다(표 1.1).

연결선 수 분포를 생각해보자. 그림 3.3에 두 네트워크의 누적 연결선 수 분포cumulative degree distribution를 나타냈다(글상자 3.1). 분포가 몇 개의 자릿수에 걸쳐 있을 정도로 광범위하다. 이러한 경우 분포가 넓거나 꼬리(최댓값까지 도달하는 분포의 오른쪽 부분)가 두껍다고 표현한다. 측정값의 변동 범위가 넓을 때는 일반적으로 누적 분포를 쓴다. 이중 로그 척도double logarithmic scale 또는 로그-로그 척도log-log scale(글상자 3.2)를 써서 그림 3.3처럼 두꺼운 꼬리 분포의 다양한 크기의 분포 형태를 효과적으로 나타낼 수 있다.

중심도 값과 같은 어떤 측정량에 대한 히스토그램^{histogram} 또는 분포^{distribution}는 해당 측정량에서 각기 다른 값이 몇 번씩 관측(예: 노드)됐는지 집계하는 함수다.[3] 측정하고자 하는 양이 이산적인^{discrete}(예: 정수) 경우 각 값 v에 대해 해당 값을 갖는 관측 횟수 n_v를 센다. 따라서 모든 값에 대한 n_v의 합은 총 관측 횟수 $\sum_v n_v = N$이 된다. 이 결과를 각 값에 해당되는 높이 n_v로 이뤄진 막대로 쭉 이어서 표시하는 것이다.

각기 다른 측정값 집합에 대한 히스토그램을 비교하기 위해서는 보통 n_v를 총 관측 횟수 N으로 나누어서 상대 빈도$^{relative\ frequency}$ $f_v = n_v/N$을 구한다. 그러면 관측 횟수와 관계없이 모든 상대 빈도의 합이 1이 된다. 노드 연결선 수의 경우에는 총 노드 수로 정규화한다(그림 3.2 참고). 상대 빈도 f_v는 연결선 수가 v인 노드의 비율인 것이다.

관측 결과가 무한히 많은 극한에서 f_v는 결과가 값 v로 나올 확률 p_v로 수렴한다. 이 극한에서 히스토그램이 확률 분포$^{probability\ distribution}$가 되는 것이다. 사실 실제 네트워크에서는 노드와 링크의 수가 유한하므로 그러한 무한대의 극한에 도달하는 것은 불가능하며, 히스토그램은 확률 분포의 근사치일 뿐이다. 그러나 네트워크에 수백만 개의 노드가 있어 충분히 큰 경우, 실용적인 목적에서 히스토그램을 사실상의 확률 분포로 취급할 수 있다.

노드의 연결선 수와 같은 일부 중심도는 정숫값$^{integer\ value}$을 갖고 있지만 그렇지 않을 수도 있다. 예를 들어, 사이 중심도 값이 반드시 정수는 아니다. 이러한 경우 특정 값 자체에 대한 관찰 결과를 세는 대신 값의 범위를 분리된 구간, 즉 칸^{bin}으로 나눌 수 있다. 그런 다음 각 칸에 속하는 관측 결과의 값을 비슷하게 계산할 수 있다. 이렇게 칸으로 나누는 기술^{binning}은 값의 범위에 관심이 있다면 측정량이 정수인 경우에도 적용할 수 있다. 예를 들어, 개인 자산에 대한 히스토그램을 만들기 위해 0~50,000달러, 50,000~100,000달러, 100,000~200,000달러 등으로 연간 소득 범위를 나눈 후, 각 범위에 해당하는 연간 소득이 있는 사람의 수를 셀 수 있다.

변수의 보완 누적 분포 함수$^{complementary\ cumulative\ distribution\ function}$ 또는 간단히 표현해서 누적 분포 함수$^{cumulative\ distribution\ function}$ $P(x)$는 관측 결괏값이 x보다 큰 값을 가질 확률

---

3   관측의 예로 '노드'를 쓴 것은, 노드가 가진 어떤 측정량에 대한 통계를 내기 위해 여러 노드를 관측하기 때문에 그 양을 품고 있는 각 노드를 개별 '관측'으로 본다는 뜻이다. – 옮긴이

을 보여준다. $P(x)$를 계산하기 위해서는 x 값의 오른쪽[4]에 있는 모든 변숫값의 상대 빈도(또는 확률)를 $\sum_{v>x} f_v$와 같이 더하면 된다. 누적 분포는 불균일한 실제 네트워크에서의 여러 중심도처럼 값이 변하는 범위가 매우 넓을 때 자주 사용된다. 변수가 큰 값을 가질 확률이 드물기 때문에 원래의 확률 분포 함수에는 꼬리 부분[5]에 잡음[noise]이 존재한다. 누적 분포가 잡음을 효과적으로 평균 내어 잡음을 줄이게 되는 것이다.[6]

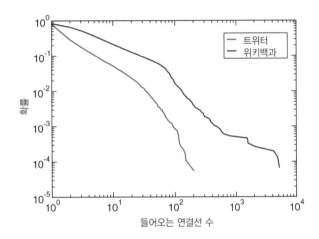

그림 3.3 로그–로그 척도로 표시된 트위터와 위키백과 네트워크의 누적 연결선 수 분포. 두 네트워크 모두 방향성이 있고, 여기서는 들어오는 연결선 수의 분포를 나타냈다. 트위터의 경우 가장 큰 연결선 수가 2040이고, 위키백과는 5171이다. 분포가 많은 자릿수에 걸쳐 있기 때문에 로그 척도를 사용했다.

연결선 수 분포의 꼬리가 두껍다는 것은 연결선 수 값들이 매우 불균일하다는 뜻이다. 대다수의 노드에는 몇 개의 이웃만 있고, 많은 이웃을 가진 소수의 노드는 네트워크에서 중요한 역할을 한다. 이렇게 이웃이 많은 노드를 허브[hub]라고 한다. 많은 자연계의 네트워크, 소셜 네트워크, 정보 네트워크와 사람이 만든 네트워크는 고도로 연결된 허브를 포함하는 두꺼운 꼬리를 가진 연결선 수 분포를 갖고 있다. 연결선 수 분포의 너비를 측정하는 한 가지 방법은 노드 간 연결선 수의 다양성을 평균 연결선 수와 비교하는 불균일도 매개변수[heterogeneity parameter]를 계산하는 것이다.

---

4   x와 같거나 큰 값들을 뜻한다. 원문에서는 '오른쪽'이라고 했지만 수식에서의 포함 관계를 보면 x와 정확히 같은 값도 포함한다. – 옮긴이

5   네트워크와 관련된 불균일한 분포가 대체로 작은 값들이 많고 큰 값들이 드문 편향된 분포를 갖고 있기 때문에 주로 왼쪽에 있는 작은 값들을 '머리', 오른쪽에 있는 큰 값들을 '꼬리'로 표현한다. – 옮긴이

6   원래 데이터에 추가로 들어오는 잡음이 무작위로 생성된다면 평균 냈을 때 잡음 부분은 0에 가까워지기 때문에 원래 데이터값들만 효과적으로 남길 수 있게 된다. – 옮긴이

하나 또는 두 축에 매우 작은 값과 매우 큰 값을 동시에 포함하는 그래프를 그리면, 작은 값들 간의 차이를 구분할 수 없게 된다. 이럴 때 해결책 중 하나는 그래프를 로그 척도$^{logarithmic\ scale}$로 그리는 것이다. 원래 값 자체를 축의 좌표로 사용하는 대신 해당 값에 로그를 취한 값을 사용한다. 이렇게 하면 여러 크기에 걸쳐 있는 넓은 범위의 값들을 효과적으로 표현할 수 있다. 작은 차이는 작은 값의 범위에서 확대되어 보이고 큰 차이는 큰 값의 범위에서 축소되어 보인다. 이렇게 주로 로그 척도를 사용해 꼬리가 두꺼운 네트워크의 중심도 측정값 분포를 나타낸다. 중심도 값과 확률값이 모두 많은 자릿수에 걸쳐 있으므로 x와 y축 모두에 로그 척도를 쓰게 되며, 그러한 그림을 로그-로그 도표$^{log-log\ plot}$라고 부른다.

네트워크에서 연결선 수 분포의 불균일도 κ(그리스 문자 '카파^{kappa}')를 정식으로 정의하려면 연결선 수 제곱의 평균인 평균 제곱 연결선 수$^{average\ squared\ degree}$ $\langle k^2 \rangle$을 도입해야 한다.

$$\langle k^2 \rangle = \frac{k_1^2 + k_2^2 + \cdots + k_{N-1}^2 + k_N^2}{N} = \frac{\sum_i k_i^2}{N} \tag{3.4}$$

불균일도는 네트워크에서 평균 제곱 연결선 수를 평균 연결선 수(식 (1.5))의 제곱으로 나눈 비율로 정의할 수 있다.

$$\kappa = \frac{\langle k^2 \rangle}{\langle k \rangle^2} \tag{3.5}$$

k_0라는 특정 값에서 뾰족한 봉우리^{peak}가 있는 정규 분포$^{normal\ distribution}$ 또는 좁은 분포의 경우 연결선 수를 제곱한 값의 분포는 k_0^2 근처에 몰려 있을 것이다. 따라서 $\langle k^2 \rangle \approx k_0^2$이 되고 $\langle k \rangle \approx k_0$, $\kappa \approx 1$이 된다. 평균 연결선 수가 k_0로 같은 두꺼운 꼬리를 가진 분포의 경우 $\langle k^2 \rangle$은 허브의 많은 연결선 수 때문에 폭발적으로 증가하게 되고 $\kappa \gg 1$이 된다.

연결선 수 분포가 전형적인 값 주변에 몰려 있으면 불균일하지 않다(즉, 균일하다)는 뜻이고 불균일도 매개변수가 일반적으로 1에 가깝다.[7] 반대로 연결선 수 분포가 넓으면 불균일도 매개변수가 허브의 가장 큰 연결선 수에 의해 크게 부풀려져서 큰 값을 가질 수도 있다. 허브가 많을수록 불균일도가 커지는 것이다. 앞으로 살펴보겠지만, 불균일도는 네트워크 구조와 네트워크에서 벌어지는 동역학 과정에서 핵심적인 역할을 한다.

위키백과와 트위터 네트워크처럼 네트워크에 방향성이 있는 경우에는 들어오는 연결선 수$^{in-degree}$ 및 나가는 연결선 수$^{out-degree}$ 분포 두 가지를 모두 고려해야 한다. 들어오는 연결선 수 분포와 나가는 연결선 수 분포는 무작위로 선택된 노드가 특정한 들어오는 연결선 수, 또는 나가는 연결선 수를 가질 확률을 보여준다. 이 경우 허브의 정의는 들어오는 연결선 수 또는 나가는 연결선 수 두 경우에 대해 가능하다. 예를 들어, 웹 페이지는 해당 페이지로 하이퍼링크를 통해 연결된 다른 많은 페이지를 가질 수 있지만(들어오는 연결선 수가 큰 것) 그 페이지 자체는 몇 개 안 되는 페이지를 향하게 연결될 수도 있으며(나가는 연결선 수가 적은 것) 그 반대의 경우도 있을 수 있다. 많은 경우 방향성 네트워크에서 들어오는 연결선 수와 나가는 연결선 수는 상관관계가 있으므로 큰(작은) 들어오는 연결선 수가 있는 노드도 큰(작은) 나가는 연결선 수를 갖는 경향이 있다. 이 방향성 네트워크와 가중치 네트워크에 대한 논의는 4장에서 본격적으로 다시 다룰 예정이다. 표 3.1에 다양한 실제 네트워크의 연결선 수 분포를 특징짓는 기본 수치들을 나타냈다.[8]

물론 연결선 수 외에 다른 특성의 분포 역시 분석할 수 있다. 대체로 연결선 수가 다른 중심도 측정량과 상관관계가 있기 때문에, 허브는 여러 가지 기준으로 봐도 가장 중심적인 노드가 된다. 예외도 있다. 그림 3.1에서 볼 수 있듯이 연결선 수가 많든 적든 노드가 네트워크의 여러 지역을 연결하는 경우 높은 사이 중심도를 가질 수 있다.

그림 3.4에서는 여기서 다룬 네트워크들(트위터, 위키백과)의 사이 중심도 누적 분포를 나타냈다. 연결선 수 분포와 마찬가지로 이 분포도 다양한 크기에 걸쳐 있다.

허브가 있다면, 이는 네트워크의 가장 중요한 특성이다. 허브들은 네트워크 구조를 떠받치는 기둥이며 그 구조에서 일어나는 과정들을 조종한다. 다음 절에서는 허브가 있어서 생기는 몇 가지 놀라운 결과를 제시할 것이다.

---

7 문헌에 의하면 불균일도 매개변수를 1이 아닌 평균 연결선 수 $\langle k \rangle$와 비교하는 다른 정의도 있다.

8 이 네트워크 데이터들은 이 책의 깃허브 저장소에서 이용할 수 있다. github.com/CambridgeUniversityPress/First CourseNetworkScience

표 3.1 다양한 예시 네트워크의 연결선 수 분포를 특징짓는 기본 변수들인 평균 연결선 수, 최대 연결선 수, 불균일도. 예시 네트워크들은 표 1.1과 표 2.1에서 소개한 것이며 노드와 링크의 수도 나타냈다. 방향성 네트워크의 경우 들어오는 연결선 수에 대한 최댓값, 들어오는 연결선 수 분포에서 측정한 불균일도 값도 표기했다.

네트워크	노드 수 (N)	링크 수 (L)	평균 연결선 수 ($\langle k \rangle$)	최대 연결선 수 (k_{max})	불균일도 (κ)
노스웨스턴대학교 페이스북	10,567	488,337	92.4	2,105	1.8
IMDB 영화와 주연배우	563,443	921,160	3.3	800	5.4
IMDB 공동 출연	252,999	1,015,187	8.0	456	4.6
미국 정치 이슈 트위터	18,470	48,365	2.6	204	8.3
엔론 이메일	87,273	321,918	3.7	1,338	17.4
위키백과 수학 분야	15,220	194,103	12.8	5,171	38.2
인터넷 라우터	190,914	607,610	6.4	1,071	6.0
미국 항공 운송망	546	2,781	10.2	153	5.3
세계 항공 운송망	3,179	18,617	11.7	246	5.5
효모 단백질 상호작용	1,870	2,277	2.4	56	2.7
예쁜꼬마선충 신경망	297	2,345	7.9	134	2.7
에버글레이즈 생태계의 먹이 그물	69	916	13.3	63	2.2

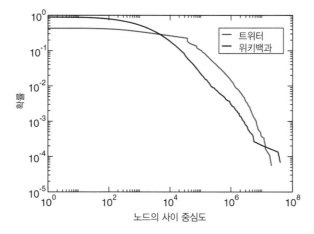

그림 3.4 로그-로그 척도로 표시한 트위터와 위키백과의 노드 사이 중심도 누적 분포. 두 네트워크 모두 방향성을 무시하고 계산한 것이다. 위키백과의 경우 노드의 98% 이상을 포함하는 거대 덩어리에 대해 사이 중심도를 계산했다.[9] 트위터는 모두 연결되어 있어서 전체 네트워크에 대해 계산했다.

---

9 네트워크에서 한 노드에서 다른 노드로 가는 경로가 없을 경우 거리가 정의되지 않거나 무한대이므로 사이 중심도 계산에 문제가 생긴다. 그래서 모든 노드에서 다른 모든 노드로 가는 경로가 있는 거대 덩어리에 대해서만 계산한 것이다. — 옮긴이

3.3 친구 역설

전화번호 목록으로만 이뤄진 N명의 사람들 중에서 친구가 가장 많은 사람을 찾고 있다고 가정해보자. 전화번호 중 하나를 무작위로 골라 전화를 걸었는데, 선택한 사람이 친구가 가장 많을 확률은 $1/N$이다.[10] 목록에 있는 사람들에게 그들의 친구 중 한 명에 대해 묻는다면 어떨까? 그렇게 해도 어차피 예전처럼 그냥 무작위로 고르는 것처럼 보일 수 있고, 그 목록에 있는 사람들의 친구가 우리가 찾고 있는 사람일 확률은 $1/N$로 같을 것 같다. 하지만 사실은 그렇지 않다. 그 이유를 알아보기 위해 그림 3.5에 있는 작은 소셜 네트워크를 살펴보자. 가장 친구가 많은 노드는 4명의 친구가 있는 톰이다. 무작위로 한 명을 고를 경우 톰을 선택할 가능성은 1/7이다. 하지만 무작위로 고른 사람의 친구들 중에서 임의로 선택하면 톰을 만날 확률은 $5/21 \approx 24\%$가 되며, 이것은 $1/7 \approx 14\%$보다 제법 큰 값이다. 따라서 무작위로 고르는 것보다 친구를 통해 그러한 사람을 찾는 편이 더 쉽다는 결론을 내릴 수 있다. 하지만 왜 그런 것일까?

간단히 말해, 어떤 사람이 친구가 많으면 친구가 별로 없는 사람이 비해 언급될 확률이 훨씬 더 높기 때문이다. 누군가의 친구에게 연락한다는 건 실제로는 노드가 아니라 링크를 선택하는 것이다. 노드를 선택한다면 모든 개별 노드는 연결선 수와 관계없이 선택될 확률이 (위의 예시에서는 $1/N$로) 정확히 같다. 하지만 링크를 선택한다면 노드와 연결된 연결선 수가 많을수록 선택될 확률이 높아지는 것이다. 그림 3.5에 나온 네트워크를 보면 톰으로 이어지는 네 가지의 가능한 경로가 있으므로 친구가 한 명뿐인 메리나 타라보다 톰에게 접근하기가 훨씬 수월하다.

이웃에서 이웃의 이웃으로 이동하면 허브를 만날 확률이 높아진다. 각 단계별로 따라

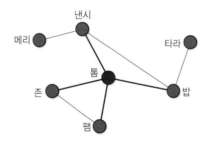

그림 3.5 친구 역설. 임의의 노드 대신 임의의 링크를 선택하면 톰을 메리보다 훨씬 더 쉽게 '찾을' 수 있다. 톰은 네 명의 친구(존, 팸, 밥, 낸시)가 있지만 메리에게는 한 명의 친구(낸시)밖에 없기 때문이다. 무작위로 연결을 따라가면 연결선 수가 적은 노드보다, 허브를 만날 가능성이 훨씬 더 높다. 이것이 우리의 친구들이 평균적으로 우리보다 더 많은 친구를 갖고 있는 근본적인 이유다.

---

10   동률로 인해 친구가 가장 많은 사람이 여러 명이 아니라면 – 옮긴이

갈 수 있는 링크의 수가 늘어나서 그중 하나가 허브에 연결될 가능성이 높아지기 때문이다. 이 특성을 유용하게 활용할 수도 있다. 네트워크에서 허브를 판별하면 도움이 되는 많은 상황이 있다. 예를 들어, 전염병이 발생하는 동안 타인과 접촉이 가장 많은 사람들은 잠재적으로 큰 전파자가 될 수 있기 때문에 방역을 위해 이들을 격리하거나 백신을 접종하는 것이 중요하다. 이런 상황에서, 무작위로 사람들을 선택한 후 그들의 친구들 중 몇 명에게 연락할 수도 있다. 그들의 친구들이 무작위로 선택된 사람들보다 허브일 가능성이 더 높기 때문이다. 이 주제는 7장에서 다시 다룰 예정이다.

링크를 선택하는 것과 노드를 선택하는 것의 차이에는 또 다른 독특한 의미가 있다. 앞서 살펴본 친구 네트워크에서 낸시라는 노드를 선택해보자. 낸시에게는 밥, 메리, 탐이라는 세 명의 친구가 있다. 그 친구들은 총 3 + 1 + 4 = 8명의 친구가 있으므로 낸시의 친구들은 평균적으로 8/3명의 친구가 있다. 다른 모든 노드를 중심으로 해서도 이 계산을 반복하면 노드들 이웃의 평균 이웃 수가 17/6 = 2.83이라는 사실을 알 수 있다. 그러나 네트워크의 평균 연결선 수[11]는 (1 + 3 + 3 + 1 + 4 + 2 + 2)/7 = 16/7 = 2.29다. 이것은 언제나 성립하는 결론이다. 이웃의 평균 연결선 수가 전체 네트워크의 평균 연결선 수보다 많은 것이다. 다시 말하자면, 우리의 친구들은 평균적으로 우리보다 더 많은 친구를 갖고 있다. 이것을 친구 역설friendship paradox[12]이라고 한다.

이 예시 네트워크를 잘 살펴보면 역설의 원인을 파악하는 데 도움이 된다. 노드의 평균 연결선 수를 계산할 때 각 노드의 연결선 수는 합계에 한 번씩만 기여한다. 반면에, 이웃들의 평균 연결선 수를 계산하고 모든 노드에 대해 이 과정을 반복할 때 각 노드는 합하는 과정에서 해당 노드의 연결선 수만큼 많이 기여한다. 이 예에서 탐의 연결선 수는 그가 4명의 친구 목록에 있으므로 4번 더해진다. 이것이 이웃의 평균 연결선 수 값을 증가시키고, 결국 전체 네트워크의 평균 연결선 수보다 이웃의 평균 연결선 수가 더 많아지게 되는 이유다. 따라서 친구 역설은 임의추출sampling 때문이다. 2개의 평균은 노드 연결선 수를 다르게 임의추출하여 계산된 것이다. 네트워크의 평균 연결선 수를 계산할 때는 균일하게, 이웃의 평균 연결선 수를 계산할 때는 연결선 수에 비례해 표본을 추출하게 된다.

연결선 수 분포가 넓을수록 친구 역설의 효과가 강해진다. 모든 노드의 연결선 수가 거의 비슷하면 네트워크의 평균 연결선 수와 이웃의 평균 연결선 수 값도 서로 비슷하다.[13] 그림 3.3에서와 같이 두꺼운 꼬리 분포를 가진 네트워크(보통 소셜 네트워크가 대체로

---

11 네트워크에 있는 모든 노드가 갖고 있는 연결선 수의 평균 – 옮긴이

12 '친구관계의 역설'이라고도 한다. – 옮긴이

13 모든 노드의 연결선 수가 정확히 같지 않으면 언제나 이웃의 평균 연결선 수가 노드의 평균 연결선 수보다 크며, 모든 노드의 연결선 수가 정확히 같을 때만 두 값이 같다는 사실을 수학적으로 증명할 수 있다. – 옮긴이

그럴듯이)에서는 매우 잘 연결된 허브 때문에 친구 역설의 효과가 매우 두드러진다.

3.4 극단적인 좁은 세상

네트워크의 허브는 방금 살펴본 것처럼 찾기가 쉬울 뿐만 아니라, 필요한 경우가 많다. 네트워크의 한 노드에서 최단 경로를 따라 다른 노드로 신호를 전송하려고 할 때 신호는 하나 또는 여러 허브를 통과할 가능성이 높다. 비행기로 여행할 때 이런 경험을 한 적이 있을 것이다. **A** 공항에서 **B** 공항으로 갈 때 **A**와 **B** 사이에 직항편이 없으면 최소 한 번은 어느 허브 공항 **C**에서 환승을 해야 한다. 많은 경우에는 한 번의 연결이면 충분하기 때문에, 이때 **A**에서 **B**로 여행하는 것은 **A** → **C**와 **C** → **B** 이렇게 2개의 항공편이면 된다.

2장에서 많은 실제 네트워크가 좁은 세상이라는 사실을 알게 됐다. 즉, 몇 개 안 되는 단계로 모든 노드에서 다른 노드로 이동할 수 있다. 허브가 있는 네트워크에서는 두 노드 사이의 평균 거리가 같은 수의 노드와 링크로 구성되어 있지만 허브는 없는 네트워크에 비해 더 짧을 것으로 예상할 수 있다. 실제로, 연결선 수 분포가 넓은 네트워크는 종종 노드들 간의 거리가 매우 짧은 극단적인 좁은 세상$^{\text{ultra-small world}}$의 특징을 갖는다. 그림 3.6은 지금까지 참고하기 위해 계속 살펴본 트위터와 위키백과에서 두 노드 사이의 거리 분포를 보여준다. 두 분포 모두 뾰족한 봉우리가 나타나므로 노드들 사이의 거리가 거의 비슷비슷하다는 뜻이다. 봉우리에 해당되는 거리의 값이 네트워크의 크기에 비해 매우 작기 때문에(트위터의 경우 5, 위키백과의 경우 3) 두 네트워크가 모두 극단적으로 좁은 세상임을

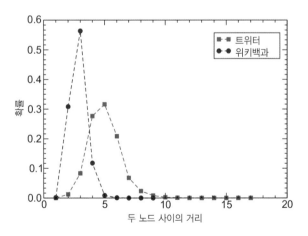

그림 3.6 극단적인 좁은 세상. 노드들 사이의 거리 분포가 트위터와 위키백과 모두에서 매우 작은 값에서 봉우리를 갖는다. 이는 허브들이 존재하고, 최단 경로가 그 허브들을 통과하면서 대부분의 노드 쌍 사이의 거리를 줄이기 때문이다. 거리는 링크의 방향을 무시하고 계산했다.

알 수 있다. 이는 실제 네트워크에서 많이 나타나는 특성이다.

3.5 견고성

시스템의 일부 구성요소에 오류가 생겨도 기능에 영향을 미치지 않는 경우, 해당 시스템이 견고하다[robust]고 표현한다. 예를 들어, 비행기 엔진 중 하나가 작동을 멈춰도 비행기는 계속 날 수 있다. 일반적으로 견고성의 정도는 어떤 구성요소에 오류가 생겼는지, 얼마나 손상됐는지에 따라 달라진다.

네트워크의 견고성은 어떻게 정의해야 할까? 노드는 사람, 라우터[router], 단백질, 신경세포[neuron], 웹사이트, 공항 등 다양한 것들을 표현한다. 이런 고차원의 대표성으로 인해, 네트워크의 종류에 따라 달라지는 노드의 고장[failure]을 정의하는 것은 쉽지 않다. 그러나 어떤 이유에서든 어떤 노드가 작동을 멈췄다면, 해당 노드와 그 노드에 붙어 있는 모든 링크가 없어졌을 때 네트워크의 구조와 기능이 어떻게 변할지 질문할 수 있다.

2장에서 네트워크가 연결되어 있다는 것이 무엇을 의미하는지 정의한 바 있다. 모든 노드끼리 서로 왕래할 수 있는 것을 뜻한다. 또한 네트워크가 연결되어 있지 않다면, 이 네트워크가 2개 이상의 연결되어 있는 부분으로 이뤄졌음을 살펴봤다. 네트워크의 연결성[connectedness]은 해당 네트워크의 기능에 영향을 미치는 중요한 특성이다. 인터넷이 연결된 네트워크가 아니라면 각기 다른 구성요소에 속한 라우터들 간에 신호(예: 이메일)를 보내는 것이 불가능하다. 따라서 네트워크의 견고성을 정의하고 측정하는 한 가지 방법은 어떤 노드와 그 노드에 붙은 링크들의 소실이 시스템의 전체적 연결성에 어떤 영향을 미치는지 관찰하는 것이다(그림 3.7). 시스템이 연결된 상태로 유지된다면 어느 정도는 계속 잘 작동할 것이다. 하지만 네트워크가 서로 연결이 끊어진 부분들로 쪼개진다면, 이 쪼개짐은 네트워크의 기능을 위협할 수 있는 심각한 손상이 발생했다는 뜻일 수 있다.

네트워크에서의 표준적인 견고성 테스트는 순차적으로 더 많은 노드와 해당 노드에 붙어 있는 링크들을 제거하면서 연결성이 어떻게 영향을 받는지 확인하는 것이다. 연구자들은 노드들이 제거된 후 시스템의 붕괴 정도를 추정하기 위해 거대 덩어리의 상대적 크기(즉, 거대 덩어리에 있는 노드 수와 네트워크에 원래 있는 노드 수의 비율)를 계산한다. 처음에 네트워크가 연결되어 있었다고 하자. 이 경우 거대 덩어리는 전체 네트워크와 같으므로 상대적 크기는 1이다. 노드들의 부분집합을 제거해도 연결되지 않은 조각으로 쪼개지지 않으면, 거대 덩어리에서 노드의 비율은 제거된 노드의 비율만큼만 감소한다. 그러나 노

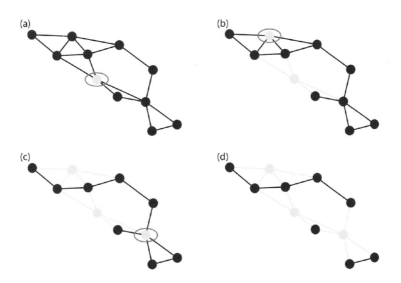

그림 3.7 네트워크의 견고성. 노드와 해당 노드에 붙어 있던 링크의 소실이 주는 영향을 나타내었다. 각 그림에서 삭제된 노드는 동그라미로 강조 표시를 했다. 삭제된 노드와 해당 노드에 붙어 있던 링크는 회색으로 표시했다. 3개의 노드가 삭제된 후의 결과 그림인 (d)에서 네트워크는 서로 연결되어 있지 않은 3개의 덩어리로 갈라진다.

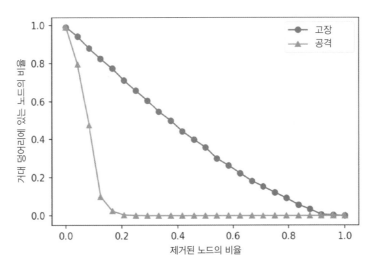

그림 3.8 네트워크의 견고성. 오픈플라잇츠월드 네트워크에서 제거된 노드 비율에 따라 남겨진 거대 덩어리에 속한 노드의 비율을 나타냈다. 노드가 무작위로 제거되거나(무작위 고장), 연결선 수에 따라 공격 우선순위를 정하는 경우(의도적 공격) 어떤 일이 일어나는지 볼 수 있다.

드 제거로 인해 네트워크가 2개 이상의 연결된 덩어리로 쪼개지면 거대 덩어리의 크기가 상당히 작아질 것이다. 제거된 노드의 비율이 1에 가까워지면 남아 있는 몇 안 되는 노드가 자잘한 여러 덩어리들로 분산될 것이므로 거대 덩어리의 노드 비율은 0에 가까워진다.

그림 3.8에서 오픈플라잇츠월드^{OpenFlights World} 네트워크의 견고성 테스트 결과를 볼 수 있다. 노드를 무작위로 제거하는 것은 네트워크를 구성하는 것들에 무작위로 오류가 나는 것(고장)을 모사한다. 그때는 거대 덩어리의 상대적 크기가 매우 천천히 감소하는 것을 볼 수 있다. 이것은 전체 구조를 연결된 상태로 유지하는 허브 노드들이 있기 때문이다. 충분한 수의 허브가 존재하기만 한다면 시스템이 대체로 연결된 상태를 유지한다. 무작위로 노드를 제거하기 때문에, 통계적으로 다른 노드에 비해 수가 적은 허브에서 오류가 발생할 확률이 낮은 것이다. 반면에 노드를 연결선 수의 내림차순으로 제거(즉, 허브들이 먼저 제거된다)할 때는 어떤 일이 발생하는지 보라. 이 경우 시스템이 거의 바로 심각하게 붕괴되고, 노드의 약 20%가 제거되면 완전히 조각나버린다. 이렇게 연결선 수가 큰 노드를 제거 대상으로 하는 것은 중심도가 높은 노드를 제거해 피해를 최대화하기 위한 공격^{attack}의 예다. 따라서 많은 실제 네트워크에는 중심도가 높은 허브들이 있어서 무작위 오류나 고장에 대해서는 매우 견고하지만 의도적인 공격에는 매우 취약하다는 결론을 내릴 수 있다.

3.6 코어 분해

2.1절에서 네트워크의 코어-주변부 구조^{core-periphery structure}에 대해 간략하게 언급했다. 큰 네트워크를 분석하거나 시각화할 때는 대체로 더 조밀한 부분(코어)에 집중하는 것이 유용하다.

각 노드의 연결선 수를 활용해 네트워크를 껍질^{shell}이라고 하는 별개의 부분으로 분해할 수 있는데, 여기서 껍질은 네트워크의 코어-주변부 구조에서의 위치에 따라 결정된다. 연결선 수가 적은 바깥쪽 껍질이 주변부에 해당한다. 이들을 제거하거나 벗기면, 더 조밀한 내부 서브네트워크인 코어^{core}가 남는다. 연결이 전혀 없는 (연결선 수가 0인) 싱글턴이라 불리는 노드가 있다면, 그것들을 먼저 제거한다. 그런 다음 연결선 수가 1인 모든 노드를 제거한다. 연결선 수가 1인 노드를 모두 제거했다면, 연결선 수가 2인 노드를 제거하고, 기준이 되는 연결선 수를 점점 증가시키며 이 과정을 반복한다. 가장 마지막으로 제거하게 되는 노드 그룹이 가장 안쪽의 코어다.

좀 더 체계적으로 기술하자면, k 코어 분해[k-core decomposition] 알고리듬은 처음에 $k = 0$에서 시작한다. 그리고 제거 과정을 반복한다. 각각의 과정은 k 값에 해당하며, 다음과 같이 몇 가지 간단한 단계로 구성되어 있다.

1. 연결선 수가 k인 모든 노드를 더 이상 조건에 맞는(연결선 수가 k인) 노드가 남아 있지 않을 때까지 재귀적으로 제거한다.
2. 제거된 노드들이 k 껍질[k-shell]을 이루는 것이고, 남은 노드는 모두 $k + 1$ 이상의 연결선 수를 갖기 때문에 $(k + 1)$ 코어를 이룬다.
3. 코어에 노드가 더 이상 없으면 종료한다. 아직 노드가 남아 있다면 k를 증가시켜서 다음 과정(1번)을 진행한다.

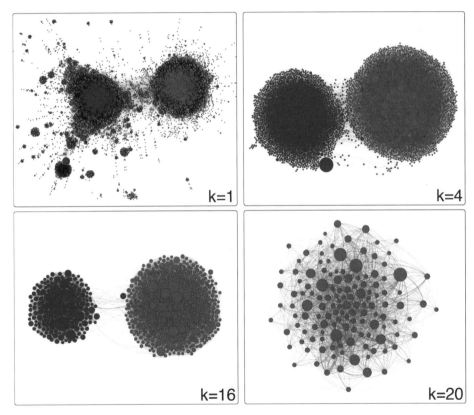

그림 3.9 k 코어 분해에 의한 필터링. 트위터의 정치 관련 주제에 대한 전체 리트윗 네트워크($k = 1$)에서 시작한다. k를 증가시키면 주변부 노드들이 제거되면서, 남은 코어는 더 작아지고 조밀해진다. 가장 안쪽 코어($k = 20$)는 보수적인 계정에 해당하는 붉은색 노드들만 포함하고 있다. 그곳의 모든 노드는 적어도 $k = 20$개의 이웃을 갖고 있는 것이다.

실전에서 거대한 네트워크를 시각화해야 할 때는 코어 분해를 통해 주변부 노드를 효과적으로 필터링할 수 있다. 실제로, 0장의 그림들 대부분이 전체 네트워크가 아닌 주변부의 일부를 제거한 부분을 나타낸 것이다. 예를 들어, 그림 0.3에 있는 정치 관련 주제에 대한 리트윗 네트워크는 $k = 1$과 $k = 2$ 껍질을 제거한 것이다.[14] 이 필터링 과정을 그림 3.9에서 설명했다.

NetworkX에는 다음과 같은 코어 분해를 해주는 함수가 있다.

```
nx.core_number(G)  # 각 노드에 해당하는 코어 숫자로 이뤄진 딕셔너리 반환
nx.k_shell(G,k)    # k 껍질에 있는 노드들로 이뤄진 서브네트워크
nx.k_core(G,k)     # k 코어에 있는 노드들로 이뤄진 서브네트워크
nx.k_core(G)       # 가장 안쪽에 있는(즉, 가장 많은 연결선 수에 해당하는) 코어인 서브네트워크
```

3.7 요약

3장에서는 네트워크의 노드와 링크의 다양한 중심도 측정값에 대해 배웠고, 허브를 찾아내는 중요한 양으로서 노드의 연결선 수를 중점적으로 다뤘다. 기억해야 할 몇 가지 개념을 아래에 정리했다.

1. 노드의 연결선 수는 그래프에서 노드에 연결된 링크 수로 정의된다.

2. 노드의 사이 중심도는 네트워크에서 최단 경로를 따라 전달되는 신호가 해당 노드를 얼마나 자주 지나가는지를 나타낸다.

3. 대규모 네트워크에서는 통계적인 방법을 써서 전체적인 특성을 분석해야 한다. 히스토그램을 써서 노드 또는 링크의 주어진 속성(예: 연결선 수) 분포를 시각적으로 볼 수 있다. 정규화된 히스토그램은 우리가 관심 있는 측정값의 확률 분포를 추정하는 양이 된다.

4. 중심도 측정값의 분포는 현실의 많은 네트워크에서 불균일하다(즉, 값의 분포가 여러 크기에 걸쳐 다양하게 존재한다). 특히 연결선 수 분포는 꼬리가 두꺼운 경우가 많다. 연결선 수가 많은 노드를 허브라고 한다.

5. 친구 역설은 소셜 네트워크에서 여러분의 친구들이 여러분보다 평균적으로 더 많은 친구를 갖고 있다는 것이다. 이는 링크를 따라갈 때 노드의 이웃 중에서 허브를 선택

---

14 즉, $k = 3$ 코어만 나타낸 것이다. – 옮긴이

할 확률이 높기 때문이다.

6. 허브는 네트워크의 구조와 네트워크에서 일어나는 동역학 과정에 있어서 중요한 역할을 한다. 예를 들어 허브 덕분에 노드들 간의 거리가 줄어들기도 하고, 네트워크에서 무작위로 일어나는 고장에 대해서는 견고하지만 의도적인 공격에는 취약해질 수 있다.

7. 네트워크를 코어-주변부 구조가 드러나도록 분해할 수 있다. 낮은 연결선 수의 노드로 이뤄진 껍질을 순차적으로 필터링하면서, 점점 더 조밀해지는 코어를 중점적으로 살펴볼 수 있다.

3.8 더 읽을거리

근접 중심도는 바벨라스(Bavelas, 1950)에 의해 도입됐다. 프리먼(Freeman, 1977)은 노드의 사이 중심도를 소개했고, 브랜데스(Brandes, 2001)는 이를 계산하기 위해 널리 이용되는 빠른 속도의 알고리듬을 개발했다. 링크의 사이 중심도는 안토니쎄(Anthonisse)의 출판되지 않은 전문 보고서에서 소개됐는데, 거번과 뉴먼(Girvan and Newman, 2002)이 링크의 사이 중심도를 이용해 네트워크 내부의 커뮤니티들을 연결하는 링크를 찾고 제거하는 방법을 잘 설명했다(6.3.1절). 통계적 분포들은 Freedman et al.(2007)에 잘 나와 있다.

네트워크와 허브 구조에 대한 쉬운 소개는 Barabási(2003)에 나와 있다. 알버트 등(Albert et al., 1999)은 꼬리가 두꺼운 연결선 수 분포를 가진 최초의 대규모 네트워크인 웹 그래프를 발견했다. 이후 다른 실제 네트워크들 중 다수가 같은 특성을 갖는다는 사실이 밝혀졌다(Barabási, 2016).

친구 역설은 펠드(Feld, 1991)가 소개했다. 극단적으로 좁은 세상은 코헨과 공동 연구자들이 발견했다(Cohen and Havlin, 2003; Cohen et al., 2002, 2003). 알버트 등(Albert et al., 2000)이 네트워크의 견고성에 대해 처음으로 보고했다. 코헨 등(Cohen et al., 2000, 2001)은 네트워크의 견고성에 대해 고전이 된 이론 연구들을 발표했다.

바타겔리 등(Batagelj et al., 1999), 바우어 등(Baur et al., 2004), 베이로 등(Beiró et al., 2008)이 네트워크 시각화에 k 코어 분해를 적용했다.

연습문제

3.1   이 책의 깃허브 저장소에 있는 3장 튜토리얼을 살펴보라.[15]

3.2   100개의 노드와 200개의 링크가 있는 그래프가 있다고 가정해보자. 이 네트워크의 평균 노드 수는 얼마인가?

3.3   기숙사에 사는 250명의 학생으로 구성된 네트워크를 생각해보라. 이 네트워크의 링크는 룸메이트 관계를 나타낸다. 두 노드가 현재 룸메이트라면 두 노드를 연결한다. 이 기숙사의 방은 대부분 2인실이며 3인실과 4인실도 몇 개 있다.

     1. 이 그래프는 연결되어 있는가?

     2. 노드 연결선 수 분포의 최빈값(가장 빈번한 값)은 무엇인가?

     3. 가장 큰 클리크^{clique}에는 몇 개의 노드가 있는가?

     4. 이 그래프에 허브가 있을 것 같은가?

3.4   NetworkX에서 네트워크에서 가장 큰 연결선 수를 가진 노드를 어떻게 찾을 수 있는가? 그리고 그 노드의 연결선 수를 어떻게 구할 수 있는가?

3.5   직원들의 그래프가 NetworkX의 그래프 G라는 형태로 있다고 하자. 노드의 이름은 직원 ID이며 노드에는 이름, 부서, 직위, 급여에 대한 속성이 있다. 다음 중 ID가 5567인 직원의 급여^{salary}를 알고 싶으면 어떤 명령어를 입력해야 하는가?

    a. `G.node(5567)('salary')`

    b. `G[5567]['salary']`

    c. `G.node[5567]['salary']`

    d. `G(5567)('salary')`

3.6   NetworkX의 그래프 G를 다음 명령어를 사용해 네트워크로 그리려고 한다.

```
nx.draw(G, node_size=node_size_list)
```

다음 중 노드의 연결선 수에 따라 노드의 크기가 조정되도록 node_size_list를 얻는 올바른 방법은 무엇인가?

    a. `node_size_list = [G[n] for n in G.nodes]`

    b. `node_size_list = G.degree()`

---

15 github.com/CambridgeUniversityPress/FirstCourseNetworkScience

c. node_size_list = [G.degree() for n in G.nodes]

d. node_size_list = [G.degree(n) for n in G.nodes]

e. node_size_list = [d for d in G.degree()]

3.7 학계의 협력 네트워크는 소셜 네트워크의 한 형태다. 이러한 네트워크에서 연결선 수가 2인 노드는 다음 중 어떤 것을 뜻하는가?

a. 한 연구자가 다른 한 연구자와 같이 논문을 한 편 썼다.

b. 한 연구자가 다른 두 명의 연구자들과 같이 논문을 썼다.

c. 한 연구자가 논문 두 편을 썼다.

d. 두 명의 연구자가 논문 한 편을 같이 썼다.

3.8 소셜 네트워크에서 노드의 연결선 수에 대한 다음 서술 중 어떤 것이 사실일 것 같은가?

a. 대부분의 노드는 단일한 큰 허브에 연결되어 있다.

b. 연결선 수가 다양하다.

c. 모든 노드는 거의 동일한 연결선 수를 갖는다.

d. 모든 노드는 연결선 수가 매우 많다.

3.9 근접 중심도가 잘 정의되기 위해서는 네트워크가 어떤 특성을 갖고 있어야 하는가?

3.10 다음과 같은 네트워크의 예시를 들어보라.

1. 연결선 수가 가장 많은 노드가 근접도가 가장 큰 노드는 아니다.

2. 가장 높은 사이 중심도 값을 가진 노드가 근접도가 가장 큰 노드는 아니다.

3.11 그림 3.10의 네트워크에 대해 다음 질문들에 답해보라. 각 질문에 대해 동률인 답이 여러 개일 경우 해당되는 것들을 모두 답하라.

1. 어떤 노드가 가장 연결선 수 중심도가 높은가?

2. 어떤 노드가 가장 사이 중심도가 높은가?

3. 어떤 노드가 가장 근접 중심도가 높은가?

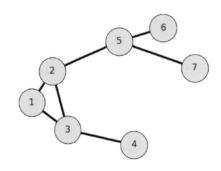

그림 3.10 방향과 가중치가 없는 네트워크의 예시

3.12 10개의 노드로 이뤄져 있으며 평균 연결선 수가 1.8인 전체적으로 연결된 네트워크를 불균일도가 가장 크도록 구축한다면, 그래프가 어떻게 생겼는가?

3.13 다음 변수들에 대해 두꺼운 꼬리 분포가 나타날 것으로 예상되는지 여부와 그 이유를 기술하라.

1. 영국 성인의 신발 사이즈
2. 미국의 가계 소득
3. 트위터 소셜 네트워크의 노드 연결선 수
4. 위키백과 네트워크의 노드 쌍의 거리

3.14 사람들의 키가 두꺼운 꼬리 분포를 따른다면, 길에서 키가 30피트(9m)인 사람을 보고 놀랄 것인가?

3.15 그림 3.11에 있는 히스토그램은 2억 개의 웹 페이지 사이에 있는 15억 개의 링크에 대한 연구에서 따온 것이다(Broder et al., 2000). 주어진 들어오는 연결선 수(x축)를 가진 페이지의 수(y축)를 로그-로그 척도로 그린 것이다.

1. 대략 몇 개의 페이지가 딱 하나의 다른 페이지로부터 들어오는 연결만 있는가?
2. 대략 몇 개의 페이지가 10개의 다른 페이지로부터 들어오는 연결이 있는가?
3. 대략 몇 개의 페이지가 100개의 다른 페이지로부터 들어오는 연결이 있는가?

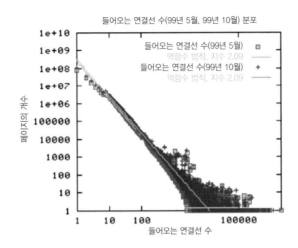

들어오는 연결선 수(99년 5월, 99년 10월) 분포

그림 3.11 로그-로그 척도로 그린 웹의 들어오는 연결선 수 히스토그램. 출처: Broder et al., 2000, Elsevier

3.16 연결이 성관계에 해당되는 소셜 네트워크를 생각해보자. 4781명의 스웨덴 사람들 표본을 바탕으로 해서 그러한 네트워크에 대한 연구를 보고한 릴례로스 등의 논문(Liljeros et al., 2001)을 읽어보라(저널을 구독하고 있는 기관에 속해 있지 않아서 저널에 액세스할 수 없는 경우 https://arxiv.org/abs/cond-mat/0106507에서 출판 전 논문을 내려받을 수 있다). 그 네트워크의 최대 연결선 수는 얼마인가? 그것은 무슨 뜻인가? 노드가 각각 남성과 여성으로 이뤄진 서브네트워크를 따로 고려하면 연결선 수 분포가 같은가? 그 이유는 무엇인가?

3.17 일상적으로 쓰이는 '허브'라는 단어는 보통 많은 항공 노선(직항편)을 제공하는 공항을 뜻한다. 오픈플라잇츠 미국 항공망 네트워크를 NetworkX 그래프로 불러와서 다음 질문에 답해보라.

1. 이 네트워크의 각 공항에서 제공하는 평균 노선 수는 얼마인가?
2. 노선 수 기준 상위 5개 공항은 무엇인가?
3. 이 네트워크에서 항공 노선을 딱 하나만 제공하는 공항은 몇 개인가?
4. 가장 높은 근접 중심도를 가진 공항은 무엇인가?
5. 가장 높은 사이 중심도를 가진 공항은 무엇인가?
6. 이 네트워크의 불균일도를 계산해보라.

3.18 다음 질문에 답하기 위해 위키백과 수학 네트워크를 NetworkX 방향성 그래프로 불러오라.

1. 이 네트워크의 들어오는 평균 연결선 수와 나가는 평균 연결선 수를 계산하라. 뭔가 눈치챘는가? 그 이유는 무엇인가?

2. 들어오는 연결선 수가 가장 많은 노드는 무엇인가?

3. 나가는 연결선 수가 가장 많은 노드는 무엇인가?

4. 이 그래프에서 들어오는 최대 연결선 수와 나가는 최대 연결선 수 중 무엇이 더 큰가? 다른 웹 그래프에서도 그럴 것 같은가? 그 이유는 무엇인가?

5. 이 그래프의 들어오는 연결선 수 분포에 대한 불균일도를 계산하라.

6. 이 그래프의 나가는 연결선 수 분포에 대한 불균일도를 계산하라.

3.19 NetworkX 그래프와 노드 이름을 입력받아, 그 노드의 이웃의 평균 연결선 수를 반환하는 파이썬 함수를 작성하라. 이 함수를 써서 오픈플라잇츠 미국 항공망 네트워크의 모든 노드에 대해 이것을 계산하고 평균을 내보라. 여기서 친구 역설이 성립하는가(즉, 이웃의 평균 연결선 수가 네트워크의 평균 연결선 수보다 큰가)?

3.20 이웃들의 평균 연결선 수가 네트워크의 평균 노드 연결선 수와 같은 네트워크가 있는가? 있다면 어떤 성질이 있어야 하는가?

3.21 꼬리가 두꺼운 연결선 수 분포를 가진 네트워크는 무작위 공격에 더 취약한가, 아니면 의도적인 공격에 더 취약한가? 비슷한 크기의 격자 구조처럼 생긴 네트워크는 어떤가?

3.22 어떤 사람이 노드나 링크를 제거해 네트워크의 전체적인 연결을 끊거나, 평균 경로 길이를 늘리고자 한다면, 확실한 전략은 허브를 공격하는 것이다. 다음 중에서 공격 대상을 선택하는 또 다른 효과적인 기준은 무엇일까? 그것을 선택한 이유를 설명하라.

a. 뭉침 계수가 큰 노드

b. 연결선 수가 적은 노드

c. 근접 중심도가 높은 노드

d. 사이 중심도가 높은 노드/링크

3.23 어떤 네트워크에서 연결선 수가 같은 두 노드를 생각해보자. 둘 중 하나는 뭉침 계수가 크고 다른 하나는 뭉침 계수가 작다. 다른 모든 조건이 동일할 때, 둘 중 어느 것이 네트워크를 교란시킬 수 있는 더 효과적인 공격 목표일 것 같은가?

3.24 이 책의 깃허브 저장소에 있는 socfb-Northwestern25 네트워크는 노스웨스턴

대학교 페이스북 네트워크의 스냅샷이다. 노드는 익명의 사용자들이고 링크는 사용자들의 페이스북 친구 관계다. 다음 질문에 답하기 위해 이 네트워크를 NetworkX 그래프로 불러오자. 방향과 가중치가 없는 네트워크에 적절한 그래프 클래스를 사용하라.

1. 연결선 수가 100 이상인 노드의 비율은 얼마나 되는가?

2. 이 네트워크의 노드가 가진 연결선 수의 최댓값은 얼마인가?

3. 이 네트워크의 익명 사용자들(노드)에게는 숫자로 된 임의의 이름이 부여되어 있다. 어느 노드의 연결선 수가 가장 많은가?

4. 연결선 수에 대한 제 95 백분위수(즉, 노드의 95%가 해당 연결선 수 이하를 갖도록 하는 값)는 무엇인가?

5. 이 네트워크의 노드들이 가진 평균 연결선 수는 얼마인가? 가장 가까운 정수로 반올림해서 나타내라.

6. 다음 중 이 네트워크의 연결선 수 분포를 가장 잘 설명하는 모양은 무엇인가? 히스토그램을 써서 눈으로 확인하거나 통계를 사용해 답을 구할 수 있을 것이다.

   a. 균등한 분포uniform distribution: 노드 차수가 최솟값과 최댓값 사이에 고르게 분포되어 있다.

   b. 정규 분포normal distribution: 대부분의 노드 연결선 수가 평균에 가깝고 양방향으로 빠르게 감소한다.

   c. 오른쪽 꼬리 분포right-tailed distribution: 대부분의 노드 연결선 수가 연결선 수가 속할 수 있는 범위에 비해 상대적으로 작다.

   d. 왼쪽 꼬리 분포left-tailed distribution: 대부분의 노드 연결선 수가 연결선 수가 속할 수 있는 범위에 비해 상대적으로 크다.

CHAPTER

04

방향성과 가중치

링크^{link}: (명사) 2개의 대상 또는 상황 사이의 관계. 특히 하나가 다른 것에 영향을 줄 때

많은 실제 네트워크에서는 연결에 방향성이 있고 가중치가 있다. 예를 들어, 0장에서 소개한 먹이 그물에서는 생물종들에 대해 누가 누구를 잡아먹는지를 나타내는 방향이 있으며 잡아먹는 양을 가중치로 하여 연결된다. 다른 익숙한 예로는 위키백과와 일반적인 웹을 들 수 있는데, 여기서 하이퍼링크들은 클릭 수에 따라 가중치가 부여된다. 우리가 책, 영화, 운전기사, 노래 등 다양한 상품과 서비스를 평가하는 모든 종류의 앱, 친구 또는 팔로잉 관계가 리트윗^{retweet}, 인용^{quote}, 답변^{reply}, 언급^{mention}의 가중치로 표현되는 트위터의 소셜 네트워크, 그리고 심지어 페이스북에서도 친구들 간의 교류에 댓글, '좋아요', 글 공유의 정도로 가중치가 부여된다. 이런 다수의 네트워크는 IT를 기반으로 한 온라인 네트워크다. 4장을 공부하면 이러한 네트워크와 규칙 체계에 익숙해질 수 있을 것이다.

4.1 방향성 네트워크

지금까지 다룬 네트워크에서는 링크의 방향이 중요하지 않았다. (항상 맞지는 않지만) 소셜 네트워크에서는 친구 관계가 보통 대칭이라고 생각한다. 앨리스가 밥의 친구라면 마

찬가지로 밥도 앨리스의 친구인 것이다. 인터넷 망에서 패킷은 두 라우터^{router} 혹은 2개의 자율 시스템^{autonomous system} 사이를 양방향으로 오간다. 대부분의 도로에서 차는 양방향으로 달리며, 뉴욕에서 로마로 가는 모든 항공편에는 로마에서 뉴욕으로 가는 항공편이 쌍으로 있다. 하지만 이 대칭성이 성립하지 않는 네트워크도 많다. 링크가 특정 방향으로 있고, 그 반대 방향 링크는 없을 수도 있는 것이다. 예를 들어, 트위터에서 찰리가 도나를 팔로우하더라도 도나는 찰리를 팔로우하지 않을 수도 있다. 1장에서 다뤘듯이, 방향성 링크^{directed link}는 원천 노드^{source node}와 목표 노드^{target node}가 있다. 이 방향성 링크는 보통 원천에서 목표로 향하는 화살표로 표현한다. 방향성 링크를 가진 네트워크를 방향성 네트워크^{directed network}라고 부른다. 방향이 없는 네트워크^{undirected network}에서는 각 노드가 연결선 수를 갖고 있지만, 방향성 네트워크는 각 노드가 그 노드를 목표로 하는 연결의 개수인 들어오는 연결선 수^{in-degree}와 그 노드를 원천으로 하는 연결의 개수인 나가는 연결선 수^{out-degree}가 구분된다.

방향성 링크는 특히 소통과 정보 전달을 목적으로 한 네트워크에서 많이 찾아볼 수 있다. 이메일(그림 0.4 참고)이나 위키백과(그림 0.5 참고)가 익숙한 예라고 할 수 있다. 과학에서 또 다른 눈에 띄는 예를 찾을 수 있다. 과학자는 언제나 이전에 밝혀진 것들을 바탕으로 새로운 연구를 한다. 과학자가 새롭게 발견한 것을 논문 형태로 출판할 때는 관련 있

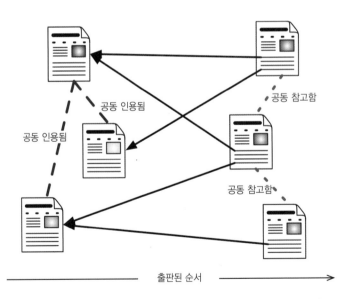

그림 4.1 인용 네트워크. 인용하는 링크를 검은색 실선 화살표로 나타내었다. 인용 네트워크로부터 파생되는 방향이 없는 공동 인용(co-citation), 공동 참고(co-reference) 연결은 각각 파란색과 빨간색 파선으로 표시했다(4.6절 참고). 인용 네트워크에서는 아직 출판되지 않은 논문을 인용할 수는 없기 때문에 언제나 연결이 과거로만 향한다는 점을 주목하라.

는 이전 논문들을 인용한다. 이 인용 관계가 표현하는 인용 네트워크^{citation network}는 전형적인 정보 네트워크다. 여기서 노드는 논문들이다. 논문과 그 논문 사이의 링크를 인용^{citation}이라 부르며, 이 링크는 연결된 논문들의 내용들 간에 어떤 관계가 있음을 보여준다. 두 논문은 방법론을 공유했을 수도 있고, 어떤 문제를 풀기 위한 대안을 제시했거나, 이전의 발견을 확인, 개선했거나 또는 심지어 반박한 것일 수도 있다. 그림 4.1은 인용 네트워크를 설명한다.

4.2 웹

웹은 우리에게 친숙하다. 웹에서는 하이퍼링크를 통해 **A**라는 웹 페이지에서 **B**라는 웹 페이지로 연결될 수 있지만, **B**에서 **A**로 연결된 하이퍼링크는 없을 수도 있다. 흥미롭게도 월드와이드웹^{World-Wide Web}이 생기기 수십 년 전에 양방향 링크를 연결하는 아이디어가 존재했다. 하지만 양방향 링크는 링크 정보를 양쪽으로 협상하고 저장하는 어떤 형태의 중앙 권한이 필요했기 때문에 기술적으로 구현하기가 힘들었다.

4.2.1 웹의 짤막한 역사

1990년대 초반, 팀 버너스 리^{Tim Berners-Lee}는 누구든 한 페이지에서 다른 페이지로 상호성[1]이나 지속성[2]에 대한 걱정 없이 링크를 걸 수 있는 방향성 하이퍼링크 모델을 제안했다. 목적한 페이지가 더 이상 존재하지 않으면 해당 페이지로는 연결이 안 될 것이다. 많은 사람들이 버너스 리의 하이퍼텍스트^{hypertext} 언어를 사용해 웹의 내용을 작성하기 시작했고, 웹 브라우저와 서버를 위한 소통 방식을 이용해 웹사이트를 호스팅하기 시작했다. 웹이 태어난 것이다.

링크는 웹 성공의 열쇠였다. 각 페이지는 URL^{Uniform Resource Locator}이라고 불리는 고유한 주소를 갖게 되어서 한 페이지에서 다른 페이지로의 연결이 쉬워졌다. 십여 년 동안 많은 조직이 정보를 전달하고 물건과 서비스를 팔기 위해 웹사이트를 만들면서 웹은 크게 성장했다. 하지만 그때까지도 웹은 정보의 생산자와 소비자가 확실하게 구분된 네트워크였다. 웹사이트를 만드는 데는 대부분의 사람이 갖고 있지 않은 기술이 필요했던 것이다.

---

1   A가 B에게 링크를 걸면 B가 A에도 링크를 걸어야 한다는 규칙 – 옮긴이
2   A가 B에게 링크를 걸었지만 B가 사라질 수도 있으므로 – 옮긴이

웹로그$^{Web\ logs}$ 또는 블로그^{blog}라고 불리는 온라인 저널의 출현으로 변화가 시작됐다. 블로그 덕분에 사람들은 정해진 서식^{template}에 따라 간단한 사이트를 쉽게 만들 수 있게 됐고, 제3의 공급자가 운영하는 저널(블로그)의 항목^{entry} 형태로 내용을 채워갔다. 각 블로그 포스팅은 URL을 갖고 있어서 하나의 블로그 포스팅을 다른 포스팅에 연결하는 것을 용이하게 했다. 블로그는 곧 웹에서 가장 빠르게 성장하는 부분이 됐고, 심지어 전통적인 미디어와 경쟁하게 됐다. 가장 중요한 것은 주로 정보의 소비자였던 대다수의 사람들이 생산자 역할도 하게 됐다는 점이다. 이것이 소위 웹 2.0 혁명의 중요한 양상이다.

사람들이 블로그를 통해 정보를 공유하는 것이 쉬워졌듯이, 사진이나 동영상을 비롯한 온갖 종류의 미디어를 플리커^{Flickr}나 유튜브^{YouTube} 같은 사이트를 통해 공유하기도 쉬워졌다. 또한 사람들은 태깅^{tagging} 사이트에 즐겨찾기^{bookmark}를 발행하면서 링크를 공유할 수 있었고, 이후에는 소셜 네트워크 사이트를 통해 공유할 수 있게 됐다. 링크는 어느 곳에서나 찾아볼 수 있었고, 사람들에게 친숙해졌다. 자연스러운 다음 단계는 사람들을 서로 연결하는 것이었고, 프렌스터^{Friendster}, 오컷^{Orkut}, 마이스페이스^{MySpace}, 링크드인^{LinkedIn}, 페이스북과 같은 온라인 소셜 네트워크가 그 일을 담당했다. 노드 및 링크 생성 비용을 훨씬 더 낮추기 위해 마이크로블로그^{microblog} 개념이 등장했고, 이를 통해 사람들은 매우 짧은 메시지를 게시해 친구들에게 널리 전할 수 있게 됐다. 트위터가 소개하고 곧 페이스북에서 따라 한 이런 소셜 네트워크와 블로그의 조합은 인기가 매우 높아져, 지금은 전 세계 인구의 상당 부분이 웹의 일부가 됐다.

네트워크 관점에서 노드의 개념은 웹 페이지부터 사람, 웹사이트부터 사상까지, 사진에서부터 노래, 혹은 영화에서부터 기사에 이르기까지 URL로 표현되는 모든 것으로 확장되어 표현할 수 있게 됐다. 링크의 개념 또한 어떤 임의의 대상도 다른 임의의 대상을 가리킬 수 있게 확장됐다. 트위터의 각 포스팅인 트윗은 블로그의 항목과 연결되고, 위키백과 기사는 다른 기사나 외부 페이지를 인용하고, 사람들은 친구들 혹은 좋아하는 것들과 연결되고, 지도는 사진과 연결된다(반대 방향도 가능). 웹은 우리 삶의 거의 모든 면을 아우르며 성장해온 것이다.

4.2.2 웹은 어떻게 작동하는가

웹의 기본으로 돌아가 보자. 이렇게 어디에나 있는 네트워크의 작동 방식과 웹의 데이터를 어떻게 수집하는지 더 잘 이해하려면, 웹이 어떤 언어를 쓰는지, 어떤 규칙을 따르는지 알아야 한다. 페이지는 HTML$^{HyperText\ Markup\ Language}$의 한 버전으로 작성되며, 자바스크립트^{Javascript}와 같이 브라우저에서 이해할 수 있는 스크립트 언어를 통해 상호작용을 한다. 이전에 살펴본 페이지들 사이를 연결하는 하이퍼링크의 개념 외에 이런 언어들에 대한 자세한 내용은 이 책이 다루는 범위를 벗어난다. HTML에서는 특수 앵커 태그$^{anchor tag}$(<a>)를 사용해 다른 페이지에 대한 링크를 쉽게 부호화할 수 있다. 예를 들어, 간단한 코드 <a href="http://npr.org/">news</a>는 앵커 텍스트$^{anchor text}$ 'news'에 대한 링크를 생성하며, 사용자가 이것을 클릭하면 브라우저가 npr.org의 페이지를 불러오는 것이다.

클라이언트^{client}(브라우저)와 웹 서버 사이에서 페이지를 가져오거나 다운로드가 작동하는 방식은 HTTP$^{HyperText Transfer Protocol}$ 규칙에 명시되어 있다. 다른 인터넷 클라이언트-서버 규칙과 마찬가지로 HTTP는 사실 매우 간단하다. 클라이언트가 페이지를 요청하는 방법과 서버가 응답하는 방법이 정해져 있다. 그림 4.2는 해당 규칙을 보여준다. 먼저 서버와의 연결을 설정하려면 클라이언트가 서버의 IP$^{Internet Protocol}$ 주소를 알아야 한다. 일반적으로 URL은 서버의 호스트명^{hostname}과 파일 경로$^{file path}$를 구체화한다. 예를 들어, URL http://npr.org/에서 서버 호스트 이름은 npr.org이고 파일 경로는 /다. 이 경우 경로는 디렉토리이므로 서버는 해당 디렉토리에서 index.html과 같은 기본 파일 이름을 찾는다. IP 주소를 얻기 위해 브라우저는 DNS$^{Domain Name Service}$라는 서비스를 사용하는데, 이것은 호스트이름(예: npr.org)을 그 호스트의 IP 주소(예: 216.35.221.76)로 변환하는 또 다른 규칙이다.

IP 주소를 확보한 후, 브라우저가 서버에 연결된다. 이때 URL의 http:// 부분은 브라우저가 HTTP를 사용해 서버와 통신한다는 뜻이다. 브라우저는 연결을 위해 HTTP 요청을 서버에 보내고 HTTP 응답을 기다린다. 요청 및 응답 메시지는 헤더^{header}, 빈 줄, 임의

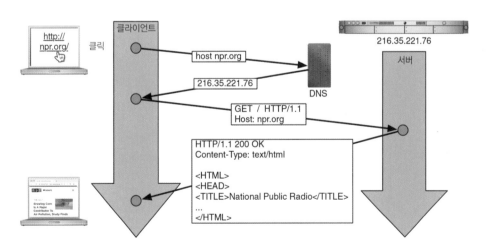

그림 4.2 클라이언트(브라우저)와 서버가 HTTP 규칙을 통해 통신하여 링크를 따라 페이지를 방문하는 방법의 예시. 수직 화살표는 시간이 흐르는 방향을 뜻한다.

의 본문^{body}으로 되어 있다. 요청 헤더는 간단히 몇 줄일 수도 있다. 가장 일반적인 요청 형태는 페이지(경로)를 요청하는 GET이다. 이 요청에는 본문이 없으므로 서버가 빈 줄을 수신하자마자 응답한다. POST 요청과 같은 경우에는 본문에 추가적인 내용 매개변수^{content parameter}가 포함되며, 정해진 양식에 입력할 내용을 보내는 데 사용할 수 있다. 요청 형태 및 경로 외에도 헤더는 호스트 이름을 지정해야 한다. 이는 단일 서버가 종종 가상 호스팅^{virtual hosting}을 통해 다른 많은 웹사이트를 호스팅할 수 있기 때문이다. 응답 헤더에는 서버 유형, 날짜, 반환된 바이트 수와 같은 여러 줄의 정보가 포함될 수 있다. 가장 중요한 것은 응답 코드^{response code}다. 예를 들어 코드 200은 '성공'했다는 뜻이고, 코드 404는 '페이지를 찾을 수 없다'는 뜻이다. 응답의 본문은 요청한 실제 내용이며, 대개 페이지의 HTML 코드로 구성되어 있다.

4.2.3 웹 크롤러

HTTP 규칙을 사용해 웹 서버에서 콘텐츠를 요청하는 모든 프로그램은 웹 클라이언트다. 브라우저는 웹을 탐색하는 데 사용하는 친숙한 도구로, 브라우저 덕분에 이 사이트와 페이지로 이뤄진 거대한 네트워크에서 가상으로 한 노드에서 다른 노드로 이동할 수 있다. 웹 크롤러^{web crawler}는 페이지를 자동으로 다운로드하는 프로그램이다. 웹의 정보는 전 세계 수백만 개의 서버에서 제공하는 수십억 페이지에 흩어져 있기 때문에, 크롤러는 중앙에서 이를 분석하고 긁어모을 수 있는 정보를 수집하는 목적으로 만들어졌다. 이 크롤러를 이용한 가장 중요한 응용이 검색 엔진이다. 웹은 빠르게 변하는 동적인 대상이기 때문에, 검색 엔진은 크롤러를 사용해 페이지와 링크의 추가, 삭제, 이동, 업데이트 중에도 최신 상태를 유지하며 현재 상태의 정보를 전달한다. 검색 엔진은 크롤러가 수집한 정보를 가져와 내용(키워드 및 구문)을 포함하는 페이지에 대응시키는 데이터 구조(인덱스^{index})를 만든다. 이렇게 하여 사용자가 검색을 요청하면, 검색 엔진이 해당 키워드가 포함된 페이지를 빠르게 검색할 수 있다. 검색 엔진이 하는 또 다른 일은 사용자가 수백만 건의 결과 중에서 양질의 결과를 찾을 수 있도록 검색 결과의 순위를 결정하는 것이다. 이를 수행하는 주요 방법 중 하나가 웹의 네트워크 구조를 이용하는 것이고, 이는 4.3절에서 소개할 예정이다.

웹 크롤러는 상업적인 정보 수집에도 쓰인다. 웹을 통해 조직은 경쟁자와 잠재적인 협력자를 관찰한다. 디지털 도서관과 서지 시스템은 학술 자료를 좀 더 찾기 쉽게 해주고 영향력을 평가한다. 웹 영향력 평가^{webometrics} 도구는 기관이 온라인에서 얼마나 존재감이 있는지 평가한다. 심지어 스팸 메일을 보내기 위해 이메일 주소를 수집하거나, 피싱 및 명의 도용을 위해 개인 정보를 캐는 것과 같은 악질적인 응용도 있다. 크롤러는 웹 링크 네트워크의 구조를 재구성하는 연구 목적으로도 사용된다. 크롤러는 정보 네트워크 연구에 있어 매우 중요하므로 작동 방식을 알아볼 필요가 있다.

크롤러는 매우 복잡한 소프트웨어 시스템이다. 구글Google의 공동 창립자인 세르게이 브린Sergey Brin과 로렌스 페이지Lawrence Page는 웹 크롤러가 검색 엔진에서 가장 정교하지만 취약한 부분이라고 말했다. 그러나 크롤러의 기본 개념은 어렵지 않다. 가장 단순한 형태의 크롤러는 웹 링크 네트워크에서 너비 우선 탐색breadth-first search 알고리듬(2.5절 참고)을 실행한다. 이 알고리듬은 시작점seed 페이지(URL)들의 집합에서부터 더 많은 페이지를 가져오기 위해 재귀적으로 링크를 뽑아내는 과정으로 되어 있다. 이런 간단한 설명은 네트워크 연결의 병목 현상, 페이지 재방문 스케줄링, 스파이더 트랩(서버가 의미 없는 URL을 자동으로 생성하는 경우), 표준canonical URL(두 링크가 같은 페이지를 가리키는지 여부를 결정), 강력한 구문 분석(페이지의 종종 부정확한 HTML 구문 해석하기), 원격 웹 서버에서의 윤리와 같은 기술적인 어려움을 감추고 있다.

그림 4.3은 기본 크롤러의 논리 흐름을 보여준다. 크롤러는 프론티어frontier라고 부르는, 방문하지 않은 URL들로 이뤄진 대기열을 유지한다. 이 목록은 이전 크롤링에서 얻어진 고품질의 페이지로 구성된 시작점 URL로 초기화된다. 주요 반복문이 실행될 때마다 크롤러는 프론티어에서 다음 URL을 선택하고, HTTP를 통해 URL에 해당하는 페이지를 가져온 후, 검색된 페이지를 분석해 URL을 추출하고, 새로 발견된 URL을 프론티어에 추가해, 마지막으로 페이지(와 색인 용어 및 네트워크 구조를 포함한 기타 추출된 정보)를 저장소에 저장한다. 크롤러는 프론티어 대기열이 비어버리면 멈추겠지만, 실제로는 페이지에서 나가는 평균 연결선 수(웹을 통틀어 페이지당 10개 이상)가 많기 때문에 그런 일은 거의 발생하지 않는다. 크롤링 과정은 특정 개수의 페이지가 크롤링되면 종료되거나, 검색 엔진의 경우처럼 영원히 계속될 수도 있다.

일반적인 크롤러의 프론티어는 아직 방문하지 않은 수백만 개의 링크를 포함하며 순식간에 커진다. 크롤러는 양질의 내용으로 이어질 가능성이 있는 링크의 우선순위를 정하기 위해 종종 휴리스틱heuristic3을 사용한다. 프론티어가 일반적으로 선입선출first-in-first-out 대기열로 되어 있기 때문에, 크롤러는 시작점에서 거리 n만큼 떨어져 있는 페이지를 방

---

3   시간이나 정보가 충분하지 않을 때 체계적이면서 합리적인 판단이 굳이 필요하지 않은 상황이라면 사람들이 빠르게 사용할 수 있도록 구성한 간편 추론의 방법이다. – 옮긴이

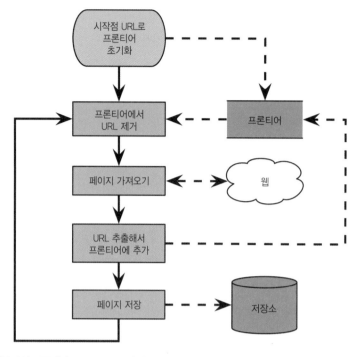

그림 4.3 기본적인 크롤러의 흐름도. 주요 데이터 작업을 파선으로 된 화살표로 나타내었다.

문하기 전에 거리 $n - 1$ 이하의 모든 페이지를 방문한다. 아래에서 살펴보겠지만, 양질의 페이지에서 멀어질수록 양질의 페이지를 찾을 가능성이 낮아지기 때문에 이것은 좋은 전략이다. 따라서 너비 우선^{breadth-first} 크롤러는 많은 수의 괜찮은 페이지에서 시작해 새로운 양질의 페이지를 빨리 발견하거나, 이미 알고 있는 페이지를 다시 방문해 마지막 방문 후에 업데이트가 있는지 확인할 수 있다. 검색 엔진에서 사용하는 효율적인 크롤러는 다양한 기술을 사용해 크롤링 과정을 최적화하고, 수천 대의 컴퓨터가 병렬로 24시간 내내 집단 작업을 한다. 검색 엔진은 이런 방식으로 하루에 수백만 페이지를 크롤링하고, 색인을 생성하며, 새로운 검색 결과를 유지한다.

4.2.4 웹의 구조

웹 페이지와 하이퍼링크로 구성된 네트워크를 웹 그래프^{Web graph}라고 한다. 대규모 크롤링을 통해 그 구조에 대한 몇 가지 흥미로운 사실이 밝혀졌다. 다양한 크기의 (약하게) 연결된 덩어리가 있다. 그 덩어리의 크기는 비대칭 분포를 갖는 경향이 있으며, 가장 큰 것이 압도적으로 크고(전체 페이지의 90% 이상을 차지함) 아주 많은 수의 자잘한 것들이 있다. 가

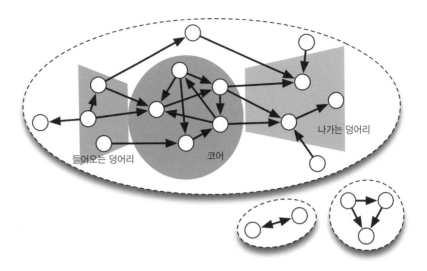

그림 4.4 웹 그래프의 나비넥타이 구조. 덩어리들을 파선으로 된 타원으로 표시했다. 가장 큰 덩어리는 ('코어(core)'라고도 부르는) 강하게 연결된 덩어리, 들어오는 덩어리, 나가는 덩어리로 구성되어 있다.

장 큰 덩어리 중에서도 가장 크고 강하게 연결된 덩어리를 찾을 수 있다. 2.3절에서 본 바와 같이, 들어오는 덩어리$^{in-component}$는 들어오는 덩어리에서 시작된 링크를 따라가면 강하게 연결된 큰 덩어리에 도착할 수 있는 페이지들의 집합이고, 나가는 덩어리$^{out-component}$는 강하게 연결된 큰 덩어리에서 출발하면 도달할 수 있는 페이지들의 집합이다. 이 구조가 바로 웹을 설명할 때 종종 언급되는 나비넥타이 구조$^{bow-tie\ structure}$다(그림 4.4 참고). 강하게 연결된 큰 덩어리, 들어오는 덩어리, 나가는 덩어리의 상대적 크기는 웹 크롤러가 네트워크 데이터를 모을 때 사용하는 전략에 따라 달라진다.

여러 연구 팀이 대규모 크롤링을 기반으로 웹 그래프의 연결선 수 분포를 연구했다. 평균 연결선 수(페이지에 연결된 링크 수)는 약 10~30개이지만 표준편차가 최소 10배 더 크기 때문에 불균일도를 나타내는 값 κ가 커진다(3.2절 참고). 따라서 평균은 그다지 의미가 없다. 실제로 들어오는 연결선 수의 분포는 그림 4.5와 같이 매우 넓은 규모에 걸친 두꺼운 꼬리를 갖고 있다. 이는 웹에 엄청난 양의 링크와 트래픽을 담당하는 거대한 허브 페이지들이 있다는 뜻이다. 비대칭인 들어오는 연결선 수의 분포는 웹의 확실한 특성이고, 이 특성은 웹의 역사가 불과 몇 년밖에 되지 않았던 때부터, 크기가 수억 페이지였던 시절까지 유지됐다.

나가는 연결선 수 분포는 분석하기가 더 어렵다. 크롤러가 수천 개의 나가는 링크가 있는 페이지를 찾을 수 있지만, 그 분포가 들어오는 연결선 수만큼 넓은 규모에 걸쳐 있

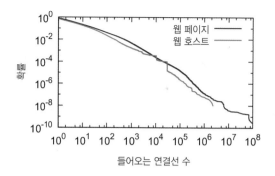

그림 4.5 웹 그래프에서의 들어오는 연결선 수에 대한 누적 분포. 2012년 8월에 실시한 대규모 크롤링을 기반으로 한 이 네트워크는 N = 36억 개의 페이지 및 L = 1290억 개의 링크로 되어 있다. 개별 페이지가 아닌 전체 웹사이트를 개별 노드 단위로 하고 두 웹사이트들이 갖고 있는 페이지들 사이에 하이퍼링크가 적어도 하나 있으면 링크로 연결한 호스트 그래프의 들어오는 연결선 수 분포도 표시했다. 두 경우[4] 모두 들어오는 연결선 수가 매우 많은 허브 노드가 존재함을 알 수 있다. 출처: commoncrawl.org의 크롤링 데이터를 기반으로 한 webdatacommons.org로부터 얻은 네트워크

지는 않다. 더 중요한 건, 들어오는 링크가 많은 페이지는 일반적으로 인기^{popularity}의 특성인 반면 다른 페이지로 나가는 링크가 너무 많은 페이지는 보통 스팸 활동의 특성이라는 것이다. 즉, 해당 사이트의 검색 순위를 높이기 위해 만들어진 이른바 링크 농장$^{link farm}$인 것이다. 또한 크롤러가 검색에서의 효율성을 위해 종종 너무 긴 페이지의 일부를 잘라내고 다운받기 때문에 나가는 연결선 수라는 측정량 자체의 신뢰도가 낮다는 점 역시 고려해야 한다. [4]

연구자들은 크롤링 데이터를 사용해 웹 그래프의 평균 경로 길이$^{average path length}$도 연구했다. 평균 경로 길이는 노드 수에 대해 매우 느리게 증가한다. 네트워크 크기가 엄청나게 많이 증가해도 최단 경로는 평균적으로 몇 단계만 더 길어질 뿐이다. 예를 들어, 그림 4.5에서 사용된 2012년 크롤링 데이터에서 얻은 네트워크의 가장 큰 강하게 연결된 덩어리는 N = 18억 개의 페이지로 구성되어 있는데, 평균 경로 길이는 13 미만이다. 이 극단적인 좁은 세상$^{ultra-small world}$ 구조는 3장에서 논의했던 허브 페이지들 때문에 발생한다.

이러한 웹이 공통적으로 갖고 있는 성질(연결된 덩어리 크기와 들어오는 연결선 수의 두꺼운 꼬리를 가진 분포 및 극단적인 좁은 세상의 특성)은 그 밖의 정보 네트워크, 특히 블로그나 위키백과에서도 볼 수 있다.

---

4   개별 페이지를 노드로 한 '웹 페이지'와 각 웹사이트를 노드로 한 '웹 호스트' – 옮긴이

4.2.5 주제의 지역성

2.1절에서 **동종선호**[homophily]를 비슷한 노드끼리 연결되는 경향으로 정의했다. 웹 페이지, 위키백과의 항목, 연구 논문과 같은 정보 네트워크의 노드에는 두 페이지 또는 문서 간의 유사성[similarity]을 정의하고 측정하는 데 사용할 수 있는 텍스트로 된 내용이 많다. 그러한 내용을 기반으로 페이지의 주제 또는 페이지가 무엇에 대한 것인지를 결정할 수 있다. 예를 들어 스포츠에 관한 두 페이지가 있다면, 스포츠에 관한 페이지와 음악에 관한 페이지 사이의 관계에 비해 더 비슷할 것이다. 따라서 이웃한 페이지의 내용을 보고 페이지가 무엇인지 추측할 수 있는 능력을 통해 정보 네트워크에서 동종선호를 표현할 수 있다. 관련된 주제에 대한 두 페이지는 서로 바로 연결되거나 짧은 경로로 연결될 수 있는 것이다. 이런 일이 생기면 우리는 네트워크에 주제의 지역성[topical locality]이 있다고 한다. 주제의 지역성이 생기는 이유는 직관적이다. 새로운 페이지, 기사 또는 블로그 게시물을 작성할 때 작성자는 주제와 관련된 정보를 연결해 독자의 이해를 돕고자 한다. 결과적으로는 링크가 노드에 대한 의미 정보를 품게[encoding] 되는 것이다.

주제의 지역성을 정량화하기 위해, 출발 페이지에서 주어진 거리 내에 있는 도착 페이지가 원래의 출발 페이지와 거의 동일한 주제일 가능성을 측정할 수 있다(그림 4.6 참고). 그런 다음, 이것을 순전히 우연에 의해 같은 주제에 대한 페이지로 향할 가능성(물론 그 주제가 얼마나 일반적인지에 따라 다르겠지만)과 비교할 수 있다. 출발 페이지에서 링크를 따라

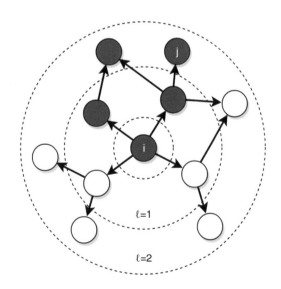

그림 4.6 주제의 지역성을 나타낸 그림. 가운데에 있는 *i*라는 페이지에서 거리 ℓ = 1인 페이지의 절반, 거리 ℓ = 2인 페이지의 1/3이 파란색으로 표시한 같은 주제에 대한 것이다.

정보 검색 및 텍스트 마이닝$^{text\ mining}$에서는 종종 두 문서, 웹 페이지, 문구 또는 태그 클라우드 간의 유사성을 측정해야 한다. 각 문서 d를 어휘의 각 용어와 관련된 차원을 가진 다음과 같은 고차원 벡터로 표현하자. $\vec{d} = \{w_{d,1}, ..., w_{d,n_t}\}$ 여기서 $w_{d,t}$는 d에 있는 t라는 어휘의 가중치를 뜻하고, n_t는 어휘의 총 개수다. 인공신경망을 기반으로 한 딥러닝$^{deep\ learning}$ 기술에서도 각 차원이 단어나 태그가 아닌 추상적인 개념에 해당한다는 점만 제외하면 비슷한 벡터 표현을 사용한다. 가중치를 계산하는 방법에는 여러 가지가 있는데, 자주 나오는 용어는 좋은 서술자^{descriptor}라고 생각할 수 있기 때문에 보통 해당 용어가 문서에 나타나는 횟수에 비례하게 한다. 종종 관사나 접속사처럼 의미가 없는 '잡음^{noise} 단어'는 제거한다. 또한 너무 많은 문서에서 일반적으로 사용되는 용어는 식별력이 떨어지기 때문에 보통 가중치를 줄인다. 그런 다음, 두 문서 d_1과 d_2에 해당되는 벡터 간의 코사인값을 측정해 둘 사이의 유사도를 계산할 수 있다.

$$\cos(\vec{d_1}, \vec{d_2}) = \frac{\vec{d_1}}{||\vec{d_1}||} \cdot \frac{\vec{d_2}}{||\vec{d_2}||} = \frac{\sum_t w_{d_1,t} w_{d_2,t}}{\sqrt{\sum_t w_{d_1,t}^2} \sqrt{\sum_t w_{d_2,t}^2}}$$

d_1에 있는 용어들이 d_2에도 있고 d_2에 있는 용어들이 d_1에도 있으면 코사인값은 1에 가깝다. 두 문서가 용어를 전혀 공유하지 않는 경우 코사인 유사도의 값은 0이다. 이때 유사도를 나타내는 코사인값은 다음과 같이 각 벡터의 크기를 정규화한 것이다.

$$||\vec{d}|| = \sqrt{\sum_t w_{d,t}^2}$$

이렇게 정규화하면, 위의 코사인 유사도 공식의 분모에 있는 문서의 크기로 나누어 줌으로써 긴 문서가 단지 용어가 많다는 이유로 다른 많은 문서와 유사하게 보이는 일을 막을 수 있다.

한 번 또는 두 번 만에 도달할 수 있는 페이지는 임의의 페이지에 비해 그 출발 페이지와 동일한 주제일 가능성이 훨씬 더 높다.

현실적으로 주제의 지역성을 측정하는 한 가지 방법은 문서 유사성$^{text\ similarity}$을 주제 관련성에 대한 간접 증거로 사용하는 것이다. 문서 유사성은 두 페이지 또는 문서에서 키워드가 같이 등장하는 것을 이용한다. 두 페이지가 더 많은 키워드를 공유할수록 두 페이지가 동일한 주제에 대한 것이라는 증거가 더 강해진다. 일반적으로 사용하는 문서의 유사성 측도는 글상자 4.1에서 설명한 코사인 유사도^{cosine similarity}다. 주제의 지역성을 정량화하기 위해 특정 주제에 대한 하나 이상의 시작점 페이지에서 일정 거리까지 너비 우선 크롤링을 한 다음, 검색된 페이지들과 시작점 페이지 간의 유사도를 측정해, 모든 시작점 페이지들과 크롤링 결과로 얻은 페이지들의 유사도 평균을 낼 수 있다. 이 방법을 써서 두 페이지 사이의 거리 함수로 유사도를 그릴 수 있으며 그 결과 인접한 페이지들이 먼 페이지들에 비해 더 유사한 경향이 있다는 사실을 확인할 수 있다(그림 4.7). 한 페이지에서 멀어질수록 관련 페이지를 만날 가능성이 자연스럽게 줄어들고, 이러한 현상을 주제 표류^{topic drift}라고 한다.

주제의 지역성은 정보 네트워크의 구조와 노드가 갖고 있는 내용 사이 관계의 일종이라고 할 수 있다(네트워크가 내용에 대해 어떤 이야기를 하는지, 그리고 내용이 네트워크에 대해 어떤 이야기를 하는지). '좋은' 시작점 페이지에서 시작하고 너무 멀리 가지 않으면 다른 고품질의 페이지를 찾을 가능성이 높다. 이것이 검색 엔진에 있는 크롤러가 너비 우선 탐색 알고리듬을 사용하는 이유 중 하나다. 주제의 지역성은 또한 웹을 '탐색^{browse}'하는 것이 말이 되는 이유이기도 하다. 주제의 지역성이 없으면[5] 웹에서 링크를 클릭하기나 하겠는가?

네트워크 구조에서 알 수 있는 페이지의 내용에 대해 또 다른 중요한 단서가 있다. 예를 들어, 어느 페이지로 들어오는 링크들이 모두 들어오는 링크가 아예 없는 페이지에서

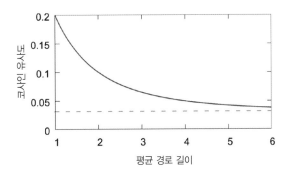

그림 4.7 많은 주제에 대한 100개의 시작점 페이지에서 너비 우선 탐색 크롤링으로 측정한 웹의 주제 지역성. 각 크롤링에 대해 시작점과 페이지 사이의 평균 경로 길이의 함수로 평균 코사인 유사도를 나타냈다. 주제의 지역성이 매우 두드러지는 것을 볼 수 있다. 시작점 페이지들과 시작점에서 직접 연결된 페이지들 사이의 유사도는 무작위로 두 페이지를 골랐을 때 기대되는, 즉 대조군이라고 할 수 있는 (파선으로 표시한) 유사도의 6배 이상이다. 점점 더 멀리 크롤링을 해서 얻은 페이지는 시작점 페이지와의 평균 유사도가 점점 감소해 결국 무작위 대조군의 유사도에 접근하는 것을 볼 수 있고, 이것이 바로 주제 표류를 나타내는 것이다.

---

5   주제의 지역성이 없다면 클릭할 때마다 내가 전혀 관심 없는 주제로 가버릴 가능성이 매우 높다. – 옮긴이

만 왔다면 그 페이지는 스팸일 수 있다. 반면에, 어느 페이지가 들어오는 링크가 많은 페이지들로부터 받는 링크가 많다면 양질의 믿을 만한 페이지라는 단서일 수 있다. 이런 내용은 다음 절에서 자세히 설명할 예정이다.

4.3 페이지랭크

이제 웹 크롤러가 검색한 페이지를 검색 엔진이 처리해 검색 목록(주어진 단어나 문구를 포함하는 모든 페이지를 나열하는 데이터 구조)으로 작성한다는 사실을 배웠다. 따라서 검색어 $query$를 입력하면 검색 엔진이 일치하는 모든 페이지를 순식간에 나열할 수 있다. 그러나 '소셜 네트워크'라고 하는 특정 검색어에 해당되는 웹 페이지는 수백만 개가 있을 수 있고, 여러분은 시간 관계상 몇 개밖에 못 볼 것이다. 따라서 이 페이지들의 순위를 정해주는 알고리듬$^{ranking\ algorithm}$ 역시 검색 엔진의 중요한 구성요소다. 만약 페이지의 내용과 검색어의 유사도에 의해서만 결과가 정렬된다면, 사용자는 품질이 낮은 페이지 또는 심지어 스팸 페이지까지 봐야 할 것이다. 하지만 결과가 페이지의 중요도 또는 명성을 나타내는 값을 고려해서 순위가 정해진다면 상위권에 있는 결과가 관련성이 있고 흥미로우며 신뢰할 수 있을 가능성이 더 높다. 1998년에 세르게이 브린과 래리 페이지가 구글^{Google}이라고 부르는 새로운 검색 엔진의 구성요소로서 페이지랭크^{PageRank}[6]라는 것을 소개한 이래, 검색 엔진은 이것을 네트워크에서 중심도 순위를 매기는 기준으로 사용하기 시작했다.

페이지랭크는 각 노드의 명성 또는 중요도를 파악하는 것을 목표로 하는 중심도를 계산하는 알고리듬 또는 절차이며, 일반적으로 방향성 네트워크에서 사용된다. 페이지랭크는 중심도 측정값 그 자체의 이름이기도 하다. 따라서 웹의 경우 알고리듬이 각 페이지에 페이지랭크값을 할당하게 된다. 그러면 검색 엔진의 순위 알고리듬은 이 값을 검색어와 페이지 내용 간의 일치와 같은 여러 요소와 조합해 검색 결과를 정렬할 수 있다. 페이지랭크가 높은 페이지는 권위가 있거나 중요하다고 간주되어 순위 알고리듬에 의해 순위가 올라간다. 다른 조건이 같으면 페이지랭크가 더 큰 페이지의 순위가 더 높을 것이다. 예를 들어 '소셜 네트워크'에 대한 위키백과 항목의 내용을 광고가 덕지덕지 붙은 블로그 페이지에 복사하는 스패머가 있다고 하자. 위키백과 원본과 그 블로그의 표절 페이지가 내용은 매우 유사해 보일 수 있지만 위키백과의 페이지는 훨씬 더 높은 페이지랭크를 갖고 있

---

6   이 이름에는 웹 '페이지'의 순위를 매긴다는 뜻과 구글 공동 창업자의 이름인 래리 '페이지'를 모두 뜻하는 중의적인 의미가 있다. – 옮긴이

다. 따라서 '소셜 네트워크'라는 검색어를 입력하면 최상위 검색 결과에는 위키백과 항목이 표시되고 그 스패머의 블로그 페이지는 저 아래에 묻혀서 보이지도 않을 것이다.

페이지랭크를 직관적으로 이해하려면 무작위로 웹 서핑을 하는 사람들을 생각하면 된다. 즉, 무작위로 아무 링크나 클릭해서 한 페이지에서 다음 페이지로 넘어가는 사람들 말이다. 이러한 과정을 웹 그래프에서 마구걷기$^{random\ walk}$(또는 마구서핑)라고 한다. 마구걷기는 사용자가 웹을 훑어보거나 검색하는 행동에 대한 간단한 모델이다. 원하는 정보가 어디에 있는지 또는 어떤 링크가 그 정보로 연결될지 모를 때 페이지의 각 링크를 클릭할 확률이 모두 같다는 가장 간단한 가정을 하는 것이다. 또한 사용자가 마구걷기로 링크를 따라가는 탐색에 지쳐 새로운 곳에서 탐색을 시작하는 행동도 모사하고자 한다. 페이지랭크는 이것을 현재 페이지에서 네트워크의 모든 페이지 중에서 임의로 선택된 다른 페이지로 가끔씩 점프^{jump}하는 것을 통해 구현한다. 이 무작위로 점프하는 과정을 순간이동^{teleportation}이라고 한다.

이 변형된 마구걷기 과정(서핑과 점프)을 오랫동안 수행하는 많은 사람을 상상해, 각 페이지를 얼마나 자주 방문할지 측정할 수 있다. 이때 각 페이지에 도착하는 비율을 해당 페이지의 페이지랭크라고 하는 것이다. 그림 4.8은 예시로 든 방향성 네트워크에서의 페이지랭크값을 나타낸다. 노드로 들어오는 경로가 많으면, 마구걷기 하는 사람들이 더 자주 방문할 것이고, 결과적으로 그 노드는 높은 페이지랭크를 가질 것이다. 실제로는 페이지

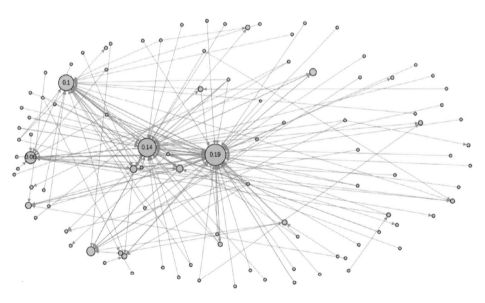

그림 4.8 방향성 네트워크의 페이지랭크 예시. 각 노드의 크기는 해당 노드의(몇 개 노드에 대해서는 실젯값을 표기함) 페이지랭크값에 비례한다.

랭크를 글상자 4.2에서 설명한 것처럼 더 효율적인 방법으로 계산한다. 부록 B.1절에 페이지랭크를 인터랙티브하게 시연하는 것이 있으니 참고하라.

페이지랭크는 보통 웹 그래프의 링크 구조에서 거듭제곱법$^{\text{power method}}$이라고 하는 반복 방식을 사용해 계산한다. 기본 아이디어는 페이지랭크가 페이지에서 페이지로 어떻게 흘러가는지를 계산하는 것이다. 우선 각 노드의 페이지랭크값 R을 임의의 값으로 초기화한다(예를 들어, 모든 노드의 초깃값을 $R_0 = 1/N$로 지정해 모든 노드의 값을 더하면 1이 되게 할 수 있다[7]). 각 단계에서 이 과정이 수렴할 때까지, 즉 모든 페이지랭크값이 한 단계에서 다음 단계로 넘어가도 바뀌지 않을 때까지 각 노드의 페이지랭크값을 변화시킨다. 이때 순간이동 계수$^{\text{teleportation factor}}$라고 하는 매개변수 α로 표현되는 확률로 무작위 점프를 한다고 가정하며, 일반적으로 이 매개변수를 $\alpha \approx 0.15$ 정도의 작은 값으로 정한다. 감쇠 계수$^{\text{damping factor}}$라고도 하는 나머지 확률 $1 - \alpha$는 링크를 따라 진행하는 마구걷기 과정과 관계가 있다. 페이지랭크 모델에 따르면, 사용자는 모든 단계에서 확률 α로 모든 페이지 중 임의로 선택된 노드로 점프한다. 나머지 확률 $1 - \alpha$로는 현재 페이지에서 임의의 링크를 따라 계속 탐색을 한다. 따라서 시간 t에서 노드 i의 페이지랭크는 다음과 같이 페이지 i에 도달할 수 있는 두 가지 방법을 표현하는 두 항의 합이다.

$$R_t(i) = \frac{\alpha}{N} + (1 - \alpha) \sum_{j \in \text{pred}(i)} \frac{R_{t-1}(j)}{k_{out}(j)} \tag{4.1}$$

첫 번째 항은 무작위 점프를 통해 도달할 수 있는 N개 중 하나인 노드 i로의 순간이동을 뜻한다. 두 번째 항은 마구걷기 동안 i로 연결된 링크 중 하나를 지나가는 것에 해당하며, i로 연결되는 페이지인 j들에 대한 것들을 모두 더하게 된다. 이러한 각 페이지 j에는 $k_{out}(j)$개의 나가는 링크가 있어서 페이지랭크가 그 링크들을 따라 균등하게 확산되며, 그중 하나가 i에 도달하는 것이다. 다음 그림은 3이라고 표시된 가운데 페이지에 대한 방정식의 두 번째 항($\alpha = 0$)[8]에 해당하는 확산 과정의 한 단계를 보여준다.

---

7   N은 웹 그래프에 있는 노드의 총 개수다. – 옮긴이

8    $\alpha = 0$이므로 첫 번째 항인 무작위 점프는 없다고 가정하는 것이다. – 옮긴이

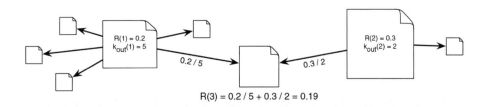

$$R(3) = 0.2 / 5 + 0.3 / 2 = 0.19$$

여기서 재귀적 정의에 유의하라. 각 페이지의 페이지랭크는 이웃의 페이지랭크에 따라 다르다. 페이지랭크는 링크를 통해 한 페이지에서 이웃 페이지로 흘러가기 때문에 새로 만들어지거나 없어지지 않는 보존되는 양이다($\sum_i R(i) = 1$). $\alpha > 0$이라면 순간이동이 모든 노드를 실질적으로 연결하기 때문에 페이지랭크는 확실히 수렴하며, 매우 큰 네트워크에서도 비교적 빠르게 100단계 미만에서 수렴한다. 따라서 거듭제곱법은 수정된 마구걷기 과정을 직접 모사하는 것에 비해 페이지랭크를 계산하는 훨씬 더 효율적인 방법이다.

페이지랭크의 분포는 웹에서의 들어오는 연결선 수 분포와 매우 흡사하다(그림 4.9).[9] 그러면 순위를 매길 때 들어오는 연결선 수를 쓰지 않는 이유는 무엇일까? 이 질문에 답하려면 모든 경로가 동일하지는 않다는 점을 고려해야 한다. 사람들이 많이 방문한 사이트로부터의 방문은 종종 더 큰 상승 효과를 준다. 즉, 어떤 페이지의 중요성은 그 페이지로 연결되는 다른 페이지의 중요성에 의한 영향을 받는 것이다. 여러분의 홈페이지가 친구의 블로그에서 연결됐으면 좋겠는가, 아니면 「뉴욕타임스New York Times」의 대문 페이지front

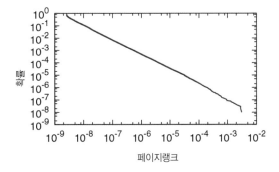

그림 4.9 웹 호스트 그래프의 페이지랭크값에 대한 누적 분포. 페이지랭크값은 모두 더하면 1이 되도록 정규화했다. 네트워크는 그림 4.5에서 사용된 2012년 크롤링 데이터에서 가져온 것이다.

---

9   그림 4.5의 들어오는 연결선 수 누적 분포와 비교해보라. - 옮긴이

^{page}에서 연결됐으면 좋겠는가?[10] 이것이 페이지랭크와 들어오는 연결선 수의 중요한 차이다. 들어오는 연결선 수가 정확히 같은 두 페이지가 있다고 할 때, 더 높은 페이지랭크 값을 가진 페이지에서 연결된 페이지가 검색 순위에서 우선순위를 갖는다.

물론 사람들은 이런 게임을 한다. 높은 페이지랭크와 낮은 페이지랭크의 차이는 검색 결과의 첫 페이지에 표시되는지 여부를 뜻할 수 있고, 이건 사업의 생사를 가를 수도 있다. 순전히 높은 검색 순위 덕분에 성공하는 사업이 많다. 웹사이트의 검색 순위를 높이는 걸 도와주는 **검색 엔진 최적화**^{SEO, search engine optimization} 산업이 있다는 게 전혀 놀라운 일이 아니다. 대부분의 SEO 회사는 검색 엔진이 허용하는 방법인 페이지 내용 잘 설명하기 혹은 탐색성 향상 등을 활용한다. 그러나 비양심적인 SEO 업자는 검색 엔진이 허용하지 않는 방법을 사용할 수도 있다. 이를 종종 '스팸덱싱^{spamdexing}' 또는 검색 색인 스팸이라고 한다. 자주 발생하는 스팸덱싱 방식은 **링크 농장**^{link farm}이라고 하는 가상의 웹사이트 집합을 만들어 가상의 사이트들끼리 연결한 후, 우선순위를 높이고 싶은 웹사이트를 연결하는 것이다. 검색 엔진은 정교한 네트워크 알고리듬을 사용해 링크 농장과 다른 스팸덱싱 공격을 방지한다. 이러한 종류의 남용을 감지하면 검색 색인에서 해당 웹사이트를 삭제해버린다.

NetworkX는 방향성 네트워크에서 페이지랭크 알고리듬을 실행하고 노드의 페이지랭크값이 들어 있는 딕셔너리^{dictionary}를 반환하는 다음과 같은 함수를 제공한다.

```
PR_dict = nx.pagerank(D)     # D는 방향성 그래프
```

4.4 가중치 네트워크

지금까지는 링크가 있거나 없는 이원적^{binary} 성격의 가중치 없는 네트워크에 초점을 맞췄다. 그러나 실제 세상에서 대상들 간의 연결이 그렇게 모 아니면 도인 경우는 드물다. 많은 경우, 링크에는 두 연결들을 비교해서 더 강한 연결이 무엇인지를 정할 수 있는 속성이 있다. 0장에서 가중치 네트워크의 몇 가지 예를 살펴봤다. 트위터의 리트윗 네트워크에서는 두 계정이 서로 여러 번 리트윗할 수 있다.[11] 이메일 네트워크에서는 사용자가 서

---

10 물론 개인적으로는 친구의 블로그에서 연결되는 게 더 중요할 수도 있으며, 특히 여러분이 좋지 않은 일에 연루되어 후자가 발생하는 일은 없기를 바란다. – 옮긴이

11 한 계정이 다른 계정의 여러 트윗을 리트윗할 수 있기 때문이다. – 옮긴이

로에게 메시지를 얼마든지 보낼 수 있다. 인터넷에서는 두 라우터 사이의 물리적 링크를 통해 이동하는 데이터가 패킷 또는 비트 수로 측정된다. 두뇌 네트워크에서는 뉴런 사이의 시냅스가 모두 다른 정도로 전기적 발화 신호를 전송한다. 먹이 그물에서는 포식자 종이 섭취하는 피식자 종의 생물량^{biomass}을 특정할 수 있다.

네트워크를 가중치가 없는 것으로 생각할 때조차도, 가중치 없는 표현이 실세계에 존재하는 관계를 모델링하고 분석하는 방식을 단순화하려는 시도일 때가 종종 있다. 페이스북 네트워크를 예로 들어보자. 보통 친구 관계를 친구이거나 아닌 이원적 관계로 생각한다. 그러나 모든 친구 관계가 동등하지는 않다. 두 사람이 친한 친구라면 공통 연락처가 많고, 서로의 게시물에 여러 번 '좋아요'를 표시하고 댓글을 달 수 있으며, 서로의 사진을 다시 공유하고 태그하기도 한다. 하지만 먼 지인일 뿐이라면 그렇지 않을 것이다. 즉, 가중치가 없는 페이스북의 친구 네트워크는 실제 친구 관계의 매우 단순화된 모델일 뿐이다. 그러나 간과해서는 안 될 것이 있다. 페이스북 같은 플랫폼은 여러분의 모든 행동을 모니터링하고 각 링크의 세기를 잘 알고 있다. 그 밖의 소셜 네트워크도 비슷하다. 예를 들어, 영화 공동 출연 네트워크에서는 두 스타가 함께 출연한 영화의 수에 따라 가중치가 정해진 링크를 가질 수 있다. 글상자 5.6에서 사회적 연결$^{social\ ties}$의 힘이 소셜 네트워크 연구에서 오랫동안 중요한 역할을 해왔음을 볼 수 있을 것이다.

가중치와 방향성이 있는 네트워크의 더 많은 예를 정보 전달이나 수송 네트워크에서 찾아볼 수 있다. 사람들은 웹과 위키백과에서 어떤 링크를 다른 링크보다 훨씬 더 자주 클릭한다. 또한 항공 교통망에서 어떤 항로는 다른 항로보다 더 많은 항공편과 승객을 운송한다.

예로 든 모든 네트워크에서는 메시지, 비트, 좋아요, 클릭, 승객과 같은 중요한 양들을 링크의 가중치로 사용한다. 1장에서 본 바와 같이 연결선 수, 들어오는 연결선 수, 나가는 연결선 수와 같은 노드의 중심도들이 가중치 네트워크에서는 각각 연결강도^{strength}, 들어오는 연결강도$^{in\text{-}strength}$, 나가는 연결강도$^{out\text{-}strength}$로 확장된다는 사실을 되새겨보라.

4.5 정보와 잘못된 정보

정보 전달 네트워크$^{information\ diffusion\ network}$를 예로 들어서 가중치와 방향이 있는 네트워크의 기능을 좀 더 자세히 살펴보자. 이러한 네트워크에서 노드는 사람을 나타내고 링크는 사람 간에 전달되는 정보(아이디어, 개념, 뉴스 또는 행동)를 나타낸다. 전달 가능한 정보의 단위를 밈^{meme}이라고 한다. 인터넷에 많이 돌아다니는 자막 붙인 그림들은 인터넷 밈의 한 종류일 뿐이다.[12] 트위터 데이터는 이미지, 영화, 웹 링크, 문구, 해시태그 및 다른 밈이 온라인에서 어떻게 퍼지는지 관찰하기에 매우 적절하다. 각 밈은 웹 링크, 또는 미디어에 해당되는 URL, 또는 개념이나 주제를 표현하는 해시 태그의 접두사(#)가 붙은 레이블과 같은 문자열을 통해 고유한 특성을 파악할 수 있다. 하나의 트윗이 여러 밈을 포함할 수도 있다. 예를 들어, "Hoosiers가 최고야^{Hoosiers are the best} #GOIU iuhoosiers.com"[13]이라는 메시지는 해시태그 #GOIU와 웹 링크 https://iuhoosiers.com/을 모두 포함한다.

트위터 데이터를 사용해 리트윗, 언급된 트윗, 언급 및 답글을 통해 밈이 확산될 수 있는 다양한 방법에 해당되는 여러 종류의 확산 네트워크를 만들 수 있다. 예를 들어 앨리스가 트윗에서 밥을 언급하면 밥은 그 트윗을 볼 가능성이 높고, 해당 트윗이 앨리스에서 밥으로 퍼졌다고 가정할 수 있다. 마찬가지로, 앨리스가 밥에게 답변을 하면 그 답변에 대한 원래 메시지가 밥에서 앨리스로 전달됐다고 추측할 수 있다. 간단한 설명을 위해 리트윗만 생각해보자. 앨리스가 밥을 팔로우하는 경우 앨리스는 밥의 메시지를 리트윗하여 그 트윗에 포함된 밈을 앨리스의 모든 팔로워에게 전달할 수 있다. 리트윗 캐스케이드^{retweet cascade}는 밈이 그것을 처음 만든 사람에서부터 그 밈에 최종적으로 노출된 모든 사용자에게 전파되는 방식을 나타내는 방향성 트리다. 그러나 그림 4.10에서 볼 수 있듯이 트위터 데이터에서 캐스케이드 트리를 재구성하는 것은 쉽지 않다. 그럼에도, 밈에 노출된 모든 사용자가 누군지는 쉽게 관찰할 수 있다. 그들은 모두 밈의 시작점에 연결된 별 모양 네트워크^{star network}를 이룬다. 기저에 있는 팔로워 네트워크가 알려진 경우에는 캐스케이드 트리를 근사적으로 재구성할 수도 있다.

같은 밈이 여러 캐스케이드 트리(별 모양)를 만들어낼 수도 있다. 예를 들어, 여러 사용자가 뉴스 기사에 대한 같은 링크를 공유하거나 같은 해시태그를 사용해 트윗할 수 있다. 이 모든 별 모양 트리를 모으면 확산 네트워크라고 부르는 포레스트^{forest}(트리의 집합)를 얻을 수 있다.

확산 네트워크를 만들기 위해서는 먼저 분석하고 싶은 밈을 명시해야 한다. #선거^{#elections} 또는 #축구^{#soccer}와 같은 하나의 해시태그에 관심이 있을 수도 있다. 또는 뉴스의 출처(들)로부터 해당 뉴스의 기사로 연결된 모든 링크에 관심이 있을 수도 있다. 예를 들

---

12 한국의 인터넷에서는 흔히 '짤'이라고 부르는 것들. 영미권에서는 그런 것들을 흔히 '밈'이라고 하는데, 실제로는 훨씬 더 일반적인 정보 단위를 뜻한다. 용어 자체는 4.9절 '더 읽을거리'에도 나오듯이 진화생물학자 리처드 도킨스(Richard Dawkins)가 저서 『The Selfish Gene』에서 처음 사용한 것으로 알려져 있다. – 옮긴이

13 Hoosiers는 저자들이 속한 미국 인디애나대학교 Bloomington의 농구 팀 이름이다. – 옮긴이

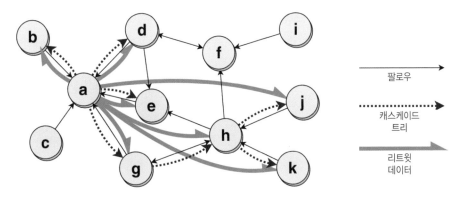

→	팔로우
⋯⋯▶	캐스케이드 트리
➡	리트윗 데이터

그림 4.10 트위터의 팔로워와 리트윗 네트워크. 사용자는 일반적으로 팔로우하는 계정의 트윗을 보고 가끔 리트윗을 한다. 이 예에서 b는 a를 팔로우하고 a의 메시지를 리트윗한다. c도 a를 팔로우하지만 리트윗하지는 않는다. 사용자는 자신이 팔로우하는 사람이 리트윗한 메시지를 다시 리트윗할 수도 있다. 여기서 h는 a를 직접 팔로우하지는 않지만 a에서 시작된 g가 리트윗한 메시지를 리트윗한다. 이러한 리트윗의 연쇄 반응을 추적함으로써 이론적으로는 (원트윗을 한) a를 루트(root) 노드로 하여 리트윗 캐스케이드 트리를 재구성할 수 있다. 그러나 트위터가 리트윗 캐스케이드에 대한 데이터는 제공하지 않는다. 대신에, 각 리트윗은 트윗의 출처를 직접 가리키기 때문에 캐스케이드 트리는 하나의 루트 노드를 가진 별 모양 네트워크가 된다.

어, 온라인에서 잘못된 정보를 조사할 때 조작된 뉴스, 속임수, 음모론, 극도로 정파적으로 편향된 내용, 낚시성 기사, 또는 쓰레기 과학을 일상적으로 퍼뜨리는 신뢰할 수 없는 출처의 기사를 추적할 수 있다.

1.8절에서 논의한 것처럼 각 해시태그와 관련된 캐스케이드 포레스트를 다층 네트워크의 계층으로 생각할 수도 있다. 또한 리트윗은 각각 다른 시간에 발생하기 때문에 이것은 시간에 따라 변하는 네트워크이기도 하다. 그림 0.3에 나온 확산 네트워크는 2010년 미국 중간 선거 기간 동안 여러 시간에 걸쳐 정치적인 이야기와 관련된 많은 인기 있는 해시태그로부터 캐스케이드 포레스트를 모아서 얻은 것이다.

일단 확산 네트워크를 만들고 나면 몇 가지 특징을 관찰할 수 있다. 네트워크 전체로 정보 전달이 균일하게 이뤄지는가? 아니면 네트워크의 다른 부분과는 분리된 내부적으로 조밀한 노드 클러스터에만 집중되어 있는가? 예를 들어, 그림 0.3을 보면 보수파와 진보파라는 대체로 분리된 2개의 커뮤니티로 양극화된 구조가 있는데, 각각은 거의 배타적으로 같은 그룹의 사람들만 리트윗한다. 이러한 커뮤니티는 종종 사용자가 자신의 의견을 더 강화하는 의견에만 노출되기 때문에 메아리 방echo chamber이라고도 한다. 그림 4.11은 잘못된 정치적인 정보에 취약한 사람들로 이뤄진 메아리 방의 또 다른 예를 보여준다. 잘못된 정보를 퍼뜨린 사용자는 사실 확인fact-checking을 하는 출처에서 나온 기사를 거의 공

그림 4.11 2016년 미국 선거 직전 기간 동안 기사를 리트윗한 네트워크의 서브네트워크. $N = 52{,}452$개의 노드 각각은 트위터 계정을 나타내며, 각 링크는 신뢰도가 낮은 출처(보라색) 혹은 사실 확인된 출처(주황색)의 기사에 대한 리트윗을 나타낸다. 이 시각화된 서브네트워크는 전체 리트윗 네트워크의 $k = 5$ 코어다(k 코어에 대한 설명은 3.6절을 참고하라). 출처: Shao et al., 2018a. CC BY 4.0

유하지 않는다. 6장에서는 네트워크에서 이러한 커뮤니티를 찾아내는 방법을 배울 예정이다.

또 다른 흥미로운 성질은 밈이 바이러스와 같이 급속하게 퍼지는 특성^{virality}이다. 이를 정량화하는 가장 간단한 방법은 확산 네트워크의 크기(즉, 밈에 노출된 사용자 수)를 측정하는 것이다. 그러나 큰 네트워크에서라면 그것의 구조로부터도 알 수 있는 것들이 있다. 예를 들어, 어느 유명인의 많은 팔로워가 어떤 밈을 리트윗하는 별 모양 네트워크[14]가 있다면 그것은 그 밈 자체보다는 그 유명인의 인기 덕분일 수 있다. 그러나 캐스케이드 트리를 재구성할 수 있다면, 긴 리트윗 연쇄를 가진 깊숙한^{deep} 네트워크는 메시지 자체가 널리 호응을 받는 것일 수 있다. 그림 4.12에서 볼 수 있듯이 잘못된 정보가 실제 뉴스 보도보다 더 급속하게 퍼질 수도 있다.

확산 네트워크는 정보를 생산하고 소비하는 방식에 대한 통찰력을 제공하기도 한다. 어떤 밈에 대한 가중치와 방향이 있는 리트윗 네트워크에서 앨리스로부터 밥으로 향하는 링크의 가중치는 밥이 앨리스의 포스팅에서 시작된 밈을 전파한 횟수를 나타낸다. 이때 앨리스를 해당 밈에 대한 정보의 생산자로, 밥을 그 정보의 소비자로 생각할 수 있다. 이 분석을 전체 네트워크로 확장하면 각 노드의 나가는 연결강도와 들어오는 연결강도

---

14 확대해석일지 모르겠지만 별 모양 네트워크의 원문이 'star network(스타 네트워크)'이므로 이 문맥에서는 네트워크의 모양 그 자체와, 유명인에 대한 것이라는 이중적 의미로 쓰였을 수도 있다. – 옮긴이

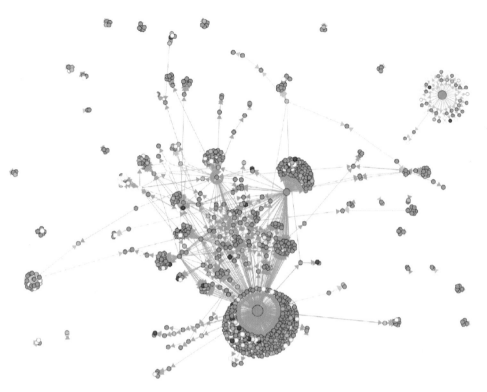

그림 4.12 시리아 내전 기간 동안 활동하는 자원 봉사 구조 조직인 시리아 민방위대(White Helmets) 관련 기사 2개에 대한 리트윗 네트워크. 시리아 민방위대는 그것이 테러리스트와 연루되어 있다는 거짓 주장과 다른 음모 론을 동원해 잘못된 정보를 퍼뜨리는 조직 활동의 표적이 됐다. 회색 및 노란색 링크는 각각 이러한 거짓 주장 과 사실 확인 기사의 확산을 나타낸다. 잘못된 정보의 확산이 더 급격하게 퍼지는 것을 쉽게 관찰할 수 있다. 각 노드의 크기는 나가는 연결강도에 비례하고 색상은 계정이 실제 사람이 아닐 가능성을 나타낸다. 파란색 노드 는 사람일 가능성이 높고, 빨간색 노드는 봇일 가능성이 높다. 이 그림은 트위터에서의 잘못된 정보 확산을 시 각화하는 도구인 혹시(Hoaxy)로부터 얻은 것이다(hoaxy.iuni.iu.edu).

를 사용해 정보를 생산(다른 사람이 그 노드를 리트윗함)하고 소비(그 노드가 다른 사람을 리트윗 함)하는 사용자의 성향을 각각 측정할 수 있다. 물론 사용자는 정보 생산과 소비 두 가지 를 모두 할 수 있다. 따라서 우리는 사용자를 분류하기 위해 나가는 연결강도와 들어오는 연결강도 사이의 비율을 살펴볼 수 있다. 이 비율이 1보다 훨씬 크면 사용자는 주로 정보 의 생산자 역할을 하고, 반대로 이 비율이 1보다 작으면 정보의 소비자 역할을 한다는 뜻 이다.

하나의 밈이든 모든 메시지에 걸쳐 집계한 것이든 간에 어떤 노드의 나가는 연결강도 의 값이 크다는 건 그 노드의 메시지가 많이 리트윗된다는 의미에서 해당 노드가 가진 영 향력influence의 지표로 사용될 수 있다. 그림 4.12와 이 책 표지에 있는 그림 모두 나가는 연결강도에 비례하는 크기로 노드를 그려 확산 네트워크에서 영향력 있는 노드를 나타냈다. 나가는 연결강도를 영향력의 지표로 사용하는 것은 팔로워 네트워크에서 인기의 정도를 나타내는 들어오는 연결선 수(즉, 팔로워의 수)와는 대조적이다. 들어오는 연결선 수가 항상 영향력을 뜻하지는 않기 때문이다. 팔로워가 많지만, 그들이 리트윗은 안 할 수도 있다. 따라서 리트윗 수와 팔로워 수를 비교해보면 해당 노드의 영향력을 더 잘 이해할 수 있는 것이다.

정보를 제공하고 설득해 영향을 미치는 소셜 미디어의 엄청난 힘을 감안할 때, 이러한 플랫폼을 조작하는 데 점점 더 많은 자원이 투입되는 것은 당연한 일이다. 트위터에서 매우 쉽고 저렴하게 가짜 팔로워들을 돈 주고 사서 계정의 인기를 높일 수 있다. 사이트의 페이지랭크를 높이기 위해 가짜 웹사이트와 링크를 만드는 것처럼 팔로워 네트워크에서 들어오는 연결선 수를 높이기 위해 노드와 링크를 추가하는 것이다. 또한 사람을 흉내 내는 사기성 가짜 계정인 소셜 봇을 통해 확산 네트워크를 조작하기도 한다. 봇은 가짜 트윗을 생성하고 풀뿌리grassroots 캠페인을 흉내 내는 아스트로터핑astroturfing[15]을 만들어내는 데 사용되기도 한다. 이러한 방식으로 봇들은 인간 사용자들과 순위 알고리듬을 모두 속여 대중의 관심을 효과적으로 가로챈다. 또한 봇은 일부 메시지를 리트윗하는 방식으로 그 메시지에 대한 관심도를 실제보다 높게 인식시켜 확산을 끌어올리는 데 이용되기도 한다. 그림 4.12와 이 책의 표지 그림은 잘못된 정보의 확산을 증폭하고 공공의 논의를 조작하는 데 있어 봇이 어떻게 사용되는지를 보여준다. 실제로 봇은 상당한 영향력을 가질 수 있다. 그림 4.13은 가짜 답변과 언급을 활용하는 또 다른 형태의 네트워크 조작을 보여준다. 이런 식으로 기자나 정치인 같은 영향력 있고 인기 있는 사용자들을 목표로 삼은 후, 잘못된 정보를 그들에게 노출시켜 그들이 가진 많은 팔로워에게 그 정보를 퍼뜨리려 할 수 있다. 영향력 있는 봇에 의해 조작되는 또 다른 잘못된 정보 확산 네트워크는 7장의 그림 7.1에서 볼 수 있다.[16] 지금까지 주로 트위터의 예를 들었지만 페이스북, 인스타그램Instagram, 왓츠앱WhatsApp 같은 소셜 미디어 플랫폼들 역시 잘못된 정보를 퍼뜨리는 데 악용될 수 있다.

---

15 인조잔디를 생산하는 업체인 AstroTurf에서 따온 말로, 풀뿌리 캠페인으로 상징되는 사람들의 자발적인 참여를 가장한 기획된 캠페인이라는 뜻의 말장난(알고 보니 그 풀뿌리가 가짜 풀이었다는 의미)이다. – 옮긴이

16 hoaxy.iuni.iu.edu에 있는 소셜 미디어 관측소의 혹시(Hoaxy)라는 도구를 사용해 트위터의 인터랙티브한 확산 네트워크에서 봇의 역할을 탐색해볼 수 있다.

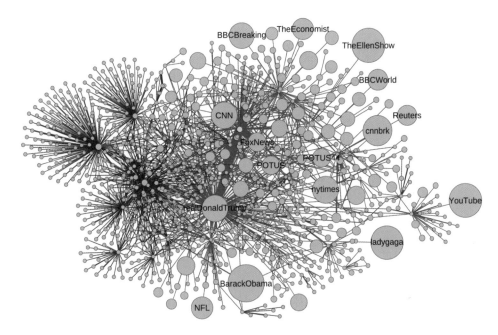

그림 4.13 2016년 미국 선거에서 '불법 체류자들에 의한 대규모의 투표 사기'를 주장한 가짜 뉴스 보도가 확산되는 것을 나타낸 네트워크의 일부. 증거도 없고, 사실 확인을 한 사람들이 반박했는데도 불구하고 이 기사는 트위터에서 18,000회 이상 공유됐다. 이 네트워크 그림에서 노드의 크기는 계정의 팔로워 수를 나타낸다. 링크는 기사가 파란색으로 표시한 리트윗 또는 인용된 트윗을 통해, 그리고 빨간색으로 표시한 답글 또는 언급을 통해 어떻게 퍼지는지를 보여준다. 링크의 너비는 두 계정 간의 리트윗, 인용, 답글, 언급 수와 같은 가중치를 나타낸다. 중앙 근처에 있는 작은 노란색 노드는 미국 대통령을 언급하는 메시지에 답장을 하는 방식으로 잘못된 정보를 체계적으로 트윗하는 봇이다. 그러한 언급의 결과 해당 봇과 @realDonaldTrump를 연결하는 두꺼운 빨간색 링크가 생겼다. 출처: Shao et al., 2018b. CC BY 4.0

4.6 공동 발생 네트워크

이 장에서 이미 가중치 네트워크의 몇 가지 예를 소개했다. 정보, 의사소통, 수송, 생물학적인 네트워크, 그리고 심지어 소셜 네트워크에도 종종 가중치가 있는 링크가 있다. 가중치 네트워크가 생길 수 있는 또 다른 방법은 여러 종류의 관계를 이용하는 것이다.

가장 간단한 경우는 각 링크에 원천 노드와 목표 노드가 있는 방향성 네트워크다. 모든 원천 노드를 한쪽에 놓고 모든 목표 노드를 다른 쪽에 놓는다고 상상해보자(원천과 목표가 모두 될 수 있는 노드는 복사해서 양쪽에 다 나타날 수 있다). 구체적인 사례가 필요하다면 그림 4.1의 인용 네트워크를 참고하라. 인용 링크는 인용하는 논문(원천)과 인용되는 논문(목표)이라는 두 가지 종류의 것들을 연결하는 관계다. 이제 각 그룹의 논문들 간에 새로운 네트워크를 만들 수 있다. 두 논문을 모두 인용하는 논문이 하나 이상 있으면 두 논문이 공동으로 인용co-cite된다. 공동 인용 횟수는 둘 다 인용한 논문의 개수다. 마찬가지로, 두 논문이 모두 인용된 논문이 하나 이상 있으면 두 논문이 공동 참조co-reference된다. 그들의 공동 참조 횟수는 둘 다 인용된 논문의 개수다. 공동 인용과 공동 참조 네트워크는 링크가 각각 공동 인용 횟수와 공동 참조 횟수로 가중치가 부여되는, 방향은 없지만 가중치는 있는 네트워크다. 그러한 네트워크는 서로 관련이 있는 논문들의 집합을 찾는 데 자주 사용된다.

두 종류 간의 관계를 자연스럽게 이분 네트워크bipartite network로 표현할 수 있는 경우가 많다. 이분 네트워크에서 각 링크는 서로 다른 종류의 두 노드를 연결한다. 0장에서 논의한 한 가지 예는 배우와 그들이 출연한 영화 간의 관계다. 그림 0.2에서 볼 수 있듯이, 그러한 이분 네트워크를 바탕으로 영화에 공동으로 출연한 배우들 간의 네트워크를 만들 수 있다. 공동 출연자 네트워크에서는 링크에 두 사람이 공동 출연한 영화의 개수에 따라 가중치를 부여할 수 있다. 일반적으로 투사projection라고 불리는 방식으로 이분 네트워크에서 가중치 네트워크를 생성하며, 링크가 하나 이상의 종류들과 함께 '발생하는' 두 개체를 나타내기 때문에 결과적인 가중치 네트워크를 공동 발생 네트워크co-occurrence network라고 한다. 공동 발생 네트워크의 또 다른 일반적인 예로는 같은 수업을 듣는 학생, 같은 고객이 구매한 영화나 책과 같은 제품, 페이스북 사용자들이 같이 '좋아요'를 누른 페이지 등이 있다. 여러분이 소셜 미디어 플랫폼에서 무언가를 '좋아'하거나 공유할 때마다 여러분과 그 대상 사이에 링크가 만들어진다(그림 4.14(a)). 이러한 링크는 단순히 친구와 공유되기도 하지만, 해당 플랫폼에서 수백만 명의 사용자의 링크들을 종합해 추천과 맞춤형 광고에 사용할 수 있는 엄청난 규모의 공동 발생 네트워크(그림 4.14(b))를 생성하기도 한다.

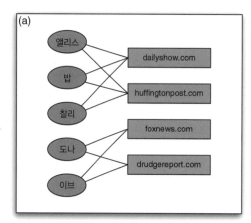 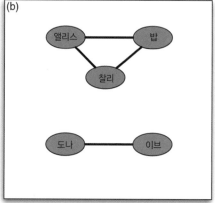

그림 4.14 (a) '좋아요' 관계로 연결된 이분 네트워크, (b) '좋아요' 네트워크를 사용자들 노드로 투사해 만든 사용자들 간의 공동 발생 네트워크

에 사용할 수 있는 엄청난 규모의 공동 발생 네트워크(그림 4.14(b))를 생성하기도 한다.

물론 원래의 이분 네트워크 자체도 가중치가 있는 링크를 가질 수 있다. 각종 평가를 위한 시스템에는 여러분이 영화나 모바일 앱을 얼마나 즐기는지를 나타내는 가중치가 있다. 가중치가 있는 이분 네트워크의 또 다른 출처는 소셜 태깅social tagging이다. 개인이 URL로 구분되는 자원에 하나 이상의 라벨label 또는 태그tag로 주석을 단다. Flickr.com과 YouTube.com 같은 정보 공유를 위한 사이트를 통해 이미지, 동영상 및 다른 미디어에 대한 소셜 태그가 대중적으로 알려졌다. 소셜 태깅을 나타내는 기본 구조는 (u, r, t)의 세 쌍이며, 사용자 u가 자원 r을 태그 t로 태그했다는 뜻이다. 여기서 자원은 미디어 개체, 출판된 과학 논문, 웹사이트, 뉴스 기사 등이 될 수 있다. 소셜 미디어에서는 태깅이 직접 눈에 띄지는 않을 수도 있다. 예를 들어, 많은 트위터 사용자들은 뉴스 기사나 블로그 항목을 링크하면서 해당 게시물에 해시태그로 라벨을 지정한다. 이러한 트윗에서 위에서 언급한 세 쌍을 추출할 수 있다. 링크와 해시태그의 각 쌍에 대해 하나씩 지정하고 게시물의 작성자를 사용자로 지정한다.[18] 그림 4.15(a)에서 그러한 세 쌍의 집합을 볼 수 있다. 많은 사용자가 사용한 세 쌍의 집합을 종합한 것을 많은 사람으로부터 나오는 분류taxonomy라는 뜻으로 폭소노미folksonomy[19]라고 한다. 폭소노미는 웹사이트를 검색하거나 제안하는 데 유용하다.

폭소노미로부터 세 쌍을 두 가지 노드 종류에 투사하면 이분 네트워크를 만들 수 있다. 결과적으로 만들어진 링크는 한 종류(예: 태그)의 노드를 다른 종류(예: 자원)의 노드에 연결하는 것만 가능하다. 따라서 그림 4.15(b)에 나온 것처럼 이러한 링크는 방향성이 있다고 생각할 수 있다. 또한 각 링크는 몇 명의 사용자가 특정한 태그로 특정 자원에 주석을 달았는지를 알려주는 가중치를 갖는다(그림 4.15(b)). 이런 식으로 사용자에 대한 정보를 잃는 대신, 그 정보를 링크가 얼마나 믿을 만한지를 나타내는 양으로 기록하는 것이다.

앞서 논의한 바와 같이, 이분 네트워크에서 다른 종류의 공통 이웃을 바탕으로 하나의 노드 종류를 추가로 투사해 공동 발생 네트워크를 만들 수 있다. 예를 들어, 그림 4.15(c)에서는 자원 네트워크에 투사하고 그림 4.15(d)에서는 태그 네트워크에 투사한 것이다.[20] 이러한 공동 발생 네트워크에서는 링크의 방향 정보는 잃게 되지만, 두 태그가 자원에 어

---

18 게시물의 작성자는 u, 링크는 r, 해시태그는 t가 될 것이다. – 옮긴이

19 사람들 또는 지역 주민을 뜻하는 영어 단어 'folk'와 분류라는 뜻을 가진 'taxonomy'를 합쳐서 만든 신조어 – 옮긴이

20 osome.iuni.iu.edu/tools/networks/의 소셜 미디어 관측소에 있는 도구를 사용해 트위터에서 인터랙티브하게 해시태그 공동 발생 네트워크를 살펴볼 수 있다.

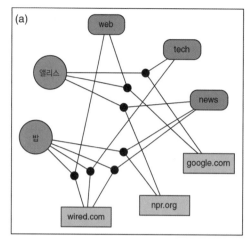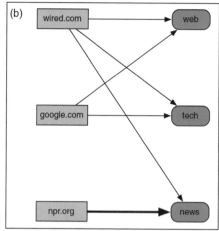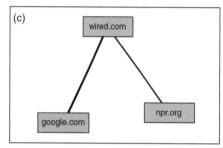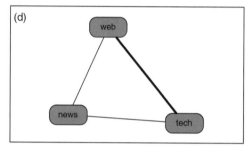

그림 4.15 폭소노미와 이를 통해 만들어진 이분 네트워크와 공동 발생 네트워크의 예시: (a) 두 명의 사용자(앨리스와 밥)가 3개의 태그(news, web, tech)를 이용해 3개의 자원(npr.org, wired.com, google.com)에 주석을 달아 7개의 세 쌍을 이룬다. (b) 폭소노미를 자원과 태그에 투사하면 이러한 이분 네트워크를 얻을 수 있다. 링크의 가중치는 세 쌍의 수 또는 사용자 수에 해당한다. npr.org에서 news로 향하는 링크는 두 사용자가 그 주석에 동의하기 때문에 가중치가 더 크다. (c) 자원 공동 발생 네트워크. wired.com과 google.com이라는 자원은 web과 tech라는 2개의 태그와 같이 발생하기 때문에 더 유사하다. (d) 태그 공동 발생 네트워크. web과 tech를 연결하는 링크는 그들과 연결된 공통의 자원인 wired.com, google.com에 의한 유사성으로 인해 가중치가 크다.

떻게 연결되어 있는지를 비교해 가중치 정보는 보존할 수 있다.

태그를 자원에 대한 벡터 $\vec{t} = \{w_{t,1}, ..., w_{t,n_r}\}$로 표현할 수 있다. 여기서 $w_{t,r}$은 태그 t로 자원 r에 태그를 지정하는 사람의 수이고, n_r은 총 자원의 개수다. 따라서 태그 벡터의 각 성분은 그림 4.15(b)에 있는 링크의 가중치와 같이, 자원과 태그의 연관성을 나타내는 가중치다. 그런 다음 두 태그 벡터(글상자 4.1 참고) 간의 코사인 유사도를 계산하고 그것을 공동 발생 링크의 가중치로 사용할 수 있다. 두 태그가 비슷한 방식으로 자원을 태깅하는 데 쓰이면 가중치가 높다. 두 태그가 단 한 번도 동시에 나타나지 않은 경우 가중치는 0이고 그 태그 노드들끼리는 연결되어 있지 않은 것이다.

4.7 가중치의 불균일도

가중치 네트워크에서 링크의 가중치는 네트워크로 모델링한 과정 또는 관계에 대한 중요한 정보를 전달할 수 있다. 두 노드 사이에 링크가 있는 동일한 상황에서도 링크의 가중치가 다르다면 그 두 노드 사이의 관련성은 매우 다를 수 있는 것이다. 이러한 차이점을 살펴보기 위해 다양한 종류의 수송을 나타내는, 다른 부류의 가중치 네트워크를 생각해보자. 교통 네트워크는 항공편을 비롯한 그 밖의 운송 네트워크일 수 있고, 여기서 가중치는 공항 간 승객 또는 항공편 또는 교차로 간의 차량을 나타낸다. 인터넷에서 가중치는 라우터^{router} 사이의 패킷^{packet} 또는 비트^{bit}로 이뤄진 데이터를 나타낸다. 위키백과에서 가중치는 항목들 사이의 클릭을 나타낸다. 여기서는 위키백과와 유사하지만 모든 웹사이트로 범위를 확장한 웹 트래픽$^{Web\ traffic}$에 초점을 맞춰서 논의할 예정이다.

4.7.1 웹 트래픽

웹 트래픽 데이터는 클릭 데이터를 기록하고 수집하는 서버로 전송하는 브라우저(또는 브라우저 도구 모음 또는 확장)를 통해 수집할 수 있다. 또 다른 방식으로, ISP는 리퍼러^{referer}라고 하는 소스 URL뿐만 아니라 대상 호스트와 페이지를 포함하는 HTTP/HTTPS 요청을 전달하는 패킷을 모니터링할 수도 있다. 이 두 가지 수집 방식 모두 좀 편향되어 있긴 하다. 전자의 경우 트래픽 모니터링 소프트웨어가 설치된 브라우저 사용자가 생성한 트래픽만 관찰 가능하고, 후자의 경우 ISP 라우터를 통과하는 패킷만 볼 수 있다. 그럼에도, 두 방법 모두 대규모의 웹 트래픽 데이터 수집을 가능하게 한다. 개별 페이지들 사이를 클릭해서 이동하는 횟수를 세거나, 다음에 살펴볼 것처럼 en.wikipedia.org, google.com, www.indiana.edu와 같이 호스트 이름으로 구분되는 전체 웹사이트 수준에서 전체 트래픽을 고려할 수 있다.

웹 트래픽 네트워크를 조사하면 노드의 들어오는 연결강도로 표시되는 웹사이트 트래픽 분포(사이트에 대한 총 클릭 수)와 링크의 가중치로 표시되는 링크 트래픽(하이퍼링크를 클릭하는 총 횟수)을 연구할 수 있다. 그림 4.16에서 볼 수 있듯이 분포의 두꺼운 꼬리로부터 두 분포 모두 매우 불균일함을 알 수 있다. 대부분의 웹사이트에는 사람들이 클릭해서 들어가는 일이 거의 없지만 일부 웹사이트는 엄청난 양의 트래픽을 받는다. 마찬가지로, 많은 링크는 사람들이 거의 클릭하지 않는 반면 어떤 링크는 사람들이 수시로 클릭한다.

4.3절에서 페이지랭크라는 아이디어는 웹을 탐색하는 사용자를 모사했다. 네트워크에서 들어오는 연결강도에 따라 정렬한 노드의 순위를 페이지랭크를 기준으로 한 순위와

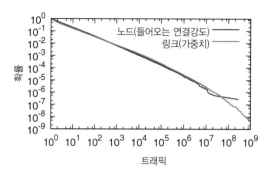

그림 4.16 웹 트래픽 네트워크에서 노드의 들어오는 연결강도(웹사이트의 트래픽)와 링크 가중치의 누적 분포.
2006년과 2007년 사이에 인디애나대학교에서 수집된 익명의 사용자 약 100,000명의 웹 탐색 활동을 나타내는
대략 10억 건의 클릭을 수집했다. 그 결과 만들어진 네트워크에는 약 400만 개의 사이트와 1,100만 개의 가중치
가 있는 방향성 링크가 있다.

비교해 페이지랭크가 웹 링크 그래프의 구조에서 트래픽을 예측할 수 있는지 질문할 수
있다. 즉, 무작위 웹 서핑 모델이 실제 웹 사용자의 탐색 패턴을 제대로 표현하는가? 답
은 '그렇지 않다'이다. 두꺼운 꼬리 분포 모양(페이지랭크 그림 4.9와 트래픽 그림 4.16)은 비슷
할지라도 페이지랭크와 트래픽 간의 상관관계는 매우 약하다. 따라서 페이지랭크 모델의
단순한 가정 중 일부는 확실히 실제 사람들의 웹 탐색 행동과 맞지 않는다.

무작위 웹 서핑의 어떤 부분이 제일 비현실적인지를 파악하기 위해 노드의 나가는 연
결강도와 들어오는 연결강도 사이의 비율을 고려해보자. 탐색 세션의 이 시작되는 노드
와 끝나는 노드를 제외하면 노드로 들어가는 트래픽 흐름이 노드에서 나오는 트래픽 흐
름과 같아야 하므로 그 비율은 1이어야 한다. 페이지랭크의 정의에 의하면 순간이동 과
정에서도 특별히 선호하는 노드가 없으므로 모든 노드는 똑같은 확률로 무작위 점프를
통해 도착하는 곳(새로운 탐색의 시작점)이 될 수 있고, 또한 모든 노드는 똑같은 확률로 다
른 노드를 향해 무작위 점프의 시작점(탐색이 끝나는 지점)이 될 수 있다. 따라서 순간이동
을 고려하더라도 페이지랭크 모델은 통계적으로 모든 노드에 대해 나가는 연결강도와
들어오는 연결강도의 비율을 1에 매우 가깝게 만든다. 그 비율의 분포를 본다면 1 근처
에 몰려 있는 좁은 분포가 될 것이다. 그러나 그림 4.17에서 볼 수 있듯이 실상은 전혀 다
르다. 그 비율은 여러 규모에 걸쳐 있는 매우 큰 변동을 보인다. 어떤 노드는 탐색의 시작
점이 될 가능성이 훨씬 더 높고, 또 어떤 노드는 거기서 탐색이 끝나버릴 가능성이 훨씬
더 높은 것이다. 이게 놀라운 일은 아닌 것이, 우리 모두 익숙하거나 즐겨찾기에 있는 사
이트에서 웹 서핑을 시작하는 경향이 있기 때문이다. 하지만 대부분의 사이트는 그다지
흥미롭지 않기 때문에, 탐색을 그만하고 다른 데로 점프해버릴 가능성이 높다. 이것으로

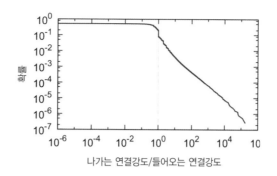

그림 4.17 그림 4.16에 나타낸 웹 트래픽 네트워크에서 노드의 나가는 연결강도와 들어오는 연결강도 사이 비율의 누적 분포. 연결강도의 비율 $s_{out}/s_{in} \ll 1$은 탐색이 거기서 끝나버릴 가능성이 높은 사이트들을 나타내고, $s_{out}/s_{in} \gg 1$은 탐색이 시작될 가능성이 높은 사이트들을 나타낸다.

부터 무작위 순간이동은 페이지랭크 모델의 비현실적인 요소라고 결론지을 수 있다.

4.7.2 링크 필터링

조밀한 네트워크는 시각화하고 연구하기가 어렵다. 시각화해도 '털뭉치'처럼 보이고, 그 중에서 많은 링크는 중요하지도 않다. 이러한 이유로, 가중치 네트워크에서 가중치가 낮은 링크를 가지치기 하듯이 정리하면 도움이 될 때가 많다. 가중치가 낮은 링크 다수가 실제로는 별 의미가 없는 잡음처럼 발생할 수 있는 공동 발생 네트워크에서 특히 이런 작업이 필요하다. 예를 들어, 링크가 글의 유사도(글들 사이에 공통으로 나타나는 핵심 단어들)로 정의되는 문서 또는 웹 페이지들 간의 네트워크를 생각해보자. 관련이 없거나 적은 문서 쌍이라도 일반적으로 많이 쓰이는 핵심 단어들을 공유하기 때문에 링크로 연결은 될 가능성이 높다. 이럴 때 그런 링크를 필터링해서 의미 있는 연결만 있는 성긴sparse 네트워크를 얻는 방법이 필요한 것이다.

네트워크를 정리하는 가장 간단한 방법은 가중치가 어떤 문턱값threshold보다 작은 모든 링크를 제거해버리는 것이다. 이 방법은 많은 경우 잘 작동한다. 그러나 네트워크 전체에 적용하는 전역적 문턱값을 기반으로 한 필터링이 제대로 작동하지 않는 경우도 많다. 그 이유를 알아보기 위해 공동 발생 네트워크, 트래픽 네트워크 등 여러 가중치 네트워크에서 매우 일반적인 링크 가중치가 두꺼운 꼬리 분포인(그림 4.16을 떠올려보라) 네트워크를 생각해보자. 가중치가 너무 불균일해서 적절한 문턱값을 찾는 것이 불가능하다. 중요하지 않은 일부 링크도 보존되거나, 연결강도가 낮은 많은 노드의 연결이 끊어질 가능성이 있다. 연결강도가 낮은 노드의 경우에는 가중치가 낮은 링크도 중요할 수 있지만, 연결강

링크 가중치가 매우 넓게 분포된 네트워크에서 링크를 정리하기 위해 전역적 문턱값을 사용하는 것은 부적절하다. 대신, 각 노드에 대해 가중치들의 차이를 사용해 대부분의 가중치를 담당하는 링크를 보존할 수 있다. 연결선 수가 k_i이고 연결강도가 s_i인 노드 i가 주어지면, 합이 s_i와 같다는 제약 조건하에서 가중치가 i에 붙어 있는 k_i개 링크에 무작위로 분포되어 있다는 영 모델[null model]에 대해 링크의 중요도를 평가해보는 것이다. 이 가설[21]에서 링크가 w_{ij} 이상의 가중치를 가질 확률은 다음과 같다.

$$p_{ij} = \left(1 - \frac{w_{ij}}{s_i}\right)^{k_i - 1} \tag{4.2}$$

따라서 링크 ij가 가중치 w_{ij}를 갖는다면 식 (4.2)로부터 그러한 값이 영 모델과 일치할 확률 p_{ij}를 계산할 수 있다. 원하는 신뢰 수준[confidence level]을 나타내는 매개변수를 α라고 했을 때, $p_{ij} < \alpha$를 만족하면 링크 ij를 유지하고 그렇지 않으면 제거한다. 기준이 되는 α 값이 작을수록 더 적은 수의 링크가 보존되므로 네트워크가 덜 조밀해진다. 링크는 2개의 노드를 연결하고 있으므로 두 노드 각각의 연결강도와 연결선 수를 식 (4.2)에 대입해[22] p_{ij}에 대한 2개의 값을 얻을 수 있다. 이 두 값들 중 더 큰 값을 쓸지 작은 값을 쓸지는 얼마나 공격적으로 링크를 정리하고 싶은지에 따라 결정하면 된다. 이렇게 링크를 필터링하는 과정을 통해 네트워크의 필수적인 구조와 전반적인 속성을 보존하고 있는 네트워크 백본[network backbone]을 추출할 수 있다.

도가 훨씬 높은 노드에는 같은 가중치를 가진 링크가 중요하지 않을 수도 있다.

이 문제를 해결하려면 노드마다 다른 문턱값을 사용해야 한다. 이를 위한 한 가지 방법은 각 노드의 연결선 수 또는 연결강도에 따라 상대적인 문턱값을 정의하는 것이다. 예컨대 각 노드에 대해 가중치가 가장 큰 10%의 링크만 유지하거나, 노드 연결강도의 80%를 차지하는 가장 큰 가중치를 가진 링크만 남기는 것이다. 그러나 그렇게 하더라도 중요한 링크를 모두 유지하고 있는지, 또는 중요하지 않은 링크도 유지하고 있는지를 확신할 수는 없다. 좀 더 원리적인 접근 방식은 네트워크의 백본[backbone]을 찾는 것이다(즉, 각 노

---

21 영 모델(null model)이 가정하고 있는 이러한 가정을 영 가설(null hypothesis)이라고 하며, 실제 데이터의 통계적인 중요도를 평가할 때 이 가설에서 얼마나 벗어나는지를 많이 이용한다. – 옮긴이

22 노드 i 입장에서는 k_i와 s_i를, 노드 j 입장에서는 k_j와 s_j를 대입하는 것이다. – 옮긴이

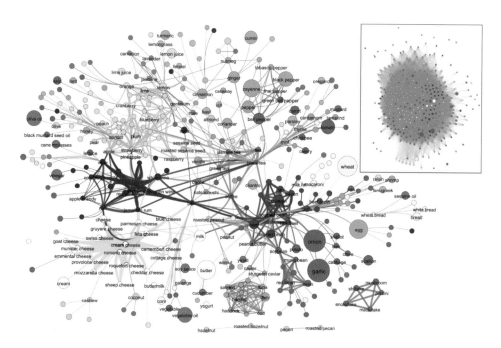

그림 4.18 향미 네트워크. 각 노드는 식재료를 나타내고, 노드의 색상은 음식의 종류를 나타내며, 노드의 크기는 조리법에서 해당 식재료가 얼마나 많이 쓰이는지를 나타낸다. 두 식재료가 향미를 내는 화합물을 공유하는 경우 연결되며 링크의 너비가 공유하는 화합물의 수를 나타낸다. 전체 네트워크를 오른쪽 위 삽입그림에 나타냈고, 큰 그림은 $\alpha = 0.04$ 값을 써서 글상자 4.3의 방법으로 얻은 중요한 링크로 구성한 백본 네트워크다. 출처: Ahn et al., 2011. CC BY 4.0

드의 연결강도 중 불균형적으로 많은 비율의 연결을 담당하는 링크를 찾는 것). 그 링크들이 보존해야 할 가장 중요한 링크일 것이다. 글상자 4.3에 이것이 어떻게 가능한지 설명했다. 그림 4.18에는 조밀한 네트워크에서 추출한 백본 네트워크의 예시를 나타냈다.

4.8 요약

일반적으로 위키백과와 웹 같은 정보 네트워크에는 방향이 정해진 링크가 있다. 두뇌와 같은 많은 생물학적 네트워크, 이메일과 인터넷을 포함한 정보통신 네트워크, 항공망과 같은 운송 네트워크, 특히 트위터와 같은 소셜 미디어에서도 마찬가지다. 또한 링크에는 종종 노드 간 상호작용의 정도 또는 정량화된 유사성을 표현하기 위해 가중치가 있다. 네트워크에서의 가중치는 클릭, 메시지, 패킷, 여행자, 리트윗 수 등의 노드들 간 트래픽 흐름을 나타내기도 한다. 몇 가지 경우를 중점적으로 살펴봄으로써 방향과 가중치가 있는 네트워크의 특성을 알아봤다.

1. 웹은 하이퍼링크로 연결된 거의 무한히 많은 페이지로 이뤄진 거대한 정보 네트워크를 형성한다. 브라우저는 HTTP 프로토콜을 사용해 링크를 탐색하고 페이지 내용은 다운받는다. 이 내용은 보통 텍스트, 내장된 미디어와 같은 다양한 자료가 정해진 표현 방식인 HTML 언어로 구현된다.

2. 웹과 호스트 그래프의 구조를 공부했다. 여기서 각 노드는 각 페이지 또는 웹사이트를 나타내며, 웹 크롤러(웹을 자동으로 탐색하고 거대한 네트워크의 일부를 재구성할 수 있게 하는 프로그램)에서 수집한 데이터를 사용한다. 웹은 매우 인기 있는 허브 페이지들이 만들어낸, 꼬리가 두꺼운 들어오는 연결선 수 분포와 극단적으로 짧은 경로를 갖고 있다. 또한 웹은 거대 덩어리 속에 강하게 연결된 큰 덩어리를 갖고 있다.

3. 웹 페이지와 같은 문서를 단어들로 구성된 고차원 벡터로 나타낼 수 있으며, 이러한 벡터 사이의 코사인값을 이용해서 페이지들 간의 글 유사도를 측정할 수 있다. 이런 방식으로 네트워크의 연결과 페이지 내용 사이의 관계라고 할 수 있는 주제 지역성을 연구할 수 있다. 웹 페이지를 만드는 사람들이 서로 관련된 페이지를 링크시키는 경향이 있기 때문에, 웹은 네트워크에서 서로 가까운 거리에 있는 페이지들이 유사하고 의미적으로도 관련이 있을 가능성이 높은 클러스터 구조를 갖게 된다.

4. 페이지랭크는 무작위 점프라는 요소를 추가해 수정한, 웹 서핑에 대한 마구걷기 모델을 기반으로 한 노드 중심도 양이다. 실제로 사람들이 웹을 그런 식으로 무작위 탐색하는 건 아니지만, 일반적으로 웹 페이지의 신뢰도를 측정하기 위해 페이지랭크를 사용한다. 페이지랭크 알고리듬은 모든 방향성 네트워크에서 쓸 수 있지만 특히 검색 엔진의 결과 순위를 정하는 데 있어 중요하다. 이것은 구글이 처음에 등장할 때 핵심 요소였다.

5. 정보 확산 네트워크는 링크, 그림, 해시태그를 리트윗하는 것처럼 소셜 미디어에서 콘텐츠를 공유할 때 생긴다. 결과적으로 발생하는 캐스케이드 네트워크를 통해 뉴스, 아이디어, 신념, 잘못된 정보의 확산을 추적할 수 있다. 이 그래프의 크기와 구조는 급속하게 퍼지는 관념을 알아내는 데 도움이 된다. 노드의 나가는 연결강도와 들어오는 연결강도를 사용해 정보를 생산하고 소비하는 사람들의 역할을 특징지을 수 있다. 특히 연결선 수 대비 연결강도가 높은 노드는 더 활동적이거나 영향력 있는 계정이라는 표시다. 이러한 네트워크를 의도적으로 조작하는 데 소셜 봇이 사용되기도 한다.

6. 가중치 네트워크는 종종 이분 그래프로부터 나타난다. 같은 종류의 두 노드 **a**와 **b** 사이의 링크 가중치는 다른 종류의 노드 몇 개가 **a**와 **b** 모두에 연결되어 있는지에 해당하는 양이다. 이러한 네트워크는 공동 인용/공동 참조, 제품 추천, 단어/태그의 유사성과 같은 공동 발생 관계에서 비롯된다.

7. 트래픽, 공동 발생 데이터에서 얻은 네트워크와 같은 가중치 네트워크는 매우 조밀할 수 있다. 따라서 가중치가 낮은 링크를 필터링해 그래프를 정리해야 할 때가 많다. 하지만 가중치 네트워크의 가중치는 두꺼운 꼬리 분포를 따르는 경우가 많다. 이럴 때 전역적 가중치 문턱값을 쓰면 대부분의 노드가 고립돼버린다. 각 노드에 대해 통계적으로 중요한 링크만 뽑아내기 위해, 노드별로 다양한 가중치를 따르는 문턱값을 결정함으로써 불균일한 가중치 네트워크의 백본을 추출할 수 있다.

4.9 더 읽을거리

웹을 발명한 사람이 공동 저술한 책에서 웹의 통찰, 설계, 역사에 대해 살펴볼 수 있다(Berners-Lee and Fischetti, 2000). 검색 엔진의 작동 방식을 자세히 알아보려면 배자-야테스와 리베이로-네토(Baeza-Yates and Ribeiro-Neto, 2011) 또는 매닝 등(Manning et al., 2008)이 저술한 정보 검색 관련 교재를 참고하라. 리우(Liu, 2011)는 웹 링크, 내용, 사용 네트워크에서 데이터를 수집하는 방법을 알아봤고, 특히 해당 책의 8장은 주로 웹 크롤러를 다루고 있다.

알버트 등(Albert et al., 1999)은 1999년 노트르담대학교 웹사이트를 크롤링해 처음으로 웹의 평균 경로 길이를 분석했다. 당시 저자들은 웹에 약 10억 개의 페이지가 있는 것으로 생각했기 때문에, 평균 경로 길이와 (서브)네트워크 크기 사이의 로그 피팅 결과로부터 외삽해 웹의 지름이 19개의 링크일 것으로 추정했다. 이듬해 브로더 등(Broder et al., 2000)은 웹 구조에 대한 최초의 체계적인 연구를 보고했다. 해당 논문에서는 약 $N = 10^8$ 개의 페이지로 이뤄진 훨씬 더 큰 웹 크롤링으로 평균 경로 길이를 측정했는데, 이전 예측과 대략적으로 일치했다. 뮤셀 등(Meusel et al., 2015)은 그보다 훨씬 더 큰 웹 크롤링으로 좀 더 최신의 데이터를 분석했다.

바라바시와 알버트(Barabási and Albert, 1999)는 웹 페이지의 두꺼운 꼬리 분포에 대한 첫 번째 증거를 보고했다. 브로더 등(Broder et al., 2000)은 나중에 더 큰 크롤링으로부터 그 사실을 다시 확인했으며, 방향성 웹 그래프의 나비넥타이 구조도 분석했다. 세라노 등

(Serrano et al., 2007)은 가장 큰 강하게 연결된 덩어리와 들어오고/나가는 덩어리의 상대적 크기가 웹 그래프를 재구성하는 데 사용하는 크롤러의 종류에 따라 달라진다는 사실을 보고했다.

데이비슨(Davison, 2000)은 무작위로 선택한 페이지 쌍, 공통의 선행(형제) 페이지에 의해 연결된 페이지 쌍, 하이퍼링크로 연결된 페이지 쌍의 내용들을 비교해 웹에서의 주제 지역성을 측정했다. 멘처(Menczer, 2004)는 너비 우선 크롤링을 수행해 내용과 의미에 대한 유사성이 서로 특정 거리 내에 있는 페이지에 대해 어떻게 감소하는지를 고려하는 방식으로 그 분석을 확장했다(그림 4.7).

검색 엔진 결과의 순위를 매기기 위해 네트워크 중심도 측정량을 사용하는 아이디어는 마르키오리(Marchiori, 1997)가 고안했다. 그로부터 1년 후, 브린과 페이지(Brin and Page, 1998)는 구글을 소개하면서 페이지랭크를 사용해 검색 결과의 순위를 매기는 방법을 기술했다. 이미 50년 전에 실리(Seeley, 1949)가 소셜 네트워크에서 사람의 중요도를 측정하는 방법으로 같은 중심도 양을 제안했다는 사실이 밝혀졌다. 그것과 관련된 권위에 대한 측정량을, 웹 그래프의 이분 표현을 기반으로 하여 클라인버그(Kleinberg, 1999)가 제안했다. 포르투나토 등(Fortunato et al., 2007)은 들어오는 연결선 수가 동일한 노드들에 대한 평균 페이지랭크값이 바로 그 들어오는 연결선 수에 비례한다는 사실을 밝혔다. 페이지랭크 이면에 있는 수학에 대한 리뷰는 글라이츠(Gleich, 2015)를 참조하라.

도킨스(Dawkins, 2016)는 사람에서 사람으로 전달될 수 있는 정보, 신념 또는 행동의 단위를 의미하는 밈의 개념을 도입했다. 이것이 현재 소셜 미디어에 퍼진 이미지, 해시태그, 링크의 시초였던 셈이다. 고엘 등(Goel et al., 2015)은 밈에 대해 구조적으로 급속하게 퍼지는 성질을 정의하고, 트위터에서 리트윗 캐스케이드 네트워크를 재구성하는 방법을 제안했다. 차미영 등(Cha et al., 2010)은 이러한 확산 네트워크를 연구해 높은 연결선 수(많은 팔로워)를 갖는 것만이 노드의 영향력에 영향을 주는 유일한 요소는 아님을 밝혔다.

보수 커뮤니티와 진보 커뮤니티가 분리된 상태로 정치적 해시태그가 확산되는 네트워크를 분석한 결과 트위터에서 정보 통신 네트워크의 강한 양극화를 볼 수 있었다(Conover et al., 2011b). 비슷하게, 샤오 등(Shao et al., 2018a)은 잘못된 정보를 공유하는 커뮤니티와 사실 확인 기사를 공유하는 커뮤니티가 분리되어 있음을 보였다. 다른 관점들로부터는 격리된, 내부에서는 비슷한 의견을 가진 소셜 네트워크 커뮤니티들을 메아리 방(Sunstein, 2001) 또는 필터 버블(Pariser, 2011)이라고 한다.

라키위즈 등(Ratkiewicz et al., 2011)은 소셜 미디어를 통해 퍼진 잘못된 정보를 생성하는 가짜 뉴스 웹사이트의 초기 사례들을 관찰했다. 그러한 소셜 네트워크에서 잘못된 정보의 급격한 확산에 영향을 미치는 요인들이 어떤 것인지는 광범위한 연구 대상이다(Lazer et al., 2018). 그러한 요인들 중에는 참신함(Vosoughi et al., 2018)과 소셜 봇에 의한 증폭(Ferrara et al., 2016; Shao et al., 2018b)이 있다.

메이스 등(Meiss et al., 2008)은 대규모의 웹 트래픽 네트워크를 재구성하기 위해 웹 클릭에 대한 방대한 데이터를 수집해 웹 서핑 모델로서 페이지랭크가 지닌 한계를 드러냈다. 더 좋은 모델은 인기 있는 시작 노드로 이뤄진 즐겨찾기, 역추적(또는 브라우저 탭), 주제의 지역성을 설명할 수 있다(Meiss et al., 2010). 메이스 등(Meiss et al., 2008)은 또한 링크 가중치의 분포가 두꺼운 꼬리를 갖고 있음을 보이기도 했다. 세라노 등(Serrano et al., 2009)은 가중치가 불균일한 네트워크에서 백본을 추출하는 방법을 소개했다.

연습문제

4.1 scholar.google.com에서 여러분이 관심 있는 주제에 대한 논문을 검색해보고, 결과 목록에서 2개의 논문을 선택하라.

    1. 인용 네트워크에서 두 논문 각각의 들어오는 연결선 수는 얼마인가?

    2. 두 논문 각각에 대해 그 논문을 인용한 다른 논문의 목록을 확인해보라('Cited by...'를 클릭하면 된다). 두 논문 사이의 공동 인용 수를 계산해보라(힌트: 인용이 너무 많은 두 논문을 선택하면 이 과정이 지루할 수도 있다).

    3. 인용 네트워크에서 두 논문 각각의 나가는 연결선 수는 얼마인가?(힌트: 이 질문에 답하려면 논문들에 접근이 가능하거나 다운받을 수 있어야 한다.)

    4. 두 논문을 다운받아 참고문헌 목록을 분석하고, 두 논문 사이의 공동 참조 수(서지 결합 정도^{bibliographic coupling}라고도 한다)를 계산해보라.

4.2 'network science(네트워크 과학)'에 대한 위키백과 항목으로 가보라(en.wikipedia.org/wiki/Network_science).

    1. 위키백과 네트워크에서 이 페이지의 나가는 연결선 수는 얼마인가?(힌트: 문제를 단순하게 하기 위해, 여기서는 일반적으로 다른 위키백과 항목으로 가는 여러 링크를 포함하는 'See also' 항목에 있는 링크들만 고려해도 좋다. 이 항목이 없으면 $k_{out} = 0$이라고 가정해도 된다.)

    2. 위키백과 네트워크에서 'network science' 노드에 연결된 노드들을 방문해보고 이 항목에서 나가는 링크들이 얼마나 상호적인지^{reciprocal} 보고하라.

3. 'network science' 노드의 자기주변 네트워크를 만들고 강하게 연결된 가장 큰 덩어리를 찾아보라. 자기주변 네트워크는 하나의 노드(에고^{ego}), 해당 노드의 모든 이웃과 그 이웃들 사이의 모든 링크로 구성되어 있음을 기억하라(그림 2.8 참조). 방향이 있는 자기주변 네트워크도 이웃을 노드로부터 연결된 노드로 대체하는 것으로 비슷하게 정의된다.

4. 'network science' 자기주변 네트워크에서 '나가는 연결선 수'가 가장 큰 노드는 무엇인가?

5. 'network science' 자기주변 네트워크에서 '들어오는 연결선 수'가 가장 큰 노드는 무엇인가?

4.3 이전 문제에서 만들어진 위키백과의 'network science' 자기주변 네트워크를 생각해보자. 여기서 각 노드를 범주^{category}에 대한 목록으로 나타내보라. 범주는 각 위키백과 항목 맨 아래에서 찾을 수 있다. 예를 들어. 'Network theory(네트워크 이론)' 같은 것들이 있다. 각 노드 쌍에 대해 범주 벡터들 간의 코사인 유사도를 계산해보라(힌트: 여기서 범주에 대한 목록은 각 범주에 해당하는 값이 1이고 목록에 없는 범주의 값은 0인 벡터가 된다).

1. 이 표본에 있는 어떤 두 항목이 서로 가장 비슷한가? 코사인 유사도의 값은 얼마인가?

2. 이 표본에 있는 어떤 두 항목이 서로 가장 다른가? 코사인 유사도의 값은 얼마인가?

3. 측정 결과가 주제 지역성의 증거가 되는가? 그 이유는 무엇인가?(힌트: 링크의 방향을 무시하면 노드 쌍들은 연결된 경우 서로 거리가 한 단계 떨어져 있거나 에고를 통해 두 단계 떨어져 있다. 이 두 그룹에서 노드 쌍의 평균 유사도를 비교해보라.)

4.4 그림 4.19에 있는 작은 네트워크를 생각해보자. $R_0 = 1/3$ 값으로 각 페이지의 페이지랭크를 초기화하라. 다음 단계($t = 1$)에서의 페이지랭크값을 계산하기 위해 순간이동 없이(즉, $\alpha = 0$) 식 (4.1)을 적용하자. 이 과정을 수렴할 때까지 계속 반복하며 값을 업데이트하라. 각 노드 페이지랭크값의 소수점 세 번째 자리에서도

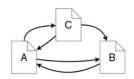

그림 4.19 3개의 페이지와 그들을 잇는 하이퍼링크가 있는, 작은 웹사이트를 표현한 방향성 네트워크

변화가 없으면 값이 수렴했다고 가정한다(힌트: 새 값을 계산할 때 이전 단계에서의 값을 사용하도록 명심하라. 예를 들어, $t = 1$에서의 값을 계산할 때는 초깃값($t = 0$)을 사용한다). 몇 번 반복하면 값이 수렴하는가? 페이지랭크의 최종값은 무엇인가?

4.5 그림 4.19의 네트워크를 사용해 이전 문제에서 했던 것을 반복하되, 이번에는 순간이동 매개변수 $\alpha = 0.2$를 사용하라. 값이 수렴하는 순간 t의 값은 얼마이며 페이지랭크값은 얼마인가?

4.6 go.iu.edu/pagerank의 페이지랭크 시연[demo] 페이지로 이동해 많은 노드(이름), 노드의 텍스트 속성(색상), 링크를 입력하라. 시연 페이지는 페이지랭크를 계산하고 이것을 사용해 각 노드의 인기도를 측정해준다. 새 노드와 링크가 추가되면 값이 어떻게 변하는지 관찰해보라.[23]

  1. 가장 인기 있는 사람은 누구인가? 페이지랭크를 높이려면 어떻게 해야 하는가?

  2. 시연 페이지의 검색 기능은 매우 간단한 검색 엔진처럼 작동한다. 몇 가지 색상을 검색해보라. 검색어와 노드 텍스트 속성의 유사도가 노드의 순위에 어떤 영향을 주는가? 페이지랭크는 순위에 어떤 영향을 주는가?

4.7 이 책의 깃허브 저장소[24]에 있는 enwiki_math 폴더에서 위키백과 데이터(graphml 파일)를 다운로드하라. NetworkX를 사용해 파일에 있는 데이터를 방향성 네트워크(digraph)로 불러온 다음 페이지랭크 알고리듬을 실행해 각 항목의 페이지랭크를 계산하라.

  1. 페이지랭크 기준 상위 10개 항목은 무엇인가?

  2. 페이지랭크 기준 상위 10개 기사와 들어오는 연결선 수 기준 상위 10개 항목을 비교해보라. 항목들이 같은가? 그 이유는 무엇인가?

4.8 이 책의 깃허브 저장소에 있는 4장 튜토리얼을 살펴보라.

4.9 트위터에서 (3장에서 논의한) 친구 역설을 테스트해보라. 트위터 API 사용법은 4장 튜토리얼을 참고하라. 트위터는 방향성 네트워크이기 때문에 노드를 팔로우

---

23 교강사를 위한 참고사항: 이 문제는 규모가 큰 스터디 그룹에서 해보면 더 재미있다. 각 참가자들은 자신의 노트북을 사용해, 이름 대신 가명을 사용하고, 좋아하는 색상을 입력하고, 친구에게 링크할 수 있다. 또는 수업 시간에 이 활동을 하고 활동 후에 뛰어난 학생들에게 추가 학점을 주는 것도 좋은 방법이다. 학생들에게 동맹을 맺는 것을 생각해보고 과감하게 행동하라고 말해보자!

24 github.com/CambridgeUniversityPress/FirstCourseNetworkScience

하는 / 노드가 팔로우하는 사용자들에 대해 들어오는 연결선 수/나가는 연결선 수의 친구 역설을 생각할 수 있다. 한 가지 버전은 "여러분의 친구(여러분이 팔로우하는 사람들)는 평균적으로 여러분보다 팔로워가 더 많은가?"라고 묻는 것이다. 이 경우는 팔로워 네트워크에서 당신이 팔로우하는 사람들의 들어오는 연결선 수를 측정하려고 하는 것이다. 여러분이 트위터 사용자가 아닌 경우 다른 사람의 트위터 계정(예: @clayadavis)을 사용해 이 질문에 답해도 좋다.

1. @clayadavis에 대해 users/show.json으로 보낸 쿼리의 응답이 user라고 가정할 때 다음 중 @clayadavis가 팔로우하는 사람들의 수는 무엇인가?

   a. `user['friends']['count']`

   b. `user['friends_count']`

   c. `user['followers']['count']`

   d. `user['followers_count']`

2. 친구의 평균 팔로워 수를 계산하고 여러분의 팔로워 수와 비교해 친구 역설이 여러분의 경우에 성립하는지 확인해보라. 여러분 계정의 친구 수가 트위터 API가 반환할 수 있는 최대 친구 수(이 책을 쓰는 시점에서의 기준으로는 200명) 보다 많은 경우 전체 친구 목록을 가져오려면 API를 두 번 이상 호출해야 할 것이다. 여러 페이지로 된 결과를 얻기 위해 커서^{cursor}를 사용하는 방법에 대해서는 튜토리얼을 참고하라. 여러분 친구들의 평균 팔로워 수는 얼마인가?

3. 수학적으로, 친구 역설은 평균에 대해 다음과 같이 이야기하는 것이다. "평균적으로 당신의 친구는 당신보다 팔로워가 더 많다." 다르게 말하자면 "대부분의 친구들은 당신보다 팔로워가 더 많다."일 것이다. 후자는 사실 평균이 아니라 중앙값^{median}에 대한 것이며 사실 더 강한 표현이다(사실일 가능성이 전자에 비해서는 더 낮다는 뜻). 사실인가? 대부분의 친구들이 당신보다 팔로워가 더 많은가? 이 질문에 답하기 위해 여러분 친구들의 팔로워 수 중앙값을 측정하라.

4. 여러분의 친구들 중 팔로워가 가장 많은 사용자의 트위터 닉네임은 무엇인가?

4.10 #RepealThe19th라는 해시태그에 대한 리트윗 네트워크를 만들어보라. 이 해시태그는 2016년 미국 대통령 선거운동 과정에서, 여성에게 투표권을 부여한 수정 헌법 19조의 폐지를 지지하는 데 사용된 논란의 해시태그다. 이 연습문제를 위한 데이터는 이 책 깃허브 저장소의 datasets 디렉터리에 있다. repealthe19th.jsonl.

gz라는 파일에 해시태그가 포함된 23,343개의 트윗이 포함되어 있다. 각 줄은 트윗 JSON 객체다. 파일을 구문 분석^{parsing}한 후에 트윗 개수가 저게 맞는지 확인해야 한다. 저 숫자가 아니라면 문제의 답에 영향을 줄 수 있는 구문 분석 오류가 발생했다는 뜻이기 때문이다. 다음 질문들에 답하기 위해 이러한 트윗을 사용해 리트윗 네트워크를 만드는 방법에 대해서는 4장 튜토리얼을 참고하라. 다음 사항들을 유의해야 한다. (i) 링크의 방향은 정보 흐름을 따른다. 앨리스가 밥을 리트윗하면 밥에서 앨리스로의 링크가 있는 것이다. (ii) 자기 자신을 리트윗하는 루프를 제거하라. 루프는 네트워크를 다 만든 다음에 제거해도 되고 네트워크를 만드는 코드를 수정해서 처음부터 추가하지 않도록 할 수 있다. 이것의 제거 여부는 확실히 일부 답변에 영향을 미칠 것이다.

1. 리트윗 네트워크에는 몇 개의 노드가 있는가?

2. 리트윗 네트워크에는 몇 개의 링크가 있는가?

3. 네트워크에서 가장 나가는 연결강도가 높은 노드의 트위터 닉네임은 무엇인가? 나가는 연결강도의 값은 얼마인가?

4. 네트워크에서 두 번째로 나가는 연결강도가 높은 노드의 트위터 닉네임은 무엇인가?

5. 네트워크에서 가장 들어오는 연결강도가 높은 노드의 트위터 닉네임은 무엇인가? 들어오는 연결강도의 값은 얼마인가?

6. 이러한 계정들의 나가는 연결강도와 들어오는 연결강도가 그들의 온라인 행동에 대해 알려주는 것은 무엇인가?

7. 가장 많이 리트윗된 트윗의 ID는 무엇인가? id_str이라는 속성을 사용하라. JSON 파일로 작업할 때 트윗 ID가 64비트이기 때문에 그렇게 하는 것이 좋다. 트윗 ID가 주어지면 웹 브라우저에서 https://twitter.com/user/status/〈tweet-id〉 URL을 방문하면 해당 트윗을 볼 수 있다. 여기서 〈tweet-id〉 자리에 숫자로 된 트윗 ID를 입력하면 된다.

8. 리트윗 네트워크에서 나가는 연결강도가 0인 노드는 몇 개인가?

9. 다음 중 노드의 나가는 연결강도가 0을 갖는다는 것이 무슨 뜻인지 가장 잘 설명한 것은 무엇인가? 각 설명은 이 네트워크를 만드는 데 사용한 트윗 샘플 내부에서만 적용된다고 생각하자.

   a. 해당 사용자가 트윗을 하지 않았다.

   b. 해당 사용자가 다른 사람을 리트윗하지 않았다.

c. 해당 사용자를 다른 사람이 리트윗하지 않았다.

d. 해당 사용자의 팔로워가 없다.

e. 해당 사용자가 다른 사용자를 팔로우하지 않았다.

10. 다음 중 이 네트워크의 연결 상태를 가장 잘 설명한 것은 무엇인가?

a. 강하게 연결됨

b. 약하게 연결됨

c. 연결됨

d. 연결되지 않음

11. 이 네트워크의 약하게 연결된 가장 큰 덩어리에는 몇 개의 노드가 있는가?

4.11   관심 있는 주제로 된 해시태그에 대한 리트윗 네트워크를 만들어보라. 트위터 API 사용법은 4장 튜토리얼을 참고하자. 트위터 검색 API를 사용해 해시태그에 대한 최근 트윗을 검색하면 된다. 검색 매개변수에 'result_type': 'recent'를 넣도록 명심하라. 검색어와 일치하는 트윗을 최소 1000개 이상 뽑아내고, 트윗이 많지 않은 경우 검색하는 주제를 바꿔서 처음부터 다시 시작하기 바란다. 이 개수는 한 번의 검색 요청으로 트위터 API가 반환할 수 있는 최대 트윗 수(이 책을 쓰는 시점 기준 100개)를 초과하므로 페이지 수 매김^{pagination}을 사용해야 한다. 최종적으로 이렇게 모은 트윗들로부터 리트윗 네트워크를 만들면 된다.

1. 리트윗 네트워크를 그려보라. 그림을 통해 적절한 정보를 제공하려면 다음 지침을 따르도록 하라. (i) 노드의 크기는 나가는 연결선 수에 비례하게 하라(힌트: 연결선 수 목록을 얻는 방법은 연습문제 3.6을 참고하라). (ii) 링크의 크기는 링크가 연결한 두 사용자 간의 리트윗 수에 따라 조정하라(힌트: draw 함수의 width 매개변수를 사용하면 된다. 이 매개변수는 그래프의 edges 메서드에서 주어진 것과 같은 순서로 나열된 링크 가중치의 목록이어야 한다). (iii) 연결이 없는 싱글톤 노드와 자기 자신으로 돌아오는 루프는 제거해야 한다. (iv) 가장 큰 연결된 덩어리만 표시할지 아니면 모든 덩어리를 표시할지는 각자 판단하라.

2. 가장 많이 리트윗된 사용자의 트위터 닉네임은 무엇인가? 사용한 해시태그도 밝혀라.

3. 이 리트윗 네트워크에 대해 재미있는 관찰 결과가 있으면 몇 문장으로 정리해보라.

4.12   이 책의 깃허브 저장소에 있는 가중치 네트워크 데이터를 분석해 연결선 수와 연

결강도 사이의 관계를 분석해보라. 방향이 없는 네트워크에서는 모든 노드의 연결선 수와 연결강도 사이의 피어슨 상관관계 계수$^{Pearson correlation coefficient}$를 측정하라. 방향성 네트워크의 경우 들어오는/나가는 연결선 수와 들어오는/나가는 연결강도에 대해 같은 작업을 하면 된다. 연결선 수가 많은 노드가 연결강도도 큰가?

4.13 연습문제 중 하나에서 다뤘던, 링크 가중치가 리트윗의 수를 나타내는 리트윗 네트워크를 생각해보자. 문턱값 ω 미만의 가중치를 가진 링크들을 제거해 네트워크를 정리해보라.

   1. 1장에서 배운 방향성 네트워크에 대한 조밀도의 정의를 떠올려보라. 네트워크의 조밀도(y축에 표시)가 가중치 문턱값 ω(x축에 표시)의 함수로 어떻게 감소하는지 보여주는 그림을 그려보라.

   2. 리트윗 문턱값을 $\omega = 3$으로 하면 조밀도가 얼마나 감소하는가?

   3. 조밀도가 원래 값의 절반 이하로 떨어지는 ω의 값은 얼마인가?

네트워크 모델

모델^{model}: (명사) 임의의 시스템이나 프로세스를 단순하게 설명한 것으로, 계산이나 예측을 도움. 주로 수학적으로 표현됨

지금까지 몇 가지 공통적인 특징을 갖는 다양한 실제 네트워크들을 살펴봤다.

- 실제 네트워크는 경로 길이가 짧다. 이는 임의의 한 노드에서 임의의 다른 노드로 이동할 때 적은 수의 걸음이 필요하다는 뜻이다.
- 실제 네트워크는 삼각구조가 많으며, 이는 높은 뭉침 계수로 나타난다.
- 실제 네트워크는 연결선 수나 가중치처럼 노드 혹은 링크에 연관된 값의 분포가 불균일하다.

다음으로 이러한 특성들이 어디서 기인하는지를 함께 이해해보고자 한다. 노드는 어떻게 연결할 이웃을 선택하는 것일까? 허브는 어떻게 형성되는 것일까? 삼각구조는 어떻게 만들어지는 것일까? 5장에서 이 질문들에 함께 답해보자.

네트워크 특성의 기원을 연구하는 한 가지 방법은 모델^{model}을 활용하는 것이다. 모델은 임의의 네트워크를 만들기 위해 사용하는 규칙의 집합이다. 모델을 만드는 규칙은 네트워크 특성이 어떻게 발현됐을지에 대한 직관이나 가정을 바탕으로 한다. 모델을 만드는

규칙을 따라가면서 모델 네트워크를 형성하고, 이를 실제 네트워크와 비교해 얼만큼 서로 유사하고 다른지 비교할 수 있다. 이런 방식으로, 실제 네트워크가 만들어진 메커니즘을 이해할 수 있다.

먼저 네트워크 과학의 역사적 발전 과정을 따라가면서, 고전적인 모델들을 순서대로 살펴볼 것이다. 모델이 실제 네트워크의 특징을 재현하는 데 있어 실패한 부분과, 그 실패가 좀 더 현실적인 모델의 개발로 이어지는 과정도 살펴볼 것이다. 단순한 메커니즘을 통해 현실 네트워크의 기본적인 특성을 갖는 모델 네트워크를 형성하는 과정도 소개한다.

5.1 무작위 네트워크

연결되지 않은 많은 노드가 있고, 링크로 어느 만큼 연결하고 싶다고 하자. 노드들 사이에 링크를 연결하는 방법은 많을 것이다. 평등주의적인 접근 방법은 무작위로 선택한 두 노드 사이에 링크를 연결하는 것이다. 이런 방식으로 만들어진 네트워크를 무작위 네트워크$^{random\ network}$ 혹은 에르되시-레니 네트워크$^{Erdős-Rényi\ network}$라고 한다(글상자 5.1). 단순화를 위해 이 모델을 길버트^{Gilbert}가 제안한 방식과 동일한 방식으로 소개해보겠다. 길버트 모델

글상자 5.1 팔 에르되시

에르되시-레니$^{Erdős-Rényi}$ 무작위 그래프 모델은 두 명의 수학자의 이름을 따라 명명됐다. 팔 에르되시$^{Paul\ Erdős}$와 알프레드 레니$^{Alfréd\ Rényi}$는 1959년부터 1968년까지 함께 신기원을 이룬 여러 논문들을 발표하며, 그래프 이론의 초석을 닦은 수학자들이다.

그림 5.1의 팔 에르되시는 흥미로운 인물이었다. 그는 집이 없었지만 노숙자는 아니었다. 동료들을 방문해 함께 머물며 수학 문제들을 풀곤 했다. 동료들은 그가 방문하는 것을 좋아했는데, 그의 방문은 전문적이고 생산적인 연구 결과를 만들어냈고 종종 학문적으로 높이 평가받는 논문으로 이어졌기 때문이었다. 어떤 정리를 증명하거나 논문이 완성되면, 에르되시는 새로운 도전이나 새로운 공동 연구자 혹은 새로운 집을 찾아 떠났다.

에르되시는 그래프 이론 외에도 다양한 종류의 문제들을 해결했고, 500명이 넘는 공동 연구자들과 협업했다. 이로 인해 그는 2장에서 논의한 소셜 네트워크의 일종인, 수학 협업 네트워크의 허브가 됐다.

그림 5.1 1992년의 수학자 팔 에르되시. 출처: commons.wikimedia.org/wiki/File:Erdos_budapest_fall_1992. jpg, Kmhkmh, CC BY 3.0

에는 두 가지 매개변수가 있는데, 노드의 수 N과 링크연결 확률^{link probability} p다. 링크연결 확률은 임의로 선택된 두 노드 사이에 링크가 존재할 가능성이다.[1]

길버트가 수식화한 무작위 네트워크 모델의 매개변수는 노드의 수 N과 링크연결 확률 p다. 이 무작위 네트워크는 다음과 같은 과정을 통해 만들어진다.

1. 임의의 노드 쌍 i와 j를 선택한다.
2. 0과 1 사이의 난수 r을 생성한다. 만약 $r < p$이면, i와 j를 링크로 연결한다.
3. 1번과 2번 과정을 모든 노드 쌍에 대해 반복한다.

에르되시와 레니가 제안한 방식과 길버트 방식의 가장 큰 차이점은 에르되시와 레니는 네트워크의 총 연결선 수를 고정하지만, 길버트 모델은 총 연결선 수가 달라질 수 있다는 것이다. 만약 우리가 위의 글상자에서 설명된 과정을 따라서 동일한 수의 노드와 링크연결 확률을 사용하더라도, 네트워크를 여러 개 만들면 만들어진 네트워크들은 평균 연결선 수에서 약간씩 다른 연결선 수를 가질 것이다. 하지만 노드가 충분히 많으면, 평균 연결선 수와의 차이는 작아진다.

각기 다른 값의 링크연결 확률로부터 만들어진 무작위 모델이 어떻게 생겼는지 알아보기 위해, 링크가 하나도 없는 아주 많은 수의 노드를 상상해보자. 그 시스템은 당연히 완전한 싱글톤^{singleton}(고립된 노드)들로 분리되어 있을 것이다. 이제 한 번에 하나씩 무작위

---

1 링크연결 확률과 5.2절에서 소개할 재연결 확률은 동일한 p로 표현되지만, 혼동하지 않도록 하자.

로 링크를 연결해보자. 어떻게 되겠는가? 당연히 점점 더 많은 수의 노드 쌍이 서로 연결될 것이고, 이 연결된 노드 쌍들이 연결된 서브네트워크를 형성할 것이다. 어느 특정 순간에 그 네트워크는 모두 연결되고, 링크를 따라 임의의 어떠한 노드에서도 임의의 다른 노드로 이동할 수 있게 된다. 즉, 연결된 모든 서브네트워크가 작은 형태로부터, 최소 하나의 서브네트워크가 거의 모든 노드를 포함하고 있는 형태로의 상전이가 일어나는 것이다. 서브네트워크들이 서서히 성장하듯이, 상전이도 서서히 일어날 것으로 당연히 기대할 수 있다. 하지만 에르되시와 레니는 이 상전이가 특정한 링크 조밀도에서 갑작스럽게 일어난다는 사실을 발견했다. 노드가 거의 모두 연결된 거대 덩어리^{giant component}는 $\langle k \rangle =$ 1일 때 형성되고, 이는 각 노드들이 평균적으로 이웃이 하나라는 뜻이다.

그림 5.2는 다양한 평균 연결선 수를 갖는 에르되시-레니 그래프의 네트워크 형태를 몇 가지 보여준다. 상전이 전에는 가장 크게 연결된 덩어리가 작다가, 상전이 이후부터 평균 연결선 수의 증가와 함께 급격하게 커진다. 나머지 노드들은 작게 연결된 서브네트워크에 속해 있다. 평균 연결선 수가 점점 커지면서, 네트워크의 거대 덩어리가 남아 있는 모든 서브네트워크를 포획하고, 마침내 모든 노드를 확보하며 끝이 난다. 네트워크가 모두 연결된 것이다. 부록 B.2절에서는 거대 덩어리가 형성되는 과정을 보여준다.

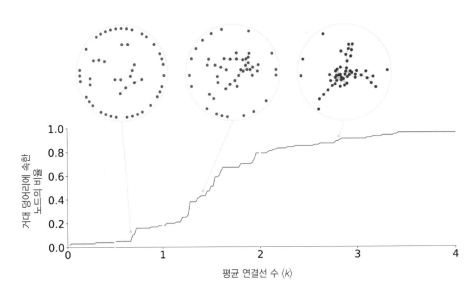

그림 5.2 시스템에 링크를 한 번에 하나씩 연결하면서 관측한 평균 연결선 수 $\langle k \rangle$의 증가에 따른 무작위 네트워크의 진화. 평균 연결선 수가 1보다 작을 때는 붉은색으로 표시된 가장 크게 연결된 덩어리가 아주 작다. $\langle k \rangle = 1$ 근처에서 거대 덩어리가 아주 빠르게 성장하면서 다른 작은 덩어리들을 잠식한다.

5.1.1 조밀도

링크연결 확률에 기반해 무작위 네트워크를 형성하는 것은 편향된 동전을 반복적으로 던져서 앞면과 뒷면이 몇 번씩 나왔는지 세는 것과 같다. 앞면이 나오는 기댓값은 동전의 앞면이 나올 확률과 동전을 던진 횟수에 비례한다. 무작위 네트워크의 연결선 수 기댓값도 링크연결 확률과 노드 쌍의 수에 비례한다.

편향된 동전이 있을 때, 앞면이 나올 확률을 p라고 가정해보자. 예를 들어 $p = 0.1$이라고 하면, 평균적으로 10번의 동전을 던졌을 때 1번은 앞면이 나오고 9번은 뒷면이 나온다고 기대할 수 있다. $p = 0.5$라고 하면, 편향되지 않은 동전을 던진 경우와 같이 앞면과 뒷면이 동일하게 나올 것을 기대할 수 있다. $p = 0$이라면 앞면은 절대 나오지 않을 것이고, $p = 1$이라면 뒷면은 절대 나오지 않을 것이다. 동전을 t번 던졌을 때 앞면이 나올 기댓값은 pt, 즉 던진 횟수의 p만큼의 비율이 된다. 무작위 모델에서 동전을 여러 번 던지는 것은 N개의 노드 중에서 가능한 노드 쌍의 수를 의미하고, 이는 $\binom{N}{2} = N(N-1)/2$와 같이 기술할 수 있다. 따라서 무작위 네트워크에서 연결선 수의 기댓값은 다음과 같다.

$$\langle L \rangle = p\binom{N}{2} = \frac{pN(N-1)}{2} \tag{5.1}$$

식 (1.6)에서 네트워크의 평균 연결선 수를 구할 때 연결선 수의 2배를 전체 노드 수로 나눈 것을 참고하면, 무작위 네트워크의 평균 연결선 수 $\langle k \rangle$의 기댓값을 다음과 같이 나타낼 수 있다.

$$\langle k \rangle = \frac{2\langle L \rangle}{N} = p(N-1) \tag{5.2}$$

식 (5.2)를 통해, 에르되시-레니 네트워크에서 노드의 평균 연결선 수의 기댓값은 가능한 모든 연결선 수 $N-1$의 p의 비율임을 알 수 있다. 위에서 구한 연결선 수의 기댓값을 식 (1.3)에 대입하거나, 노드 수의 기댓값을 식 (1.7)에 대입하면, 무작위 네트워크의 조밀도 기댓값은 $\langle d \rangle = p$가 된다.

직관적으로 생각해볼 수 있듯이, 링크연결 확률은 무작위 네트워크의 조밀도를 의미한다. 조밀도가 최대로 가능한 연결선 수 대비 기대되는 연결선 수의 비율이기 때문이다.

실제 네트워크는 대체로 성기게 연결되어, 전체 노드 수에 비하면 아주 작은 평균 연결선 수, 즉 아주 낮은 조밀도를 갖는다. 이러한 실제 네트워크의 낮은 조밀도를 고려할 때, 무작위 네트워크가 실제 네트워크를 설명하는 좋은 모델이 되려면 링크연결 확률이 거의 0에 가까워야 한다.

5.1.2 연결선 수 분포

무작위 네트워크를 만들었다고 가정해보자. 그 네트워크의 연결선 수는 어떻게 분포되어 있을까? 우리가 알고 싶은 것은 어떤 노드가 k개의 이웃을 가질 확률이다. 이 모델에서는 어느 노드도 특별히 중요한 역할을 하지 않기 때문에, 임의의 노드 i를 고려한 후 i가 이웃이 없는 경우, 이웃이 하나만 있는 경우, 이웃이 둘 있는 경우 등을 생각해볼 수 있다. 노드 i를 제외한 네트워크의 나머지 $N-1$개의 노드들이 각각 i의 이웃이 될 수 있다. 하나의 링크가 노드 i와 다른 노드 사이에 놓여 있을 확률은 임의로 연결된 다른 링크들의 존재(혹은 부재)에 독립적이다. 노드 i를 포함하고 있는 각각의 노드 쌍은 네트워크의 다른 연결과 상관없이 p라는 연결 확률로 연결된다.

다시 편향된 동전을 $N-1$회 던지는 동전 던지기 문제로 돌아가 보자. 앞면이 나올 확률이 p이고 던지기를 총 $N-1$회 시행했을 때, 앞면이 k번 나올 확률을 알고자 한다. 이는 이항 분포binomial distribution로 주어진다.

$$P(k) = \binom{N-1}{k} p^k (1-p)^{N-1-k} \tag{5.3}$$

노드 수 N이 충분히 큰 상태이고 평균 연결선 수가 아주 작지 않은 상수에 가까울 때 ($pN \approx \langle k \rangle$), 성기게 연결된 많은 실제 네트워크처럼 이항 분포는 평균이 $\langle k \rangle$이고 분산도 $\langle k \rangle$인 종 모양의 분포에 가까워진다. 이로써, 평균 연결선 수는 분포를 이해하는 데 도움을 주는 통계적 지표가 된다.

이렇게 얻어진 무작위 네트워크의 연결선 수 확률 분포는 종 모양의 곡선으로, 최고점이 평균 연결선 수 $\langle k \rangle$ 주변에 위치하고, 최고점의 양 옆으로 갈수록 급격히 감소한다(그림 5.3(a)). 대부분 노드들의 연결선 수는 평균 연결선 수에 가깝고, 평균 연결선 수에서 큰 차이가 나는 연결선 수는 찾기가 어렵다.

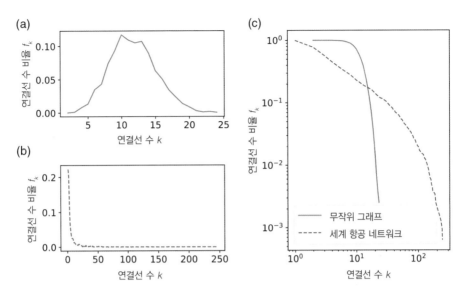

그림 5.3 무작위 네트워크의 연결선 수 확률 분포: (a) 항공 네트워크와 같은 수의 노드와 링크를 갖는 에르되시-레니 그래프의 연결선 수 분포. $N = 3179$, $L = 18,617$, (b) 세계 항공 네트워크의 연결선 수 분포, (c) (a)와 (b)에 나타난 연결선 수 분포를 x축과 y축 로그 변환한 후 비교

3장에서 다수의 실제 네트워크는 연결선 수 분포가 허브의 존재로 인해 위에서 설명한 분포와 다르다는 사실을 확인했다(3.2절). 즉, 실제 네트워크에서는 평균 연결선 수보다 훨씬 많은 연결선 수를 갖는 노드들이 존재했다. 그림 5.3(b)는 세계 항공 네트워크의 연결선 수 분포를 보여준다. 분포의 두꺼운 꼬리 부분은 백 단위의 연결선 수까지 뻗어나간다. 반면에 대다수의 노드들은 몇 안 되는 연결선 수를 갖고 있고, 몇몇 허브만이 백 단위의 연결선 수를 갖고 있다. 그림 5.3(c)는 항공 네트워크의 연결선 수 분포와 그림 5.3(a)에 나타난 무작위 네트워크의 연결선 수 분포를 x축과 y축 모두 로그 변환하여 보여준다. 무작위 네트워크는 대부분의 노드가 비슷한 수의 연결선 수를 갖고 허브가 없어, 실제 네트워크를 잘 설명하지 못함을 알 수 있다. 이러한 차이가 바로 더 정교한 네트워크 모델이 요구되는 이유 중 하나다.

5.1.3 짧은 경로

무작위 네트워크가 짧은 경로를 갖는지 확인해보자. 간단한 설명으로 이 질문에 답할 수 있다. 이전 절에서 무작위 네트워크의 노드들이 거의 같은 수의 연결선 수를 가짐을 확인했다. 모든 노드가 10개의 이웃을 갖는다고 가정해보자. 이는 임의의 한 노드에서 출발하면, 그 노드에 연결된 10개의 다른 노드가 있다는 뜻이다. 각각의 이웃 노드 또한 10개의 다른 이웃 노드와 연결되어 있고, 모든 노드가 이런 식으로 연결되어 있을 것이다. 따라서 도달 가능한 노드 수는 걸음 수에 따라서 지수적으로 증가한다. 즉, 임의의 노드에서 두 걸음을 가면 100개의 노드에 도달 가능하고, 세 걸음을 가면 1000개의 노드에 도달 가능해져서, 수 걸음 안에 네트워크 안의 모든 노드에 도달 가능해진다.

무작위 네트워크가 연결되어 있고, 모든 노드가 k개의 이웃을 갖는다고 가정해보자. 임의의 한 노드에서 한 걸음 $\ell = 1$ 안에, k개의 다른 노드들에 도달할 수 있다. 걸음을 시작한 노드를 제외하면, 도달할 수 있는 새로운 이웃들은 $k - 1$개가 된다. 따라서 $\ell = 2$걸음으로 $k(k - 1)$개의 노드에 도달할 수 있다. 각각의 새로운 이웃들도 $k - 1$개의 새로운 이웃들을 갖기 때문에 $\ell = 3$ 걸음으로 $k(k - 1)^2$개의 노드에 도달할 수 있게 되고, 이러한 지수적 증가는 걸음 수가 늘어날수록 계속된다. 이를 일반화하면, 출발한 노드로부터 ℓ걸음 떨어졌을 때, $k(k - 1)^{\ell - 1}$개의 노드에 도달한다. 평균 연결선 수 k가 너무 작지 않으면, $k - 1 \approx k$로 근사할 수 있고, 임의의 노드에서 최대 ℓ걸음으로 도달할 수 있는 총 노드 수는 k^ℓ에 가까워진다(이는 사실 과장하여 측정한 것이다. 왜냐하면 실제로는 서로 다른 노드의 이웃이 겹치는 경우도 있는데, 위의 가정에서는 이런 중복을 허용하지 않았기 때문이다). 모든 노드에 도달하기 위해서는 몇 걸음을 가야 할까? 임의의 노드에서 최대 네트워크의 지름 ℓ_{max} 만큼 걸으면 전체 노드 N에 도달 가능해지고, 이는 다음과 같이 표현된다.

$$k^{\ell_{max}} = N \tag{5.4}$$

이를 이용하면 식 (5.5)를 얻을 수 있다.

$$\ell_{max} = \log_k N = \frac{\log N}{\log k} \tag{5.5}$$

이는 이웃의 중복과 평균 연결선 수 $\langle k \rangle$를 중심으로 한 연결선 수의 변동을 고려하는 경우에도, 네트워크의 지름을 추론하는 데 유용한 근삿값을 제공한다. 네트워크의 크기 N에 대해 ℓ_{max}가 대수적으로 증가한다는 것은 네트워크의 크기가 아주 크더라도 네트워크의 지름은 작다는 것을 의미한다.

네트워크의 크기 대비 임의의 노드에서 다른 임의의 노드로 도달하는 데 필요한 최대 거리(지름)가 짧다는 것은 에르되시-레니 네트워크가 최단 경로를 갖는다는 뜻이다. 세계의 사회적 접촉 네트워크와 무작위 네트워크를 통해 임의의 노드로부터의 거리와 도달할 수 있는 노드 수의 증가 속도를 이해해보자. 연결선 수가 사람이 유지할 수 있는 평균 연결 수(던바 수$^{Dunbar's number}$) $k = 150$이라고 하면, 어떤 사람이든 다섯 걸음으로 전 세계 인구보다 10배 이상 많은 $150^5 \approx 750$억에 가까운 사람들을 만날 수 있어야 한다. 따라서 우리 중 누구든지 이론적으로 다섯 걸음 이내로 어떤 사람이든 만날 수 있어야 하고, 이는 2장에서 살펴본 밀그램의 좁은 세상 실험의 결과와 비슷한 결과를 보여준다.

5.1.4 뭉침 계수

2장에서 논의했던 노드의 뭉침 계수는 노드의 이웃들 중 서로 연결된 쌍의 비율을 측정한 값이었다. 두 이웃 노드 사이에 존재하는 링크는 중심 노드를 포함하는 닫힌 삼각구조를 만들기 때문에, 뭉침 계수의 의미를 해석할 때 중심 노드를 가운데 두는 삼각구조의 비율 혹은 닫힌 삼각구조가 나타날 확률로 이해할 수 있다.

무작위 네트워크에서 임의의 노드의 이웃들이 서로 연결될 확률은 링크연결 확률인 p다. 무작위 네트워크에서는 모든 노드 쌍의 연결 확률이 이웃 노드의 중복 여부와 상관없이 p로 동일하기 때문이다. 노드 각각의 뭉침 계수는 p를 중심으로 약간씩 차이가 있겠지만, 모든 노드의 평균값은 p에 가까울 것이다. 5.1.1절에서 확인했듯이, 현실의 성긴 네트워크를 에르되시-레니 모델로 구현하려고 하면 p는 아주 작은 값이어야 한다. 이 경우 무작위 네트워크의 평균 뭉침 계수는 아주 작고, 따라서 삼각구조들은 아주 낮은 확률로 나타날 것이다. 반면에, 현실의 소셜 네트워크는 높은 뭉침 계수를 갖는다(2.8절). 무작위 네트워크는 비현실적으로 조밀하거나, 비현실적으로 적은 수의 삼각구조를 갖는다. 결론적으로, 우리가 실제 네트워크에서 발견되는 많은 비율의 삼각구조를 구현하고 싶다면 삼각구조를 만들어내는 특별한 규칙을 적용해야 한다. 이런 모델들을 5.2절과 5.5.3절에서 소개할 것이다.

NetworkX에는 에르되시-레니 모델과 길버트 모델을 만드는 함수가 구현되어 있다.

```
G = nx.gnm_random_graph(N,L) # 에르되시-레니 무작위 네트워크 모델
G = nx.gnp_random_graph(N,p) # 길버트 모델
```

5.2 좁은 세상

앞 절에서 봤듯이, 실제 네트워크는 무작위 네트워크 모델과 다르다. 에르되시-레니 모델은 짧은 경로를 갖지만, 삼각구조는 드물어서 평균 뭉침 계수의 단위가 실제 네트워크에서 관측된 정도보다 훨씬 작을 수 있다.

1990년대에, 던컨 와츠^{Duncan J. Watts}와 스티븐 스트로가츠^{Steven H. Strogatz}는 좁은 세상 모델^{small-world model}을 소개했다. 이 모델은 와츠-스트로가츠 모델^{Watts-Strogatz model}로도 불리며, 짧은 경로와 높은 뭉침 계수 특성을 모두 갖는 네트워크를 만든다. 이 아이디어는 모든 노드가 동일한 수의 이웃을 갖는 그림 5.4(a)에서 보이는 것과 같은 육각형 격자 구조 네트워크에서 시작한다. 이러한 네트워크는 연속적으로 연결된 이웃 노드들이 서로 연결되어 있기 때문에, 중심 노드를 포함하는 삼각구조가 형성되면서 높은 뭉침 계수를 갖는다.

격자 내부의 노드들은 모두 연결선 수 $k = 6$과 뭉침 계수 $C = 6/\binom{6}{2} = 6/15 = 2/5$를 갖는다. 가장자리에 있는 노드들은 더 작은 연결선 수 $k = 4, 3, 2$를 갖고, 각각 더 큰 뭉침 계수 $C = 3/\binom{4}{2} = 1/2$, $C = 2/\binom{3}{2} = 2/3$, $C = 1/\binom{2}{1} = 1$을 갖는다. 따라서 평균 뭉침 계수는 최소 2/5가 되고, 네트워크의 크기가 충분히 커지면($N \to \infty$) 2/5에 수렴한다.

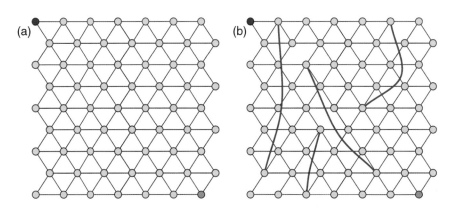

그림 5.4 좁은 세상 네트워크: (a) (가장자리 노드들을 제외한) 모든 노드가 6개의 이웃을 갖는 육각형 격자 네트워크. 많은 수의 삼각구조가 있어서 노드들의 뭉침 계수가 높다. 한쪽 모서리에서 다른 쪽 모서리로의 경로들은 많은 링크를 지나야 하고, 이로 인해 평균 최단 경로 길이가 길다. (b) 4개의 링크가 무작위로 재연결됐고, 대체로 본래 연결됐던 지점보다 멀리 연결됐다. 이 재연결된 링크는 (붉은색) 지름길들로, 더 적은 수의 걸음으로 네트워크에서 멀리 떨어진 부분까지 도달할 수 있게 해준다. 한 예로, 파란색 노드로부터 녹색 노드까지의 최단 경로 길이는 10걸음이었는데, 하나의 지름길을 사용하면 6걸음까지 줄어든다. 재연결로 사라진 삼각구조가 매우 적어서 뭉침 계수는 여전히 높다.

반면에, 이 네트워크는 평균 최단 거리가 길다. 격자의 반대편에 있는 노드에는 많은 걸음을 걸어야만 도달할 수 있기 때문이다. 하지만 그림 5.4(b)의 붉은색 링크들처럼 네트워크에서 원래 멀리 떨어져 있던 부분들을 직접 연결하는 몇 개의 지름길을 만듦으로써 노드 사이의 거리를 줄일 수 있다. 지름길 링크는 초기에 존재하는 링크 중 몇 개를 임의로 선택한 후, 선택된 링크들의 한쪽 끝은 그대로 두고, 다른 쪽 노드를 임의로 다시 선택해서 재연결해 만든다. 재연결은 재연결 확률^{rewiring probability} p로 네트워크의 모든 링크에 적용된다.[2] 재연결되는 링크의 수는 재연결 확률에 비례한다.

재연결되는 링크 수의 기댓값은 pL이다. 여기서 p는 재연결 확률이고, L은 네트워크에 존재하는 총 링크 수다. 특별한 경우인 $p = 0$은 초기 격자 모델 네트워크가 유지됨을 의미하며, $p = 1$인 경우 완전한 무작위 네트워크가 형성된다.

재연결 확률이 0에 가까운 아주 작은 값인 경우, 아무 일도 일어나지 않는다. 재연결 확률이 1에 가깝게 아주 큰 경우, 네트워크는 에르되시-레니 네트워크에 가까운 무작위 네트워크가 되어 기본적으로 모든 링크가 임의로 선택된 노드에 재연결된다. 이는 무작위로 고른 두 노드 사이에 링크를 연결하는 것과 같다. 이 상황에서 대부분의 삼각구조는 파괴되고, 뭉침 계수는 아주 작아진다. 하지만 p 값이 아주 작거나 크지 않은 경우, 평균적으로 짧은 도달 거리를 만들 만큼 충분한 지름길들이 존재하면서 삼각구조들을 많이 파괴하지 않는 지점이 존재할 수 있다. 이 영역에서 좁은 세상 네트워크는 노드 간 경로는 무작위 네트워크만큼 짧고, 평균 뭉침 계수는 초기 격자 모델에서 나타난 값보다 약간 낮아서, 실제 소셜 네트워크와 유사한 특징을 보인다.

그림 5.4에서는 육각형 격자 네트워크에서 시작했지만, 초기 구조로 높은 뭉침 계수를 갖는 어떤 네트워크를 사용하더라도 무방하다. 와츠와 스트로가츠의 선구적인 논문(Watts and Strogatz, 1998)에서는 각 노드가 k개의 가장 가까운 이웃을 가진 링 구조를 가정했다. 그림 5.5(a)는 $k = 4$인 해당 구조를 보여준다. 이런 경우, 각 노드가 이웃 노드와 만들 수 있는 6개의 삼각구조 중 3개의 삼각구조를 만들기 때문에 초기 뭉침 계수 $C = 1/2$이다. 이는 아주 높은 뭉침 계수다. 여기서 링크의 한쪽 끝을 고정하고 다른 한쪽 끝을 무작위

---

2   좁은 세상 모델에서의 재연결 확률이 무작위 네트워크의 링크연결 확률과 동일한 p로 표기되지만, 동일하지 않음을 기억하자. 약간 혼란스러울 수 있지만, 네트워크 과학에서 관용적으로 사용되는 표기다. 매개변수 p가 나올 때마다 주의하여 논의되는 모델에 따라 해석해야 한다.

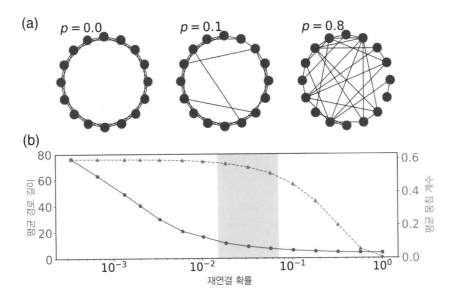

그림 5.5 좁은 세상 모델: (a) 각 노드가 4개의 최근접 이웃과 연결된 일반적인 와츠-스트로가츠 모델의 링 구조 네트워크(왼쪽)에서 링크를 재연결해 점차적으로 지름길을 추가한다. (b) 재연결 확률 p가 증가하면서, 점차적으로 평균 최단 거리와 뭉침 계수가 감소한다. $p = 0$인 극단적인 경우에는 맨 왼쪽과 같은 $N = 1000$인 격자 네트워크를 갖게 된다. $p = 1$인 극단적인 경우에는 동일한 수의 노드와 링크를 갖는 무작위 네트워크를 얻는다. 음영 처리된 영역은 평균 경로 길이가 무작위 네트워크만큼 짧으면서, 동시에 뭉침 계수는 여전히 격자 네트워크만큼 높은 값을 갖는 p의 영역을 강조해 나타내고 있다.

로 선택해서 재연결하는 것이 위에서 설명한 좁은 세상 모델의 본래 생성 과정이다. 다른 방법으로, 노드의 연결선 수를 무시하고 무작위로 선택한 2개의 노드 사이에 링크를 연결할 수도 있다. 또 다른 변형으로는, 이미 존재하는 링크들을 재연결하지 않고 링크를 네트워크에 무작위로 추가할 수도 있다.

그림 5.5(b)의 그래프는 평균 최단 거리의 길이 $\langle \ell \rangle_p$와 뭉침 계수 C_p를 재연결 확률 p의 함수로 나타낸 것이다. 여기서 재연결 확률의 범위 $p \approx 0.01$과 $p \approx 0.1$ 사이에서(그림 5.5(b)에서 회색으로 강조된 부분) $\langle \ell \rangle_p \approx \langle \ell \rangle_1$이고 $C_p \approx C_0$이다. 다시 말해, 해당 모델에서의 평균 최단 경로 길이는 무작위 모델의 평균 최단 경로 길이와 비슷하고, 격자 모델에서의 평균 최단 경로 길이보다는 짧다. 동시에, 모델에서 얻어진 뭉침 계수는 격자 네트워크의 뭉침 계수와 유사하지만 무작위 네트워크의 뭉침 계수보다는 훨씬 높다. 따라서 와츠-스트로가츠 모델은 적절한 정도의 무작위성을 통해, 짧은 최단 경로 길이와 높은 뭉침 계수의 두 가지 특성을 모두 갖는 네트워크를 형성하게 된다. 이에 대한 실증은 부록 B.3절에서 찾아볼 수 있다.

하지만 이 모델도 허브를 만들지 못한다. 연결선 수 분포는 모든 노드가 동일한 연결선 수를 갖는 초기 격자 네트워크의 연결선 수 분포에서, 동일한 노드와 연결선 수를 갖지만 연결선 수가 특정 값 중심으로 퍼져 있는 분포로 전환된다(그림 5.3(a)). 따라서 어떤 재연결 확률 p를 사용해도 다수의 링크가 특정 노드에 쏠려 연결되지 않고 모든 노드가 유사한 연결선 수를 갖는다. 허브의 발현을 설명하기 위해서는 모델에 추가적인 요소가 필요하다.

NetworkX에는 와츠-스트로가츠의 좁은 세상 모델 네트워크를 만드는 함수가 구현되어 있다.

```
G = nx.watts_strogatz_graph(N,k,p) # 좁은 세상 모델 네트워크
```

5.3 구조 모델

현실적인 연결선 수 분포를 갖고 있는 네트워크를 생각해보자. 5.4절에서는 허브가 존재하는 네트워크를 형성하는 과정을 알아볼 것이다. 하지만 먼저 다음 질문에 답을 해보자. 연결선 수 분포가 주어졌을 때, 정확히 그 연결선 수 분포를 따르는 네트워크를 만들 수 있을까?

이를 위한 간단한 방법이 구조 모델^{configuration model}을 활용하는 것이다. 이 모델은 야심 찬 목표를 갖고 있다. 바로, 어떤 네트워크에 속한 노드들이, 노드 1은 k_1, 노드 2는 k_2와 같이 임의의 연결선 수 배열^{degree sequence}을 따르도록 만드는 것이다(글상자 5.2). 연결선 수 배열은 만들어내고자 하는 특정한 연결선 수 분포에서 얻을 수도 있고, 실제 네트워크의 노드들을 따라 만들 수도 있다. 일단 모든 노드의 연결선 수 배열을 재구현했다면, 해당 연결선 수 분포도 다시 만들어낼 수 있다. 하지만 많은 경우에 연결선 수 배열은 동일한 분포를 따른다. 예를 들어, 연결선 수 배열이 (1,2,1)이고 (1,1,2)인 두 네트워크는 동일한 연결선 수 분포를 갖는다.

노드들의 집합이 하나 있고, 각 노드들의 연결선 수 배열이 있다고 하자. 먼저 해야 하는 일은 그림 5.6(a)에서 설명하듯이 각 노드들에게 해당 노드의 연결선 수만큼의 미연결 링크^{stub}들을 할당하는 것이다. 미연결 링크는 노드에 연결된 링크의 한쪽 끝은 해당 노드에 달려 있지만, 아직 다른 끝이 이웃과는 연결되지 않은 링크를 말한다. 그런 다음 아래의 단계를 반복한다.

네트워크의 연결선 수 배열은 네트워크에 속한 노드의 연결선 수를 노드 이름표에 맞추어 늘어놓은 것이다. 연결선 수 배열은 N개의 수로 이뤄진 리스트(k_0, k_2, k_3, ..., k_{N-1})인데, 여기서 k_i는 노드 i의 연결선 수다. 바로 이 연결선 수 배열이 연결선 수 분포를 결정하지만, 그 반대 관계는 성립하지 않음을 기억하자. 분포에서는 어떤 노드가 어떤 연결선 수를 갖는지 신경 쓰지 않고 오로지 얼마나 많은 노드가 해당 연결선 수를 갖는지만 고려하기 때문에, 연결선 수 배열의 모든 순열^{permutation}이 정확하게 동일한 분포를 만들어낸다.

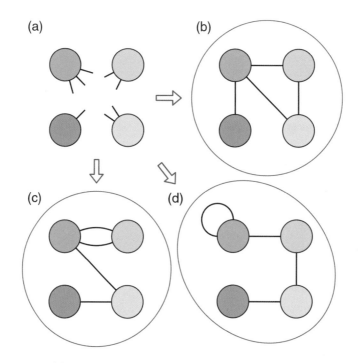

그림 5.6 구조 모델: (a) 목적하는 연결선 수 배열과 일치하는 미연결 링크와 노드의 집합에서 시작한다. (b)~(d) 미연결 링크들을 다양한 방법으로 연결할 수 있고, 이를 통해 주어진 연결선 수 배열을 따르는 다양한 네트워크들을 만들 수 있다.

1. 2개의 미연결 링크를 무작위로 선택한다.

2. 선택한 미연결 링크들을 연결해 온전한 하나의 링크를 만들어, 미연결 링크에 붙어 있는 두 노드를 연결한다.

이 과정은 모든 미연결 링크가 쌍으로 연결될 때까지 계속된다. 모두 연결하기 위해서는 당연히 짝수의 미연결 링크가 필요하다. 즉, 만들고자 하는 연결선 수 배열의 연결선 수 총합이 짝수가 되어야 한다. 이 과정을 거치면 바라던 대로 k개의 미연결 링크를 갖는 노드가 k개의 이웃을 갖게 된다. 각 노드에 붙어 있는 미연결 링크의 수가 노드의 연결선 수와 동일하기 때문에, 각 노드는 목적했던 연결선 수를 갖게 되는 것이다. 그림 5.6(b)~(d)에서 알 수 있듯이, 이 방식으로 미연결 링크의 연결 쌍이 다양한 조합을 갖는 여러 개의 네트워크를 만들 수 있지만, 얻어진 네트워크 중 일부는 제한조건을 위반한 형태일 수 있다. 예를 들어, 특정 노드 쌍에 여러 개의 링크가 존재하거나 (그림 5.6(c)), 셀프 루프^{self-loop}가 존재하는 네트워크들은 제외할 수도 있다(그림 5.6(d)).

링크는 형성되는 과정에서 무작위로 연결된다. 즉, 구조 모델은 미리 주어진 연결선 수 배열을 갖는 무작위 네트워크를 만드는 것이다. 이는 네트워크를 분석할 때 아주 유용하다. 3장에서 살펴봤듯이 다양한 연결선 수 분포는 많은 특이한 특징과 영향을 야기한다. 하지만 연결선 수 분포에 영향을 받지 않는 네트워크 특성들도 있다.

네트워크가 주어졌을 때, 특정 성질이 연결선 수 분포 하나만으로 설명이 되는지 궁금할 때가 있다. 이때 구조 모델을 활용해 연결선 수 배열은 동일하지만, 무작위로 혹은 연결이 마구 섞인 네트워크를 만든다. 각각의 네트워크 구조들은 원본 네트워크와 연결선 수 배열이 같지만, 그 외의 모든 특성은 무작위로 형성된다. 이제 이렇게 마구 섞인 네트워크의 구조에서 관심 있는 네트워크 특성이 나타나는지 확인하면 된다. 만약 관심 있는 특성이 무작위로 섞인 네트워크에 존재한다면, 그 특성은 연결선 수 분포로만 설명될 수 있는 것이다. 그렇지 않다면, 연결선 수 분포 외에 다른 특성이 존재한다고 볼 수 있다.

예를 들어, 우리가 평균 뭉침 계수에 관심이 있다고 하자. 실제 소셜 네트워크의 뭉침 구조가 연결선 수 분포로 설명될 수 있을까? 이를 확인하기 위해, 구조 모델로 만들어진 충분히 큰 네트워크에서 뭉침 계수를 측정하고, 그 평균과 표준 편차를 계산한 다음, 원본 네트워크에서 측정한 값들과 모델 네트워크에서 측정한 값이 에러 범위 내에서 비교 가능한지 확인한다. 비교 가능하다면, 원본 네트워크에 존재하는 삼각구조는 단순히 연결선 수의 제한성에서 기인했다고 추론할 수 있다. 일반적으로 확인되듯, 모델에서 측정한 값보다 원본 측정값이 훨씬 크다면 원본 네트워크의 연결 패턴은 무작위로 형성된 것이 아니라, 삼각구조를 선호하는 어떤 기제에 의해 형성됐을 것이다.

NetworkX에는 미리 주어진 연결선 수 배열을 갖는 네트워크를 구조 모델로 형성하는 함수가 구현되어 있다.

```
G = nx.configuration_model(D) # 특정 연결선 수 배열을 갖는 네트워크
```

무작위로 형성된 네트워크에서 세부적인 구조의 특성은 다르더라도 어떤 정량적이고 공통된 특성이 나타나는지 알아보는 것이 연구의 관심사일 때가 많다. 다른 한편으로, 이런 모델들은 우리가 실제로 마주치는 네트워크의 특정 구조가 가질 수 있는 대안적인 구조들을 보여주며, 서로 다른 구조적 특성들 사이의 상호 작용을 탐구할 수 있도록 해준다. 한 예로, 특정한 조밀도에 따라 평균 뭉침 계수가 어떻게 달라지는지 알아볼 수도 있다.

지수 무작위 그래프$^{exponential\ random\ graph}$는 무작위 네트워크의 한 종류로, 여러 가지 제약이 있다. 먼저, M개의 네트워크 측정치 x_m(여기서 $m = 1, \cdots, M$)을 갖는 하나의 클래스를 만든다. 각 측정치 x_m에 제한을 걸어, 클래스의 모든 네트워크에서 측정한 해당 측정치의 평균이 모두 동일해야 한다. 즉, $\langle x_m \rangle = x_m^*$이다. 지수 무작위 그래프들은 이러한 제한 요건들을 충족시키면서 무작위성은 최대화한 네트워크들이다. 해당 클래스의 측정치들을 갖는 임의의 그래프 G를 선택할 확률은

$$P(G) = \frac{e^{H(G)}}{Z} \tag{5.6}$$

이 되고,

$$H(G) = \sum_{m=1}^{M} \beta_m x_m(G) \tag{5.7}$$

여기서 β_m은 측정치 x_m과 연관된 매개변수다. Z 함수는 $P(G)$가 확률임을 보장해, $\sum_G P(G) = 1$이 된다.

식 (5.6)의 확률로부터 모든 네트워크 측정값의 평균을 계산할 수 있다. 특히, x_m의 평균을 특정 값으로 제한함으로써 모든 제한 조건을 다음과 같이 기술할 수 있다.

$$\langle x_m \rangle = \sum_G P(G) x_m(G) = x_m^* \tag{5.8}$$

여기서 해당 클래스의 모든 네트워크에 대한 합을 계산한다. 총 M개의 측정치에 대해 M개의 수식과 β_m이 필요하다. 해당 수식들을 풀면, 매개변수의 값을 얻게 된다. 이를 통해 모델을 구체화하고, 원하는 관측치의 평균을 계산할 수 있다. 측정치의 평균을 제한했지만, 임의의 등급에 해당하는 대부분의 지수 무작위 그래프에서 임의의 측정치는 측정치의 평균에 가깝다.

길버트(5.1절)가 제안한 무작위 모델은 주어진 평균 연결선 수를 갖도록 제한성을 둔 지수 무작위 그래프의 특별한 한 종류다.

구조 모델은 주어진 연결선 수 분포를 갖는 모든 가능한 네트워크를 만들지만, 다른 특성에 제한을 둘 수도 있다. 예를 들어, 주어진 수의 삼각구조를 갖는 모든 네트워크를 살펴볼 수도 있을 것이다. 지수 무작위 그래프$^{exponential \ random \ graph}$ 모델은 이렇듯 특정 성질을 갖는 좀 더 넓은 범위의 네트워크 모델을 형성하기 위해 개발됐다(글상자 5.3).

5.4 선호적 연결

지금까지 살펴본 모델들은 고정^{static}되어 있었다. 고정되어 있다는 것은 네트워크의 모든 노드가 초기부터 존재했다는 뜻이다. 우리는 노드들 사이에 링크를 추가하거나 재연결하기만 했다. 하지만 실제 네트워크는 동적^{dynamic}이다. 노드와 링크는 나타나기도 하고, 사라지기도 한다. 잘 알려진 인터넷, 웹, 페이스북, 트위터 같은 네트워크를 생각해보면 네트워크의 크기가 점점 증가하는 것을 알 수 있다. 노드는 또 사라질 수도 있다(인터넷의 오래된 라우터나 웹 페이지의 경우). 하지만 새로운 노드가 등장하는 경우가 더 많다. 이것이 실제 동적 모델로 특정한 네트워크의 성장$^{network \ growth}$ 과정을 담아내려고 하는 이유다. 동적 과정은 보통 아주 적은 노드로 구성된 클리크 형태의 초기 구조에서 시작한다. 그 후에 노드가 하나씩 추가된다. 새로운 노드는 해당 모델의 특정 규칙을 따라 이미 존재하는 노드들과 연결된다(그림 5.7).

이제까지 살펴본 네트워크 모델들의 또 다른 한계는 허브의 출현을 설명하지 못한다는 것이다. 구체적으로 말하면, 구조 모델은 허브를 만들 수 있지만 이는 오로지 미리 결정된 노드들의 연결선 수 배열에 기인하기 때문에 실제 네트워크에서 왜 허브가 출현하는지를 이해하는 데 큰 도움이 되지 못한다. 무작위 모델과 좁은 세상 모델은 허브를 발

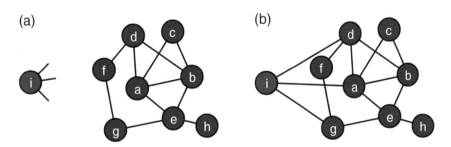

그림 5.7 네트워크의 성장. 네트워크가 형성되는 과정은 대체로 새로운 노드가 기존 노드와 연결되는 동적 과정이다. (a) 3개의 미연결 링크를 갖는 새로운 노드 i가 시스템에 추가됐다. (b) 각각의 미연결 링크가 특정 규칙을 따라 기존 노드에 연결되면서, 새로운 노드가 네트워크의 일부가 됐다.

현시키지 못한다. 이 두 경우에서 허브가 발현되지 않는 가장 핵심적인 이유는 기본적으로 연결 규칙이 평등해서 노드가 연결할 이웃을 완전히 무작위로 선택하기 때문이다. 이 방식으로는 특정 노드가 다른 노드보다 연결에 있어 이점을 갖기 어렵고, 따라서 나머지 노드들보다 더 많은 이웃과 연결되는 일이 잘 일어나지 않는다. 모델에서 허브를 만들어내려면, 다른 노드에 비해 특정 노드를 선호하는 연결 기제가 필요하다. 그런 연결 방식을 선호적 연결preferential attachment이라고 부르는데, 이는 노드의 연결선 수가 클수록 더 많은 링크와 연결되는 방식이다.

여기에 깔려 있는 아이디어는 간단하다. 새로운 웹 페이지를 만드는데, 다른 웹 페이지들의 링크를 추가하고 싶다고 하자. 우리는 셀 수 없이 많은 전체 웹 페이지들 중 아주 적은 양의 웹 페이지만 알고 있을 것이다. 우리가 알고 있는 대부분의 페이지들은 인기가 아주 높은 페이지일 확률이 높아서, 이미 많은 다른 페이지들에 연결되어 있을 것이다. 아마도 그렇기 때문에 우리가 그 페이지들을 발견한 것일지도 모른다. 어떤 웹 페이지가 다른 많은 문서들로부터 들어오는 연결을 받고 있다면, 그 웹 페이지는 검색 엔진이나 웹 서핑을 통해 발견될 확률이 클 것이기 때문이다. 따라서 우리가 새롭게 만든 웹 페이지와 연결하고 싶은 문서들을 선택할 때는 대중적으로 인기도 높고 이미 많이 연결된 페이지를 선택하게 되는 것이다. 마찬가지로, 과학적 논문을 작성하면서 참고자료를 추가할 때도 다른 저자들이 이미 많이 참조해서 다른 논문들을 읽다가 마주칠 확률이 높은 논문들을 인용하기가 쉽다.

네트워크 과학의 용어로 말하자면 인기 있는 노드는 연결선 수가 큰, 많은 이웃을 가진 노드를 의미한다. 선호적 연결은 큰 연결선 수를 가진 노드가 높은 확률로 다수의 링크와 새롭게 연결되도록 한다. 이런 방식은 다양한 맥락에서 여러 가지 이름으로 알려져 있다(글상자 5.4). 가장 잘 알려진 선호적 연결 방식을 활용한 네트워크 성장 모델은 바라바시Barabási와 알버트Albert가 1999년에 소개한 바라바시-알버트 모델Barabási-Albert model(BA 모델이나 선호적 연결 모델이라고도 함)이다. 이 모델은 성장 모델과 선호적 연결 모델을 결합한 단순한 모델이다. 각 단계마다 새로운 노드가 추가되고, 기존 노드들과 연결된다. 새로운 노드가 임의의 기존 노드와 연결될 확률은 해당 노드의 연결선 수에 비례한다. 즉, 연결선 수가 100인 노드는 연결선 수가 하나인 노드에 비해 100배 높은 확률로 새로운 링크와 연결된다. 예로, 그림 5.7의 노드 **a**는 선호적 연결에 따라 노드 **i**로부터 새로운 링크를 받을 확률이 노드 **c**가 받을 확률보다 2배 높다.

선호적 연결의 원리는 단순하다. 더 많이 가질수록 더 많이 얻는 것이다! 이는 매우 고전적인 원리다. 이 원리가 가장 먼저 소개된 곳은 성경의 마태복음(25장 29절) "무릇 있는 자는 받아 넉넉하게 되되 없는 자는 그 있는 것도 빼앗기리라."이다. 이 구절의 앞부분에서 그 원리를 요약하고 있고, 후반부는 대칭적으로 적게 갖은 사람이 더 적게 얻는 반대의 경우를 설명한다. 즉, 부자는 더 부자가 되고 가난한 사람은 더 가난해지는 것이다. 이러한 원리적 유사성으로, 선호적 연결을 매튜 효과$^{Matthew\ effect}$라고도 부른다. 또 다른 이름으로는 누적이익$^{cumulative\ advantage}$이 있다.

이 원리가 가장 먼저 과학적으로 적용된 것은 폴리아^{Pólya}의 항아리 모델$^{urn\ model}$이다. 이 모델은 다음의 과정을 따른다. 임의의 항아리에 X개의 흰 공과 Y개의 검은 공이 들어 있다. 하나의 공을 뽑은 다음, 다시 항아리에 돌려놓는다. 그리고 뽑혔던 공과 같은 색의 공을 추가로 항아리에 넣는다. X가 Y보다 훨씬 많았다면, 검은색 공보다 흰색 공을 뽑힐 가능성이 더 클 것이다. 그리고 뽑혔던 공과 같은 색의 공을 추가로 항아리에 넣는다. 흰 공을 뽑았다면, 이 과정 후 항아리에는 $X+1$개의 흰 공과 Y개의 검은 공이 있을 것이고, 다음에 같은 과정을 수행할 때는 흰 공이 뽑힐 확률이 증가할 것이다. 따라서 흰 공의 수가 검은 공의 수가 증가하는 것보다 빠르게 증가한다.

선호적 연결은 다양한 측정치들의 두꺼운 꼬리를 가진 연결선 수 분포를 설명하는 데 활용된다. 그 예로는 화훼 식물 속마다 존재하는 종의 수, 문서가 포함하는 단어의 수, 도시의 인구 수, 개인당 부의 정도, 과학적 출판물의 수, 인용 통계, 회사의 크기 등이 있다. 선호적 연결 모델은 조지 율$^{George\ U.\ Yule}$, 허버트 사이먼$^{Herbert\ A.\ Simon}$, 로버트 머튼$^{Rovert\ K.\ Merton}$, 데릭 드 솔라 프라이스$^{Derek\ de\ Solla\ Price}$, 알버트 라슬로 바라바시$^{Albert-László\ Barabási}$, 레카 알버트$^{Réka\ Albert}$에 의해 소개됐다.

이 모델은 m_0개의 노드들이 완전히 연결된 네트워크에서 시작한다. 한 과정은 다음의 두 단계로 구성된다.

1. 새로운 노드 i가 $m \leq m_0$인 새로운 링크들과 함께 네트워크에 추가된다. 여기서 m은 네트워크의 평균 연결선 수다.
2. 각 링크들이 네트워크의 기존 노드 j와 식 (5.9)에 나타난 확률로 연결된다.

$$\Pi(i \leftrightarrow j) = \frac{k_j}{\sum_l k_l} \tag{5.9}$$

식 (5.9)의 분모는 노드 i를 제외한 모든 노드의 연결선 수의 합으로서, 확률로 작동하기 위해 모든 노드의 확률 총합이 1이 되게 한다.

이 과정은 네트워크가 목적한 총 노드 수 N에 도달할 때까지 반복된다. 글상자 5.5는 파이썬^{Python}에서 원하는 확률로 임의의 노드를 선택하는 과정을 설명한다.

글상자 5.5 확률 분포를 활용한 무작위 선택

종종 어떤 특성에 비례하는 확률로 노드를 무작위로 선택해야 할 때가 있다. 예를 들어, 무작위 네트워크의 경우 링크를 연결할 노드를 균등 확률로 선택한다. 즉, 모든 노드를 같은 확률로 선택한다. 파이썬에서는 이러한 무작위 선택을 random 모듈을 통해 구현할 수 있다.

```
nodes = [1, 2, 3, 4]
selected_node = random.choice(nodes)
```

다른 경우에는 다른 확률을 사용해야 한다. 예를 들어, 선호적 연결(5.4절)을 할 때는 각 단계마다 노드가 선택될 확률이 노드가 갖는 연결선 수에 비례해야 한다. 혹은 적합성 모델(5.5.2절)은 노드를 선택할 확률이 연결선 수와 적합성^{fitness}에 비례하는 약간 더 복잡한 함수를 따른다. 다행히, 이런 확률도 파이썬 3.6에서는 쉽게 구현할 수 있다. 추가적으로 노드에 해당하는 가중치의 리스트만 제공하면 된다. 선호적 연결을 통해 노드의 연결선 수를 따라 노드를 선택하고자 한다면, 노드의 연결선 수를 가중치로 사용할 수 있다.

```
nodes = [1, 2, 3, 4]
degrees = [3, 1, 2, 2]
selected_node = random.choices(nodes, degrees)
```

노드 $1(k = 3)$은 노드 $2(k = 1)$보다 선택될 확률이 세 배 정도 높다. random.choices() 함수는 전체 표본에서 주어진 가중치 집합에 기초해 하나의 표본을 선택한다. 이 가중치 집합은 분포에서 얻을 수도 있지만, 반드시 그래야 하는 것은 아니다. 즉, 가중치 집합의 총합이 1이 될 필요는 없다. 또한 가중치가 정수일 필요도 없다. 하지만 전체 표본 집합의 순서와 가중치 배열의 순서는 반드시 일치해야 한다. 표본의 i번째 요소와 가중치 배열의 i번째 요소는 순서상 반드시 일치해야 한다.

시작할 때는 모든 노드가 동일한 연결선 수를 갖는다. 새로운 노드와 링크가 시스템에 추가되면서 노드의 연결선 수가 증가한다. 하지만 시작부터 네트워크에 포함되어 있던 노드들은 가장 오랫동안 시스템에 존재했기 때문에 나중에 들어온 노드와는 다르게 각 단계마다 링크를 받을 수 있다. 따라서 가장 오랫동안 있었던 노드의 연결선 수는 상대적으로 유입된 지 얼마 안 된 노드의 연결선 수보다 훨씬 많아진다. 이 과정은 선호적 연결에 기반하기 때문에 들어온 지 얼마 안 된 노드는 손해를 보고, 동시에 오래된 노드가 나머지 단계에서 새로운 링크와 연결될 확률은 높아진다. 이러한 부익부[rich-gets-richer] 과정은 오랫동안 존재했던 노드를 허브로 성장시키면서, 만들고자 했던 불균질한 연결선 수 분포를 만든다. 그림 5.8(a), (c)는 노드의 연결선 수 분포를 따라 BA 모델로 형성한 네트워크를 보여준다. 두꺼운 꼬리 분포가 허브의 존재를 알려준다. 부록 B.4절에서는 해당 모델의 구현 과정을 보여준다.

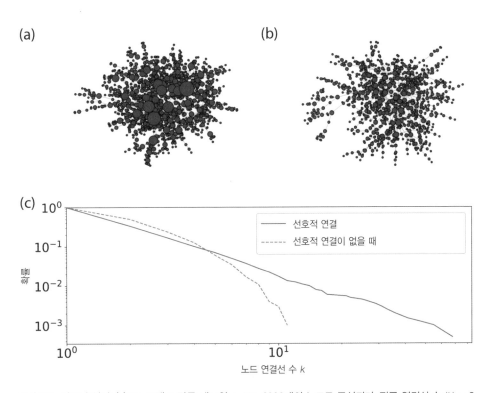

그림 5.8 선호적 연결: (a) BA 모델로 만든 네트워크. N = 2000개의 노드로 구성되며, 평균 연결선 수 $\langle k \rangle$ = 2 다. 노드의 크기는 노드의 연결선 수에 비례하고, 크기가 큰 노드가 허브다. (b) 비슷한 성장 모델이지만, 선호적 연결 대신 무작위 선택으로 만든 네트워크. 허브가 없다. (c) (a)와 (b)에서 구현된 네트워크들의 누적 연결선 수 분포. BA 모델은 넓게 분포된 형태를 보이지만, 선호적 연결이 배제된 네트워크는 허브가 없는, 상대적으로 좁은 분포를 보인다.

이쯤에서 선호적 연결 없이 성장 과정만으로 허브의 발현이 가능한지 궁금할지도 모른다. 초기 노드들은 어떤 연결 기준을 적용하든지 링크를 수집할 충분한 시간을 가질 것이다. 예를 들어, 새로운 노드가 후보 노드들의 연결선 수와 상관없이 무작위로 이웃 노드를 선택할 수 있다고 가정해보자. 이전 모델처럼, 오래전부터 있던 노드들이 더 많은 이웃을 갖게 될 것이다. 맞는 말이지만, 그림 5.8(b), (c)에서 볼 수 있듯이 이 경우 노드들의 연결선 수 분포가 서로 크게 다르지 않고, 이는 연결선 수 분포가 두꺼운 꼬리를 갖지 않는 것에서 잘 나타난다. 성장과 무작위적인 노드 선택을 결합한 모델은 허브를 만들어낼 수 없고, 선호적 연결 과정이 필요한 것이다. 실제로, 여러 실증적인 연구들은 현실의 많은 네트워크가 성장할 때 선호적 연결이 관여함을 확인했다.

NetworkX에서 BA 모델은 다음과 같이 구현된다.

```
G = nx.barabasi_albert_graph(N,m) # BA 모델 네트워크
```

5.5 기타 선호적 연결 모델

BA 모델은 링크연결 확률이 철저하게 연결 대상 노드의 연결선 수에 비례하는 선형 선호적 연결^{linear preferential attachment}을 사용한다. 이 규칙을 약간 느슨하게 풀어, 연결 확률이 연결선 수의 멱함수에 비례하도록 해보자. 이러한 형태를 비선형 선호적 연결^{non-linear preferential attachment}이라고 부른다.

비선형 선호적 연결은 BA 모델의 확장으로서, 식 (5.9)에서 기존 노드 j가 새로운 노드 i로부터 연결을 받을 확률에서 지수 α를 고려하는 것만 제외하면 원래의 BA 모델과 동일하다.

$$\Pi_\alpha(i \leftrightarrow j) = \frac{k_j^\alpha}{\sum_l k_l^\alpha} \tag{5.10}$$

여기서 지수 α는 매개변수다. $\alpha = 1$인 경우, 일반적인 BA 모델이 된다. $\alpha \neq 1$인 경우에는 어떻게 될까? 두 가지 경우가 가능하다.

1. $\alpha < 1$인 경우, 링크연결 확률이 연결선 수와 함께 BA 모델에서 성장했던 만큼 빠르게 성장하지 않는다. 따라서 연결선 수가 많은 노드가 다른 노드들에 비해

얻는 이점이 크지 않다. 결과적으로, 연결선 수 분포가 두꺼운 꼬리 분포를 따르지 않고 허브들도 사라진다!

2. $\alpha > 1$인 경우, 연결선 수가 많은 노드가 새로운 링크를 축적하는 속도가 연결선 수가 작은 노드에 비해 훨씬 빨라진다. 결과적으로, 노드들 중 하나가 다른 모든 노드와 특정 비율만큼 연결된다. 이 효과는 $\alpha > 2$일 때 더 강력해져서 승자독식winner-takes-all 효과가 나타난다. 즉, 한 노드가 모든 노드와 연결될 수 있고, 연결선 수가 적은 노드의 경우에는 반대의 효과가 나타난다.

연결선 수의 거듭제곱꼴을 표현하는 지숫값에 따라서, 허브가 없을 수도 있고(준선형 선호적 연결sub-linear preferential attachment) 하나의 슈퍼허브가 존재할 수도 있다(초선형 선호적 연결super-linear preferential attachment). 어느 경우든 비선형 선호적 연결은 현실 네트워크에서 발견되는 허브를 발현시키지 못한다. 선형 연결이 현실적 허브 형성을 위한 유일한 방법이다. 이는 BA 모델의 기본적인 취약점인 링크연결 확률과 연결선 수 사이의 엄격한 비례성을 비현실적으로 보이게 한다. 5.5.4절에서 내재적인 선형 선호적 연결을 야기하는 좀 더 자연스러운 연결 방식을 소개하겠다.

BA 모델에는 선형 선호적 연결에 대한 의존성 외에도 다음과 같은 한계점들이 있다.

- 이 모델로는 고정된 형태의 연결선 수 분포만 얻을 수 있다. 그림 5.8(c)에 나타난 선호적 연결의 기울기는 모델에서 어떤 매개변수를 사용하더라도 동일하다. 실제 연결선 수 분포는 더 빨리 혹은 천천히 감소한다.
- 허브들은 가장 오래된 노드들이다. 새로운 노드들은 그들의 연결선 수를 능가할 수 없다.
- 삼각구조를 많이 형성하지 않는다. 이 모델의 평균 뭉침 계수는 현실 세계의 많은 네트워크에 비해 훨씬 낮다.
- 노드와 링크가 추가되기만 한다. 실제 네트워크에서는 노드와 링크가 사라질 때도 있다.
- 각 노드가 상대적으로 오래된 노드들과 연결되기 때문에 네트워크가 하나로 연결되어 있다. 실제 네트워크들은 많은 수의 부분적으로 연결된 덩어리들로 구성되어 있다.

다음 절에서 이러한 한계들을 극복하는 좀 더 복잡한 네트워크 성장 모델을 살펴보자.

5.5.1 끌어당김 모델

선호적 연결은 한 가지 함정이 있다. 만약 어떤 노드가 이웃이 하나도 없으면 어떻게 될까? 그 노드의 연결선 수는 0이기 때문에 이 노드가 새로운 링크와 연결될 확률도 0이다. 해당 노드는 영원히 어떤 이웃과도 연결될 수 없을 것이다! 즉, 초기 노드의 연결선 수가 0이면 BA 모델은 작동하지 못하고, 새로운 노드는 기존의 어떤 노드와도 연결될 수 없는 것이다. 일반적인 BA 모델의 초기 구조는 완전히 연결된 형태이기 때문에 모든 노드가 이웃들과 연결되어 있으므로 이 문제는 없을 것이다. 하지만 이상적으로는 임의의 모델이 어떤 초기 조건에서든 작동해야 할 것이다. 우리가 방향성 네트워크를 가정하고 들어오는 연결선 수에만 링크연결 확률이 비례한다고 하면, 이 문제는 초기 구조와 상관없이 발생한다. 새로운 노드는 처음 유입될 때 들어오는 링크 없이 나가는 링크만 갖고 있으며, 나중에 들어오는 노드에서만 들어오는 링크를 얻을 수 있기 때문이다.

다행히도 이 문제를 해결할 간단한 방법이 있다. 링크연결 확률을 엄격하게 연결선 수에만 비례해서 얻는 부분을 약간 변형하는 것이다. 데릭 드 솔라 프라이스에 의해 논문 인용 네트워크의 맥락에서 제안됐던 이 아이디어는 노드가 연결선 수에 의해 링크를 새로 얻지만 고유한 끌어당김 정도를 고려하여 연결되게 한다. 끌어당김 모델$^{attractiveness\ model}$에서 링크연결 확률은 연결선 수의 총합과 끌어당김 정도로 정해진다.

끌어당김 모델은 식 (5.9)의 확률로 기존 노드 j가 새로운 노드 i와 연결되는 BA 모델에서 약간 변형된 형태로, 연결 확률이 다음과 같이 표현된다.

$$\Pi(i \leftrightarrow j) = \frac{A + k_j}{\sum_l (A + k_l)} \tag{5.11}$$

여기서 A는 끌어당김 정도를 나타내는 매개변수이고, 임의의 양의 값을 가질 수 있다. $A = 0$인 경우에는 일반적인 BA 모델과 동일해진다.

임의의 끌어당김 매개변수 A에 대해, 끌어당김 모델은 두꺼운 꼬리를 가진 연결선 수 분포를 형성한다. 분포의 기울기는 A에 따라 달라진다. 이 방법을 통해, 끌어당김 모델은 BA 모델에서는 불가능했던 현실 네트워크의 연결선 수 분포와 동일한 분포를 재현할 수 있다.

5.5.2 적합성 모델

5.4절에서 본 것처럼 BA 모델에서의 허브들은 가장 오랫동안 존재했던 노드들이다. 이는 비현실적이다. 웹을 생각해보면, 어떤 페이지들은 다른 페이지들보다 훨씬 나중에 만들어졌지만 많은 하이퍼링크와 연결되면서 인기가 더 많아지기도 한다. 이런 예로 구글 Google 을 생각해보자. 구글은 이미 수백만 개의 사이트들이 존재했던 1998년에 만들어졌고, 가장 대중적인 웹 허브가 됐다. 과학적인 문헌에서 가장 많이 인용되는 문서도 가장 오래된 문서가 아니다. 때때로, 혁신적인 논문들은 이미 존재했던 다른 많은 논문의 인용 수를 능가하기도 한다.

이런 현상이 일어나는 이유는 노드들(웹사이트, 논문, 소셜 미디어 사용자, 기타 등등)이 링크 축적을 증진시킬 수 있는 개별적인 매력이 있어 다른 오래된 노드들보다 돋보일 수 있기 때문이다. 이런 매력은 노드들과 연결된 연결선 수에 부분적으로, 그리고 간접적으로 반영된다. 이전 절에서 설명한 모델에서는 모든 노드가 동일한 끌어당김 매개변수를 갖기 때문에, 노드들을 차등적으로 대우해 연결선 수 성장에 차이를 만들어낼 수가 없다. 따라서 끌어당김 모델에서 허브들은 BA 모델처럼 가장 오래된 노드들이 된다.

비앙코니 Bianconi 와 바라바시 Barabási 는 새로운 노드들이 허브가 될 수 있는 적합성 모델 fitness model 을 제안했다. 여기서 각 노드들은 개별적인 매력을 갖고 있는데, 이를 적합성 fitness 이라고 부른다. 적합성값은 노드들의 고유한 성질로, 시간에 따라 변하지 않는다. 링크연결 확률은 연결선 수와 연결하고자 하는 노드의 적합성값의 곱에 비례한다.

적합성 모델은 BA 모델과 유사하지만, 각 노드 i가 특정 분포 $\rho(\eta)$에서 추출한 적합성값 $\eta_i > 0$를 갖는다는 점이 다르다. 각 단계마다, 새로운 노드 i와 기존 노드 j 사이의 링크연결은 다음의 확률로 결정된다.

$$\Pi(i \leftrightarrow j) = \frac{\eta_j k_j}{\sum_l \eta_l k_l} \qquad (5.12)$$

모든 노드가 동일한 적합성을 가지면, 식 (5.12)의 분자와 분모의 상수 η가 상쇄되어 BA 모델과 동일해지면서 일반적인 선호적 연결 모델이 된다.

적합성 분포 $\rho(\eta)$에서 η가 임의의 아주 큰 값을 가질 수 있게 되면, 가장 적합성이 큰 노드가 대부분의 노드들과 연결되는 승자독식 현상이 나타난다. 반대로, 적합성 분포가 제한적이어서 η가 유한한 최댓값을 가지면, 모델의 연결선 수 분포는 두꺼운 꼬리 형태를 띠게 된다. 적합성이 균일하게 분포하는 경우가 예가 될 수 있다. 파이썬에서는 균일 분포에서 적합성을 추출할 경우 random() 함수를 사용한다.

적합성 모델은 원하는 두 가지 성질을 가진 네트워크를 만들 수 있다. 첫째로, 적합성 정도가 제한되어 있기만 하면 네트워크는 여러 개의 허브를 갖는다. 둘째로, 높은 적합성은 임의의 노드가 얼마나 오래됐는지와 상관없이 다른 노드보다 돋보이게 할 수 있다. 이는 개별 노드의 적합성이 이웃을 얻는 정도를 결정하기 때문이다. 따라서 적합성이 가장 큰 노드는 언제 시스템에 유입됐는지와 상관없이 최종적으로 가장 큰 연결선 수를 갖는다.

5.5.3 마구걷기 모델

BA 모델로 만들어진 네트워크는 아주 낮은 뭉침 계수를 갖는다. 이유를 생각해보려면, 다수의 삼각구조가 만들어지기 위해서 적어도 하나의 이웃을 공유하는 노드 사이에 링크가 형성돼야 함을 기억해보자. 예를 들어, 노드 **b**와 **c**가 모두 **a**에 연결되어 있고, **b**와 **c** 사이의 링크가 **abc**로 이뤄진 닫힌 삼각구조를 만든다고 해보자(그림 5.9). BA 모델에서는 임의의 노드가 새로운 링크와 연결된 확률이 해당 노드의 연결선 수에만 비례하고, 새로운 이웃 쌍이 이웃을 공통으로 갖는지 여부와는 상관이 없다. 이런 이유로 삼각구조가 드물게 만들어지는 것이다. 삼각구조가 더 많이 생성되게 하려면 공통된 이웃을 갖는 노드들 사이에 링크가 더 잘 형성되게 하는 규칙이 필요하다.

링크가 하나 추가됨으로써 삼각구조가 형성되는 것을 닫힌 삼각구조 형성^{triadic closure}이라고 부르고, 이는 아마 소셜 네트워크에서 링크가 형성되는 주된 방식일 것이다(글상자 5.6). 이것이 놀랍지 않은 이유는 우리가 아는 많은 사람은 서로 알고 있는 지인들의 소개로 알게 된 경우가 많기 때문이다. 이 방법은 다양한 모델로 적용이 가능하다. 여기서는 마구걷기 모델^{random walk model}이라 불리는 직관적인 모델을 소개하겠다. 이 모델에서 사용된 아이디어는 무작위로 연결을 형성하면서, 소셜 네트워크에서 새로운 친구의 친구를 알게 되는 것처럼 새로운 이웃의 이웃과도 연결을 추가하겠다는 것이다.

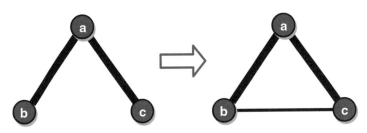

그림 5.9 강한 닫힌 삼각구조 형성. 노드 **a**는 **b**, **c** 노드와 두꺼운 링크로 표현된 강한 연결을 맺고 있다. 그라노베터(Granovetter)의 강한 닫힌 삼각구조 원리(principle of strong triadic closure)에 따라(글상자 5.6), **b**와 **c** 사이에는 반드시 약한 연결이 존재하거나, 존재하게 될 것이다.

에디터와의 긴 씨름 끝에, 사회학자 마크 그라노베터[Mark S. Granovetter]는 1973년 '약한 연결의 힘[The strength of weak ties]'이라는 제목의 논문을 출판했다. 이 논문은 후에 사회학에서 가장 많이 인용된 논문이 됐다. 이 논문은 처음으로 소셜 네트워크의 기본적인 세 가지 특징(삼각구조, 링크의 가중치, 네트워크의 클러스터) 사이의 긴밀한 관계를 제안했다.

그라노베터는 강한 닫힌 삼각구조[principle of strong triadic closure]의 원리를 소개하며, 소셜 네트워크에서 어떻게 링크가 연결되는지를 설명했다. a라는 사람이 b, c라는 사람들과 강력한(가중치가 큰) 연결을 맺고 있다면, 이 경우 b와 c가 이미 친구이거나 앞으로 친구가 될 가능성이 아주 높다는 것이다. 여기에는 다양한 이유가 있을 수 있다. b와 c가 a와 많은 시간을 보낸다면 두 사람은 결국 a를 통해 알게 될 것이다. 혹은 a가 두 사람에게 좋은 친구이기 때문에 b와 c가 서로를 믿게 될 수도 있다. 혹은 b와 c가 서로를 계속 모르는 척하는 것이 그룹의 스트레스 요인이 될 수도 있다. 강한 삼각구조 형성은 b와 c 사이에 반드시 연결이 있어야 하고, 이로 인해 a, b, c가 삼각구조를 형성하게 된다는 것을 설명한다(그림 5.9). 이를 통해 링크의 가중치와 닫힌 삼각구조 사이의 관계가 설명된다.

사회 커뮤니티는 서로 간에 가족 혹은 직무 관계 등 다수와 상호작용을 갖는 사람들의 모임이다(커뮤니티는 6장에서 논의할 것이다). 그라노베터는 큰 가중치를 갖는 상호작용이 개인 간의 강력한 연결을 나타내며, 동일한 커뮤니티에 속해 있을 때 강한 연결을 쉽게 찾을 수 있다고 주장했다. 반대로, 가중치가 낮은 연결(약한 연결)은 커뮤니티들 사이에 존재한다고 주장했다. 다른 커뮤니티에 속한 사람들 사이의 상호작용은 제한적일 것이기 때문이다. 그라노베터는 자신의 주장을 뒷받침하기 위한 근거를 제시했다. 각기 다른 커뮤니티에 속한 두 개인 a와 b 사이에 강력한 연결이 존재한다고 가정해보자. 각 개인은 자신이 속한 커뮤니티의 다른 구성원들과 강력한 연결을 가질 가능성이 높다. a가 c라는 가까운 친구가 있다고 하자. a, b 사이와 a, c 사이에 높은 가중치의 상호 연결이 있기 때문에, 강한 닫힌 삼각구조 형성 원리를 따라서 b와 c 사이에도 연결이 있을 것이다. 하지만 두 커뮤니티를 연결하는 링크는 삼각구조에 포함하기가 어렵다. 이를 포함하면 커뮤니티들이 잘 구분되지 않기 때문이다. 따라서 a와 b 사이의 연결은 반드시 약한 연결이어야만 한다. 반대로, 같은 커뮤니티에 속한 구성원들끼리는 다수의 강한 연결이 존재하기 때문에, 커뮤니티 내부에는 많은 수의 삼각구조가 존재한다. 이 주장은 커뮤니티와 링크의 가중치뿐만 아니라 커뮤니티와 삼각구조 사이의 상관성을 설명한다. 낮은 가중치에도 불구하고, 약한 연결들은 소셜 네트워크에서 커뮤니티를 서로 연결해 정보가 네트워크 전체로 퍼져나가게 하는 핵심적인 역할을 한다.

마구걷기 모델은 어떠한 소규모 네트워크에서든 시작할 수 있다. 연결은 다음의 과정을 반복하며 이뤄진다.

1. 새로운 노드 i가 $m > 1$의 링크를 가진 채 네트워크에 유입된다.
2. 첫 번째 링크는 기존 노드 중 무작위로 선택한 j에 연결된다.
3. 다른 링크들은 j의 이웃 중 무작위로 선택한 노드와 p의 확률로 연결되거나, $1 - p$ 의 확률로 무작위로 선택한 다른 노드와 연결된다.

여기서 변수 p는 노드 i와 j의 이웃 l 사이에 링크를 형성해 닫힌 삼각구조 (i, j, l)을 만들기 때문에 닫힌 삼각구조를 형성하는 확률이 된다. $p = 0$이면, 닫힌 삼각구조가 형성되지 않고 새로운 노드가 이웃을 무작위로 선택해 연결한다. $p = 1$이면, 첫 번째 링크를 제외한 모든 링크가 초기에 선택한 노드의 이웃들과 연결되어 닫힌 삼각구조를 만든다.

해당 모델이 그림 5.10에 설명되어 있다. 이 모델은 변수 p를 조절해 많은 수의 삼각구조를 만들 수 있다.[3] $p = 1$일 때 가장 높은 조밀도의 삼각구조를 얻게 되고, p가 너무 작지 않으면 모델의 연결선 수 분포는 두꺼운 꼬리 분포를 따른다. 이런 구조를 갖게 되는 이유는 닫힌 삼각구조 형성 과정에 있다. 오래된 노드의 이웃과 연결하면서 네트워크의 새로운 링크를 형성하는 것이다. 3.3절에서 살펴봤듯이, 링크를 무작위로 선택하면 링크의 한 끝이 특정 연결선 수를 갖게 될 확률은 연결하려는 노드의 연결선 수에 비례한다. 따라서 오래된 노드는 선호적 연결처럼 자신의 연결선 수에 비례해 링크와 연결된다.

마구걷기 모델에서 사용하는 방식은 새로운 노드가 기존 노드의 연결선 수를 알고 있다고 가정하지 않기 때문에, 선호적 연결 모델의 방식보다 더 직관적이다. 이 모델은 네트워크를 무작위적으로 살펴보고, 노드의 연결선 수에 비례하는 확률로 각 노드를 발견한다. 다시 말하면, 이는 선호적 연결을 내재한 닫힌 삼각구조 형성 과정인 것이다. 이런 관점

---

3 다시 말하지만, 같은 p를 사용하는 무작위 네트워크 모델과 좁은 세상 모델의 변수들과 혼동하지 말자.

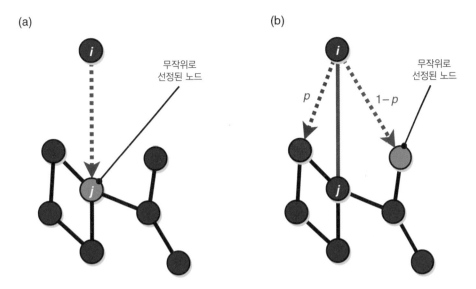

그림 5.10 마구걷기 모델: (a) 새로운 노드 i가 임의로 선택한 노드 j와 연결된다. (b) i와 함께 추가한 링크는 p의 확률로 j의 이웃과 연결되어 삼각구조를 만든다. 그렇지 않은 경우, 그 링크는 임의로 선택한 노드를 연결한다.

에서 보면, 기본적으로 임의로 하나의 링크를 선택한 후 그 링크의 한쪽 끝에 새로운 노드를 연결하는 링크 선택$^{\text{link selection}}$과 동일하다. 닫힌 삼각구조 형성 과정에서는 새로운 노드가 선택된 링크의 양쪽 끝에 연결된다는 점이 차이점이라고 할 수 있다. 하지만 두 경우에서 결과적으로 얻어지는 연결선 수 분포는 유사하다. 따라서 넓은 연결선 수 분포를 발생시키는 데 필수적인 링크연결 확률과 연결선 수에 대한 엄격한 비례성은 무작위적 선택에 기초한 단순한 방식으로도 얻을 수 있다.

마지막으로, p가 큰 경우 충분히 높은 수준의 삼각구조를 얻을 수 있고, 마구걷기 모델은 이를 통해 6장에서 살펴볼 커뮤니티 구조를 형성한다. 삼각구조와 커뮤니티의 상관성은 네트워크 과학 문헌들을 통해 잘 알려져 있다(글상자 5.6).

5.5.4 모방 모델

소셜 네트워크에서 닫힌 삼각구조 형성은 개인이 다른 사람의 관계를 모방한다는 점을 내포하고 있다. 이러한 모방 과정은 다른 문맥에서도 확인할 수 있는데, 예를 들면 다음과 같다.

- 유전자 복제 과정은 새로운 유전 물질이 분자의 진화 과정에서 발현되는 과정이다. 각 노드가 유전자로 표현된 단백질에 해당하는 단백질-단백질 상호작용 네트

워크를 생각해보자. 유전자가 복제됐을 때, 새로운 유전자/단백질 노드는 원본 노드가 단백질-단백질 네트워크에서 반응했던 동일한 단백질들과 상호작용할 것이다. 따라서 복제된 노드들이 갖고 있던 링크들은 다시 복사된다.

- 학자는 자신이 읽은 논문이 참고했던 인용 논문 목록에서 새로운 논문을 발견하고, 자신의 논문에 해당 논문을 인용한다. 이렇게 함으로써, 그들은 다른 논문의 인용 논문 중 일부를 복제한다.

- 온라인에서 둘러보다 보면, 웹 콘텐츠 개발자는 자료의 목록을 제공하는 허브 페이지나 저작권이 있는 자료를 제공하는 웹 페이지를 발견하게 될지 모른다. 새로 만들어진 웹 페이지와 이런 페이지를 연결함으로써, 개발자는 자신이 만든 페이지에 기존 하이퍼링크를 복제하는 것이다.

위에서 언급된 상황들은 모방 모델$^{copy\ model}$의 예를 보여준다. 이전 절에서 살펴본 마구걸기 모델과 비슷하게, 새로운 노드는 이미 있던 노드들 중 무작위로 선택된 노드들과 특정 확률로 연결되거나 그들의 이웃들과 연결된다. 하지만 모방 모델에는 닫힌 삼각구조가 없다. 새로운 노드는 동시에 임의의 노드와 그 이웃들의 일부에 연결될 수 없다. 따라서 이 모델은 허브는 존재하지만 삼각구조는 적은 네트워크를 형성한다.

5.5.5 순위 모델

선호적 연결은 네트워크가 성장하는 동안 노드가 다른 노드들과의 링크연결 확률을 계산하고 적당히 링크들을 분배하기 위해 나머지 노드들의 연결선 수를 알고, 다른 노드가 얼마나 중요한지 인지하고 있음을 전제한다. 노드들의 연결선 수를 모를 때도 네트워크를 구현할 수 있을지 궁금할 것이다. 5.5.3절과 5.5.4절에서 소개한 닫힌 삼각구조 형성과 링크 연결/모방 모델들이 이를 위해 활용 가능한 방식들이다. 이번 절에서는 또 다른 접근을 살펴보겠다.

현실에서는 어떤 특성의 정확한 값을 아는 것보다 상대적인 값을 인식하는 경우가 더 흔하다. 우리는 빌 게이츠$^{Bill\ Gates}$의 정확한 자산을 모르더라도, 그가 이 책의 저자들보다 훨씬 부자라는 사실을 자신 있게 말할 수 있다. 이처럼 연결선 수나 나이 같은 임의의 특성에 따라 네트워크에 있는 노드들에 순위를 매길 수 있다는 것이 해당 특성들의 값들을 정확하게 측정할 수 있다는 것보다 신뢰할 수 있는 주장이다. 바로 이것이 순위 모델^{rank} ^{model}의 기본 아이디어다.

이 모델에서 노드들은 연결선 수와 같은 특정 특성에 따라서 순위가 매겨진다. 그런 다음, 노드들은 정해진 순위의 역승에 비례하는 확률로 링크를 얻는다. 최상위 노드가 링크를 얻을 확률이 가장 높고, 차순위 노드가 그다음으로 높은 확률을 갖는 식이다. 순위에 따라서 링크연결 확률이 어떻게 감소하는지는 지숫값에 의해 결정된다.

순위 모델은 m_0의 노드로 구성된 아주 작은 그래프에서도 시작할 수 있다. 연결선 수나 나이, 적합성 측정치와 같은 노드의 특성들이 노드의 순위를 정하는 데 사용된다. 연결 과정은 다음의 단계를 따른다.

1. 모든 노드의 순위는 관심 있는 특성을 따라 결정한다. 노드의 순위는 $R = 1, 2$처럼 매긴다. 노드 l의 순위는 R_l로 표현된다.
2. 새로운 노드 i가 $m \leq m_0$의 링크와 함께 네트워크에 유입된다.
3. 노드 i로부터 추가되는 각각의 새로운 링크는 다음의 확률로 이미 존재하는 노드 j와 연결된다.

$$\Pi(i \leftrightarrow j) = \frac{R_j^{-\alpha}}{\sum_l R_l^{-\alpha}} \tag{5.13}$$

여기서 지수 $\alpha > 0$는 매개변수다.

노드의 순위를 결정하는 특성이 연결선 수처럼 새로운 노드의 추가로 더해지는 링크에 기반한다면, 노드의 순위는 각 연결 단계마다 다시 매겨진다.

상위에 위치한 노드가(낮은 순위) 하위에 위치한 노드보다(높은 순위) 새로운 링크를 받을 확률이 더 높다. 순위가 연결선 수에 의해 결정됐다면, BA 모델처럼 연결선 수가 많은 노드가 연결선 수가 적은 노드보다 새로운 링크와 연결될 확률이 더 높다. 하지만 실제 링크연결 확률은 연결선 수가 아니라 노드의 순위에 따라 결정된다.

결과적으로 순위 모델은 사용하는 지수의 값이나, 순위를 매기는 데 사용된 노드의 특성에 상관없이 연결선 수의 두꺼운 꼬리 분포를 형성한다. 지숫값을 조절하면서 분포의 모양을 조절할 수 있어서, 많은 수의 실제 네트워크에서 관측되는 실증적 분포를 재현할 수 있다.

노드가 시스템의 부분적인 정보만 갖고 있다고 하더라도, 각 노드 역시 일부 노드만 존재한다는 사실을 알고 있기 때문에 허브가 발현될 수 있다. 익숙한 예로 위키백과 페이지를 작성하면서 관련 있는 뉴스 기사를 연결하고자 한다고 생각해보자. 검색 엔진을 통해 연결하고자 하는 페이지를 검색하다 보면 높은 확률로 최상위에 있는 결과들과 연결하게 될 것이다. 차순위로 추천된 페이지와는 절반의 확률로, 세 번째로 추천된 페이지와는 1/3의 확률로 연결하게 될 것이다. 아마 검색 결과의 첫 번째 페이지를 다 살펴보는 번거로움을 감수할지도 모른다. 이렇게 만든 페이지는 순위 모델의 과정과 아주 유사한 방식으로 이미 존재했던 다른 페이지를 연결한 위키백과의 새로운 노드가 되는 것이다. 이를 통해, 웹에서 어떻게 인기가 높은 허브들이 출현하는지 이해할 수 있다.

5.6 요약

네트워크 모델은 실제 네트워크에서 관측된 구조적인 특징을 야기하는 기본 메커니즘이 무엇인지 이해하는 데 도움을 준다. 네트워크 모델의 핵심적인 요소는 노드가 다른 노드와 어떤 방식으로 연결할지를 결정하는 규칙이다. 5장에서 살펴본 모델들로부터 우리가 배운 내용을 정리하면 다음과 같다.

1. 에르되시-레니 모델로 만들어진 무작위 네트워크에서 모든 노드는 동일한 확률로 다른 노드의 이웃이 될 수 있다. 이 네트워크는 짧은 경로를 갖지만 삼각구조는 거의 없고, 허브도 존재하지 않는다.

2. 좁은 세상 모델은 평균 뭉침 계수가 높은 격자 형태의 초기 네트워크에, 노드 사이에 무작위로 형성한 지름길을 만든다. 단 몇 개의 지름길만으로도 노드 사이의 거리를 극적으로 줄이면서 뭉침 계수는 높게 유지하는 좁은 세상 특성을 구현할 수 있다. 이 모델은 허브를 만들지 못한다.

3. 구조 모델은 미리 주어진 연결선 수 배열을 따르는 네트워크를 만든다. 따라서 해당 네트워크의 구조는 모델로 설명되는 것이 아니라 직접 만드는 것이다. 구조 모델은 종종 네트워크의 어떤 특성이 연결선 수 분포만으로 설명이 되는지 살펴보기 위한 기본 구조로 활용된다. 이를 위해, 원본 시스템의 관심 있는 특성을 동일한 연결선 수 분포를 갖지만 무작위로 형성된 네트워크의 해당 특성과 비교할 수 있다.

4. 좀 더 실제적인 모델들은 시간에 따라 노드와 링크를 추가함으로써 네트워크의 성장을 묘사한다. 인터넷이나 웹 같은 많은 실제 네트워크의 진화를 설명할 수 있다.

5. 선호적 연결은 허브의 발현을 설명하는 핵심적인 메커니즘이다. 연결선 수가 많은 노드는 더 높은 확률로 다른 노드와 연결된다.

6. 선호적 연결과 네트워크의 성장을 결합한 바라바시-알버트 모델은 연결선 수의 두 꺼운 꼬리 분포와 허브가 존재하는 네트워크를 만든다.

7. 선호적 연결은 닫힌 삼각구조 형성 과정과 링크 선택 같은 단순한 무작위 선택 과정을 통해서도 간접적으로 구현될 수 있다.

8. 바라바시-알버트 모델의 한계를 극복하기 위해 끌어당김, 적합성, 닫힌 삼각구조 형성, 순위 모델과 같은 모델들이 제안됐다.

5.7 더 읽을거리

무작위 그래프 모델의 아이디어는 솔로모노프와 라포포트(Solomonoff and Rapoport, 1951) 가 제안했지만, 모델은 에르되시와 레니(Erdős and Rényi, 1959), 길버트(Gilbert, 1959)가 같은 해에 소개했다. 길버트 모델은 종종 에르되시와 레니의 공헌으로 잘못 기록되곤 한다. 사람들이 유지할 수 있는 정규적인 인간 관계의 수를 던바 수라고 한다(Dunbar, 1992).

좁은 세상 모델은 와츠와 스트로가츠(Watts and Strogatz, 1998)가 개발했다. 몰리와 리드(Molly and Reed, 1995)는 구조 모델을 제안했다. 지수 무작위 그래프는 홀랜드와 라인하르트(Holland and Leinhardt, 1981)가 소개했다.

바라바시와 알버트(Barabási and Albert, 1999)는 선호적 연결 모델을 제안했고, 이는 바라바시-알버트 혹은 BA 모델이라고 부른다. 다른 학자들도 이 모델을 이전에 제안했는데, 가장 가깝게는 프라이스의 논문(Price, 1976)이 있다. 비선형 선호적 연결은 라피브스키 등(Krapivsky et al., 2000), 라피브스키와 레드너(Krapivsky and Redner, 2001)가 제안했다. 도로고프체브 등(Dorogovtsev et al., 2000)은 끌어당김 정도를 선호적 연결 모델에 추가했다. 적합성 모델은 비앙코니와 바라바시(Bianconi and Barabási, 2001)가 제안했다.

그라노베터는 '약한 연결의 힘The strength of weak ties'이라는 선구적인 논문(Granovetter, 1973) 을 발표했다. 바즈쿠즈(Vázquez, 2003)는 마구걷기 모델을 소개했다. 클라인버그 등(Kleinberg et al., 1999)은 웹 그래프가 한창 발전할 때 모방 모델의 아이디어를 생각해냈다. 다른 과학자들은 유전자 복제 모델을 제안하기도 했다(Wagner, 1994; Bhan et al., 2002; Solé et al., 2002; Vázquez et al., 2003a). 포르투나토 등(Fortunato et al., 2006)은 순위 모델을 개발했다.

연습문제

5.1 이 책의 깃허브 저장소에 있는 5장 튜토리얼을 살펴보라.[4]

5.2 에르되시와 레니가 제안한 무작위 그래프와 길버트가 제안한 무작위 그래프의 차이는 무엇인가?

5.3 1000개의 노드와 3000개의 링크를 갖는 무작위 그래프를 만들고자 한다. 이 네트워크를 만들 수 있는 링크연결 확률 p를 구하라.

5.4 50개의 노드로 구성된 평균 연결선 수 $\langle k \rangle$가 10인 무작위 네트워크를 만들려고 한다. 이 경우 사용해야 하는 p 값은 얼마인가?

5.5 50개의 노드로 구성된 평균 연결선 수 $\langle k \rangle$가 10인 무작위 네트워크가 있다. 다음 중 이 네트워크의 평균 경로 길이는 무엇인가?

　a. 1.5

　b. 2.0

　c. 2.25

　d. 2.5

5.6 평균 연결선 수 $\langle k \rangle$ = 10인 무작위 네트워크의 집합을 생각해보자. 그 네트워크들의 평균 경로 길이가 $\langle \ell \rangle$ = 3.0이려면 몇 개의 노드가 필요한가?(힌트: 어림짐작으로 맞춰보려면, $\langle k \rangle$가 모든 가능한 N에 대해 동일하게 유지되는지 확인하라. 각각의 경우에서 서로 다른 p 값이 요구될 것이다.)

　a. 60

　b. 100

　c. 250

　d. 500

5.7 노드가 1000개이고 p = 0.002인 무작위 네트워크를 만들어보라. 그 네트워크의 연결선 수 분포를 그려라(힌트: 3장의 튜토리얼에서 분포를 어떻게 그리는지 설명한 부분을 참고하라). 다음 질문에 답하라.

　1. 네트워크의 가장 큰 연결선 수는 무엇인가?

　2. 분포의 최빈값은 무엇인가? 즉, 연결선 수에서 가장 많이 발견되는 값은 무

4　github.com/CambridgeUniversityPress/FirstCourseNetworkScience

엇인가?

3. 이 네트워크는 연결되어 있는가? 그렇지 않다면, 연결된 가장 큰 덩어리에 속한 노드는 몇 개인가?

4. 평균 뭉침 계수는 얼마인가? 이를 링크연결 확률 p와 비교하라.

5. 네트워크의 지름은 얼마인가?

5.8 다음의 과정을 생각해보라. 먼저, 링크 없는 N개의 노드에서 시작한다. 지금은 연결되지 않은 네트워크다. 다음으로, 링크가 없는 두 노드 사이에 링크를 하나씩 연결한다. 완전히 연결된 네트워크가 될 때까지 계속한다. 총 몇 번의 연결이 필요할까?

5.9 이전 문제의 단계별 과정을 생각해보자. 각 단계마다 가장 크게 연결된 덩어리의 크기를 기록한다고 하자. 링크를 더해가며 얻어진 가장 큰 덩어리 크기의 배열에 관한 다음의 설명 중 옳은 것은 무엇인가?

a. 초기에는 천천히 증가하고, 마지막 단계에서 급격하게 증가한다.

b. 임의의 문턱값에 도달할 때까지 천천히 증가하고, 단시간에 급격히 증가한 후, 다시 천천히 증가한다.

c. 처음부터 끝까지 같은 비율로 증가한다.

d. 초반에 급격히 증가하다가, 증가세가 점점 줄어들면서 끝까지 천천히 증가한다.

e. 규칙 없이 증가하거나 감소한다.

5.10 노드 1000개로 구성되어 있는 그림 5.2의 네트워크를 재현하라(힌트: NetworkX의 함수를 활용해 무작위 네트워크의 집합을 만든다). 링크연결 확률은 [0, 0.005] 사이의 25개로 균등 분배된 값들을 활용한다. 하나의 링크연결 확률마다 20개의 각기 다른 네트워크들을 만들고, 가장 크게 연결된 덩어리의 크기를 측정하고 그 평균과 표준 편차를 링크연결 확률의 함수로 그려보라.

5.11 왜 소셜 네트워크를 분석하는 데 있어 무작위 네트워크가 좋은 모델이 아닌가?

a. 무작위 네트워크는 대체로 연결이 되어 있지 않다.

b. 무작위 네트워크는 짧은 최단 경로 길이를 갖는다.

c. 무작위 네트워크에 있는 노드들은 아주 다른 연결선 수를 갖는다.

d. 무작위 네트워크는 낮은 뭉침 계수를 갖는다.

5.12 그림 5.5(a)에서 보이는 것 같이, 100개의 노드 각각이 4개의 가장 가까운 이웃들 (양 끝의 두 노드들)과 연결된 원형 격자 네트워크를 생각해보자. 평균 뭉침 계수는 얼마인가? 네트워크의 크기와 상관이 있는가?(힌트: 대칭성이 있기 때문에 임의의 한 노드의 뭉침 계수만 계산해도 된다.)

5.13 와츠-스트로가츠 모델은 에르되시-레니 무작위 그래프에서는 나타나지 않는 실제 네트워크의 어떤 성질을 모사하는 데 유용한가?

    a. 짧은 평균 경로 길이

    b. 긴 평균 경로 길이

    c. 낮은 뭉침 계수

    d. 높은 뭉침 계수

5.14 각기 다른 재연결 확률 p를 사용해 만들어진 와츠-스트로가츠 네트워크의 평균 최단 경로 길이($\langle \ell \rangle$)와 평균 뭉침 계수(C)를 계산해, 그림 5.5(b)를 재현하라. 0과 1 사이를 20개로 균등 분배한 p 값을 활용하라. 각각의 p 값에 대해 20개의 다른 네트워크를 만들고, $\langle \ell \rangle$과 C의 평균을 계산한다. 동일한 y축을 사용하는 2개의 곡선을 그리려면, 해당 값들을 $p = 0$인 네트워크에서의 $\langle \ell \rangle$과 C로 나누어 정규화해야 한다.

5.15 연결선 수가 4이고, 1000개의 노드로 구성된 와츠-스트로가츠 네트워크를 만들고, 다음의 재연결 확률을 사용하라. $p = 0.0001, 0.001, 0.01, 0.1, 1$. 그 네트워크들의 연결선 수 분포를 계산하고, 같은 도표에 연결선 수 분포를 그려 서로 비교하라.

5.16 미국 항공망 네트워크[USAN, US airport network]를 생각해보자. 구조 모델을 사용해 무작위로 연결된 네트워크를 만들어라[RUSAN, randomized US airport network]. 이를 위해, 항공망 네트워크의 연결선 수 배열을 측정해 NetworkX의 configuration_model() 함수에 적용한다. 다음의 과제를 수행하라.

  1. 사용한 연결선 수 분포가 USAN의 연결선 수 분포와 동일함을 확인하라.

  2. USAN과 RUSAN의 평균 최단 경로를 비교하라. 값들의 차이를 어떻게 해석할 수 있는가?

  3. USAN과 RUSAN의 평균 뭉침 계수를 비교하라. 두 값의 차이를 어떻게 해석할 수 있는가?

5.17 다음 특성들 중, BA 모델에서는 나타나지만 동일한 수의 노드와 링크를 갖는 무

작위 네트워크에서는 나타나지 않는 것은 무엇인가?

   a. 연결선 수가 하나 이상인 노드들

   b. 허브 노드들의 연결선 수가 일반적인 노드들의 연결선 수보다 몇 배 이상 크다.

   c. 평균 경로 길이가 짧다.

   d. 평균 경로 길이가 길다.

5.18 연결선 수가 $m = 3$인 1000개의 노드들로 이뤄진 BA 네트워크를 구성하라. 다음의 과제를 수행하라.

   1. 그 네트워크의 연결선 수 분포를 x축과 y축을 로그화해 그려보라.

   2. 평균 연결선 수를 찾고, 이를 m과 비교해 결과를 해석해보라.

   3. 평균 뭉침 계수를 계산하라.

   4. 그래프가 연결되어 있는지 확인하라.

   5. 평균 최단 경로를 계산하라.

5.19 이전 문제의 BA 네트워크와 동일한 수의 노드와 링크를 갖는 에르되시-레니 무작위 그래프를 만들어보라.

   1. 연결선 수 분포를 구하고, 이를 BA 네트워크의 연결선 수 분포와 비교하라. 두 연결선 수 분포를 이중 로그화된 그래프로(x축과 y축을 로그화) 한 도표에 그려보라.

   2. 평균 뭉침 계수와 평균 최단 경로를 계산하고, 이를 BA 네트워크의 해당 값들과 비교해보라. 결과를 해석하라.

5.20 끌어당김과 적합성 모델은 연결선 수와 상관없는 노드들의 고유한 매력을 가정한다. 두 모델의 차이점은 무엇인가?

5.21 적합성 모델에서, 적합성이 노드들의 연결선 수와 동일하다고 하자. 이를 통해 만들어진 네트워크의 연결선 수 분포는 어떤 형태의 분포일까?(힌트: 5.5절의 비선형 선호적 연결을 다시 살펴보라.)

5.22 BA 모델을 통해 만들어진 네트워크가 많은 삼각구조를 갖는 이유를 설명하라.

5.23 당신이 페이스북, 인스타그램, 링크드인과 같은 온라인 소셜 네트워크를 사용한다면, 이 네트워크에서 연결된 링크들을 생각해보자. 얼마나 많은 강한 연결과 약한 연결이 있는가?

5.24 링크 선택은 링크를 선택하는 과정과, 링크의 한쪽 끝에 새로운 노드를 연결하는 과정으로 구성된다. 양쪽 끝 모두에 새로운 노드를 연결해보자. 마구걷기 모델과 다른 점은 무엇인가? 그리고 서로 다르게 만들어진 두 네트워크는 어떤 차이가 있을까?

5.25 충분한 양의 사각구조(길이가 4인 사이클)를 갖는 네트워크를 만들고자 한다. 닫힌 삼각구조에서 배웠던 내용에 기초해, 사각구조 형성을 장려하는 방법을 제안해보라.

5.26 순위를 매기는 기준이 다른 두 가지의 순위 모델을 생각해보자. 첫 번째 모델에서 노드들의 순위는 나이에 따라서 결정된다(여기서 나이는 노드들이 네트워크에 유입된 순간부터 측정된 값이다). 두 번째 모델에서 노드들은 자신의 연결선 수에 따라 순위가 매겨진다. 두 모델을 통해 만들어진 네트워크들 사이에 차이가 있는가? 있다면, 어떤 차이인가?

5.27 이 책의 깃허브 저장소에 있는 네트워크는 노스웨스턴대학교 페이스북 네트워크의 한 순간의 모습이다. 노드들은 익명의 사용자들이고, 링크들은 친구 관계를 보여준다. 이 네트워크를 NetworkX 그래프로 불러오라. 네트워크의 종류는 방향과 가중치가 없는 네트워크로 설정한다. 네트워크의 노드와 연결선 수를 측정한 다음, 함수를 사용해 페이스북 네트워크와 동일한 노드와 연결선 수를 갖는 무작위 네트워크를 만들어보라. 이렇게 만들어진 무작위 네트워크를 사용해 다음 질문에 답하라.

1. 무작위 네트워크의 95번째 백분위수에 해당하는 연결선 수는 무엇인가(즉, 얼마의 연결선 수를 기준으로 95%의 노드가 해당 연결선 수와 같거나 작은 연결선 수를 갖는가)?

2. 무작위 네트워크를 다루고 있기 때문에, 어떤 특성들은 발생될 때마다 다른 값을 가질 것이다. 참 혹은 거짓: 고정된 노드 N과 연결선 수 L로 만들어진 모든 무작위 네트워크는 동일한 평균 연결선 수를 갖는다.

3. 다음 서술들 중, 이 무작위 네트워크의 연결선 수 분포를 가장 잘 설명하는 것은 무엇인가?

   a. 균일 분포: 노드의 연결선 수가 최솟값과 최댓값 사이에서 균일하게 분포한다.

   b. 정규 분포: 대부분의 연결선 수가 평균에 가깝고, 양쪽 끝으로 갈수록 급

격히 감소한다.

  c. 오른쪽 꼬리 분포: 대부분의 연결선 수가 퍼져 있는 전체 범위 대비 상대적으로 작다.

  d. 왼쪽 꼬리 분포: 대부분의 연결선 수가 퍼져 있는 전체 범위 대비 상대적으로 크다.

4. 이 무작위 네트워크에서 1000개의 노드 쌍을 무작위로 추출해, 평균 최단 경로 길이를 측정하라.

5. 이 무작위 네트워크의 평균 뭉침 계수는 얼마인가? 최소 소수점 두 번째 자리까지 표현하라.

커뮤니티

클러스터^{cluster}: (명사) 서로 가깝게 모여 있는 비슷한 사람이나 물건 그룹

네트워크의 모습을 보면 노드가 커뮤니티^{community}를 형성하며 뭉쳐 있는 것을 발견할 수 있다. 클러스터^{cluster} 또는 모듈^{module}이라고도 부르는 커뮤니티 안에는, 각기 다른 커뮤니티 사이를 연결하는 링크보다 상대적으로 더 높은 조밀도로 링크가 연결되어 있다(그림 6.1).

커뮤니티는 네트워크가 어떻게 조직됐고 어떤 기능을 하는지 알려준다. 예를 들면, 두 뇌 속에서 서로 높은 밀도로 연결된 뉴런끼리는 신호를 보내는 패턴이 일치한다. 단백 질-단백질 네트워크에서 서로 상호작용하는 단백질 그룹은 대개 그 기관의 특정한 생물학적 기능과 관련이 있다. 때로는 질병에 미치는 유전자의 복잡한 영향을 그 유전자가 전체 유전자 네트워크에서 어떤 클러스터에 속해 있는지 살펴봄으로써 추정할 수 있다. 4.2.5절에서 논의했듯이, 웹에서는 하이퍼링크로 서로 연결된 페이지 클러스터가 대개 특정 주제를 형성한다. 2.1절에서 살펴봤듯이, 소셜 네트워크에서 친구들 커뮤니티 안에서는 서로 정치 성향 같은 중요한 특성들이 비슷하다. 사회적 커뮤니티는 대중의 의견에 현저한 영향을 미칠 수 있다. 예를 들어, 트위터에서 정치적인 의미를 가진 밈^{meme}이 퍼져 있는 것을 네트워크에서 보면 사용자가 두 가지 뚜렷한 커뮤니티로 나뉘고 서로는 많이 소통하지 않는 것을 발견할 수 있다(그림 0.3).

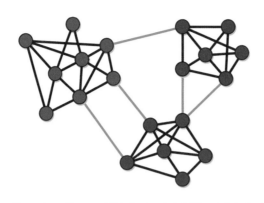

그림 6.1 노드 색으로 구분된 세 커뮤니티가 있는 하나의 네트워크

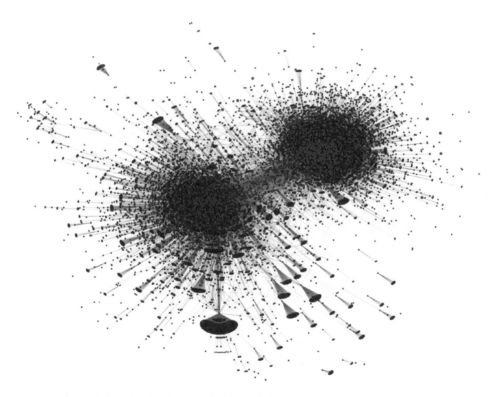

그림 6.2 2010년 미국 선거 이전에 정치적인 해시태그의 리트윗 네트워크. 파란색 노드는 진보 성향으로 판별된 사용자 표본이며, 빨간색 노드는 보수 성향으로 판별된 사용자 표본이다. 노드 사이의 링크는 두 사용자 중한 명의 트윗을 다른 사용자가 리트윗한 것을 나타낸다.

이와 유사하게 그림 6.2는 미국에서 정치적인 밈이 리트윗된 네트워크를 보여준다. 여기서도 뚜렷하게 나뉜 2개의 커뮤니티를 볼 수 있다. 사용자를 면밀히 조사하면, 이 두 클러스터가 정치적 좌파와 우파로 깔끔하게 맞아떨어지는 것이 명확하다. 4.5절에서 살펴봤듯이, 이러한 것을 메아리 방$^{echo\ chamber}$ 효과 또는 필터 버블$^{filter\ bubble}$이라고 부르며, 나와 비슷한 생각과 신념을 가진 사람에게만 노출되는 것을 말한다. 실생활에서는 보통 다양한 친구와 어울리게 되는데, 온라인 소셜 네트워크와 소셜 미디어에서는 나와 비슷한 공통점을 가진 사람들과 더 소통하게 되기 때문에 나와 다른 관점은 놓치기 십상이다. 실생활에서는 그럴 수 없지만, 온라인에서는 나와 다른 의견을 가진 사람을 무시하거나 '안 보기^{mute}'를 쉽게 할 수 있다. 다양한 의견이 서로 충돌하지 않을 때, 편견은 강화되고 사회 양극화는 계속된다는 것도 연구됐다.

네트워크의 커뮤니티 구조를 알면, 노드가 클러스터에서 어느 위치에 있는지를 바탕으로 노드들을 분류할 수 있다. 예를 들어 어떤 노드가 자신이 포함된 클러스터에 완전히 파고들어 자신의 이웃은 모두 같은 클러스터에 속해 있고 다른 그룹의 노드와는 전혀 연결되지 않았다면, 그 노드는 그룹의 핵심이라고 볼 수 있다. 커뮤니티의 외곽에 위치한 노드는 자신의 그룹 안과 밖에 모두 연결되어 네트워크의 각기 다른 구역을 연결하는 문지기 역할을 한다. 이런 노드는 네트워크에서 확산 과정에 중요한 역할을 담당한다. 만약 루머나 가짜 뉴스가 소셜 네트워크에서 퍼지는 것을 막고 싶거나, 접촉 네트워크에서 병이 확산되는 것을 멈추고 싶다면, 혹은 중요한 정보를 모든 커뮤니티에 누락 없이 전달하고 싶다면, 이러한 문지기 노드를 잘 관리해야 한다.

네트워크와 노드의 기능을 이해하는 데 있어서 커뮤니티의 중요성을 생각해보면, 네트워크에서 커뮤니티를 찾아내는 일은 매우 중요하다. 때로는 커뮤니티가 너무 명확해서 단지 평면상에 펼쳐진 노드 중에서 가까이 뭉쳐 있는 서로 연결된 노드를 살펴보기만 해도 커뮤니티를 구분할 수 있는 경우도 있다. 이것이 1장에서 살펴본 포스 디렉티드 네트워크 레이아웃 알고리듬이다. 예를 들어, 그림 6.2에서는 진보나 보수 성향의 커뮤니티 안에 속한 사람끼리는 서로 밀도 높게 연결됐기 때문에 하나의 클러스터를 함께 형성한다. 그러나 대부분의 네트워크는 이렇게 의미를 담아 시각화하기에는 크기가 훨씬 크다. 심지어 수많은 작은 크기의 네트워크들도 시각화만으로는 클러스터를 구분하기가 어려울 때가 많다. 그러므로 네트워크 구조에 대한 지식과 그 외 찾고자 하는 커뮤니티의 개수 등 다양한 정보를 바탕으로 자동으로 커뮤니티를 발견하는 알고리듬을 개발할 필요가 있다.

네트워크에서 커뮤니티를 찾아내는 문제는 다양한 학문 분야에서 다루는 주제로, 커뮤니티 찾기^{community detection}, 커뮤니티 발견^{community discovery}, 뭉치기^{clustering1} 같은 여러 이름으로 불린다. 노드를 커뮤니티로 그룹화하는 것은 비지도^{unsupervised} 분류 작업으로, 결과가 어떤 식으로 구분되어 나타날지에 대한 예시나 사전지식이 전혀 없이 하게 되는 과업이다. 실제로, 커뮤니티의 정의도 하나로 확정되지 않았다. 자연스럽게 떠오르는 직관은 같은 커뮤니티 안에는 각기 다른 커뮤니티를 잇는 링크보다 더 많은 링크가 있을 것이라는 점이다. 다시 말해, 커뮤니티 안(사이)의 링크 조밀도가 네트워크 전체의 링크 조밀도보다 더 높다(낮다)는 것이다(식 (1.3)). 이 기준은 여러 가지 방법으로 수학 공식화할 수 있다. 이것이 과학 문헌에서 수많은 뭉치기 기법을 만나게 되는 이유다.

6장에서는 이 문제를 간단히 소개하고 가장 유명한 해결책도 살펴본다. 먼저 주요 변수, 커뮤니티의 고전적인 정의, 구획의 고차원 특성 등 기본적인 요소들을 설명한다. 그 후 서로 연관된 네트워크 분할^{partitioning}과 데이터 뭉치기를 살펴보는데, 이들은 여러 가지 방법과 기법을 개발하는 데 큰 역할을 했다. 마지막은 뭉치기 기법을 테스트하는 표준적인 방법과 함께 광범위하게 받아들여지고 있는 알고리듬을 소개한다.

6.1 기본 정의

6.1.1 커뮤니티 변수

일반적으로 커뮤니티란 네트워크 내의 연결된 일부분을 말한다. 그림 6.3에서 녹색 노드로 구성된 커뮤니티를 보자. 마젠타색 노드는 비록 녹색 커뮤니티 외부에 있지만 녹색 노드에 연결됐고, 그 외 노드는 검은색으로 나타냈다. 파란색 링크가 녹색 커뮤니티를 나머지 네트워크에 연결한다. 6장에서 다룰 주요 커뮤니티 변수는 다음과 같다.

- 커뮤니티 안에 있는 노드의 내부 연결선 수^{internal degree}와 외부 연결선 수^{external degree}: 각각 해당 커뮤니티 안에 있는 이웃과 밖에 있는 이웃의 수를 나타낸다. 그림 6.3에서 한 열은 녹색 노드의 내부 연결선 수는 그 노드에 연결된 검은 링크의 수이고, 외부 연결선 수는 그 노드에 연결된 파란 링크 수다.
- 커뮤니티의 내부 링크^{internal link} 수: 한 커뮤니티 안에 포함된 노드 사이를 연결하는

---

1   2.8절에서 뭉침 계수(clustering coefficient)를 말할 때 'clustering'을 언급했으나, 6장에서 'clustering'은 커뮤니티 구조를 언급할 때만 사용하기로 한다.

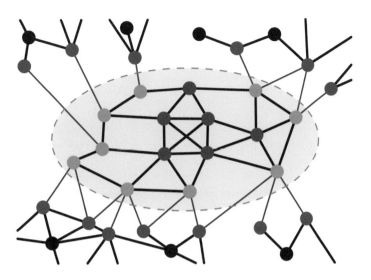

그림 6.3 커뮤니티(회색 타원)의 개념을 나타낸 그림과 인근 이웃들. 출처: Fortunato and Hric, 2016, Elsevier

링크의 수(그림 6.3에서 타원 안의 검은 링크 수)

- 커뮤니티 연결선 수$^{community\ degree}$: 한 커뮤니티 안에 포함된 노드의 연결선 수의 총합. 그림 6.3에서는 녹색 노드들의 모든 연결선 수의 합이다.
- 내부 링크 조밀도$^{internal\ link\ density}$: 한 커뮤니티 안에 포함된 노드 사이에 연결할 수 있는 가능한 링크 수의 최댓값 대비 실제로 있는 내부 링크의 비율. 1장에서 정의한 조밀도와 동일한 개념이나 커뮤니티 범위에 한정된 것이다.

커뮤니티 변수의 정의와 개념을 정식으로 수식화해보자. C라는 커뮤니티가 있다고 할 때,

- C 안에 있는 노드의 수와 내부 링크 수를 각각 N_C와 L_C라고 한다.
- 노드 i의 내부 연결선 수 k_i^{int}는 커뮤니티 C에 속해 있는 노드 i를 역시 같은 커뮤니티 C 안에 있는 다른 노드와 연결하는 링크의 수이고, 커뮤니티 C 밖에 있는 노드와 연결하는 링크의 수는 외부 연결선 수 k_i^{ext}라 한다. 모든 i의 이웃은 C의 안이나 밖에 있어야만 하기 때문에, i의 연결선 수 $k_i = k_i^{int} + k_i^{ext}$다. 만약 $k_i^{ext} = 0$이고 $k_i^{int} > 0$이라면 노드 i는 이웃이 모두 C 안에만 있는 내부 노드$^{internal\ node}$(그림에서 짙은 녹색)다. 만약 $k_i^{ext} > 0$이고 $k_i^{int} > 0$이라면 노드 i는 이웃이 C의 안과 밖 모두에 있는 경계 노드$^{boundary\ node}$(그림에서 밝은 녹색)다. 만약 $k_i^{int} = 0$이라면

노드 i는 C의 여집합에 속하며, C 안에 있는 이웃이 없다(그림에서 검은색 노드).

- 내부 링크 조밀도는

$$\delta_C^{int} = \frac{L_C}{\binom{N_C}{2}} = \frac{2L_C}{N_C(N_C - 1)} \tag{6.1}$$

로 구할 수 있다. 이것은 C의 내부에 속한 노드와 링크에 한정한 식 (1.3)과 동일하다. 이는 방향이 없는 네트워크를 가정하기 때문이다. 커뮤니티 C에 속한 N_c개의 노드가 가질 수 있는 이론상 최대의 링크 수는 식 (1.3)이다.

- 커뮤니티 연결선 수 또는 커뮤니티 부피^{community volume}는 C 안에 있는 모든 노드의 연결선 수의 합이다.

$$k_C = \sum_{i \in C} k_i \tag{6.2}$$

모든 정의는 방향이 없고 가중치가 없는 네트워크에서만 유효하다. 가중치 네트워크에 대한 확장은 간단히 연결선 수만 연결강도로 바꾸면 된다. 예를 들어 내부 연결선 수는 내부 연결강도^{internal strength}로 바꾸는데, 이는 커뮤니티 안의 모든 링크의 가중치의 합이다. 방향성 네트워크에서는 들어오는 링크와 나가는 링크를 구별해야 한다. 이러한 활용을 확장하는 것은 꽤나 간단히 수행할 수 있지만, 얼마나 유용한지는 아직 불분명하다.

6.1.2 커뮤니티 정의

그림 6.1은 전통적인 네트워크 커뮤니티 구조를 보여준다. 두 가지를 강조하고 있는데 (1) 커뮤니티들은 결집^{cohesion}이 잘된다는 것(즉, 커뮤니티 안에는 많은 내부 링크가 있어서 노드가 서로 모여 있다)과 커뮤니티들이 서로 잘 분리^{separation}된다는 것(즉, 커뮤니티끼리는 적은 수의 링크로 연결되어 있다)이다. 커뮤니티 같은 구조를 정의할 때는 고전적으로 결집 또는 결집과 분리 사이의 상호작용을 토대로 한다.

결집을 기반으로 커뮤니티를 정의할 때는 보통 커뮤니티 자체를 하나의 시스템으로 간주하고, 네트워크의 나머지 부분은 고려하지 않는다. 이러한 개념으로 가장 유명한 것이 1장에서 완전 서브네트워크의 예로서 다뤘던 클리크^{clique}인데, 여기서는 모든 노드가 서로 연결되어 결집돼 있다(그림 6.4). 그러나 일반적으로 커뮤니티는 클리크만큼 빽빽하지 않다. 더욱이 클리크에서는 모든 노드가 동일한 내부 연결선 수를 갖지만, 커뮤니티

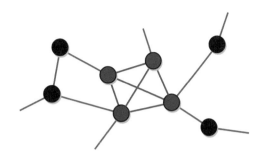

그림 6.4 파란색 노드와 빨간색 링크로 표시된 4노드 클리크를 포함한 네트워크의 일부 모습

안에서는 클리크와는 다르게 어떤 노드가 더 중요할 수도 있고 이러한 특성이 불균일한 연결 패턴에 드러난다.

커뮤니티를 더 아름다운 방식으로 정의하자면, 내부에서 결집되는 부분을 살펴보는 것과 함께 그 부분이 네트워크의 나머지 부분과 어떻게 분리되는지도 고려해야만 한다. 그런 면에서 커뮤니티를 내부 링크가 외부 링크보다 많은 서브네트워크로 개념화하기도 한다. 이러한 개념은 다음의 정의에 영향을 받았다.

- 강한 커뮤니티strong community는 커뮤니티 안에 소속된 모든 노드가 네트워크의 나머지 부분보다 그 커뮤니티 안에 더 많은 이웃이 있는 커뮤니티다. 다시 말해, 강한 커뮤니티에 포함된 모든 노드는 내부 연결선 수가 외부 연결선 수보다 크다.
- 약한 커뮤니티weak community는 커뮤니티 안에 소속된 모든 노드의 내부 연결선 수의 합이 외부 연결선 수의 합보다 큰 커뮤니티다.

강한 커뮤니티는 당연히 약한 커뮤니티 조건을 만족한다. 만약 내부 연결선 수가 모든 노드에 걸쳐 외부 연결선 수보다 크다면, 모든 노드에 대해 내부 연결선 수와 외부 연결선 수를 합해서 비교해도 같은 불균형이 유지되기 때문이다. 그러나 역은 일반적으로 옳지 않다. 노드들의 내부 연결선 수 합이 외부 연결선 수의 합보다 크다고 해도, 하나 이상의 노드는 그 관계를 벗어나 있을 수도 있기 때문이다.

이러한 정의 방식의 단점은, 커뮤니티를 구분할 때 네트워크 나머지 부분을 고려해야 한다는 점이다. 네트워크의 나머지 부분이 그저 하나의 객체로 여겨지는 것이다. 그러나 네트워크의 나머지 부분도 또다시 커뮤니티로 분리되어 있을 수도 있다.

만약 서브네트워크 C가 적절한 커뮤니티라면, 보통 C 안의 노드들은 역시 같은 C 안에 있는 노드들에 더 강하게 연결되어 있고 C 밖의 노드에는 약하게 연결되어 있을 것이라고 생각하기 마련이다. 이런 개념은 강한 커뮤니티와 약한 커뮤니티의 개념을 덜 엄격하게 정의하는 데 영감을 주었다.

- 강한 커뮤니티는 커뮤니티 안에 소속된 모든 노드들이 다른 커뮤니티보다 그 커뮤니티 안에 더 많은 이웃 노드를 갖고 있는 커뮤니티다.
- 약한 커뮤니티는 커뮤니티 안에 소속된 모든 노드의 내부 연결선 수의 합이 다른 어떤 커뮤니티에 연결된 외부 연결선 수의 합보다 큰 커뮤니티다. 다른 어떤 커뮤니티에 연결된 외부 연결선 수란, 자신이 포함된 커뮤니티를 제외하고 그 해당 커뮤니티에 연결된 외부 연결선 수를 의미한다.

먼저 정의한 개념의 강한(약한) 커뮤니티는 당연히 나중에 정의했던 개념상의 강한(약한) 커뮤니티에도 해당한다. 그림 6.5에 나타난 바와 같이 역은 일반적으로 성립하지 않는다. 예를 들면 한 서브네트워크의 내부 연결선 수가 외부 연결선 수보다 작다고 해도, 나중에 정의했던 개념 기준으로 보자면 강한 커뮤니티일 수도 있다.[2]

전통적인 커뮤니티의 정의는 내부 혹은 외부 링크를 셈하는 다양한 방법을 기반으로 정한다. 그런데 링크의 수는 보통 커뮤니티의 크기와 함께 커진다. 그러므로 내부와 외부 연결선 수를 비교하는 것은 커뮤니티의 크기에 따라 오차가 생길 수 있다. 이상적으로는 확률을 비교하는 것이 바람직하다. 만약 서브네트워크의 노드가 같은 서브네트워크 안에 있는 다른 노드에 연결될 공산이 크다면 이 서브네트워크를 커뮤니티라고 부를 수 있을 것이다. 확률은 커뮤니티 크기라는 성가신 문제를 제거해준다. 다만 여기서 링크의 확률은 어떻게 결정할 수 있을까? 그것을 알기 위해서는 커뮤니티를 가진 네트워크에서 링크가 어떻게 형성되는지를 설명하는 모델이 필요하다. 6.3.4절과 6.4.1절에서는 커뮤니티를 정의하고 찾는 방법을 알아본다.

커뮤니티에 대한 정의가 꼭 필요할까? 사실, 대부분의 네트워크 뭉치기 방법은 6.3절에서 보게 되듯이 커뮤니티에 대한 세밀한 정의가 필요하지 않다. 하지만 그럼에도 커뮤니티를 구분하는 기준을 사전에 세워두면 최종 결과의 신뢰성을 따져보는 데 매우 유용하게 쓸 수 있다.

---

2 내부 연결선 수와 비교하는 외부 연결선 수의 기준이 전체 외부 연결선 수인지 아니면 개별 외부 커뮤니티별로 셈한 외부 연결선 수인지에 따라 다르다는 뜻이다. - 옮긴이

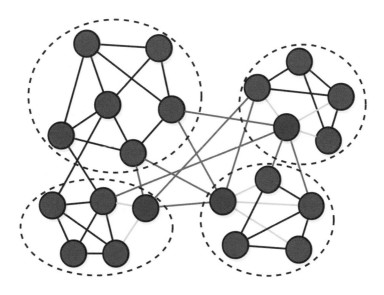

그림 6.5 강한 커뮤니티와 약한 커뮤니티. 본문에서 살펴본 두 가지 약한 커뮤니티 개념에 모두 해당하는 4개의 서브네트워크가 점선으로 구분되어 있다. 이 4개의 서브네트워크는 덜 엄격한 기준의 강한 커뮤니티이기도 하다. 모든 노드의 내부 연결선 수가 다른 어떤 외부 커뮤니티에 연결된 연결선 수보다 많기 때문이다. 그런데 3개의 서브네트워크는 엄격한 기준의 강한 커뮤니티에는 해당되지 않는다. 파랗게 표시된 노드는 외부 연결선 수(마젠타색)가 내부 연결선 수(노란색)보다 많기 때문이다. 출처 Fortunato and Hric, 2016

6.1.3 분할

분할partition은 네트워크를 여러 커뮤니티로 분리하거나 그룹별로 쪼개서 개별 노드가 단 하나의 커뮤니티에만 속하도록 만드는 것이다. 분할 가능한 모든 경우의 수를 벨 숫자Bell number라 하는데, 벨 숫자는 네트워크의 노드 숫자가 증가함에 따라 지수적인 것보다도 더 빠르게 증가한다. 예를 들면, 15개의 노드를 가진 네트워크는 1,382,958,545가지의 분할 가능한 경우의 수를 갖는다! 그러므로 한 줌 크기의 노드 수보다 큰 네트워크라면, 분할 가능한 모든 경우의 수를 다 검토해서 최적의 커뮤니티 구성을 찾는 것은 가망이 없다. 그래서 실제로, 보통의 뭉치기 알고리듬은 모든 분할 가능한 경우들 중에서 흥미로운 해답이 발견될 것 같은 아주 적은 수만 탐색한다.

실제 네트워크에서는 많은 경우 커뮤니티가 서로 겹친다overlap. 즉, 커뮤니티가 일부 노드를 서로 공유한다. 예를 들어, 소셜 네트워크에서 개인은 가족, 친구, 직장 동료 등 서로 다른 범주의 공동체에 동시에 소속된다. 그림 6.6에 겹치는 커뮤니티의 예가 있다. 네트워크를 겹치는 커뮤니티로 나누는 것을 덮개cover라고 한다. 존재할 수 있는 가능한 모든

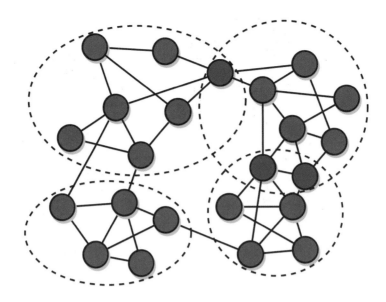

그림 6.6 겹치는 커뮤니티들. 네트워크가 점선으로 표시된 4개의 커뮤니티로 나뉜다. 이 중 세 커뮤니티가 파란색으로 표시된 노드를 겹치게 공유한다. 출처: Fortunato and Hric, 2016

덮개의 수는, 겹칠 수 있는 무수한 방법 때문에 분할의 수를 훨씬 더 상회한다.

네트워크가 각기 다른 규모의 다단계 구조로 되어 있다면 분할이 **계층적**^{hierarchical}일 수도 있다. 이 경우, 클러스터들로 구성된 커뮤니티 구조 안에 더 작은 크기의 또 다른 커뮤니티들이 들어 있는 모습을 보인다(그림 6.7). 예를 들면, 다국적 기업의 협업 관계 네트워크에서는 같은 지점에서 근무하는 사람들끼리 먼저 일차적인 커뮤니티를 구성하고, 이후 부서별로 더 작은 커뮤니티로 나뉘는 경우가 그러하다. 이러한 경우 모든 계층이 각각 의미를 갖고 있으며, 우수한 뭉치기 방법은 아무 노드도 겹치지 않도록 커뮤니티를 구분해야 한다.

실생활 속의 네트워크는 또한 **불균일**^{heterogeneous}할 때가 많아서 커뮤니티의 특성이 서로 매우 다를 수도 있다. 예를 들면, 커뮤니티의 크기가 굉장히 다양할 수 있다. 웹에서는 비슷한 콘텐츠를 다루는 페이지나 웹사이트를 커뮤니티로 볼 수 있는데, 어떤 주제는 굉장히 일반적이고 대중적이라 수백만 웹 페이지를 가진 반면, 수백 혹은 수천의 웹 페이지만 가진 주제도 있기 때문이다.

결집도도 매우 다양하다. 만일 결집도를 6.1.1절에서 살펴봤던 내부 커뮤니티 링크 조밀도로 측정한다면, 실생활 속 네트워크들의 결집도는 자릿수가 다를 만큼 큰 차이가 있음을 알 수 있다. 즉, 어떤 커뮤니티는 다른 것보다 훨씬 더 뭉쳐 있음을 의미하는데, 이

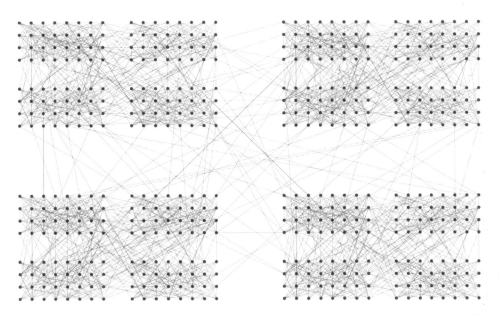

그림 6.7 계층적인 커뮤니티로 구성된 네트워크. 두 단계의 계층으로 구성된 커뮤니티 구조를 볼 수 있다. 4개의 큰 클러스터로 구성된 커뮤니티가 128개의 노드를 각각 포함하고 있고, 더 작은 크기의 커뮤니티 16개는 각각 32개의 노드를 포함한다. 작은 계층에 해당하는 클러스터는 모두 상위 단계의 클러스터에도 포함된다.

는 노드 클러스터가 서로 '끌어당기고' 서로 연결하는 정도가 다양하다는 뜻이다. 아니면, 커뮤니티 형성 과정의 동적인 특성 때문에 그렇게 될 수도 있다.[3] 어떤 커뮤니티는 그 안의 노드가 오랫동안 충분히 연결 관계를 형성해서 매우 뚜렷하게 뭉쳐진 구조를 만들었을 수도 있지만, 생긴 지 얼마 안 된 노드로 구성된 커뮤니티는 아직 그보다 커뮤니티 구조를 만들어가는 중이기 때문이다.

6.2 연관된 문제들

6.2.1 네트워크 분할

지금까지 서로 잘 구분되는 커뮤니티를 살펴봤다. 네트워크 분할network partitioning의 목적은 서브네트워크를 잘 나누는 것이다. 여기서 요점은 나누는 것에 있다. 나눠진 서브네트워

---

3 노드가 새로 생겨나고 연결 관계가 점차적으로 형성되며 동적으로 네트워크가 성장하는 경우 – 옮긴이

크 안에 얼마나 많은 링크가 놓여 있는지는 상관없다. 그러므로 네트워크 분할 알고리듬은 일반적으로 커뮤니티를 찾는 데 적절하지 않을 수 있다. 그럼에도 불구하고, 몇 가지 분할 알고리듬은 다른 과정을 추가해서 커뮤니티를 찾는 데 사용된다. 그래서 이 문제를 알아두면 매우 유용하다.

네트워크 분할은 중요한 현실적 문제에서 시작됐다. 고전적인 예는 병렬 컴퓨팅이다. 일련의 작업을 여러 처리 장치에 분배하지만, 처리 속도를 높이고자 처리 장치 그룹 사이에서 신호를 전달하는 링크의 수는 적게 한다. 이렇듯 네트워크 분할은 편미분방정식과 희소행렬 방정식의 해를 구하거나, 이미지 처리, 유체역학, 도로 네트워크, 이동통신 네트워크, 항공망 통제 등 다양한 분야에 응용됐다.

분할 문제는 네트워크를 주어진 수나 크기대로 서브네트워크 또는 클러스터로 나누는 문제다. 그래서 각기 다른 서브네트워크에 있는 노드를 연결하는 링크의 수를 최소화해야 한다. 그림 6.8에서는 서로 같은 크기로 나뉜 두 클러스터를 볼 수 있는데, 이런 경우를 그래프 양분graph bisection이라고 한다. 서브네트워크를 연결하는 링크로 구성된 집합을 컷cut이라고 하는데, 이는 해당 링크를 제거하면 클러스터가 서로 분리되기 때문이다. 컷에 포함된 링크의 수를 컷의 크기cut size라고 한다. 그렇기 때문에 어떤 문헌에서는 이 문제를 최소 컷 문제minimum cut problem라고도 한다.

커뮤니티를 나누기 전에 클러스터의 개수를 왜 미리 정해야 할까? 분할 알고리듬 자체가 최적의 개수를 찾게 놔둘 수도 있긴 하다. 그러나 이건 고려할 바가 못 되는데, 컷의 크기를 최소화하고 싶은 입장에서 가장 뻔한 답은 전체 네트워크를 통째로 포함하는 단 하나의 클러스터만 남겨서 컷의 크기를 0으로 만들어버리는 것이기 때문이다. 또 다

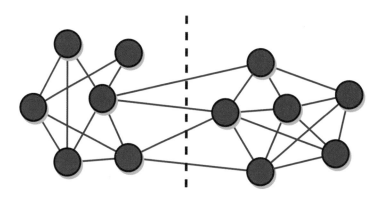

그림 6.8 그래프 양분. 네트워크에는 12개의 노드가 있는데, 이를 같은 수의 노드를 가진 두 부분으로 나누려고 한다. 두 부분을 잇는 링크의 수는 최소화해야 한다. 이 문제의 해는 그림에 그려진 세로 점선이다. 이 선은 네트워크를 최소 컷 크기인 링크 4개를 지나며 네트워크를 나눈다.

른 질문으로 왜 클러스터의 크기를 정해야 하는지 생각해볼 수 있다. 이것은, 역시 뻔한 답과 그다지 정보가 되지 못하는 답을 제외하려는 것이다. 예를 들어 네트워크에 리프가 있을 때 컷의 크기를 최소로 하도록 네트워크를 나누자면, 연결선 수가 1인 리프와 나머지 네트워크로 양분할 수 있다. 컷의 크기만 보면 매우 작기 때문에 문제될 것이 없으나, 이런 분할은 아무런 도움이 되지 않는다. 네트워크 분할에서 중요한 것은 결국 균형 잡힌 해법을 찾는 것이다. 그림 6.8에 보이는 것처럼 클러스터의 크기가 대략 비슷하도록 분할하는 것이 그 예가 될 수 있다. 노드의 숫자가 홀수인 네트워크를 양분하는 경우에는 한쪽이 다른 쪽보다 노드가 하나 더 많은 수준이 되겠다.

그래프를 양분하는 문제를 풀 수 있는 유명한 방법은 커니건-린 알고리듬^{Kernighan–Lin}

커니건-린 알고리듬의 결과는 최초 분할을 어떻게 시작하는지가 영향을 준다. 초기 분할을 잘못 설정하면 컷의 크기는 더 크고 최종 결과는 더 안 좋으며, 결과를 얻기

네트워크를 클러스터 A와 B로 양분하는 임의의 분할 P로 시작한다. 예를 들면, 절반의 노드를 무작위로 골라서 한 클러스터에 담고 나머지 노드는 다른 클러스터에 넣을 수 있다. 이후 알고리듬은 다음의 단계를 따라 진행한다.

1. 클러스터 A 안에 있는 노드 i와 클러스터 B 안에 있는 노드 j를 골라 만든 모든 노드 쌍에 대해, 현 상태와 두 노드를 교환했을 때 컷의 크기 변화를 계산한다.
2. 컷의 크기가 가장 많이 감소하는 노드 쌍 i^*와 j^*를 골라서 서로 클러스터를 바꾼다. 노드 쌍이 잘 분할되어 잠기면^{locked} 이후 과정에서 더 이상 고려하지 않는다.
3. 잠기지 않은 노드의 클러스터 교환이 더 이상 일어나지 않아 컷의 크기 감소가 멈출 때까지 1단계와 2단계를 반복한다. 이때 만들어지는 새로운 분할 P'를 다음 사이클을 시작할 때 사용한다.

알고리듬의 결과가 더 이상 향상되지 않을 때까지, 즉 컷의 크기가 더 이상 줄어들지 않을 때까지 위의 단계를 반복한다. 클러스터 쌍끼리 노드를 교환하게 하면, 커니건-린 알고리듬을 2개 이상의 클러스터를 가진 상황으로 쉽게 확장할 수 있다.

커니건-린 알고리듬으로 찾은 결과는 최초 분할을 어떻게 시작하는지가 영향을 준다. 초기 분할을 잘못 설정하면 컷의 크기는 더 크고 최종 결과는 더 안 좋으며, 결과를 얻기

까지 더 오랜 시간이 걸린다. 좋은 결과를 얻으려면 일단 복수의 무작위 분할을 마련하고, 그중 가장 작은 값의 컷 크기를 보이는 것을 골라 실제 최초 분할로 사용할 수 있다. 또 다른 커니건-린 알고리듬의 한계는, 이것이 각 단계마다 컷의 크기를 최소화하려고 노력하는 탐욕 알고리듬$^{greedy\ algorithm}$이라는 점이다. 탐욕 알고리듬은 쉽사리 국소 최적값$^{local\ optima}$에 갇혀버리는 게 단점인데, 이때 국소 최적값은 좁은 범위 안에 있는 근접한 노드끼리 교환해도 결과는 더 안 좋아지는 차상위 최적 컷 크기$^{sub-optimal\ cut\ size}$다. 이러한 한계를 극복하려고 개선한 알고리듬에서는 간혹 오히려 컷의 크기를 증가시키는 노드 쌍을 골라서 서로 교환한다. 이러한 과정이 국소 최적값에 고립된 경우에서 벗어나 컷의 크기를 극솟값$^{absolute\ minimum}$에 이르도록 할 수 있기 때문이다.

커니건-린 알고리듬은 다른 방법으로 얻은 분할 방법을 한 차례 더 개선하는 후처리 기술$^{post-processing\ technique}$로도 광범위하게 활용된다. 다른 방법으로 나눈 분할 상태를 커니건-린 알고리듬의 초기 분할값으로 사용해서 더 작은 컷의 크기를 구해보는 것이다.

네트워크 분할 방법으로 판별된 클러스터들은 잘 나뉜 상태일 수는 있으나, 반드시 똘똘 뭉쳐 있을 필요는 없다. 그래서 때로는 앞서 언급한, 널리 받아들여지는 고차원적인 정의의 커뮤니티에 합당한 모습은 아닐 수도 있다. 더욱이, 네트워크 분할은 구분하고 싶은 클러스터의 숫자를 사전에 특정해야 한다. 물론 대부분의 커뮤니티 찾기 방법이 이런 기능을 활용하고 있지만, 알고리듬 자체가 데이터에서 적절한 클러스터의 개수를 추론할 수 있다면 더 좋을 것이다.

NetworkX에는 커니건-린 알고리듬을 활용해 네트워크를 양분하는 함수가 있다.

```
# 최소 컷 양분: 노드 쌍들을 결괏값으로 돌려준다.
partition = nx.community.kernighan_lin_bisection(G)
```

6.2.2 데이터 뭉치기

지금까지 살펴봤듯이 네트워크의 커뮤니티는 서로 비슷한 구석이 있는 노드를 하나의 그룹으로 묶으려고 한다. 예를 들면 비슷한 주제를 다루는 신문이나 웹사이트, 같은 분야나 부서에서 일하는 사람들, 유사한 세포 기능을 갖는 단백질 등이 있다. 그런 면에서 커뮤니티 찾기$^{community\ detection}$는 훨씬 더 일반적인 문제인 데이터 뭉치기$^{data\ clustering}$의 특별한 경우라고 볼 수 있다. 데이터 뭉치기는 데이터 요소들을 어떠한 유사성을 바탕으로 뭉쳐서, 같은 클러스터 안에 있는 노드끼리가 서로 다른 클러스터에 있는 노드끼리보다 더 비슷하도록 하는 것이다. 데이터 뭉치기는 그래서 네트워크 뭉치기에서도 일반적으로 사용하는 훌륭한 개념과 도구를 제공한다.

데이터 뭉치기 알고리듬에는 크게 두 가지 종류가 있는데, 하나는 차례로 포함하는 형태로 이뤄진 계층적인 뭉치기hierarchical clustering이고 다른 하나는 한 가지 구분만 있는 분할적인 뭉치기partitional clustering다. 계층적인 뭉치기는 분할하는 뭉치기보다 네트워크 커뮤니티 찾기에 훨씬 자주 차용되므로 간단히 더 알아보자.

가장 중요한 재료는 노드 사이의 유사성 측도similarity measure다. 이런 측도는 노드의 특성에서 구할 수 있다. 예를 들어, 소셜 네트워크에서는 두 개인의 흥미를 고려했을 때 그들의 프로필이 얼마나 유사한지로부터 구할 수 있다. 대부분의 경우 가능한데, 만약 노드가 기하 공간에 올라갈 수 있다면 두 노드 사이의 거리를 노드 간의 차이를 나타내는 것으로 이해할 수도 있고, 거리가 가까우면 비슷한 노드인 것으로 이해할 수 있다. 아니면, 유사성 측도를 네트워크 구조 자체에서 얻을 수도 있다. 고전적인 예로는 구조 동일성structural equivalence이 있는데, 쌍으로 고른 노드들의 이웃들 간에 보이는 유사성 정도를 나타낸다.

노드 i와 노드 j 사이의 구조 동일성을 기준으로 측정한 유사도 S_{ij}^{SE}는 다음과 같이 정의할 수 있다.

$$S_{ij}^{SE} = \frac{i와 j가 \ 공유하는 \ 이웃의 \ 수}{i나 \ j, \ 혹은 \ 둘 \ 다 \ 이웃인 \ 노드의 \ 총합} \qquad (6.3)$$

예를 들면, i와 j의 이웃이 각각 (v_1, v_2, v_3) 그리고 (v_1, v_2, v_4, v_5)일 때, $S_{ij}^{SE} = 2/5 = 0.4$다. v_1과 v_2가 공통 이웃인 반면 전체 이웃 노드는 $(v_1, v_2, v_3, v_4, v_5)$ 5개이기 때문이다. 만약 한 쌍의 노드 i와 j의 공통 이웃이 없다면 $S_{ij}^{SE} = 0$이고, 모든 이웃이 완전히 동일하다면 $S_{ij}^{SE} = 1$이다. i와 j가 반드시 서로 이웃일 필요는 없고, S_{ij}^{SE}는 어떠한 임의의 노드 쌍에 대해서도 계산할 수 있다.

다음 단계는 노드들로 구성된 두 그룹 사이의 유사성을 정의하는 것인데, 여러 방법을 사용할 수 있다. 가장 대중적인 접근은 단일 연결single linkage, 완전 연결complete linkage, 그리고 평균 연결average linkage을 사용하는 것이다. 이 과정에서 두 그룹 사이의 유사성은 여러 가지 조합으로 쌍을 이룬 노드 사이의 유사도 점수로 결정되는데, 이때 노드 쌍은 서로 다른 그룹에서 고른 노드로만 구성한다.

네트워크에서 두 그룹 G_1과 G_2가 있고, 주어진 유사성 측도 S가 있다고 할 때, G_1과 G_2 사이의 유사도는 다음과 같이 계산할 수 있다. 우선, 유사도 S_{ij}를 모든 노드 쌍 (i, j)에 대해 계산하는데 i는 G_1에서, j는 G_2에서 고른다. 유사도 $S_{G_1G_2}$는 아래 소개한 간단한 방법으로 구한 노드 쌍의 유사도 집합에서 정의할 수 있다.

- 단일 연결은 노드 쌍별로 구한 유사도의 최댓값을 사용한다.
- 완전 연결은 노드 쌍별로 구한 유사도의 최솟값을 사용한다.
- 평균 연결은 노드 쌍별로 구한 유사도의 평균값을 사용한다.

계층적인 뭉치기 기법으로는, 노드 그룹들을 단계적으로 합치면서 분할을 찾아가는 집적하는^{agglomerative} 방법이나, 노드 그룹을 나누면서 분할해가는 분리하는^{divisive} 방법이 있다. 여기서는 문헌에 주로 등장하는 집적하는 방법에 집중해본다. 분리하는 계층 뭉치기 방법의 예는 6.3.1절에 있다.

집적하는 계층 뭉치기는 개별 노드가 각자 그룹을 이루는 N개의 그룹으로 나뉜 분할에서 시작한다. 그런 다음 각 단계마다 가장 유사도가 비슷한 두 그룹을 하나로 뭉치고, 모든 노드가 하나의 그룹으로 뭉쳐질 때까지 반복한다. 각 단계마다 그룹의 개수가 하나씩 감소하면서 총 N개의 분할 시리즈를 만들어내는데, 이를 계통도^{dendrogram} 또는 계층 나무^{hierarchical tree}라고 부른다. 그림 6.9에서 작은 네트워크가 계통도로 분할된 모습을 볼 수 있다. 하부에는 나무의 잎에 해당하는 노드가 있고 이름을 표시했다. 위로 올라가면 클러스터 쌍이 결합되는데, 그림에서는 두 세로선을 가로지르는 선으로 나타난다. 각 클러스터를 구성하는 노드는 세로선을 따라 내려오면 알 수 있다. 그림에 표현되어 있다시피, 계통도를 가로지르는 가로선으로 자르면 개별 클러스터들을 분할할 수 있다. 가로선으로 절단된 세로선들은 하나의 클러스터를 나타낸다. 높은 곳에서 자르면 크기는 더 크지만 적은 수의 클러스터로 분할하고, 낮은 곳을 자르면 작은 클러스터 여러 개를 만든다. 분할된 클러스터들은 만들어지는 과정을 따라 계층을 갖는데, 예를 들어 두 클러스터 중 계통도상 더 위에 위치한 클러스터는 더 아래에 위치한 클러스터의 병합자^{merger}다.

계층적인 뭉치기는 여러 가지 중요한 한계가 있다. 먼저, 남아 있는 노드가 있는 한 최대한 많은 분할을 생성해낼 뿐, 어느 정도 수준이 연구 맥락에서 의미가 있는지 그 기준을 제시하지는 않는다. 다음으로, 결괏값이 유사성 측도를 판단하는 방법이나 그룹의 유사도를 계산하는 기준에 영향을 받는다. 마지막으로, 알고리듬이 보통 느리고 수백 개 이상의 노드를 다루기에는 한계가 있다.

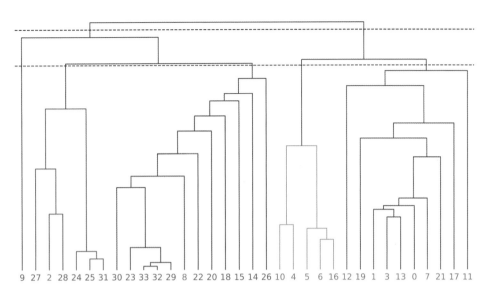

그림 6.9 재커리(Zachary)의 가라데 클럽 네트워크(6.4절 참고)의 계층적인 분할을 계통도로 나타낸 그림. 가로로 자르면 네트워크의 분할된 부분들을 뽑아낼 수 있다. 예를 들어, 검은색 점선이나 붉은색 점선은 각각 2분할과 5분할을 나타낸다. 각 클러스터는 절단된 가지에 매달린 노드들로 구성된다. 색상으로는 본문에서 설명하는 실제 클러스터와 추론된 클러스터를 나타낸다.

6.3 커뮤니티 찾기

커뮤니티를 찾는 방법은 다양하다. 클러스터를 찾는 전략에 따라 몇 가지 종류로 구분하기도 하는데, 여기서는 대표적인 네 가지 방법인 다리 제거$^{bridge\ removal}$, 모듈도 최적화$^{modularity\ optimization}$, 이름표 전파$^{label\ propagation}$, 확률 기반 블록 모델링$^{stochastic\ block\ modeling}$을 살펴보자. 다음 절에서는 커뮤니티 찾기 알고리듬의 성능을 어떻게 시험하는지도 살펴본다.

6.3.1 다리 제거

엄밀히 말하면, 어떤 링크를 제거했을 때 연결된 네트워크가 두 부분으로 쪼개지면 그 제거한 링크를 다리^{bridge}라고 한다. 여기서는 좀 더 넓은 의미로 생각해서, 어떤 링크라도 각기 다른 두 커뮤니티를 연결하고 있다면 그 링크를 다리라고 하자. 만약 우리가 모든 다리를 특정할 수 있다면, 클러스터를 찾는 자명한 방법은 일단 다리들을 제거해서 커뮤니티들의 연결을 끊어서 떨어지게 하는 것이다! 그렇게 연결이 끊긴 그래프에서 서로 연결된 덩어리들이 당연히 커뮤니티가 될 것이다. 이러한 다리 제거 아이디어는 유명한 거번-

뉴먼 알고리듬^{Girvan-Newman algorithm}을 비롯한 여러 커뮤니티 찾기 방법이 기반으로 한다.

다리 제거를 기반으로 한 어떠한 알고리듬이든 가장 핵심적인 요소는 다리를 구분하는 방법이다. 거번-뉴먼 알고리듬은 링크 사이 중심도^{link betweenness}(3.1.3절)를 사용한다. 링크 사이 중심도는 노드 쌍 사이에 있는 최단 경로 중 몇 가지가 그 링크를 지나는지를 나타낸다는 것을 상기해보자. 아마도 다리는 클러스터 안에 있는 링크보다 링크 사이 중심도가 더 높을 것으로 예상할 수 있다. 각기 다른 커뮤니티에서 뽑은 노드 쌍 사이의 수많은 최단 경로가 결국 다리를 지날 수밖에 없기 때문이다(그림 6.10). 반대로, 커뮤니티 안에서 두 노드를 최단거리로 잇는 경로는 내부 링크의 높은 조밀도로 인해 여러 가지 대안 경로가 있고, 특별히 선호되는 최단 경로는 존재하지 않을 수도 있다. 그래서 내부 링크의 사이 중심도는 낮을 것이다.

거번-뉴먼 알고리듬은 반복적으로 사이 중심도가 높은 링크를 찾아 제거해, 네트워크의 쪼개짐을 전파하면서 조각조각으로 떨어뜨린다.

모든 링크의 사이 중심도를 계산하는 것으로 시작한다. 그런 다음 이어지는 알고리듬의 매 반복 과정은 아래의 두 단계로 구성된다.

1. 사이 중심도가 가장 큰 링크를 제거한다. 다수의 링크가 동점일 경우 무작위로 하나를 고른다.
2. 남은 링크의 사이 중심도를 다시 계산한다.

모든 링크가 제거되어 노드가 고립되면 절차가 끝난다.

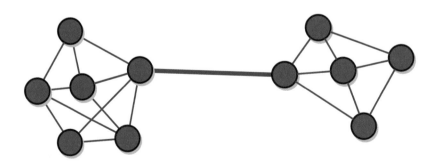

그림 6.10 링크 사이 중심도와 다리. 링크 사이 중심도는 대개 다리에서 높다. 그림에서 중간에 있는 링크가 다리인데, 좌우에 있는 두 커뮤니티에서 각각 노드를 골라 최단 거리로 이으면 그 경로가 다리를 지나기 때문에 다리는 다른 링크보다 사이 중심도가 훨씬 높다.

매번 반복할 때마다 모든 링크의 사이 중심도를 다시 계산해야 한다. 이것은 의미 있는 결과를 얻기 위해 매우 핵심적인 과정이지만, 커뮤니티를 찾는 과정을 매우 느리게 만든다. 뚜렷한 커뮤니티 구조를 가진 네트워크는 빠르게 연결이 끊어진 커뮤니티로 쪼개지는데, 이런 경우 마지막에 제거된 링크에 연결됐던 요소들만 사이 중심도를 다시 계산해도 충분하다. 다른 나머지 링크들의 사이 중심도는 동일한 상태이기 때문이다. 이렇게 하면 사이 중심도 계산에 필요한 컴퓨팅 부담을 획기적으로 줄일 수 있다.

거번-뉴먼 알고리듬은 네트워크의 모든 노드를 다 포함하는 하나의 클러스터부터 각각의 노드가 싱글톤으로서 개별적인 커뮤니티를 이루는 경우까지 매우 다양한 N개의 분할 집합을 뽑아낸다. 각각의 분할마다, 네트워크 안에서 연결되어 있는 덩어리 하나하나가 각각 클러스터를 의미한다. 링크를 제거해서 네트워크 덩어리를 쪼갤 때마다 클러스터의 개수가 하나씩 증가한다. 모든 분할은 계층적인데, 링크를 제거하면 클러스터가 차례차례 더 작은 조각으로 쪼개지기 때문이다. 이런 과정이 분리하는 계층 뭉치기의 예이며, 집적하는 계층 뭉치기(6.2.2절)의 반대 개념이다. 집적하는 계층 뭉치기처럼, 이렇게 파악된 전체 분할을 계통도로 표현할 수 있다. 그림 6.9에 재커리 가라데 클럽 네트워크를 거번-뉴먼 알고리듬으로 분할한 전체 모습이 나타나 있는데, 여기서 가라데 클럽 멤버들의 사회적인 교류 양상을 엿볼 수 있다. 재커리 가라데 클럽 네트워크는 6.4절에서 언급한 커뮤티니 찾기에서 자주 사용하는 기준 모델인데, 이 가라데 클럽의 회원들은 나중에 계통도 아래에 나타나 있는 노드 이름의 색깔대로 2개의 분파로 나눴다. 알고리듬으로 찾아낸 2개의 분할(검은 가로선에 해당함)과 비교했을 때 노드 **2**와 **8**을 제외하면 대부분 일치하는 것을 확인할 수 있다.

NetworkX에는 거번-뉴먼 알고리듬을 구현하는 함수가 포함되어 있다.

```
# 계층 분할 결과 리스트를 출력함
partitions = nx.community.girvan_newman(G)
```

이 방법은 상당히 느리기 때문에, 만여 개가 넘는 노드를 갖고 있는 거대한 네트워크에 적용하기에는 실용성이 떨어진다. 속도의 발목을 잡는 것은 링크의 사이 중심도를 반복 계산하는 것이다. 여기서 중요한 것은 링크 사이 중심도의 절대적인 수치가 아니라 링크 간의 순위다. 그래서 학자들은 다리를 판별하고자, 사이 중심도를 계산하는 것만큼의 컴퓨팅이 필요하지 않은 대안을 제시하기도 했다.

거번-뉴먼 알고리듬의 또 다른 주요 단점은 모든 계층 뭉치기 기법(6.2.2절)에 공통적인 부분인데, 노드 수만큼 다양한 분할이 존재할 수 있기 때문에 그중 의미 있는 분할이 무엇인가 하는 점이다. 혹시 있기는 한가? 이 질문에 답하기 위해, 다음 절에서 분할의 질을 표현하는 측정 방법을 소개한다. 이런 방법을 계통도에서 가장 우수한 분할을 선정하는 데 활용할 수도 있다.

6.3.2 모듈도 최적화

분할 상태가 얼마나 '좋은지' 어떻게 말할 수 있을까? 자연스럽게 떠오르는 방법은 분할된 서브네트워크가 얼마나 커뮤니티처럼 됐는가를 측정해보는 것이다. 예를 들어, 서브네트워크의 내부 링크 조밀도를 계산하고 그 값이 충분히 높은지 살펴볼 수 있다. 하지만 이러한 전략은 잘못된 결과를 도출할 수도 있다. 일례로 무작위 네트워크(5.1절)를 생각해보자. 무작위 네트워크에서는 노드를 무작위로 연결했기 때문에 어떠한 커뮤니티를 발견하리라고 기대되지는 않는다. 그룹 밖의 노드보다 같은 그룹끼리 더 연결되어 있는 특별한 노드 그룹도 존재하지 않는다. 사실 이것은 상대적으로 이미 잘 확립된 커뮤니티 찾기의 원칙인데, 무작위 네트워크는 커뮤니티를 갖지 않는다! 이 말은 또한 링크 조밀도와도 무관하게 독립적으로 성립한다. 따라서 무작위 서브네트워크는 네트워크의 내부 링크 조밀도에 상관없이 뚜렷한 커뮤니티 구조를 만들지 않는다. 커뮤니티 분할의 질을 측정하는데는 이보다 더 나은 방법이 필요하다.

커뮤니티 분할을 평가하는 또 다른 방법인 모듈도^{modularity}는 어떤 절대적인 값으로 평가하기보다는 무작위 기준치^{random baseline}에 비교해서 계산하는 값이다. 즉, 커뮤니티 내부 링크에서 무작위로도 생길 수 있는 부분을 제외한다. 간단히 말해서, 모듈도는 커뮤니티들 내부에 있는 링크의 수와 무작위로 만들어도 생길 것으로 예상하는 내부 링크 수의 차잇값이다. 기준이 되는 값은 5.3절에서 소개한 연결선 수 보존 무작위화^{degree-preserving} ^{randomization}로 구할 수 있는데, 여기서도 전체 네트워크의 노드 수와 노드별 연결선 수는 동일하다. 만약 원래 네트워크가 무작위 네트워크라면, 무작위화를 거쳐도 특징은 비슷할 것이고 모듈도는 낮을 것이다. 구체적으로 말하면, 개별 클러스터마다 내부 링크의 수는 무작위로 섞은 경우에도 비슷할 것이고 노드의 연결선 수 구성도 비슷할 것이며, 결과적으로 모듈도도 낮을 것이다. 반대로 클러스터 내부 링크의 수가 무작위로 예상한 수보다 훨씬 크다면, 모듈도는 매우 크게 계산될 것이다(그림 6.11). 글상자 6.1에 방향이 없고 가중치도 없는 네트워크의 모듈도 정의가 있다. 주어진 네트워크와 커뮤니티 분할이 있다면 NetworkX로 모듈도(식 (6.4))를 다음과 같이 구할 수 있다.

```
# 입력한 분할의 모듈도를 출력함
modularity = nx.community.quality.modularity(G, partition)
```

방향이 없고 가중치도 없는 네트워크 분할의 모듈도는 다음과 같이 정의한다.

$$Q = \frac{1}{L} \sum_C \left(L_C - \frac{k_C^2}{4L} \right) \tag{6.4}$$

여기서 계산값은 모든 분할된 클러스터별로 더하는데, L_C는 클러스터 C 안의 내부 링크의 수, k_C는 C 안에 있는 노드들의 연결선 수의 총합(식 (6.2))이고, L은 네트워크에 존재하는 모든 링크의 수다.

더하는 요소들은 클러스터 C의 내부 링크 수와 연결선 수 보존 무작위화를 거친 네트워크에서 클러스터 내부에 있으리라 예상하는 링크 수의 차잇값이다. 예상 링크 수를 계산하려면 무작위로 고른 미연결 링크의 쌍을 맞추면서 링크가 무작위로 형성된다는 것을 고려하자(5.3절). C 안에 있는 노드들에 붙은 미연결 링크 수의 합이 클러스터의 총 연결선 수인데, 무작위화 과정에서 모든 노드가 연결선 수를 보존하기 때문에 이 값은 항상 k_C다. 네트워크에서 하나의 링크는 2개의 미연결 링크를 만들 수 있기 때문에 네트워크의 총 미연결 링크의 수는 $2L$이 되고, 미연결 링크 하나를 무작위로 고르는 확률은 $k_C/2L$이 된다. 하나의 클러스터 C에서 두 노드를 골라서 하나의 무작위 링크를 만들려면 반드시 C 안에서 두 미연결 링크를 선택해야 한다. C에서 하나의 미연결 링크 쌍을 무작위로 고르는 확률은 각각의 미연결 링크를 고르는 확률의 곱과 같다. 즉, $\frac{k_C}{2L} \cdot \frac{k_C}{2L} = \frac{k_C^2}{4L^2}$이다(이 시나리오는 동전을 두 번 던져서 두 번 모두 앞면이 나올 확률인 $\frac{1}{2} \cdot \frac{1}{2} = \frac{1}{4}$과 같다). 게다가 총 L개의 링크가 있고 하나의 링크는 C 안에 있는 두 노드를 $k_C^2/4L^2$의 확률로 연결하기 때문에, 내부 링크 수의 기댓값은 $L \cdot k_C^2/4L^2 = k_C^2/4L$이다.

단 하나의 클러스터로 이뤄진 네트워크의 모듈도는 $Q = 0$이다. 이것은 식 (6.4)의 합에 해당하는 성분 중 $L_C = L$이 되고, $k_C = 2L$이 되기 때문이다. 게다가, 모듈도는 어떤 네트워크의 분할이라고 해도 $Q < 1$이고 $(\sum_C L_C)/L$(모든 링크가 내부 링크인 경우)을 초과할 수 없다. 모듈도는 음수일 수도 있다. 분할이 N개의 싱글톤으로 나뉘었다고 해보자. C 안의 어떤 노드도 자기를 연결하는 링크가 없기 때문에, 클러스터 내부 링크 수 L_C는 0이고, 결국 Q는 음수의 합이 된다. 대부분의 네트워크에 대해 모듈도의 최댓값은 $0 < Q_{max} < 1$이다.

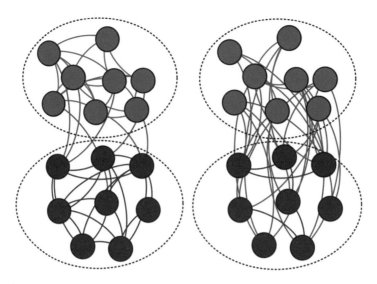

그림 6.11 네트워크 모듈도. 왼쪽의 네트워크는 파란색과 빨간색으로 구분한 2개의 클러스터로 나뉜 커뮤니티 구조를 눈으로 식별할 수 있고, 결과적으로 높은 모듈도를 보인다. 반면, 오른쪽 그림은 왼쪽 네트워크에서 연결선 수 보존 무작위화를 거친 결과를 보여준다. 무작위 네트워크에는 원본 네트워크에 비해 더 적은 수의 내부 링크(파란색과 빨간색으로 표시)가 있고, 서브네트워크를 연결하는 링크(회색)가 더 많다. 무작위화 과정이 네트워크의 커뮤니티 구조를 깨뜨린 것이다. 그러므로 같은 분할의 모듈도는 감소한다. 출처: Fortunato and Hric, 2016, Elsevier

이 정의는 방향성 가중치 네트워크로 바로 확장할 수 있다.

방향성 네트워크 분할의 모듈도는

$$Q_d = \frac{1}{L} \sum_C \left(L_C - \frac{k_C^{in} k_C^{out}}{L} \right) \tag{6.5}$$

인데, 여기서 L_C는 C 안의 방향이 있는 링크 수의 총합이고, k_C^{in}와 k_C^{out}는 각각 C 안의 노드들에 들어오는 링크 수의 합, 나가는 링크 수의 합이다.

가중치 네트워크는

$$Q_w = \frac{1}{W} \sum_C \left(W_C - \frac{s_C^2}{4W} \right) \tag{6.6}$$

을 쓰는데, 여기서 W는 네트워크에 있는 링크의 가중치의 총합이고, W_C는 C의 내부 링크의 가중치 총합이다. s_C는 C 안에 있는 노드들의 연결강도의 총합이다(식 (1.8)).

링크에 방향과 가중치가 모두 있는 네트워크에서는

$$Q_{dw} = \frac{1}{W} \sum_C \left(W_C - \frac{s_C^{in} s_C^{out}}{W} \right) \tag{6.7}$$

인데, 여기서 s_C^{in}와 s_C^{out}는 각각 C에 있는 노드들의 들어오는 연결강도 총합, 나가는 연결강도 총합이다.

모듈도는 원래 거번-뉴먼 알고리듬으로 구한 분할의 순위를 구해서 최선의 결과를 고르려고 고안됐다. 예를 들어, 그림 6.9의 계통도에서는 재커리 가라데 클럽 네트워크를 빨간 점선으로 잘라서 색깔별 세로줄로 구분된 5개의 클러스터로 나누었을 때가 가장 모듈도가 높다. 모듈도는 어떠한 분할이든 그 분할의 품질을 측정하는 역할을 하기 때문에, 다른 기술들과 함께 사용하는 데 아무런 문제가 없다. 우리가 해야 하는 일은 단지 가능한 가장 높은 모듈도를 보이는 분할을 찾아내는 것뿐이다. 이것이 바로 모듈도 최적화modularity optimization에 깔려 있는 생각이고 네트워크 뭉치기 알고리듬의 큰 부분을 차지한다. 6.1.3절에서 네트워크의 분할 가능한 방법은 매우 방대하다고 했던 것을 상기하면, 작은 크기의 네트워크조차도 가능한 분할의 모든 경우를 완전히 탐색하는 것은 불가능하다. 좋은 알고리듬은 대개 가능한 분할의 극히 일부에만 국한해 탐색한다.

간단한 모듈도 최대화 기술은 집적하는 알고리듬으로, 처음에는 모든 노드가 각자 자기 자신의 클러스터였다가 한 쌍의 클러스터씩 병합해 모듈도가 최대가 될 때까지 점점 합쳐가는 방식이다. 이 방법은 계통도에서 표현한 것처럼 분할의 계층을 탐색해간다. 모듈도는 최초 싱글톤으로 분할한 상태는 음수로 시작해서, 이후 양수의 최댓값을 얻을 때까지 점차적으로 증가하다가, 다시 감소해서 최종적으로 모든 노드가 하나의 같은 커뮤니티에 소속된 0으로 끝난다. 모듈도가 최댓값을 보인 순간에 해당하는 분할이 최적의 커뮤니티 분할인 상태를 의미한다. 이 방법은 탐욕스럽다greedy고 표현하는데, 항상 각 단계마다 더 높은 값을 찾으려 하기 때문이다. 그런 이유로, 차선의 모듈도 값을 결괏값으로 찾아낼 여지도 있다. 같은 이유로, 이런 탐욕스러운 알고리듬은 클러스터의 크기가 균형을 잃어 어떤 클러스터가 다른 클러스터보다 훨씬 큰 결과를 내놓기도 한다. 그런 불균형 분할은 비현실적이며 탐색 과정 자체를 현저하게 느리게 만들기도 한다. 서로 비슷한 크기의 클러스터를 병합하거나 2개보다 많은 그룹을 한 번에 병합하는 등 알고리듬을 간단히 수정하면 이러한 문제를 완화할 수 있다.

NetworkX에는 탐욕스러운 모듈도 최적화의 빠른 방법을 구현한 함수가 있다.

```
# 최대 모듈도를 갖는 분할을 내어준다.
partition = nx.community.greedy_modularity_communities(G)
```

가장 유명한 모듈도 최적화 방법은 루뱅 알고리듬$^{Louvain\ algorithm}$이다. 루뱅 알고리듬은 그림 6.12에서 보여주고 있듯이 커뮤니티를 단계적으로 슈퍼노드^{supernode}로 바꾸면서 집적하는 과정을 거친다.

알고리듬은 싱글톤 분할에서 시작한다. 매 반복 과정은 다음의 두 단계로 구성한다.

1. 노드 순환. 각 노드를 이웃의 커뮤니티 중 현재 상태보다 모듈도 증갓값 ΔQ가 최대로 변하는 커뮤니티에 병합한다. 모든 노드를 계속 검토하며 노드를 그 어떤 다른 커뮤니티로 옮겨도 더 이상 Q가 증가하지 않을 때까지 반복한다.

2. 네트워크를 가중치 있는 슈퍼네트워크로 변환한다. 1단계에서 얻은 분할의 개별 커뮤니티는 하나의 슈퍼노드로 대체되고, 두 슈퍼노드 사이를 연결하는 링크의 가중치는 두 커뮤니티 사이를 연결하는 링크의 수에 맞춘다. 같은 커뮤니티 안에서 노드를 연결하는 내부 링크는 그 슈퍼노드 스스로를 다시 연결하는 셀프 루프로 바꾸고 내부 링크 수의 2배만큼 가중치를 준다.

궁극적으로 관심 있는 것은 슈퍼노드가 아닌 실제 노드의 뭉침 구조이기 때문에, 모듈도는 항상 원본 네트워크에 대해 계산한다. 모든 과정은 현재의 분할에서 더 이상 모듈도를 증가시킬 수 없을 때 종료하고 가장 큰 모듈도 값의 분할을 결괏값으로 출력한다.

루뱅 알고리듬은 탐욕스러운 기술이어서, 최적의 모듈도에 가까운 분할을 찾는 데 종종 실패한다. 더욱이, 알고리듬의 결괏값은 어떤 노드를 먼저 판정하는지 순서에 따라 달라진다. 반면, 루뱅 알고리듬은 매우 빠른 속도가 장점이다. 첫 번째 반복을 마치면 네트워크를 변환해 크기가 줄어들어 몇 안 되는 슈퍼노드가 만들어지기 때문이다. 크기가 작아진 네트워크에서는 재빠른 계산이 가능하다. 그러므로 루뱅 알고리듬은 실용적인 응용에 광범위하게 사용된다. 예를 들어, 그림 0.2(b)가 이 방법으로 찾아낸 클러스터다. 루뱅 알고리듬은 수백만의 노드와 링크를 가진 큰 네트워크의 커뮤니티 찾기에 사용할 수도 있다.

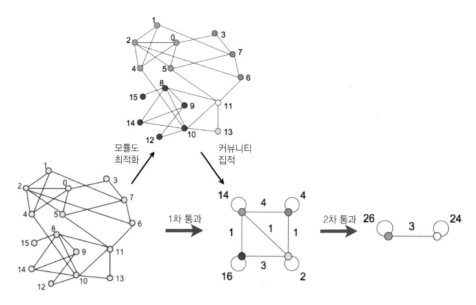

그림 6.12 루뱅 알고리듬. 그래프의 왼쪽에서 시작해서, 이 방법의 두 단계 반복 과정을 보여준다. 각 반복은 두 단계로 구성된다. 먼저 모든 노드에게 커뮤니티 속성을 부여하는데, (양수) 모듈도를 가장 크게 만들도록 이웃의 커뮤니티 이름표 중에서 골라 노드의 커뮤니티를 부여한다. 모듈도가 더 이상 커지지 않을 때까지 반복한다. 다음으로, 클러스터를 슈퍼노드로 전환해 네트워크를 더 작은 크기의 가중치 그래프로 바꿔준다. 2개의 커뮤니티 사이에 존재하는 링크들을 해당 슈퍼노드 사이를 잇는 하나의 가중치 링크로 전환하고, 각 커뮤니티 안에 있던 내부 링크들은 해당 슈퍼노드의 셀프 루프로 바꿔준다. 슈퍼링크로 변환된 가중치 덕분에, 병합해 슈퍼노드로 표현된 원본 네트워크의 모듈도 변화를 여러 분할 방법에 대해 빨리 계산할 수 있다. 출처: Blondel et al., 2008. Institute of Physics Publishing

이 책을 집필하는 시점을 기준으로 NetworkX에는 아직 루뱅 알고리듬이 구현되어 있지 않다. 대신 community 모듈을 불러들이면 사용할 수 있다.[4]

```
# 사전에 community 모듈을 github.com/taynaud/python-louvain에서 다운로드한다.
import community
# 모듈도가 가장 큰 분할을 출력한다.
partition_dict = community.best_partition(G)
```

모듈도를 사용한 방법이 매우 대중적이기는 하지만, 실용성을 저해하는 한계도 있다. 예를 들면, 네트워크 크기가 클수록 최대 모듈도가 커지는 경향이 있다. 그래서 모듈도는 각기 다른 시스템들을 비교하는 데 사용해서는 안 된다. 게다가, 무작위 네트워크에서 계산한 모듈도 값이 꽤 클 수 있다. 이것이 꽤 놀랍게 들릴지도 모르는데, 모듈도는 무작

---

4 python-louvain.readthedocs.io

위 기준을 바탕으로 계산하므로 무작위 네트워크에서는 그 차이가 작을 것 같기 때문이다. 그러나 모듈도는 단순히 각 커뮤니티의 내부 링크 수로 예상되는 값에서 실젯값을 뺀 수의 합(식 (6.4))일 뿐이다. 예측값에 있을 수 있는 무작위 편차는 고려하지 않고, 이러한 값이 모듈도에 영향을 줄 수도 있다. 마지막으로, 모듈도를 최대로 하는 분할이 반드시 최상의 분할일 필요는 없다. 이것은 모듈도 자체가 내부에 해상도 한계$^{resolution\ limit}$를 지녀서 작은 커뮤니티를 찾기 어렵게 하기 때문이다.

구체적으로, 해상도 한계는 네트워크의 전체 링크 수에 영향을 받는다. 연결선 수가 $\sqrt{2L}$보다 작은 커뮤니티는 모듈도 방법에서는 인식되지 않으며, 다른 클러스터에 병합되기도 한다.

그림 6.13은 이 문제의 극단적인 사례를 보여준다. 모든 가능한 내부 링크가 모두 연결된 클리크가 우리가 얻을 수 있는 가장 결집된 서브네트워크이기 때문에, 그림의 네트워크는 기본적으로 각각의 클리크가 하나의 커뮤니티인 16개의 커뮤니티로 나눌 수 있다. 그러나 이보다 더 높은 모듈도를 갖는 분할은 점선으로 표시한 8개의 클러스터다. 이 문제를 해결하는 방법은 모듈도 정의(식 (6.4))에 해상도를 조절할 수 있는 매개변수를 도

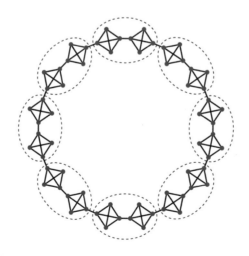

그림 6.13 모듈도 최적화의 해상도 한계. 네트워크는 4노드 클리크들로 연결되어 고리 모양 구조를 형성하고 있다. 각 클리크는 하나의 링크를 통해 다른 클리크와 연결됐다. 일반적으로 각 클리크를 커뮤니티로 간주했을 때 모듈도가 최댓값이라고 생각할 수 있다. 그러나 그러한 분할은 $Q \approx 0.795$다. 점선으로 그린 것처럼 클리크 쌍을 합쳐서 계산하면 모듈도가 더 증가해서 $Q \approx 0.804$가 된다. 출처: Fortunato and Hric, 2016, Elsevier

입하는 것이다. 이 매개변수는 찾을 수 있는 커뮤니티의 규모를 매우 작은 크기부터 매우 큰 크기까지 조절하는 역할을 한다. 이 전략은 다해상도 모듈도 최적화$^{\text{multiresolution modularity optimization}}$라고 부르는데, 여러 값의 매개변수에 대해 모듈도를 계산해야 하기 때문에 컴퓨팅 소요가 크다. 그리고 어느 수준의 해상도 매개변수가 적당한 값인지 결정할 수 있는 기준도 필요하다. 하지만 이러한 단점에도 불구하고, 다해상도 모듈도 최적화는 다양한 곳에 응용되고 있다.

6.3.3 이름표 전파

이름표 전파 알고리듬$^{\text{label propagation algorithm}}$은 이웃과 대부분 같은 커뮤니티에 속한다는 아이디어를 바탕으로 간단하고 빠르게 커뮤니티를 찾는 방법이다. 이것은 다시 말하면 대부분의 링크가 내부 링크라는 뜻인데, 6.1.2절에서 논의한 밀집되면서도 나뉘어 있는 커뮤니티를 만들어낸다. 매 단계에 각각의 노드를 검사해서 가장 많은 이웃이 속한 커뮤니티를 부여한다. 이 과정은 결국 모든 노드가 자신의 대다수 이웃과 같은 커뮤니티 소속에 속하는 안정적인 분할로 수렴한다.

이름표 전파 방법은 싱글톤 상태에서 시작한다. 즉, 각 노드는 모두 다른 이름표를 부여받는다. 매 반복 과정은 다음의 두 단계로 구성한다.

1. 모든 노드를 무작위로 훑는다. 각 노드는 자신의 이웃 중 다수가 공유하는 이름표를 가져온다. 단일한 주 이름표가 없을 경우, 이웃의 이름표에서 하나를 무작위로 고른다.
2. 모든 노드가 자신의 이웃이 가진 이름표 중 다수의 이름표를 따라서 갖고 있다면 (정상 상태$^{\text{stationary state}}$) 종료한다. 그렇지 않다면 1단계를 반복한다.

정상 상태에서 같은 이름표를 가진 노드 그룹을 커뮤니티로 정의한다.

이 과정에서 이름표가 네트워크에 퍼진다. 대부분의 이름표는 사라지지만, 나머지가 전체적으로 퍼지는 것이다. 각 단계마다 네트워크의 분할이 변하기 때문에, 정상 상태에 이르기까지는 수차례의 반복 과정이 필요하다. 하지만 일반적으로 이 알고리듬은 네트워크 크기와 대체로 무관하게 적은 수의 과정만 반복해도 정상 상태로 수렴한다.

마지막 분할 상태에서 각 노드의 이웃은 자신과 다른 커뮤니티보다 같은 커뮤니티에 더 많이 속한다. 그래서 6.1.2절에서 살펴본 덜 엄격한 정의에 의하면 모든 클러스터는 강한 커뮤니티에 해당한다. 문제는 이 알고리듬이 단 하나의 결론만 내어주지는 않는다는 점이다. 결과물은 각 단계마다 어떤 노드를 먼저 고려했는가에 따라 달라진다. 이 순서는 편향된 결과를 피하기 위해 무작위 순서를 결정하는 토큰에 따라 계산 과정에서 결정된다. 여러 가지 분할 결과 역시 알고리듬의 실행 과정에서 만나는 여러 가지 연결이 어느 무작위 순서에 따라 끊어졌는지에 따라 달라지는 결과다. 이런 불안정한 특성에도 불구하고, 실제 네트워크에서 이름표 전파로 찾아낸 분할 결과는 대개 서로 비슷하다. 더 견고한 결과를 위해서는 여러 시행을 통해 얻은 결과를 모두 고려할 수도 있다.

이 방법의 강점은 사전에 커뮤니티의 크기나 수에 대한 정보가 필요 없다는 것이다. 어떠한 매개변수 역시 필요 없다. 이름표 전파 방법은 적용하기 간단하고 매우 빠르다. 수백 개의 노드와 링크를 가진 네트워크도 이 방법으로 분할할 수 있다. 만약 일부 노드의 커뮤니티 이름표를 알고 있다면, 이 정보를 최초 분할의 시작점으로 사용할 수도 있다. 일례로, 이 방법은 그림 0.3에 있는 트위터 확산 네트워크에서 노드 색깔을 정하는 데 사용됐다.

NetworkX에서 이름표 전파 알고리듬은 다음과 같이 사용할 수 있다.

```
partition = nx.community.asyn_lpa_communities(G)
```

6.3.4 확률 기반 블록 모델링

네트워크가 하나 있는데, 그 네트워크가 어떤 모델을 통해 생성됐고 일련의 매개변수를 통해 정의됐다는 사실을 알고 있다고 해보자. 매개변수들이 정해지면, 그 모델은 하나의 네트워크군을 생성한다. 만약 매개변수를 모른다면, 어떤 값들이 모델 네트워크를 우리 그래프에 가장 가깝게 만드는지 물어볼 수 있다. 이것은 우리가 데이터 점들 집합에 직선을 맞추며 기울기의 매개변수를 추정하는 것과 같다고 할 수 있다. 예를 들어 우리의 네트워크가 무작위 그래프라면, 어떤 링크연결 확률이 우리가 가진 네트워크와 가장 비슷한 구조를 만들어내는지 물어볼 수 있다.

만약 네트워크의 커뮤니티 구조를 밝히는 데 관심이 있다면, 커뮤니티를 가진 네트워크를 생성하는 모델을 생각해볼 수 있다. 이 경우, 일단 가장 일치가 잘되는 모델을 찾으면, 모델에 심어진 커뮤니티가 바로 우리가 찾고자 하는 클러스터를 가장 드러내는 근사치라고 볼 수 있을 것이다. 커뮤니티를 가진 네트워크를 생성하는 모델 중 가장 광범위하게 받아들여진 모델이 확률 기반 블록 모델$^{\text{SBM, stochastic block model}}$이다. 기본적인 아이디어는 노드들이 그룹별로 나뉘고 두 노드를 연결할 확률은 그 노드가 소속한 그룹에 따라 결정된다는 것이다.

수식으로 표현해서 N개의 노드가 있는 네트워크가 1, ..., q까지 모두 q개의 그룹으로 나뉘어 있다고 해보자. 노드 i가 속해 있는 그룹은 g_i다. 노드 i가 노드 j와 연결될 확률은 오로지 노드의 그룹 멤버십 $P(i \leftrightarrow j) = p_{g_i g_j}$에 달려 있다. 즉, 그룹 쌍 g_1과 g_2에 대해서, g_1에 있는 어떤 노드가 g_2에 있는 다른 어떤 노드와 연결되더라도 그 확률은 동일하다. 확률은 $q \times q$ 행렬에 나타나 있는데, 이를 확률 기반 블록 행렬$^{\text{stochastic block}}$ ^{matrix}(그림 6.14)이라 부른다. 방향성 그래프에서는 이 행렬이 일반적으로 비대칭이다. 여기서는 방향이 없는 네트워크에 집중하는데, 이때 행렬은 대칭이다. 확률 기반 블록 행렬의 대각성분 p_{gg}($g = 1, ..., g$)는 블록 g에 있는 노드가 이웃일 확률을 나타내고, 대각성분 이외의 값은 각기 다른 블록 사이의 링크 확률을 나타낸다.

서로 다른 그룹에 있는 노드를 연결하는 확률보다 같은 그룹 안에 있는 노드를 연결하는 확률이 더 높다면, 그 네트워크는 집적되면서도 나누어진 커뮤니티를 생성한다. 하지만 그 모델이 다른 형태의 그룹 구조를 다양하게 생성해낼 수도 있다.

만약 $\forall r, s = 1, ..., q$이고 $r \neq s$이면서 $p_{rr} > p_{rs}$라면, 커뮤니티 구조를 발견할 수 있다. $p_{rr} < p_{rs}$라면 링크가 블록 내부보다 사이에 더 위치하기 때문에, 이종 구조^{disassortative} ^{structure}가 된다. $p_{rr} = 0$인 경우 $\forall r$에 대해서는, 블록들 사이에만 링크가 있기 때문에

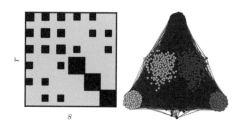

그림 6.14 확률 기반 블록 모델. (왼쪽) 블록이 6개인 SBM의 확률 기반 블록 행렬. 사각형 크기는 해당 그룹 사이의 연결 확률에 비례한다. (오른쪽) 이 행렬의 연결 확률을 이용해 만든 1000개의 노드로 구성된 네트워크 구현. 그룹은 색으로 확인할 수 있다. 출처: Peixoto, 2012, American Physical Society

다분 네트워크$^{\text{multipartite network}}$를 얻는다. 만약 $q = 2$이고 $p_{11} \gg p_{12} \gg p_{22}$라면 코어-주변부 구조$^{\text{core-periphery structure}}$가 나타나는데, 코어에 해당하는 블록에는 서로뿐 아니라 주변부로도 잘 연결된 노드들이 있지만 주변부에 있는 노드는 서로 거의 상호작용을 하지 않는다. 마지막으로, 모든 확률이 동일하다면($\forall r, s : p_{rs} = p$), 고전적인 무작위 네트워크를 만들어낼 수 있다. 어떠한 노드든 서로 연결될 확률은 동일하고, 그룹 구조는 존재하지 않는다.

정의한 모델을 우리가 가진 네트워크에 맞춰가야 한다. 표준적인 과정은 주어진 네트워크 분할에, SBM 역시 같은 노드 사이의 링크를 놓을 공산을 극대화하는 것이다. 그 가능성^{likelihood}은 해석적으로 계산할 수 있는데, 이를 통해 SBM이 주어진 분할을 얼마나 모사할 수 있는지를 알 수 있다. 마지막 단계는 가능성이 가장 높은 분할을 찾는 것이다. 글상자 6.2에서는 가능성과 이를 최대화하는 분할을 찾는 탐욕적인 알고리듬을 보여준다. 여타 탐욕적인 기법과 마찬가지로 이 방법도 차선의 해를 제공한다. 결괏값을 개선하려면 다양한 무작위 초기화 조건을 사용해 알고리듬을 수회 가동하고, 그중 가장 높은 가능성을 보여준 분할을 고를 수 있다.

이 접근법의 가장 중요한 한계는 일반적으로 실제 네트워크에서는 잘 알려져 있지 않은 네트워크 내 그룹의 수를 사전에 정해야 한다는 점이다. 이렇게 단순히 가능성을 최대화하는 방식을 따르다 보면, 얻은 분할이 굉장히 자명한 결과를 주기 때문이다. 즉, 모두 싱글톤인 결과를 내어준다. 다행히 SBM을 수행하기 전이나, 다듬어진 SBM을 수행하는 과정에서 클러스터의 수를 평가하는 여러 가지 방법이 존재한다.

6.4 방법 평가

커뮤니티를 찾는 방법이 '좋다'는 것을 어떻게 알까? 두 방법 중 어느 하나가 다른 방법보다 더 좋다는 것을 어떻게 말할 수 있을까? 일반적으로 네트워크를 잘 분할하는 옳은 방법에 대한 정답이 없기 때문에 이런 질문은 매우 답하기 어렵다. 그래서 보통은 '자연스러운' 커뮤니티 구조가 있는 것으로 알려진 기준 그래프$^{\text{benchmark graph}}$에서 해당 알고리듬이 커뮤니티를 찾아낼 수 있는지를 평가한다. 기준 모델은 두 가지가 있는데, (i) 하나는 어떠한 모델로 생성한 인공적인 네트워크이고 (ii) 다른 하나는 실제 네트워크로서 시스템의 역사나 노드의 특성을 기준으로 파악된 커뮤니티가 있는 경우다.

표준 SBM 모델은 연결선 수 불균일성을 무시하기 때문에, 대부분 실제 네트워크의 구조를 기술하는 데 형편없는 성능을 보인다. 그래서 연결선 수 보정 확률 기반 블록 모델^{DCSBM, degree-corrected stochastic block model}을 사용한다. DCSBM에서는 노드의 연결선 수를 실제 네트워크의 연결선 수와 맞춘다. 네트워크 G의 노드들을 q개의 그룹으로 나누는 분할 g가 주어졌을 때, DCSBM으로 네트워크 G를 다시 만들어내는 확률은 로그 가능성^{log-likelihood}으로 표현한다.

$$\mathcal{L}(G|g) = \sum_{r,s=1}^{q} L_{rs} \log\left(\frac{L_{rs}}{k_r k_s}\right) \tag{6.8}$$

여기서 L_{rs}는 그룹 r에서 그룹 s로 연결되는 링크의 수이고, $k_r(k_s)$는 $r(s)$에 있는 노드의 연결선 수의 총합이며, 총합을 계산할 때는 g의 가능한 모든 그룹 쌍을 대상으로 $r = s$인 경우까지 포함해서 구한다.

q 그룹으로 분할할 때 식 (6.8)의 로그 가능성 최댓값은 간단하게 탐욕 기법^{greedy technique}으로 얻을 수 있다. 처음에는 무작위로 q개의 클러스터로 분할해서 시작한다. 이후, 알고리듬의 매 반복 단계는 다음 두 단계로 이뤄진다.

1. 노드 하나를 한 그룹에서 다른 그룹들로 옮겨보면서, 가능성을 가장 높이는 경우(증가가 불가능하다면 가장 적게 감소하는 경우)를 선택한다. 각 노드는 한 번만 옮길 수 있다.
2. 모든 노드를 움직이고 나면, 1단계에서 시작부터 끝까지 이어진 과정 도중에 있었던 분할을 조사해보고, 가장 높은 가능성을 가진 경우를 선택한다.

연속된 두 번의 반복에서 가능성이 더 이상 증가하지 않고 동일하게 유지됐으면 종료한다.

6.4.1 인공적인 기준

확률 기반 블록 모델(6.3.4절)은 대개 인공적인 기준 그래프를 만들 때 사용한다. NetworkX는 다음과 같은 함수로 이를 수행한다.

```
# 리스트 S에 마련한 커뮤니티 크기와 확률 기반 블록 행렬 P로 만드는 네트워크
G = nx.generators.stochastic_block_model(S, P)
```

심어둔 분할 모델$^{planted\ partition\ model}$은 SBM의 특별한 버전이다. 심어둔 분할 모델은 원래의 SBM이 간소화된 버전인데, 오직 두 종류의 링크 확률만 사용한다. 같은 커뮤니티 안에 있는 두 노드가 서로 연결될 확률과 각기 다른 커뮤니티 안에 있는 두 노드가 연결될 확률만 있으면 된다.

6.3.4절에서 q개의 그룹을 가진 표준 SBM은 $q \times q$ 확률 블록 행렬로 특징지을 수 있고, 이 행렬의 성분 p_{rs}는 그룹 r의 아무 노드와 그룹 s의 아무 노드 사이에 링크를 가질 확률을 나타낸다. 심어둔 분할 모델에서 $r = s$라면 $p_{rs} = p_{int}$이고, $r \neq s$라면 $p_{rs} = p_{ext}$다. 만약 $p_{int} > p_{ext}$일 때, 두 노드가 같은 그룹 안에 있다면 각기 다른 그룹 안에 있을 때보다 더 높은 확률로 서로 연결된다. 여기서 그룹이 커뮤니티를 나타낸다. 심어둔 분할 모델은 모든 커뮤니티의 크기가 N/q로 동일하다고 가정한다. 주어진 값들인 p_{int}, p_{ext}, 그리고 q를 사용하면, 한 노드의 내부 연결선 수의 기댓값 $\langle k^{int} \rangle = p_{int}(\frac{N}{q} - 1)$과 외부 연결선 수의 기댓값 $\langle k^{ext} \rangle = p_{ext} \frac{N}{q}(q - 1)$을 계산할 수 있다. 이는 특정 노드 i와 같은 그룹에 있는 다른 $\frac{N}{q} - 1$개의 노드가 i의 이웃이 될 확률이 p_{int}로 동일하고, i와 다른 그룹에 있는 $\frac{N}{q}(q - 1)$개의 노드 중 어떤 노드라도 i의 이웃이 될 확률이 p_{ext}로 동일하기 때문이다. 총 연결선 수의 기댓값은 $\langle k \rangle = \langle k^{int} \rangle + \langle k^{ext} \rangle = p_{int}(\frac{N}{q} - 1) + p_{ext} \frac{N}{q}(q - 1)$이다.

NetworkX에는 심어진 분할 모델로 네트워크를 생성하는 함수가 있다.

```
# nc개의 노드를 가진 q개의 커뮤니티와 링크 확률 p_int, p_ext로 만드는 네트워크
G = nx.generators.planted_partition_graph(q, nc, p_int, p_ext)
```

심어진 분할 모델에서 네트워크의 크기, 노드의 연결선 수, 커뮤니티의 개수와 크기를 사전에 구체적으로 지정해서 활용하는 경우가 GN 기준$^{GN\ benchmark}$으로 알려진 모델이며, 지금까지 과학계에서 표준 검증 도구로 오랫동안 사용하고 있다.

GN 기준을 유도하기 위해 $N = 128$, $q = 4$, $\langle k \rangle = 16$으로 지정하자. 이것은 $31p_{int} + 96p_{ext} = 16$임을 뜻하고, p_{int}와 p_{ext}는 독립 매개변수가 아니다. 일단 p_{int}를 확정하면, p_{ext}는 이 관계에서 결정된다. p_{int}와 p_{ext}를 알면, 에르되시-레니 무작위 그래프(5.1절)에서 차용한 비슷한 방법으로 네트워크를 만들 수 있다. 모든 노드 쌍에 대해 두 노드가 각기 같은 커뮤니티에 있는지 아닌지에 따라 p_{int} 또는 p_{ext}의 확률로 연결해나가는 것이다.

외부 연결선 수가 높아지고 내부 연결선 수가 낮아질수록 커뮤니티를 찾는 것이 어렵다. 그림 6.15에서는 난이도가 점점 높아지는 세 가지 GN 기준 네트워크를 보여준다.

낮은 $\langle k^{ext} \rangle$ 값에 대해서는 커뮤니티가 잘 분리되고 대부분의 알고리듬이 문제없이 커뮤니티를 찾는다. $\langle k^{ext} \rangle$ 값이 증가하면 알고리듬의 성능이 떨어지기 시작하는데, 노드의 외부 연결선 수가 늘어나면서 커뮤니티 안에 있는 연결선 수만큼 다른 커뮤니티에도 이웃이 생겨서 판단이 어렵기 때문이다. 좋은 알고리듬은 $p_{int} > p_{ext}$이기만 하다면 이론적으로 커뮤니티를 인식할 수 있어야 한다. 예를 들어, $p_{int} = p_{ext} = 16/127$, $\langle k^{ext} \rangle \approx 12$라면 이 값보다 낮은 $\langle k^{ext} \rangle$ 값일 때 커뮤니티를 찾을 수 있어야 한다. 하지만 커뮤니티를 찾을 수 있는 실제 역치는 이보다 낮은 대략 9 정도로 나타나는데, 이는 링크의 위치로 인해 발생하는 무작위 변동 때문이다. 그래서 $9 \leq \langle k^{ext} \rangle \leq 12$ 정도의 범위에서는 이런 변동치 때문에 기본적으로 네트워크를 무작위 그래프와 분간하기 어렵다.

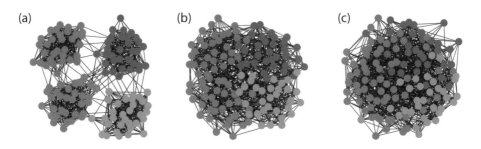

그림 6.15 세 가지 GN 기준 네트워크: (a) $\langle k^{ext} \rangle = 1$, $\langle k^{int} \rangle = 15$, (b) $\langle k^{ext} \rangle = 5$, $\langle k^{int} \rangle = 11$, (c) $\langle k^{ext} \rangle = \langle k^{int} \rangle = 8$로 만들었다. 네트워크에 있는 네 그룹을 (c)에서는 거의 구분할 수 없는데, 이 경우에는 커뮤니티 찾기 방법들이 많은 노드를 올바른 그룹에 배치하는 데 실패한다.

유용한 방법이기는 하지만, 그럼에도 불구하고 GN 기준 모델은 커뮤니티 구조를 가진 실제 네트워크의 좋은 대용물은 아니다. 한 가지 이유는, GN 기준 모델에서는 모든 노드 연결선 수가 대개 비슷한데 실제 네트워크의 연결선 수 분포는 굉장히 이질적이기 때문이다(3.2절 참고). 또 다른 한계는 실제 네트워크의 커뮤니티 크기는 보통 꽤나 다양한데, 심어진 분할 모델은 동일한 크기의 그룹을 만들어낸다는 점이다. 더 개선된 LFR 기준LFR benchmark은 그림 6.16에 나와 있듯이, 연결선 수와 커뮤니티 크기가 두터운 꼬리 분포를 보이도록 네트워크를 생성한다. 그래서 지금은 LFR 기준을 커뮤니티를 찾는 알고리듬을 평가하는 데 자주 사용한다.

커뮤니티 찾기 방법을 평가할 때는 음성 테스트negative test도 물론 중요하다. 여기에는 커뮤니티 구조가 없는 네트워크도 사용할 수 있을 것이다. 무작위 네트워크가 좋은 예인데, 무작위 네트워크에서 어떠한 커뮤니티 구조를 찾아내는 알고리듬은 실용적으로 신뢰하기 매우 어렵다고 판단할 수 있다. 이런 네트워크에서 우리가 기대하는 의미 있는 분할은

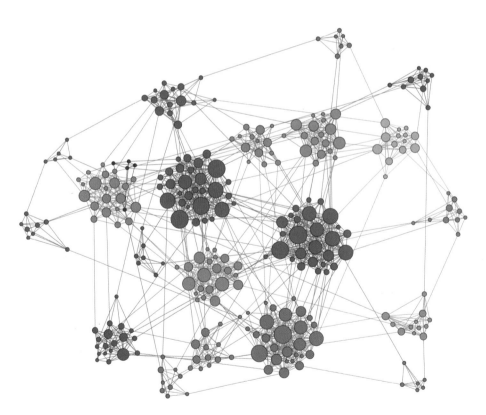

그림 6.16 LFR 기준. 노드 크기는 연결선 수에 비례한다. 노드 연결선 수와 커뮤니티 크기가 넓게 분포하며, 커뮤니티를 가진 대부분의 실제 네트워크에서 발견되는 불균일성을 재현한다.

모든 노드가 싱글톤이거나 하나의 클러스터가 모든 노드를 포함하는 것이다. 이 외의 어떠한 분할이든 결과로 내어놓는다면, 그 알고리듬이 무작위 변동성으로 조밀하게 생성된 서브네트워크와 실제 커뮤니티를 구분하는 능력이 없다는 반증이 될 것이다.

6.4.2 실제 기준

커뮤니티를 가진 가장 유명한 실제 네트워크는 그림 6.17에 있는 재커리 가라데 클럽 네트워크다. 미국의 한 가라데 클럽의 멤버를 나타내는 34개의 노드로 구성된 이 네트워크는 3년 동안 그들을 관찰해 만들었다. 링크는 클럽 밖에서 서로 교류하는 개인들을 연결한다. 어느 순간 사범과 가라데 클럽 회장 사이에 충돌이 발생했고, 이로 인해 클럽은 사범과 회장을 지지하는 두 그룹으로 분리됐다. 나뉜 그룹은 네트워크 구조를 바탕으로도 납득할 수 있게 쪼개졌는데, 대부분의 노드가 사범이나 회장에 해당하는 각 허브에 매우 가깝게 연결됐기 때문이다. 믿을 수 있는 커뮤니티 찾기 방법은 이 두 그룹을 찾아낼 수 있어야 한다. 사실 재커리 가라데 클럽 네트워크에서 커뮤니티를 찾는 것은 대부분의 커뮤니티 찾기 방법에서 그다지 어려운 도전은 아니라서, 대부분이 노드를 제대로 분류할 수 있다.

NetworkX에는 재커리 가라데 클럽 네트워크를 불러오는 함수가 구현되어 있다.

```
G = nx.karate_club_graph()
```

노드의 특성을 바탕으로 서로를 구분할 수 있는 다양한 네트워크로 커뮤니티 찾기 알

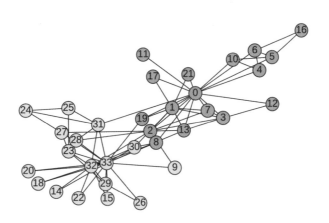

그림 6.17 재커리 가라데 클럽 네트워크. 노드 색에 따라 사범(0번 노드)과 회장(33번 노드)을 추종하는 사람들을 나타낸다. 결국 이들은 2개의 그룹으로 쪼개졌다.

고리듬을 시험할 수도 있다. 예를 들면, 많은 소셜 네트워크에는 사용자가 참여 여부를 결정할 수 있는 그룹이 있고, 인용 네트워크에서는 노드에 해당하는 논문들을 출판된 출처에 따라 그룹 지을 수 있으며, 인터넷 라우터는 나라별로 분류할 수 있다. 이런 그룹들이 뭉치기 방법으로 찾아낸 커뮤니티와 반드시 일치하지는 않아서, 구조를 바탕으로 분석한 클러스터가 속성을 바탕으로 그룹 지은 것과 꼭 같아야 하는지 의문이 생긴다. 그에 대한 답은 네트워크의 종류와 속성에 달려 있다. 네트워크에서 커뮤니티를 찾는 것은 그래프가 어떻게 보이는지를 결정하는 숨겨진 속성을 드러내는 길이다. 그래서 같거나 비슷한 속성을 가진 노드가 서로 밀접하게 연결됐다면 그 속성은 커뮤니티 찾기를 통해 드러날 것이다. 만약 어떤 속성이 네트워크를 만들어가는 과정에 기여하지 않는다면, 뭉치기 방법을 적용해도 여전히 드러나지 않을 것이다.

6.4.3 분할 유사성

검증 과정에 요구되는 마지막 재료는, 알고리듬으로 분석한 결과물이 기준 모델로 사용한 네트워크에 존재하는 자연적인 분할 상태를 얼마나 유사하게 재현하는지를 말해주는 **분할 유사성**partition similarity 측도다. 분할 유사성을 측정하는 여러 가지 방법이 존재하는데, 유사성을 평가할 때 사용하는 기준을 바탕으로 유형을 나눠볼 수 있다.

유명한 한 가지 방법은 올바르게 찾은 노드의 비율fraction of correctly detected nodes을 사용하는 것이다. 알고리듬으로 찾아낸 어떤 노드의 커뮤니티가, 같은 커뮤니티에 속한 다른 노드 절반 이상과 함께 기준 분할benchmark partition에서와 동일한 커뮤니티로 판명되면 올바르게 커뮤니티를 분류했다고 판단한다. 올바르게 분류된 노드의 수를 네트워크에 있는 전체 노드 수로 나누면 올바르게 찾은 노드의 비율을 0에서 1 사이의 값으로 얻는다. 이 방법은 올바르게 혹은 그르게 분류됐음을 판단할 노드의 커뮤니티 이름표를 부여하는 방법이 어쩔 수 없이 임의적이라는 문제가 있다.

더 나은 접근 방법은 두 가지 커뮤니티 분할 중 한 가지가 주어지면, 또 다른 하나를 추론하는 데 필요한 추가적인 정보의 양을 계산해 두 가지 커뮤니티 분할 사이의 유사성을 측정하는 것이다. 이 과정을 통해 하나의 분할에서 다른 분할로 전환하고자 클러스터를 건너 옮겨가야 하는 노드에 대한 정보를 측정한다. 분할이 닮았으면 둘 중 하나에서 다른 하나로 바꾸는 데 거의 정보가 필요하지 않다. 더 많은 정보가 필요할수록, 두 분할은 덜 유사하다고 할 수 있다. 글상자 6.3에서는 정보를 바탕으로 유사성을 측정하는 방법인 정규화된 상호 간 정보NMI, normalized mutual information를 소개한다. 비록 광범위하게 사용되고 어떤 분할 사이의 닮음도를 측정하는 방법은 정보 이론에서 개념을 가져왔다. 무작위로 고른 노드가 분할 X에서 클러스터 x에 속할 확률은 $P(x) = N_x/N$으로 주어지는데, 여기서 N_x는 x의 크기다. 무작위로 고른 노드가 분할 X에서 클러스터 x와 분할 Y에서 클러스터 y에 속할 확률은 $P(x, y) = N_{xy}/N$이고, 여기서 N_{xy}는 x와 y가 공통으로 갖고 있는 노드의 수다. 분할 X와 분할 Y 사이의 정규화된 상호 간 정보는 다음과 같이 정의한다.

$$\text{NMI}(X, Y) = \frac{2H(X) - 2H(X|Y)}{H(X) + H(Y)} \tag{6.9}$$

여기서 $H(X) = \sum_x P(x)\log P(x)$는 X의 섀넌 엔트로피$^{\text{Shannon entropy}}$이고, $H(X|Y) = \sum_{x,y} P(x, y)\log[P(y)/P(x, y)]$는 Y가 주어졌을 때 X의 조건부 엔트로피$^{\text{conditional entropy}}$다. 분할 X의 모든 클러스터 x와 분할 X와 Y의 모든 클러스터 쌍 x와 y에 걸쳐 합을 계산한다. 분할이 완전히 서로 같을 때만 NMI = 1이고, 두 분할이 두 가지 무작위 분할을 비교하는 것처럼 서로 독립이면 0이다.

는 있지만, 정규화된 상호 간 정보는 한계가 있다. 알고리듬으로 찾아낸 분할이 기준 분할에 더 가깝지 않더라도, 클러스터 수가 많다면 정규화된 상호 정보 값은 더 높아진다. 이런 특성은 알고리듬의 상대적인 성능을 평가하는 데 잘못된 인식을 낳을 수 있다. 다른 유사성 측정 방법들을 사용할 수도 있다. 다만, 어떠한 방법이든 장단점이 있다는 점을 기억하자.

6.5 요약

커뮤니티는 네트워크의 기능과 구조에 핵심적인 역할을 한다. 커뮤니티는 노드 사이의 유사성 정도를 드러내고, 네트워크가 어떻게 조직됐는지 보이며, 노드의 역할을 커뮤니티와 전체 네트워크 두 측면 모두에서 알 수 있게 하고, 네트워크에서 일어나는 동역학에 영향을 준다. 이것이 네트워크 분석에서 커뮤니티 찾기가 중요한 문제인 이유다. 6장에서 배운 내용을 정리해보자.

1. 커뮤니티는 잘 정의된 객체는 아니다. 높은 수준에서 보자면 커뮤니티는 결집하면서도 잘 나눠진 서브네트워크인데, 커뮤니티 안에 많은 링크가 있고 커뮤니티 사이에는 링크가 그만큼 많지 않다. 많은 뭉치기 알고리듬이 커뮤니티에 대한 명확한 정의를 요구하지 않는다.

2. 하나의 네트워크, 심지어 작은 크기의 그래프에서도 커뮤니티로 분할하는 방법은 대단히 다양하다. 애초에 모든 분할을 찾을 수는 없다.

3. 무작위 네트워크는 커뮤니티가 없다. 그래서 무작위 네트워크는 커뮤니티 찾기 알고리듬이 잡음과 신호를 제대로 구분할 수 있는지 테스트하는 데 사용할 수 있다.

4. 네트워크 분할 과정은 잘 구분된 서브네트워크를 찾아간다. 서브네트워크가 결집될 필요는 없기 때문에, 그것이 커뮤니티일 수도 있고 아닐 수도 있다. 이런 한계와 클러스터의 수가 사전에 입력돼야 한다는 사실에도 불구하고, 네트워크 분할 도구는 커뮤니티를 찾는 데 매우 유용한 도구가 될 수 있다.

5. 계층적인 뭉치기는 노드의 유사성을 기준으로 그룹을 나눈다. 빈번하게 사용하지만 여러 가지 단점이 있기는 하다. 가장 대표적인 문제는 결과적으로 얻어진 모든 계층 정보(계통도)에서 의미 있는 적당한 분할을 선택하는 기준이 없다는 점이다.

6. 다리 제거 방법은 커뮤니티 사이의 링크를 지우는 과정으로 이뤄지고, 커뮤니티 사이의 연결이 끊어지면서 확인할 수 있다. 다른 계층적인 뭉치기 방법처럼, 추가 기준이 주어지지 않는다면 다리 제거가 찾아낸 분할의 계층에 순위를 부여할 방법이 없다는 문제가 있다.

7. 모듈도 최적화는 가장 큰 모듈도를 갖는 분할을 찾아간다. 모듈도는 분할의 품질을 무작위 버전의 네트워크와 내부 링크의 수를 비교하면서 측정한다. 모듈도가 클수록 덜 무작위한 형태이고, 즉 더 특별한 클러스터라는 의미다. 루뱅 방법은 탐욕적인 모듈도 최적화 방법이며, 빠른 속도 덕분에 많은 응용 사례에 활용한다. 모듈도 최적화의 한 가지 한계라면, 그룹 구조가 없는 네트워크도 꽤 높은 모듈도를 가진 분할이 있을 수 있다는 점이다. 또 다른 단점은 작은 크기의 커뮤니티는 찾기 어렵다는 것이다.

8. 이름표 전파 방법은 노드를 커뮤니티에 할당하는데, 이 과정으로 각각의 노드가 다른 커뮤니티보다 자신의 커뮤니티 안에 더 많은 이웃을 갖게 한다.

9. 확률 기반 블록 모델은 그룹 구조를 가진 네트워크를 생성한다. 네트워크에 있는 커뮤니티는 확률 기반 블록 모델을 맞춰가면서 복구해낼 수 있다. 이 과정은 네트워크가

모델에 의해 다시 생성될 수 있는 가능성을 최대화하면서 수행한다. 이런 접근법은 입력값으로 그룹의 수를 넣어줘야 하지만, 이 값을 예상하는 적당한 방법들이 있다.

10. 커뮤니티 찾기 알고리듬은 기준 네트워크에 있는 알려진 커뮤니티를 발견해내는지 테스트함으로써 성능을 평가할 수 있다. 유명한 GN과 LFR 기준 네트워크는 특정한 확률 기반 블록 모델에서 유도한 방법이다. 그룹의 속성을 가진 실제 네트워크는 노드의 속성이 커뮤니티 구조를 생성하는 요소인지 아닌지에 따라 테스트에 유용하거나 유용하지 않다. 분할 유사성 측도는 알고리듬으로 찾아낸 커뮤니티가 기존 네트워크의 커뮤니티와 얼마나 닮았는지 평가하는 데 사용한다.

6.6 더 읽을거리

커뮤니티 찾기 주제를 빈틈 없이 살펴보기 위해 일련의 리뷰 논문(Porter et al., 2009; Fortunato, 2010; Fortunato and Hric, 2016)을 추천한다. 소셜 네트워크에서의 커뮤니티 정의에 관한 포괄적인 소개는 Wasserman and Faust(1994)에서 볼 수 있다. 가라데 클럽 네트워크에 대한 재커리의 논문(Zachary, 1977)도 추천한다.

Luccio and Sami(1969)에서는 강한 커뮤니티를 소개했고, Radicchi et al.(2004)에서는 약한 커뮤니티를 정의하면서 강한 커뮤니티의 개념을 완화했다. Hu et al.(2008)에서는 약한 커뮤니티와 강한 커뮤니티에 대한 덜 엄격한 개념을 제시했다.

네트워크 분할에 관해서는 Bichot and Siarry(2013)을 추천한다. 커니건-린 알고리듬은 Kernighan and Lin(1970)에 처음 소개됐다. Jain et al.(1999)와 Wu and Wunsch(2008)은 데이터 뭉치기를 잘 소개했다.

거번-뉴먼 알고리듬은 Girvan and Newman(2002)에서 소개했다. Newman and Girvan(2004)에서는 모듈도를 정의했고, 모듈도 최적화를 위한 탐욕적인 방법은 Newman(2004a)에서 소개했다. 뉴먼의 탐욕적인 기법을 더 빠르게 개선한 것을 Clauset et al.(2004)에서 소개했다. 루뱅 방법은 블롱델 등(Blondel et al., 2008)이 개발했다.

Guimerà et al.(2004)에서는 무작위 그래프의 분할도 높은 모듈도를 얻을 수 있다는 사실을 밝혔다. 모듈도 최대화의 해상도 한계는 Fortunato and Barthélemy(2007)에서 공개했다. 모듈도를 가중치 네트워크로 확장한 것은 Newman(2004b)에서였다. 여기서 더 나아가 Arenas et al.(2007)에서는 방향성이 있는 경우까지 확장했다.

다중 해상도 모듈도 최적화는 Reichardt and Bornholdt(2006)과 Arenas et al.(2008)에

서 논의를 시작했다. 라그하반 등(Raghavan et al., 2007)은 이름표 전파 방법을 개발했다. 확률 기반 블록 모델은 근원적인 논문인 Fienberg and Wasserman(1981)과 Holland et al.(1983)에서 소개했다. Karrer and Newman(2011)과 Peixoto(2014)에서는 확률 기반 블록 모델을 네트워크에 맞춰가는 현대적인 방법과 커뮤니티에 대해 논의했다.

심어진 분할 모델의 아이디어는 Condon and Karp(2001)에서 제시했고, GN 기준은 거번과 뉴먼(Girvan and Newman, 2002)의 이름을 따서 만들었다. LFR 기준은 란키치네티 등(Lancichinetti et al., 2008)이 개발하고 저자 세 명의 이름을 따서 부른다. Lancichinetti and Fortunado(2009)에서는 LFR 기준으로 다양한 알고리듬의 비교 연구를 수행했다. Yang and Leskovec(2012)와 Hric et al.(2014)는 구조에서 찾은 커뮤니티와 속성을 기반으로 나눈 커뮤니티가 다를 수 있음을 찾아냈다. Meilă(2007)은 분할 유사성 측도에 대한 좋은 리뷰를 제공했다. 올바르게 찾은 노드의 비율과 정규화된 상호 간 정보는 Girvan and Newman(2002)와 Fred and Jain(2003)에서 각각 소개했다.

연습문제

6.1 이 책의 깃허브 저장소에 있는 6장 튜토리얼을 살펴보라.[5]

6.2 강한 커뮤니티는 약한 커뮤니티이기도 하지만 역은 일반적으로 참이 아니다. 약한 커뮤니티이지만 강한 커뮤니티는 아닌 예를 들어보라.

6.3 약한 커뮤니티의 정의는 커뮤니티 안에는 바깥보다 많은 링크가 있어야 한다는 순진한 예측을 반영하고 있다. 그러나 서브네트워크 C가 약한 커뮤니티이려면 내부 링크 L_C가 외부 링크 k_C^{ext}보다 반드시 많을 필요는 없다. 약한 커뮤니티의 정확한 조건이 무엇인가? $L_C < k_C^{ext}$인 약한 커뮤니티의 작은 예를 하나 들어보라.

6.4 N개의 노드가 있는 네트워크를 $N - 1$개의 그룹으로 어떻게 분할하더라도 한 쌍의 노드와 싱글톤들로 구성된다. 얼마나 많은 분할이 가능한가?

6.5 하나의 네트워크가 짝수 N개의 노드로 이뤄진 거대한 클리크라고 하자. 이 네트워크를 양분하는 문제의 정답은 무엇인가? 결과물인 이분할 네트워크에서 컷 크기는 얼마인가?

---

5 github.com/CambridgeUniversityPress/FirstCourseNetworkScience

6.6 그래프를 양분할 때, 두 클러스터 사이의 컷 크기를 최소화하는 것은 클러스터 안의 링크 수를 최대화한다는 것을 의미한다. 그래서 네트워크 이분할 문제를 다룰 때 네트워크 분할은 커뮤니티 찾기와 동일한 것으로 보인다. 왜 이것이 참이 아닌지 설명하고 예를 들어보라.

6.7 커니건-린 알고리듬을 사용해 재커리 가라데 네트워크를 가장 잘 양분한 모습을 찾아보라. NetworkX에서 Kernighan_lin_bisection() 함수를 사용할 수 있다. 네트워크의 자연스러운 분할과 결과를 비교하고 닮은 점과 다른 점을 살펴보라.

6.8 집적하는 계층 뭉치기로 생성한 모든 계통도에서 가로선은 두 그룹의 노드가 병합된다는 것을 뜻한다. 네트워크에 N개의 노드가 있을 때, 계통도에 존재할 수 있는 가로선의 수는 총 몇 개인가?

6.9 재커리 가라데 클럽 네트워크를 대상으로 두 가지 커뮤니티 찾기 방법을 비교해보자. 먼저, 거번-뉴먼 알고리듬을 NetworkX의 community.girvan_newman() 함수로 적용해보라. 5개의 클러스터로 구분된 분할 P_{NG}가 가장 높은 모듈도인지 확인해보라(힌트: 6장 튜토리얼을 확인하라). 그런 다음, NetworkX 함수 중 탐욕적인 모듈도 최적화를 수행하는 community.greedy_modularity_communities()를 사용하자. 결과물인 분할 P_G에 얼마나 많은 커뮤니티가 있는가? P_{NG}와 P_G 중 어떤 분할의 모듈도가 더 높은가?

6.10 이분 네트워크는 두 가지 유형의 노드로 구성된다는 사실을 상기해보자. 두 유형을 A와 B라고 하면, 링크는 A에서 노드 하나, B에서 노드 하나를 연결한다. 두 유형이 빨간색과 파란색으로 표시된 그림 6.18의 예를 보라. 네트워크가 두 그룹 A와 B로 나뉜 분할의 모듈도는 $-1/2$임을 보여라. 이 값은 모듈도가 다다를 수 있는 최솟값이기도 하다.

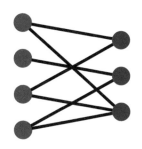

그림 6.18 이분 네트워크의 도식 예

6.11 N개의 노드로 구성된 클리크가 있다고 하자. 이 클리크를 어떻게 이분할해도 모듈도는 음수임을 보여라. 추가 점수로, 이 클리크를 하나보다 많은 수의 클러스터로 나누는 어떠한 분할이라 할지라도 모듈도가 모두 음수임을 보여라(힌트: 두 그룹의 노드 수는 각각 N_A와 $N_B = N - N_A$다). 단 하나의 클러스터로 한 분할이 모듈도가 0이고, 이 역시 모듈도의 최댓값이다. 모듈도 최적화는 클리크를 쪼개지 않는다!

6.12 그림 6.13에 있는 클리크 고리를 2개의 가지로 분할하는 방법의 모듈도를 계산하라. 한 가지는 각 클리크를 하나의 커뮤니티로 하는 것이고, 다른 하나는 클리크가 쌍으로 연결된 것이다. 그림 설명에 있는 모듈도를 확인하라.

6.13 어떤 네트워크 분할에 $q > 2$개의 클러스터가 있는데 그중 A와 B가 있다고 하자. 각각 연결선 수는 k_A와 k_B다. 간단히 k_A와 k_B는 거의 같다고 해보자($k_A \approx k_B = k^*$). $L_A^{int}, L_B^{int}, L_{AB}$를 클러스터 A의 내부 링크 수, 클러스터 B의 내부 링크 수, 클러스터 A와 B 사이를 잇는 링크 수라고 하자. 이렇게 나눈 분할과 A와 B가 병합된 분할의 모듈도를 각각 계산하고 차이를 구해보라(힌트: 모듈도는 클러스터를 통틀어 더하는 값이기 때문에, A와 B가 아닌 클러스터에서 오는 값은 두 가지 분할 방법에서 모두 동일해서 결국 서로 상쇄되므로 무시할 수 있다). k^*가 어떤 조건이어야만 A와 B가 병합된 분할이 각각 따로 있는 것보다 모듈도가 더 높은가? 모듈도의 해상도 한계는 그 조건에서 결정되고 최소 하나의 링크($L_{AB} > 0$)로 연결된 클러스터 쌍에 영향을 준다.

6.14 이름표 전파 알고리듬을 재커리 가라데 클럽 네트워크에 적용하라. NetworkX의 `asyn_lpa_communities()` 함수를 사용하라. 자연스럽게 분할된 형태와 비교해보라.

6.15 확률 기반 블록 모델의 $q \times q$ 행렬이 대각성분에만 0이 아닌 값이 있다고 하자. 이 모델에서 생성한 네트워크에 대해 이야기할 수 있는 것이 무엇인가?

6.16 프로그램을 작성해보라. 외부 링크 수의 기댓값 $\langle k^{ext} \rangle$를 입력값으로 받고 GN 기준을 생성하라. 다음 단계를 따른다.

1. 같은 그룹에 있는 노드에 이름표를 지정한다. 즉, 노드 0부터 31까지는 이름표 c_1, 노드 32부터 63까지는 이름표 c_2, 노드 64부터 95까지는 이름표 c_3, 노드 96부터 127까지는 이름표 c_4를 지정한다.

2. 확률 $p_{ext} = \langle k^{ext} \rangle / 96$과 $p_{int} = (16 - \langle k^{ext} \rangle)/31$을 계산하라.

3. 모든 노드 쌍에 대해 순환하라. 만약 두 노드가 같은 이름표를 가졌다면(즉,

두 노드가 같은 그룹 안에 있다면) 확률 p_{int}로, 아니라면 확률 p_{ext}로 둘 사이에 링크를 추가한다.

6.17 GN 기준에 루뱅 알고리듬을 시험해보라(힌트: 6.3.2절에서 말했듯 community 모듈을 python-louvain 패키지에서 설치할 수 있다). 기준 모델을 만들기 위해, 연습문제 6.16에서 설명한 방법을 따르자. GN 기준에서 외부 연결선 수의 기댓값에 다음 값들을 사용하자. $\langle k^{ext} \rangle$ = 2, 4, 6, 8, 10, 12, 14. 각각의 값으로 10가지 기준 모델을 생성하고, 루뱅 알고리듬을 각각 적용해보라. 올바르게 찾는 노드의 비율(6.4절에서 정의함)을 사용해 각 분할과 기준 모델에 심어진 분할 사이의 유사도를 계산하라. 10개의 유사도 결과들의 평균과 표준편차를 계산하고, 평균과 $\langle k^{ext} \rangle$에 대한 그래프를 그리되, 표준편차로 에러바를 표현하자. 무엇을 관찰했는가? 그 이유는 무엇인가?

6.18 전체 노드 수 N = 1000과 링크 수 L = 5000, 10000, 15000, 20000, 25000, 30000인 에르되시-레니 무작위 네트워크를 만들어라. 루뱅 알고리듬을 각 네트워크에 적용하라(힌트: 6.3.2절에서 말했듯 community 모듈을 python-louvain 패키지에서 설치할 수 있다). 결과로 얻은 분할의 모듈도를 확인하라. 0에 가까운 값인가? 커뮤니티의 수와 무작위 네트워크의 평균 연결선 수에 대해 그래프를 그려보라. 어떤 경향이 있다고 결론 내리겠는가?

6.19 N개의 노드가 있는 네트워크를 생각해보자. 네트워크가 싱글톤 커뮤니티일 때와 정규화된 상호 간 정보를 사용해 분할했을 때 두 경우 사이의 유사도를 계산하라. 네트워크의 구조에 따라 달라지는가? 즉, 하나의 무작위 네트워크가 하나의 완전한 네트워크에서 다른 결과를 낳는가?

6.20 때로는 빠르게 커뮤니티를 분석하기에 네트워크가 너무 크고, 표본이 되는 노드와 그들 사이의 모든 링크로 서브네트워크를 사용하고 싶을 수 있다. 표본 노드를 추리는 여러 가지 방법이 있다. 무작위 표본(random sample)은 모든 노드를 같은 확률로 고려해서 얻을 수 있고, 네트워크 구조와 무관하다. 눈덩이 표본(snowball sample)은 하나나 소수의 노드에서 시작해서 충분한 노드가 모일 때까지 이웃을 더해가며 얻을 수 있다. 이 과정은 2.5절에서 논의한 너비 우선 탐색 알고리듬을 활용할 수 있다. 이 책의 깃허브 저장소에서 거대한 데이터셋을 하나 고르자. 예를 들어, IMDB 공동 출연 네트워크를 쓸 수 있다. 이 중 N = 1000 노드인 서브네트워크를 위에서 언급한 두 가지 방법으로 만들어보자.

1. 두 서브네트워크의 밀집도를 비교하라. 같은가? 그 이유는 무엇인가?

2. 두 서브네트워크의 평균 경로 길이를 비교하라. 같은가? 그 이유는 무엇인가?

3. 두 서브네트워크의 연결선 수 분포를 비교하라. 같은가? 그 이유는 무엇인가?

6.21 이 책의 깃허브 저장소에 있는 IMDB의 공동 출연 데이터셋을 사용해 그림 0.2(b)에 나타난 네트워크의 커뮤니티 분석을 수행하라. 주요 커뮤니티들은 배우 사이에 어떤 특징을 공유하는가? 장르? 시기? 언어나 출신 나라? 어떤 알고리듬이 가장 잘 작동하는가? 일관된 결과를 내어주는가?(힌트 1: 네트워크가 크기 때문에, 연습문제 6.20에서 설명한 노드 표본으로 만든 서브네트워크로 시작하고 싶을 수 있다. 힌트 2: 데이터 파일에서 영화 스타들의 ID를 찾을 수 있고 imdb.com에서 더 많은 정보를 찾을 수 있다. 예를 들어, Marilyn Monroe의 ID는 nm0000054이고 자세한 정보는 imdb.com/name/nm0000054에서 찾을 수 있다.)

6.22 엔론^{Enron} 이메일 네트워크(이 책의 깃허브 저장소의 email-Enron 폴더에 있다)의 커뮤니티 구조를 분석하라. 그림 0.4의 오른쪽에 있는 모듈을 찾을 수 있는가?(힌트: 네트워크에 방향이 없다고 간주한다. 네트워크가 크기 때문에, 그림 0.4에 보이는 코어 부분에 집중하고 싶다면 3.6절에서 본 NetworkX의 함수 k_core()를 $k = 43$으로 사용하라. 일단 셀프 루프를 먼저 제거해야 한다.)

6.23 위키백과 수학 네트워크(이 책의 깃허브 저장소의 enwiki_math 폴더에 있다)의 커뮤니티 구조를 분석하라. 그림 0.5에서 본, 다른 커뮤니티들의 주제에 대해 논하라(힌트: 네트워크에 방향이 없다고 간주한다. 네트워크가 크기 때문에, 연습문제 6.22의 힌트를 따라 $k = 30$에 해당하는 코어 부위에 집중하라. 문서의 제목은 enwiki_math.graphml 파일에서 노드 속성 'title'로 찾을 수 있다).

6.24 인터넷 라우터 네트워크(이 책의 깃허브 저장소의 tech-RL-caida 폴더에 있다)의 커뮤니티 구조를 분석하라. 그림 0.6에 나타난 색깔로 구분된 각기 다른 커뮤니티는 루뱅 알고리듬으로 찾았다. 가장 큰 허브를 가진 커뮤니티를 조사하라. 평균 연결선 수는 몇 개인가?(힌트: 네트워크가 크기 때문에, 이전 연습문제에서 설명한 코어 분해를 먼저 수행하고 싶을 수 있다. 수천 개 수준의 노드가 네트워크 코어에 남도록 적당한 k 값을 찾아보라.)

동역학

동역학^{dynamics}: (명사) 어떤 시스템이나 과정에서 성장, 발달, 또는 변화를 촉진하는 힘이나 성질

2016년 미국 대통령 선거 나흘 전에 한 음모론 사이트에서 가짜 뉴스를 게시했다. 가짜 뉴스는 한 대통령 후보자의 측근이 사탄 숭배 의식에 참여했다는 내용을 담고 있었다. 이 조작된 내용은 트위터에서 입소문으로 확산됐는데, 이 가짜 뉴스가 사실이라고 굳건히 믿는 반대편 진영의 지지자 사이에서 주로 퍼졌다. 또한 소셜 봇이라고 부르는 자동화된 계정도 이 가짜 뉴스가 소문을 부풀리며 더 멀리 퍼져나가는 데 기여했다. 이것은 선거 캠페인이 진행되는 동안 발생하는 수많은 가짜 뉴스 사건 중 한 예시다. 이 가짜 뉴스는 실제 유행성 전염병처럼 행동했다. 여론에 영향을 미쳤고, 몇몇 전문가에 따르면 심지어 선거 결과에 영향을 미쳤을지도 모른다고 한다.

과학자는 사람과 소셜 미디어 플랫폼이 이런 종류의 조작에 취약한 요인이 무엇인지 연구한다. 특히 네트워크 연구자가 이런 현상을 연구하는 이유는 온라인 소셜 네트워크 구조가 입소문으로 잘 퍼지는 특정 메시지의 본질을 파악하는 데 중요한 역할을 하기 때문이다. 예를 들어, 그림 7.1은 위에서 다룬 가짜 뉴스가 어떻게 확산되는지 보여주는 트위터 계정 사이의 네트워크다. 소셜 봇을 포함한 몇 노드가 유독 영향력을 행사하는 것이

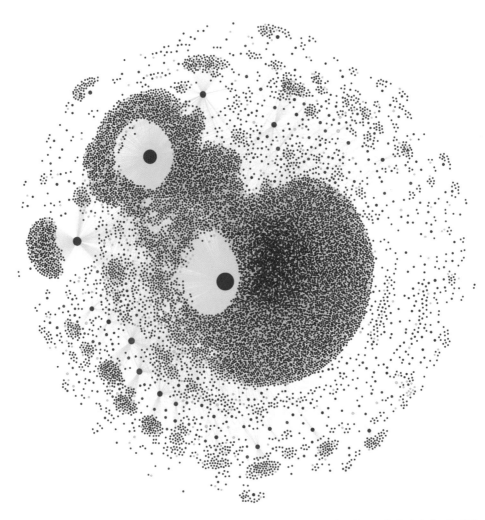

그림 7.1 'Sprit cooking'이라는 제목의 조작된 바이럴 뉴스 보고서의 확산 네트워크 코어. 클린턴 캠프의 의장이 기괴한 오컬트 의식을 치렀다는 기사가 2016년 미국 선거 나흘 전에 음모 사이트인 InfoWars에 게시되고, 3만 개 이상의 트윗에 공유됐다. 노드는 트위터 계정을 나타낸다. 두 노드 사이의 링크는 해당 계정 중 하나가 기사를 포함하는 다른 계정의 게시물을 리트윗한 것을 나타낸다. 노드 크기는 기사를 공유한 계정의 영향력을 의미하고, 리트윗된 횟수(나가는 연결강도)로 측정했다. 노드의 색은 자동 계정일 가능성을 뜻하고, 파란색이면 인간일 가능성이 높고 빨간색이면 봇일 가능성이 높다. 노란색 노드는 중간에 중단되어 판단할 수 없는 경우다. 4장에서 언급한 대로 트위터에서는 리트윗 트리를 재구성하기 위한 데이터를 제공하지 않는다. 모든 리트윗이 최초 트윗을 가리킨다. 여기에 보여주는 리트윗 네트워크는 동일한 기사를 공유하는 (각각 다른 트윗에서 시작된 스타 네트워크인) 여러 캐스케이드[1]를 결합한 것이다. 출처: Shao et al., 2018b. 이 네트워크의 인터랙티브 버전은 온라인에서 확인할 수 있다(iunetsci.github.io/HoaxyBots/).

---

1 'cascade'는 '폭포처럼 흐르다'라는 뜻인데, 네트워크 과학에서는 어떤 현상이 연달아서 발생한다는 의미로 사용한다.
   – 옮긴이

바로 드러난다.

부정확한 정보가 널리 퍼지는 현상은 정보 확산information diffusion의 특별한 경우이고, 정보 확산은 네트워크 위에서 발생하는 동역학의 한 부류다. 이 장은 정보 확산뿐만 아니라 감염병 확산epidemic, 의견 형성opinion formation, 탐색search과 같이 네트워크에서 발생하는 몇 가지 중요한 과정을 다룬다. 각 과정에서 동역학에 초점을 둘 예정인데, 시간이 지나면서 네트워크에서 어떤 일이 발생하는지 살핀다는 뜻이다. 정보와 질병이 링크에서 어떻게 전파되는지, 노드의 성질이 노드 간의 상호작용에 어떤 영향을 미치는지, 네트워크에서 탐색을 하거나 길을 찾을 때 어떻게 해야 하는지 등의 내용을 다룬다. 7장에서는 이러한 동역학을 잘 포착하는 몇 개의 모델을 제시한다.

7.1 아이디어, 정보, 영향력

사회 커뮤니티 안에서 아이디어와 정보가 퍼져나갈 때 네트워크는 핵심 역할을 한다. 사람들은 가끔 주변 친구에게 새로운 정보를 얻을 때가 있다. 예를 들어 친한 친구가 새로운 스마트폰을 구입한 것을 보고 새 모델이 출시됐음을 알거나, 친구가 방금 읽은 기사 내용을 보내주거나 직접 얘기해줘서 미국의 외국인 정책 최신 뉴스를 접하기도 한다.

실제로, 우리의 행동 대부분은 직접적으로든 간접적으로든 주변 사람들과의 사회적 접촉이 결정한다. 사회적 영향은 사람이 행동을 취하거나, 의사결정을 하거나, 혁신 기술을 받아들이거나, 문화 · 정치 · 종교 관점을 형성하는 데 상당히 중요한 요소다. 그러므로 영향력, 아이디어, 정보가 소셜 네트워크에서 어떻게 퍼져나가는지 모델을 구성할 때 네트워크 과학을 적용하는 것이 매우 중요하다. 이러한 확산 과정을 사회 전염social contagion 이라고도 하는데, 개인 간의 접촉으로 퍼진다는 점이 전염병과 유사하기 때문이다. 7.2.2 절에서 다룰 예정이지만, 사실 사회 전염도 질병 확산처럼 모델을 구성하곤 한다.

영향력 확산을 다루는 몇몇 모델에서는 특정 개수의 노드가 초기에 '활성화activated' 상태라고 가정하는데 이는 새로운 아이디어, 혁신 기술, 행동 등을 받아들이는 상태를 뜻한다. 이런 노드를 인플루언서influencer, 즉 영향력이 강한 노드라고 부른다. 그림 7.2에 나타나듯이, 비활성화 노드는 활성 상태 이웃이 있는지, 그리고 그 외의 조건, 매개변수 등으로 결정된 특정 규칙에 따라 활성 상태로 바뀌거나 안 바뀌거나 한다. 규칙에 따라 활성 상태가 바뀌는 과정은 영향력 캐스케이드influence cascade를 만드는데, 네트워크에서 일부 노드가 연이어서 차례대로 활성화되는 것을 뜻한다. 캐스케이드는 소수의 노드에서만 발생할 수

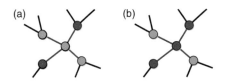

그림 7.2 네트워크에서 사회적 영향의 확산: (a) 가운데(회색) 노드는 비활성화 상태이고 2개의 활성 상태 이웃 (빨간색)과 2개의 비활성화 이웃(회색)에 연결됐다. (b) 활성화 이웃의 영향력 때문에 가운데 노드가 활성 상태 로 바뀌었다.

도 있고, 네트워크 전체에서 상당한 비율을 차지하는 다수의 노드에서 발생할 수도 있다. 후자를 전역적 캐스케이드^{global cascade}라고 한다. 가끔은 소수의 노드가 네트워크 전체에 영 향을 미칠 때도 있다. 4.5절에서 캐스케이드 네트워크의 구조를 논의했다. 캐스케이드가 시간이 지나면서 어떻게 퍼지는지 알아보고자, 문턱값^{threshold}과 독립적인 캐스케이드^{independent} ^{cascade}에 기반한 두 부류의 사회 전염 모델을 다뤄본다.

7.1.1 문턱값 모델

문턱값 모델의 원리는 아주 간단하다. 어떤 노드가 활성 상태가 되려면, 주변에 활성화 이웃들이 작용하는 영향력이 특정한 값 이상이어야만 한다. 가장 기본적인 버전은 선형 문턱값 모델^{linear threshold model}이다. 어떤 노드에 작용하는 영향력은 활성 상태 이웃의 합으로 정의하고 각 이웃이 영향력에 기여하는 정도는 그 노드에 연결된 링크의 가중치다. 강한 가중치로 연결되어 있으면, 이웃의 영향력도 훨씬 크다는 것을 내포한다. 만일 노드에 작 용하는 전체 영향력이 노드의 문턱값을 뛰어넘으면, 그 노드는 활성 상태가 되어서 아이 디어나 정보, 어떤 행동을 받아들인다.

선형 문턱값 모델에서 노드 i에 작용하는 영향력은 다음과 같이 정의된다.

$$I(i) = \sum_{j:\text{active}} w_{ji} \tag{7.1}$$

식 (7.1)에서 합은 오로지 i의 이웃 중 활성 상태인 이웃만 포함한다. 만일 노드 j가 이웃이 아니라면, i와 연결된 링크가 없기 때문에 $w_{ji} = 0$이다. 노드 i가 활성 상태가 될 조건은

$$I(i) \geq \theta_i \tag{7.2}$$

이고, 여기서 θ_i는 노드 i의 문턱값으로 이 과정을 시작하기 전에 미리 할당한다. 이러한 문턱값은 개인이 얼마나 영향을 받는지를 나타내는 경향성을 뜻하고, 대개 사람마다 다르다. 만일 가중치가 없는 네트워크라면, 식 (7.2)는 다음과 같이 간단해진다.

$$n_i^{on} \geq \theta_i \qquad (7.3)$$

여기서 n_i^{on}은 노드 i의 활성 상태 이웃의 수다. 만일 활성 상태인 이웃의 수가 노드 i의 문턱값보다 높다면 노드 i는 활성 상태가 되고, 만일 문턱값보다 작다면 여전히 비활성화 상태를 유지한다. 만일 모든 노드의 문턱값이 똑같다면, 식 (7.3)은 비활성화된 어떠한 노드라도 최소한 θ명 이상의 활성 상태 이웃이 있어야만 모든 노드가 활성 상태가 된다는 간단한 조건으로 바뀐다.

모델은 다음과 같은 과정으로 작동한다. 먼저 네트워크를 선택하는데, 실제 데이터로 구성하거나 5장에서 소개한 네트워크 생성 모델로 구성한다. 간단하게, 가중치가 없는 네트워크로 가정하자. 그런 다음, 특정 구간 내에서 난수를 생성해 모든 노드에 문턱값으로 부여한다. 그리고 무작위로 몇 개의 노드를 선택해서 활성 상태로 둔다. 마지막으로, 활성 상태인 이웃의 수를 기준으로 해서 비활성 노드를 활성 상태로 결정하는 과정을 반복한다.

이 모델 동역학을 한 번 반복할 때는 다음과 같이 진행한다.

1. 활성 상태의 모든 노드는 계속 활성 상태로 둔다.
2. 만일 주변 이웃 중 활성 상태 이웃의 수가 문턱값보다 크거나 같다면 비활성화 노드를 활성 상태로 바꾼다.

활성 상태가 될 수 있는 노드가 더 이상 없을 때까지 이 단계를 반복한다.

노드를 고려하는 순서는 네트워크 동역학 모델의 결과에 영향을 주지 않아야 한다. 이는 노드 업데이트 규칙을 수행할 때 사용되는 두 가지 방법으로 보장할 수 있다. 비동기 asynchronous 수행 방법에서는 각 반복마다 무작위 순서로 노드의 상태를 평가한다. 항상 같은 순서로 노드 상태를 평가할 때 발생할 수 있는 편향을 피하고자 비동기 수행 방법을 따른다. 동기 synchronous 수행 방법에서는 각 반복마다 이전 단계에서 평가한 다른 노드의

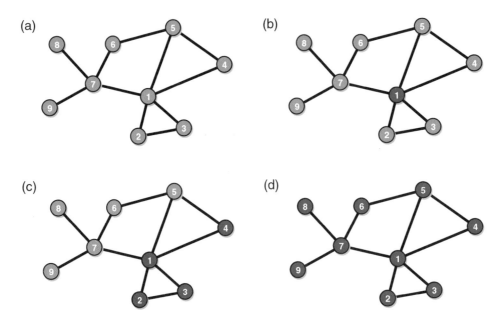

그림 7.3 분수 문턱값 모델에서 영향력 확산. 모든 노드의 활성 문턱값은 1/2이다. (a) 처음에 모든 노드는 활성 상태가 아니다. (b) 노드 1이 활성 상태다. (c) 노드 2, 3, 4의 이웃은 각각 두 명이고, 이 중 한 이웃이 노드 1이다. 이웃인 노드 1이 활성 상태이므로 노드 2, 3, 4도 활성 상태로 바뀐다. (d) 노드 4가 활성 상태로 바뀌면 노드 5는 활성 상태인 이웃이 두 명이고, 따라서 노드 5는 활성 상태로 바뀐다(2/3가 1/2보다 크기 때문). 마찬가지로 노드 6, 7, 8, 9가 연이어서 활성 상태로 바뀐다.

활성값을 이용해 각 노드의 새로운 활성 상태를 결정하며, 모든 노드는 매 반복의 마지막에 상태를 '한 번에' 업데이트한다. 이 경우 결과는 순서에 상관이 없다.

선형 문턱값 모델은 많은 변형꼴이 있다. 분수 문턱값 모델^fractional threshold model 은 활성 상태에 있는 노드의 수가 아닌 '비율^fraction'을 고려한다. 만일 문턱값이 1/2인 노드를 활성 상태로 바꾸고 싶다면, 적어도 절반 이상의 이웃이 활성 상태여야만 한다. 그림 7.3은 간단한 네트워크 위에서 모델의 동역학이 어떻게 작동하는지 보여준다. 하나의 노드가 활성 상태가 되면, 결국 다른 모든 노드가 연달아 활성 상태가 되는 캐스케이드가 발생한다.

분수 문턱값 모델에서 활성 상태가 될 조건은

$$\frac{n_i^{on}}{k_i} \geq \theta_i \tag{7.4}$$

이고, 여기서 k_i는 노드 i의 연결선 수다. 식 (7.4)의 좌변은 노드 i의 활성 상태인 이웃의 비율이다. 만일 모든 노드의 문턱값이 θ로 같다면, 비활성화된 노드는 적어도 비율 θ 이상의 활성 상태인 이웃이 주변에 있어야만 활성 상태로 바뀐다.

만일 네트워크가 성기다면 전역적 캐스케이드가 발생할지의 여부는 네트워크 구조에 따라 달라진다. 취약한 노드$^{vulnerable\ node}$가 핵심 노드가 된다. 예를 들어, 활동 상태인 이웃이 하나만 있어도 활성 상태로 바뀔 수 있는 노드가 자극에 취약한 노드다.

식 (7.4)에서 노드의 연결선 수가 $k_i \leq 1/\theta_i$일 때, 즉 노드의 연결선 수가 문턱값의 역수보다 작거나 같다면 그 노드는 취약한 상태다.

전역적 캐스케이드가 발생하려면 취약한 노드의 수가 충분히 많아야 한다. 보통 허브 노드가 사실상 인플루언서다. 이웃이 많으면, 이웃 중에 취약한 상태가 될 만큼 연결선 수가 작은 노드가 있을 가능성이 높기 때문이다. 그러나 허브 노드가 인플루언서가 될 충분조건을 항상 만족하지는 않는다. 네트워크 내에서 인플루언서의 위치 또한 중요하다. 네트워크 주변부에서 발생하는 캐스케이드는 코어에서 발생하는 캐스케이드와 같은 효과를 내기가 어렵다.

캐스케이드의 크기를 결정하는 중요한 역할을 하는 네트워크의 구조는, 또 다른 관점에서 바라보면 커뮤니티 내의 연결선 조밀도와 커뮤니티 간의 분리와도 관련이 있다. 조밀한 커뮤니티 내에서는 잘 확산되지만, 커뮤니티 사이에서는 잘 퍼지지 않는다. 하나의 노드가 각기 다른 커뮤니티에 있는 여러 이웃과 연결될 가능성이 낮기 때문에, 커뮤니티의 경계가 벽처럼 행동한다.

네트워크의 구조를 알면 캐스케이드의 크기를 통제할 수 있다. 그림 7.3의 예에서 만일 초기 인플루언서가 노드 7이라면 이웃인 노드 6, 8, 9도 활성 상태가 되지만, 노드 1과 5의 활성 상태인 이웃 비율이 각각 1/5, 1/3로 1/2보다 작기 때문에 캐스케이드는 여기서 멈춘다. 그러나 어떻게 해서든 노드 2를 연이어 활성 상태로 바꿀 수 있다면, 노드 3 역시 활성 상태로 바뀌고 노드 2, 3, 7이 노드 1을 활성 상태로 바꾸며 네트워크 전체로 캐스케이드가 퍼져나가게 할 수 있다. 이 예에서 노드 2가 영향력 있는 상태가 되면 캐스케이드가 발생한다. 상품이나 아이디어의 성공은 상품이나 아이디어를 구매하도록 설득해야 하는 중요한 사람을 누구로 정하는가에 따라 종종 달라지기도 한다. 이 이슈는 상품을 홍보할 때 소셜 네트워크를 사용하는 바이럴 마케팅에서 가장 중요한 부분이다. 부록 B.6 절에서는 이 분수 문턱값 모델의 예를 보여준다.

7.1.2 독립적인 캐스케이드 모델

문턱값 모델은 또래 압력peer pressure 개념을 기반으로 한다. 어떤 아이디어를 공유하거나 제품을 소유하고 있는 사람과 접촉이 많아질수록 그 아이디어나 상품을 채택할 가능성이 높아진다. 마치 활동적인 사회적 이웃social neighbor이 힘을 합쳐 설득하는 것처럼 말이다. 그러나 사회적 영향은 종종 일대일로 작용하는데, 가끔 친구 한 명이 어떤 물건이나 믿음을 열렬하게 이야기하면 설득돼서 그 물건이나 믿음을 받아들이기도 한다. 이미 그 상품을 사거나 그 아이디어를 받아들인 상태가 아니라면, 다른 사람과의 접촉 하나하나가 각자의 영향력을 갖는다. 독립적인 캐스케이드 모델independent cascade model은 이러한 노드 간의 상호 작용에 초점을 맞춘다.

모델의 설정은 문턱값 모델과 같다. 네트워크를 선택하거나 구성하고, 일부 노드를 활성 상태로 바꾼다. 노드는 활성 상태가 되자마자 활성 상태가 아닌 개개의 이웃을 설득할

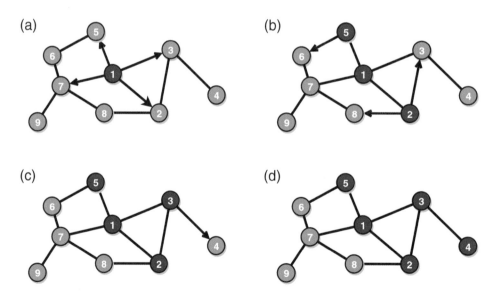

그림 7.4 독립적인 캐스케이드 모델. 노드 쌍의 영향 확률은 모두 1/2로 설정했으므로, 모든 각각의 상호작용이 성공할지의 여부는 동전 뒤집기로 결정된다. 화살표는 누가 누구에게 영향을 끼치려 시도하는지를 나타낸다. (a) 노드 1이 활성 상태가 되고, 활성 상태가 아닌 이웃 2, 3, 5, 7에게 영향을 끼치려고 시도한다. (b) 노드 2와 5 는 활성 상태가 되고 노드 3, 6, 8에 영향을 미친다. (c) 노드 3은 활성 상태가 되고 노드 4를 설득하고자 시도한다. (d) 노드 4가 활성 상태로 바뀌고 캐스케이드는 멈춘다.

기회를 얻는다. 각 이웃은 어떤 **영향 확률**^{influence probability}로 활성 상태가 된다. 만약 노드가 친구를 활성 상태로 바꾸는 데 실패한다면, 다시 시도할 수 없다. 그러나 활성 상태인 또 다른 이웃이 여전히 친구를 설득할 수 있다. 그림 7.4에 설명된 것처럼, 활성 상태로 바뀌는 일이 더 이상 발생하지 않을 때까지 이 과정을 진행한다.

독립적인 캐스케이드 모델의 가장 간단한 버전에서는 활성 상태인 노드 i가 p_{ij}의 확률로 활성 상태가 아닌 이웃 j를 설득한다. 이러한 확률은 일반적으로 특정한 인플루언서-이웃 쌍에만 의존해서, 다른 쌍에서 어떤 일이 발생했는가는 개개의 상호작용 결과에 전혀 영향을 미치지 않는다. 비동기 수행 방법에서는 노드 j의 활성 상태인 이웃이 여러 명이라면 이웃이 노드 j를 활성 상태로 바꾸는 시도가, 편향을 피하고자 임의의 순서로 연속해서 나타난다. 영향 확률 p_{ij}와 p_{ji}는 다를 수 있는데, 각 노드가 설득하는 능력이나 설득되는 민감성이 일반적으로 다를 수 있기 때문이다. 따라서 노드 j가 노드 i에게 영향을 끼치는 것보다 노드 i가 노드 j에게 더 쉽게 영향을 끼칠 수도 있다. 확률 p_{ij}는 i에서 j로 향하는 링크의 가중치로 해석하기도 한다.

확실히, 비활성화된 목표 노드의 활성 상태인 이웃 수가 많을수록 목표 노드에게 영향을 주고자 하는 시도가 많이 일어나서 그 노드가 활성 상태가 될 가능성이 크다. 따라서 문턱값 모델과 독립적인 캐스케이드 모델은 서로 관련이 있지만 중요한 차이점이 있다. 문턱값 모델은 문턱값 조건을 만족하면 활성 상태로 바뀌는 목표 노드가 주요 관심 대상이다. 독립적인 캐스케이드 모델은 인플루언서 노드에 중점을 두는데, 인플루언서가 주어진 확률로 비활성화된 이웃을 설득한다. 게다가, 문턱값 모델은 대개 **결정론적**^{deterministic}이다. 어떤 노드든 문턱값 조건을 만족하는가 아닌가에 따라 활성 상태를 결정하므로, 확률은 아무런 역할을 안 한다. 만일 활성 상태인 노드의 초기 집합을 완전히 동일하게 설정한 상태에서 시작하고 노드를 동기 수행 방법으로 활성화하면, 오로지 하나의 결과만 나올 수 있다는 뜻이다. 대신에 독립적인 캐스케이드 모델은 **확률론적**^{probabilistic}이어서, 동역학이 확률에 따라 전개된다. 그림 7.4의 예에서는 초기에 활성 상태인 노드 1이 다른 캐스케이드를 만들어낼 수 있다. 7.1.1절에서 본 선형 문턱값 모델처럼, 독립적인 캐스케이드 모델에서 적절히 선택한 노드를 활성 상태로 더 많이 바꿔서 캐스케이드를 '뚫을 수 있다'. 그렇지만 모델의 확률론적 성질 때문에, 캐스케이드가 미래에 어떻게 진행될지 예측하기 어렵다. 심지어 네트워크 구조를 안다고 하더라도 말이다.

여기서 기술한 이 매우 간단한 모델로 실제 사회 전염 동역학을 재현하리라 기대할 수는 없다. 그러나 이 모델들을 더욱 정교하게 변형해서 현실에서 나타나는 많은 현상의 중요한 성질을 포착할 수 있다. 한 가지 예가 문턱값 모델의 확률론적 버전인데, 활성 상태일 가능성이 활성 상태인 이웃의 수와 함께 증가한다. 이것은 독립적인 캐스케이드 모델과 유사하지만 활성 상태인 이웃과의 접촉은 서로 독립적이지 않다. 이러한 메커니즘은 상품이나 아이디어를 노출하는 각각의 새로운 사람이 이미 그 물건을 소지하거나 아이디어를 믿는 사람보다 미치는 영향력이 더 큰, 소위 말해서 복잡한 전염 과정을 모델링한다.

7.2 전염병 확산

14세기 중반, 인류는 역사상 가장 큰 재앙인 흑사병을 경험했다. 대역병이라고도 부르는 이 병은 페스트균 박테리아로 인해 발생했는데, 규칙적으로 운항하는 화물 무역선의 곰쥐에 기생하는 벼룩이 옮겼다. 흑사병은 아마도 중앙아시아에서 시작됐고 이후 1346년과 1353년 사이에 유럽 전역에 퍼졌다(그림 7.5). 흑사병이 유럽 인구의 30~60%를 죽였다고 추정한다.

인간 생활 조건의 지대한 향상, 특히 지난 세기 동안 의학과 생물학의 발전이 잠재적으로 많은 것을 완전히 파괴할 수 있는 전염병의 영향력을 효과적으로 약화하는 동안, 인류 수송 기술의 발달로 전염병 확산 속도가 무섭도록 빨라졌다. 중세에는 가장 실질적인 여행 수단이 육지에서는 말, 바다에서는 배였고, 멀리 떨어진 목적지에 도달하기까지 몇 개월이 소요됐다. 최근에는 비행을 하면 단 몇 시간이면 대륙을 건넌다. 아프리카에서 에볼라에 걸린 사람은 쉽게 유럽, 아시아, 미국으로 이동할 수 있고 알지 못하는 사이에 에볼라는 그 대륙에 퍼진다. 세계는 최근 몇 년간 이런 종류의 긴급 상황을 반복해서 맞이했다.

기술은 새로운 형태의 감염병을 만들기도 한다. 컴퓨터 바이러스를 비롯한 악성 소프트웨어가 인터넷으로 널리 퍼졌고, 수만 개 장치의 기능을 위협했다. 블루투스나 멀티미디어 메시지 서비스^{MMS, Multimedia Messaging Services}는 휴대폰 바이러스를 쉽게 퍼뜨린다. 온라인 소셜 미디어는 루머, 거짓말, 가짜 뉴스, 음모, 쓰레기 과학이 확산되는 비옥한 토지가 됐다. 정보 확산 과정은 전염병 확산과 많은 유사성이 있다.

전염병은 접촉 네트워크^{contact network}에서 퍼진다. 예를 들어, 물리적 접촉(그림 7.6), 운송(그림 0.7), 인터넷(그림 0.6), 이메일(그림 0.4), 온라인 소셜 네트워크(그림 0.1과 그림 0.3), 휴대

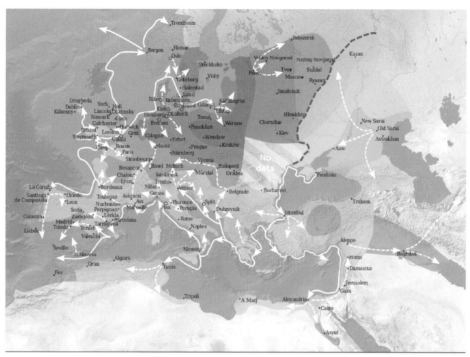

1346 ⟩ 1347 ⟩ 1348 ⟩ 1349 ⟩ 1350 ⟩ 1351 ⟩ 1352 ⟩ 1353

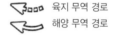 키예프 공국과 킵차크 칸국 사이의
대략의 국경(기독교인에게 금지된 경로)

육지 무역 경로

해양 무역 경로

그림 7.5 흑사병은 1346년 유럽에 도달했고 수년 내에 전 대륙에 퍼졌다. 지도는 흑사병이 이동할 가능성이 높은 경로뿐만 아니라 시간이 흐르며 흑사병이 거쳐간 지역을 보여준다. 출처: Flappiefh, CC BY–SA 4.0 (commons.wikimedia.org/wiki/File:1346–1353_spread_of_the_Black_Death_in_Europe_map.svg)

폰 커뮤니케이션이 있다. 확산 과정에서 핵심 역할을 하는 허브 노드의 존재(3장에서 다뤘다)가 이러한 많은 접촉 네트워크의 특징이 된다. 이 절의 남은 부분에서는 전염병 확산의 고전 모델을 살펴보고, 확산 모델이 네트워크에서 전개될 때 중요한 차이점이 무엇인지 주목한다.

7.2.1 SIS 모델과 SIR 모델

고전적인 전염병 확산 모델은 인구를 다른 구획^{compartment}들로 나누는데, 구획은 질병의 다른 상태에 해당한다. 중요한 두 구획은 감염될 수 있는 상태(S, susceptible)와 감염된 상태(I, infected)다. 감염될 수 있는 개인은 이 질병에 걸릴 수 있고, 감염된 개인은 이미 감염됐고 감염될 수 있는 사람에게 질병을 전파할 수 있다. 고려하는 질병의 종류가 무엇이냐

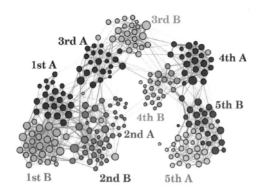

그림 7.6 초등학교에서 나타난 접촉 네트워크. 링크는 프랑스 학교에 있는 학생과 선생님 사이의 면대면 근접성(proximity)을 가리키고, 무선 주파수 인식 장치로 추적했다. 같은 학급과 학년인 학생은 같은 색상으로, 선생님은 회색으로 표시했다. 연결선 수가 더 많은 노드는 더 큰 크기로, 더 오랜 기간 동안 접촉했으면 더 두꺼운 선으로 나타냈다. 충분히 오랜 시간이 지나면 각각의 모든 학생이 결국 모든 반 친구와 상호작용하고, 일부 학생은 다른 학급의 학생과도 관계를 맺는다. 이런 종류의 네트워크는 학교에서 전염병 전파를 방지하거나 완화하고자 할 때 활용할 수 있을지도 모른다. 출처: Stehlé et al., 2011, CC BY 4.0

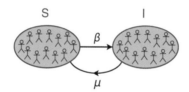

그림 7.7 SIS 모델에서 구획과 전이. 감염될 수 있는 각 개인은 감염된 개인과 한 번 접촉하면 확률 β로 그 질병에 걸린다. 매 시간 단계마다, 각각 감염된 개인은 확률 μ로 회복되고 다시 감염될 수 있는 상태가 된다. 개인은 여러 번 감염될 수 있다.

에 따라, 어쩌면 추가 구획이 필요할 것이다. SIS$^{susceptible-infected-susceptible}$ 모델에서는 감염된 개인이 회복된다면 감염될 수 있는 상태로 다시 바뀔 수 있어서, 또 다시 질병에 감염될 수 있다(그림 7.7). SIS 모델은 약한 감기처럼 면역이 오래 지속되지 않는 질병에 적용한다.

SIS 모델은 실증적 데이터로 재구성하는 현실 세계 접촉 네트워크나 5장에서 살펴본 여러 모델로 생성되는 인공 네트워크로 시작한다. 다음으로, 일부 노드는 어떤 기준(예를 들어, 무작위로)을 따라 감염되고 다른 남은 노드는 모두 감염될 수 있는 상태다. 모델 동역학이 진행되면서, 감염될 수 있는 개인은 감염된 개인을 만날 때마다 **감염률**$^{infection\ rate}$이라 부르는 특정 확률로 질병에 걸린다. 감염된 사람은 매 시간 단계마다 **회복률**$^{recovery\ rate}$이라 부르는 특정 확률로 회복되고, 다시 감염될 수 있는 상태로 바뀐다.[2]

---

2 감염률과 회복률은 단위 시간당 확률이다. ─ 옮긴이

SIS 동역학을 매번 반복할 때마다 모든 노드를 다 살핀다. 각 노드 i에 대해,

1. i가 감염될 수 있으면 이웃을 모두 훑는다. 감염된 각 이웃은 i를 확률 β로 감염시킨다.

2. i가 감염됐다면, i는 확률 μ로 감염될 수 있는 상태로 바뀐다.

다른 확산 모델처럼, 노드는 무작위한 순서로 비동기 수행 방법이나 동기 수행 방법으로 살필 수 있다. 감염률 β와 회복률 μ는 이 모델에서 핵심 매개변수다.

SIS 동역학은 S에서 I로, 그리고 I에서 S로 바뀌는 수많은 전이를 생성하고 이는 적절한 조건하에서 무기한으로 만들어낼 수 있다.

또 다른 고전 모델은 SIR$^{susceptible-infected-recovered}$ 모델이다. 감염된 개인이 회복되면, 회복된 상태(R, recovered) 구획으로 이동하고 더 이상 감염되지 않는다(그림 7.8). SIR 모델은 홍역, 볼거리, 풍진 등 면역이 더 오래 지속되는 질병에 적용한다. 주목할 점은 죽음이 생명을 앗아가는 질병에서 회복된 상태에 해당하는 특별한 경우라는 점인데, 죽은 사람은 다른 사람을 다시 감염시키지 않기 때문이다. 감염과 회복의 동역학은 위에서 본 SIS 모델과 같은 감염률과 회복률 매개변수를 사용하며 SIS 모델의 동역학과 거의 같다. 단 하나의 차이점은 감염된 개인이 회복되면 S 상태로 다시 돌아가지 않고 R 상태로 바뀌어서 이 동역학에서 더 이상 어떤 역할도 하지 않는다는 점이다. 결국, 더 이상 감염된 사람이 없을 때 SIR 모델은 확산을 멈춘다.

질병에 걸린 사람의 비율을 시간의 함수로 나타낸 그래프가 그림 7.9에 있는데, SIS와 SIR 모델의 특징적인 시간 변화를 볼 수 있다. 초기에 단 몇 명의 사람만 감염되고 전염병은 불규칙하고 느리게 퍼진다. 이어서 기하급수적으로 증가하는 상승 단계가 나타나는데, 많은 사람에게 빠르게 퍼진다. 마침내 이 과정이 고정 상태에 도달하는데 그때 질병은 **풍토병**^{endemic}이 되거나 퇴치된다.

고전적인 전염병 모델은 균일한 혼합 근사$^{homogeneous\ mixing\ approximation}$로 간단히 할 수 있는

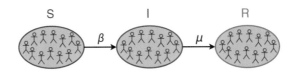

그림 7.8 SIR 모델에서 구획과 전이. 감염될 수 있는 각 개인은 감염된 개인과 한 번 접촉하면 확률 β로 그 질병에 걸린다. 매 시간 단계마다, 각각 감염된 개인은 확률 μ로 회복되거나 죽는다.

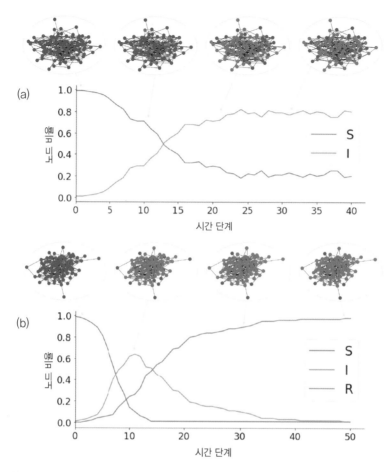

그림 7.9 (a) SIS 모델과 (b) SIR 모델 동역학의 도식적 변화 양상. 전염병이 발생함에 따라 감염된 개인의 비율을 시간에 따라 그렸다. 감염된 사람의 비율이 극히 적은 초기 단계 이후에 전체 인구에서 일부가 이 전염병에 감염될 때까지 전염병이 더 널리 퍼진다. 최종 단계는 모델에 따라 다르다. SIS 모델에서는 매우 작거나 심지어 0일 수도 있는 일정한 비율로 감염된 사람이 남고 이는 전염병이 풍토병 상태가 됐음을 뜻한다. SIR 모델에서는 감염된 사람이 언제나 회복되므로 감염된 사람의 비율이 언제나 0으로 줄어든다.

데, 이 근사는 각각의 개인이 다른 사람과 접촉할 수 있다고 가정한다. 이 방법에서는 같은 구획에 있는 모든 개인이 동일한 행동을 하고 다른 구획에 있는 사람의 상대적인 비율만 모델 동역학에서 중요하게 작용한다. 이는 개인을 모든 사람이 다른 모든 사람과 연결된 완전 그래프의 노드라고 가정하는 것과 동등하다. 이렇게 단순화한 가정은 모든 사람이 서로 접촉할 수 있는 작은 마을에 사는 주민처럼 인구 수가 적은 상황을 정당화한다. 그러나 큰 규모의 전염병 확산이 일어나는 현실에서는 개인은 오로지 자신이 만난 사람 때문에 감염된다. 따라서 가능한 최대로 현실적인 접촉 네트워크를 재구축하는 것은 매우 중대한 일이다.

이 모델을 매번 반복할 때 질병에서 회복된 개인과 새로 감염된 개인이 생기고 후자는 2차 감염$^{secondary\ infections}$이라 부른다. 전염병이 퍼지려면 회복된 사람보다 2차 감염자가 더 많아야 하는데 이 방법으로 감염된 사람 수가 증가할 수 있기 때문이다. 모든 노드가 비슷한 수의 이웃과 연결된 균일한 네트워크에서, 즉 모든 개인이 대략 비슷한 수의 사람과 접촉할 때 이 확산 조건은 문턱값 효과$^{threshold\ effect}$로 이어진다. 여기서 기초 감염 재생산 수$^{basic\ reproduction\ number}$를 정의할 수 있는데, 이는 전염이 진행되는 동안 감염된 사람이 만들어내는 새로 감염된 사람의 평균수다. 이 양은 감염률, 회복률, 평균 연결선 수에 따라 다르다. 만일 이것이 문턱값보다 크면, 전염병은 전체 인구에서 유의미한 비율을 감염시킨다. 문턱값보다 작으면 전염병은 큰 영향 없이 빠르게 사라진다.

모든 노드가 대략 평균 연결선 수 $\langle k \rangle$와 같은 이웃과 연결되어 있는 균일한 네트워크라고 가정하자. SIS 모델과 SIR 모델 동역학에서 각각 아픈 사람은 확률 β로 감염될 수 있는 이웃을 감염시킨다. 전염병 확산의 초기 단계에서는 매우 적은 사람만이 감염됐으므로, 감염된 사람 각자는 대부분 감염될 수 있는 개인과 접촉한다. 감염된 각각의 개인은 매 반복 단계에서 약 $\langle k \rangle$명의 이웃에게 질병을 전파할 수 있다. 따라서 전파 과정의 초기 단계에서 반복 과정이 한 번 지나면 한 명이 감염시키는 평균 사람 수는 $\beta\langle k \rangle$다. 이와 달리, 매 반복 단계에서 모든 아픈 사람은 각각 확률 μ로 회복된다. 그러므로 만일 감염된 개인이 I명 있다면 반복 단계가 한 번 지날 때 발생하는 2차 감염자는 평균 $I_{sec} = \beta\langle k \rangle I$명이고 $I_{rec} = \mu I$명이 회복된다. 전염병이 확산되려면 반드시 $I_{sec} > I_{rec}$여야 하고, 이는 전염병 문턱값 조건이 된다.

$$\beta\langle k \rangle I > \mu I \implies R_0 = \frac{\beta}{\mu}\langle k \rangle > 1 \qquad (7.5)$$

변수 $R_0 = \beta\langle k \rangle/\mu$는 기초 감염 재생산 수다. 식 (7.5)는 만일 $R_0 < 1$이면 초기 전염병 발생은 오로지 몇 명에게만 영향을 미치고 곧 사그라든다는 의미다. 만일 $R_0 > 1$이면 전염병은 계속해서 확산될 수 있다.

전염병이 전체 인구에서 유의미한 비율에 영향을 미치려면 감염된 각각의 사람은 다른 사람을 한 명 이상 감염시켜야 한다. 이는 필요조건이지만 충분조건은 아니다. 특정한 상황에서 아무리 기초 감염 재생산 수가 1보다 크더라도 전염병 확산이 안 나타날지도 모른다. 격리 정책이나 네트워크 커뮤니티 구조가 전염병 확산을 막을 수 있다. 일반적으로 기초 감염 재생산 수가 높으면 질병의 전염력이 더 강하다. 예를 들어, 홍역은 기초 감염 재생산 수가 10이고 이는 에볼라의 약 두 배다.

부록 B.5절에서는 균일한 네트워크 위에서 SIS 모델과 SIR 모델 모두를 시연한 것을 보여준다. 그러나 살펴본 것처럼, 실제 접촉 네트워크는 균일하지 않다. 허브 노드의 존재가 이 시나리오를 매우 두드러지게 바꾼다. 만일 굉장히 많은 이웃과 연결된 노드가 존재하면, 문턱값이 실질적으로는 없다. 심지어 낮은 감염률 또는 높은 회복률(혹은 둘 모두)을 보이는 전염병조차도 전체 인구에서 굉장히 큰 비율로 감염시킬 수도 있다! 사실 감염병에 걸릴 확률이 낮다 하더라도 한 명 또는 그 이상의 허브 노드가 감염되기는 무척 쉬운데, 매우 많은 노드와 접촉하는 상황에 노출되기 때문이다. 일단 감염되면 허브 노드는 감염될 수 있는 많은 노드 사이에서 위험한 유포자이고, 이 노드가 또 다른 접촉을 통해 더 많은 감염을 전파하고, 이것이 반복된다.

허브 노드의 역할 때문에, 실제 전염병 확산의 긴급상황에 마주하면 실질적 억제 전략은 많은 접촉을 한 사람에게 백신 접종을 하거나 그 사람을 격리시키는 것을 목표로 해야 한다. 예를 들어, 성매매 종사자는 성적 접촉 감염을 예방하는 백신 접종 캠페인에서 주요 대상이다. 접촉 네트워크에서 허브 노드를 찾아내는 방법은 명백하지 않을 때가 많다. 3.3절에서는 네트워크에서 링크를 따라가며 허브를 우연히 만날 기회를 증가시키는 방법을 제안했다. 그러면 전체 인구에서 무작위로 표본을 추출해 백신을 접종하는 대신 그들의 친구에게 접종을 해야 한다!

7.2.2 루머 확산

사회 전염은 자연스럽게 전염병 확산으로 묘사할 수 있다. 사실 그동안 살펴본 사회 전염을 기술하는 모델, 특히 7.1.2절에서 다룬 독립적인 캐스케이드 모델은 SIS 모델 및 SIR 모델과 유사점이 있다.

커뮤니티 내에서 루머의 확산을 기술할 때 SIR 모델의 변형을 사용할 수 있다. SIR 모델처럼 루머 확산 모델rumor-spreading model에는 루머를 아직 모르는 사람(S), 유포하는 사람(I), 함구하는 사람(R), 세 구획이 있다. 함구자는 루머 내용을 알고 있지만 퍼뜨리지 않는 사람이다. 기본 아이디어는 루머를 인지하지 않은 사람을 발견하면 루머를 퍼뜨리는 일에 동참하고, 그렇지 않으면 흥미를 잃어버리고 루머를 안 퍼뜨리는 것이다.

루머 확산 모델은 접촉 네트워크에서 시작하는데, 접촉 네트워크는 실제 데이터로 구

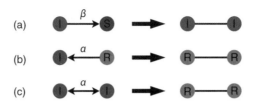

그림 7.10 (a) 루머는 오로지 유포자(I)가 루머를 모르는 사람(S)을 만날 때만 유포된다. 루머를 모르는 사람이 유포자가 될 확률은 β다. (b) 만일 유포자가 함구자(R)를 만나면 유포자는 확률 α로 함구자가 된다. (c) 두 유포자가 만나면 둘 다 확률 α로 함구자가 된다.

현한 네트워크이거나 5장에서 살펴본 여러 모델로 만든 인공 네트워크가 될 수 있다. 모든 노드는 루머를 모르는 상태이며, 어떤 기준으로 선택한 일부 노드는 루머 유포자로 바뀔 수 있는데 선택 방법은 무작위일 수 있다. 모델의 동역학에서는 유포자가 루머를 모르는 사람에게 다가가면 모르는 사람은 루머를 알게 되고 전파 확률transmission probability로 유포자가 된다. 유포자가 함구자를 만나면, 유포자는 중단 확률stop probability로 함구자가 된다. 두 유포자가 만나면, 같은 중단 확률로 둘 다 함구자가 된다. 그림 7.10은 이 상태 전이를 기술한다. 만일 루머를 모르는 사람이 함구자를 만나면 아무 일도 안 일어난다.

루머 확산 모델 동역학을 매번 반복할 때, 무작위 순서로 진행되는 동기 수행 혹은 비동기 수행 방법으로 모든 노드를 전부 방문한다. 각 노드 i에서,

1. i가 루머를 모르는 사람이면 그 이웃을 살펴본다. 유포자인 각 이웃은 i를 확률 β로 유포자로 바꾼다.
2. i가 유포자이면 그 이웃을 살펴본다.
   (i) 함구자인 각 이웃은 i를 확률 α로 함구자로 바꾼다.
   (ii) 유포자인 각 이웃은, i와 함께 확률 α로 함구자가 된다.

이 전파 확률 β와 중단 확률 α는 모델의 중요한 두 매개변수다.

SIR 모델과의 중요한 차이점은 여기에서는 I에서 R로 바뀌는 전이(아픈 사람이 질병에서 회복됨)가 자발적으로 일어나지 않고 개인 간의 상호작용에 의존한다는 점이다. SIR 모델에서처럼 몇 사람이 루머를 유포하기 시작하고, 결국 모든 개인이 루머를 여전히 모르거나 함구하는 상태가 된다. 이때는 루머 확산 동역학이 아무 변화를 만들어내지 않는 것과

같다. 최종 상태에서 함구자 수는 그 루머를 접한 사람의 수이기도 하다.

　　루머 확산 모델은 균일한 네트워크에서조차 문턱값 효과를 보이지 않는다. 전파 확률이 낮을지라도 루머는 아주 많은 사람에게 닿을 수 있다. 불균일한 네트워크에서 여전히 문턱값은 없고, 최종 상태에서 루머를 인지하는 사람은 동수의 노드와 링크로 구성된 균일한 네트워크에서 루머를 인지하는 사람의 수보다 더 낮다. 이런 일이 발생하는 이유는 확산 과정 초기에 허브 노드가 루머를 접하고 루머를 접한 많은 이웃과 여러 번 상호작용해 아주 빨리 함구자가 되기 때문이다. 일단 허브 노드가 함구자로 바뀌면 확산 과정이 늦춰진다.

7.3 의견 동역학

사람은 세상 모든 것과 모든 사람에 관해 자기의 의견이 있다. 의견은 행동을 만들고 선택과 계획에 영향을 준다. 전 세계 여러 정부가 수행하는 정책은 무역, 갈등, 이민, 유행병, 환경 등이 좌우지한다. 의견 동역학$^{opinion\ dynamics}$은 사회에서 의견이 어떻게 형성되고 확산되는지를 결정하는 과정이다. 인터넷과 소셜 미디어의 도입으로, 인류는 의견을 퍼트리고 심지어 교묘하게 조정할 수 있는 믿기 어려울 만큼 강력한 도구를 지녔다. 페이스북 친구나 트위터 팔로워처럼 네트워크 위에서 의견이 퍼진다. 따라서 네트워크 모델은 의견이 어떻게 전파되는지 이해하는 데 큰 도움이 된다.

　　의견 동역학 모델은 이전 절에서 살펴본 영향력 확산 모델과 유사하지만, 명확히 구분되는 특징이 있다. 의견은 수나 수의 집합으로 표현할 수 있다. 의견이 불연속(정수)이냐 연속(실수)이냐에 따라 모델을 대개 두 부류로 나눈다. 다음으로 두 부류에 속한 간단한 모델을 소개한다. 또한 네트워크 구조와 동역학 간의 상호작용 논의하는데, 몇몇 현실성 있는 시나리오에서는 동역학이 발생하는 네트워크 구조가 동역학에 영향을 미치나 결국 동역학 또한 구조를 바꾸기도 하기 때문이다.

7.3.1 불연속 의견

사람은 특정 논점과 관련해 제한된 수의 의견과 마주할 때가 가끔 있는데, 종종 우익/좌익, 안드로이드/아이폰, 사고/팔기 등과 같이 오로지 두 가지 의견만 있다고 하자. 이러한 경우 이 의견은 정수 속성 또는 노드의 상태^{state}로 표현한다. 간단히, 이진^{binary} 의견만 있는 상황을 고려하자.

노드의 의견이 이웃의 의견에 따라 어떻게 바뀌는지 결정하는 규칙의 집합으로 모델을 특징짓는다. 동역학은 대개 다음 단계를 따른다.

1. 초기 배열에서 의견은 네트워크에 있는 노드에게 무작위로 부여한다. 즉, 초기에는 각 의견을 지닌 사람의 수가 같다는 뜻이다(의견 불일치).

2. 의견 업데이트 규칙은 모든 노드에게 반복해서 적용한다. 한 번 반복하면 모든 노드를 다 훑어본다. 보통 의견 수렴을 촉진하고자 무작위 순서로 비동기 수행 방법으로 노드를 업데이트한다.

3. 가능한 결과는 두 가지다.

   (i) 시스템이 정상 상태^{steady state}에 도달해서 어느 노드도 더 이상 의견을 바꾸지 않는다. 이 최종 상태는 모든 노드의 의견이 똑같은 의견 일치^{consensus} 상태이거나 일부 노드는 한쪽의 의견을 따르고 나머지 노드는 다른 쪽 의견을 따르는 의견 대립^{polarization} 상태일 수 있다.

   (ii) 시스템이 정상 상태에 도달하지 않아서 일부 또는 전체 노드가 매 반복마다 의견을 바꾼다. 여전히 의견 배열의 일부 특징, 예를 들어 어떤 변수의 평균값 등은 아주 오랜 시간이 지나면 아마 안정화될지도 모른다.

이 모델들에서 몇 개의 표준 변수를 계산하고 추적할 수 있다.

- 평균 의견^{average opinion}은 노드 의견의 산술 평균이다. 만일 두 의견을 무작위로 분배해 모델을 시작한다면 평균값은 약 0.5이고, 이는 절반은 의견 0이고 나머지 절반은 의견 1이라는 뜻이다. 평균 의견은 대개 동역학이 일어나는 동안 바뀌고 매 반복이 끝나면 그 값을 추적할 수 있다. 만약 시스템이 정상 상태에 도달하면, 평균값은 정밀한 값으로 수렴한다. 정상 상태가 의견 일치 상태라면 둘 중 어느 의견이 우세한가에 따라 평균값은 0이거나 1이다.

- 탈출 확률^{exit probability}은 네트워크가 의견 1로 의견 일치에 도달할 가능성이 얼마나 있는지, 초기 배열에서 의견이 1인 노드의 비율의 함수로 추정한다. 예시에서처럼 100개의 각기 다른 무작위 배열에서 시작해 모델 동역학을 100번 실행한다고 가정하자. 각 초기 배열에서, 의견 1인 노드의 비율을 약 40%로 설정하고자 모든 노드에게 0.4의 확률로 의견 1을 부여한다. 모든 실행이 완료되어 모두 의견 일치 상태에 도달했고, 의견 1로 일치된 실행이 전체 중 30개라고 상상하자. 초기에 의견 1일 확률 0.4일 때 탈출 확률은 30/100 = 0.3이다.

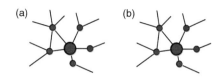

그림 7.11 의견 동역학의 다수결 모델: (a) 업데이트할 노드(큰 동그라미)의 의견은 1이다(빨간색). 이 노드는 이웃이 다섯 명이고, 세 명은 의견 1, 다른 두 명은 의견 0(파란색)이다. (b) 노드는 다수결에 따라 빨간색인 의견 1을 유지한다.

2개의 간단한 불연속 의견 동역학 모델은 통계물리학에서 잘 알려진 다수결 모델^{majority model}과 투표자 모델^{voter model}을 차용했다. 다수결 모델은 다수결 원칙을 기반으로 하는데, 그림 7.11에 나온 것처럼 각 노드는 이웃 중 다수가 선택한 의견을 취한다. 만일 이웃의 수가 짝수이고 두 의견이 절반씩 있으면, 동전을 던지는 확률로 어떤 의견을 선택할지 결정한다. 이는 7.1.1절에서 다룬 분수 문턱값 모델과 동등한 방법으로, 문턱값이 1/2일 때에 해당한다. 해석하는 방법에 차이가 있는데, 아이디어 하나가 확산되는 것이라기보다 두 의견이 경쟁하는 것으로 간주한다.

의견 일치는 모든 노드의 의견이 같고 아무것도 변하지 않는 안정 상태다. 그러나 다른 안정 상태도 있다. 그림 7.11에서 보듯이, 노드가 이웃의 다수결에 해당하는 의견을 취한다면 그 노드의 의견은 변하지 않는다. 종종 네트워크의 모든 노드가 이러한 국소적 다수결 조건으로 의견을 결정하는데, 이는 두 의견이 공존하는 안정 상태를 만들어낸다. 5장에 나오는 모든 모델 네트워크처럼 이 책에서 다루는 대부분의 네트워크에서 다수결 동역학을 수행하면, 의견 일치 상태에 절대 도달하지 못하고 의견 공존 상태에 갇힌다. 의견 일치는 오직 1차원 또는 2차원 그리드에서만 도달한다. 사실, 2차원 사각 격자에서 전체 실행 중 3분의 2만 의견 일치에 도달한다. 만일 의견 일치에 도달하는 실행에 대한 탈출 확률을 계산한다면, 그림 7.12(a)에서 보이는 계단 모양의 특징적인 측면을 얻는다. 의견 일치에 도달하려면 초기 배열에서 그 의견이 과반수를 넘어야만 한다는 뜻이다.

그림 7.13에서 예로 든 투표자 모델에서는 무작위로 이웃을 선택하면 이웃의 의견이 무엇이든 간에 그 의견을 취한다. 다수결 모델과 투표자 모델 모두의 시연이 부록 B.6절에 있다. 투표자 모델에서는 의견 일치가 유일한 안정 상태로, 의견 일치는 어떤 연결 구조에서든 그 시스템의 필연적인 최종 배열이 된다. 사실 다른 의견이 존재하는 한, 의견이 다른 이웃은 항상 서로 영향을 줄 수 있다. 투표자 모델의 탈출 확률은 의견 1인 초기 노드의 비율과 일치하므로, 그림 7.12(b)에서처럼 대각선 함수 형태다. 투표자 모델과 달리, 여기서 동역학의 결과는 불확실하다. 예를 들어, 초기에 의견 1인 노드 비율이 30%라

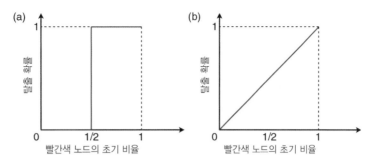

그림 7.12 탈출 확률: (a) 그리드 네트워크에서 다수결 모델. 계단 함수(step function)는 둘 중 한 의견의 초기 비율에 따라 시스템이 그 의견으로 일치 상태에 도달하는지 여부를 결정한다는 것을 의미한다. 이 동역학으로 의견 일치에 도달하고 노드 절반 이상의 의견이 1(0)인 상태에서 시작한다면, 일치한 의견은 1(0)이다. 이 도해는 1차원 또는 2차원 그리드에서만 유효한데, 다른 네트워크에서는 절대로 의견 일치에 도달할 수 없기 때문이다. (b) 투표자 모델. 대각선 함수(diagonal function)는 의견 1인 노드의 초기 비율이 의견 1로 일치되는 상태에 도달할 확률이기도 하다는 것을 의미한다. 다수결 모델과 달리, 투표자 모델에서는 초기에 어떤 의견을 지닌 노드가 절반 이하라 하더라도 그 의견으로 일치할 가능성이 있다.

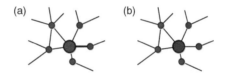

그림 7.13 투표자 모델. 업데이트할 노드(큰 동그라미)의 이웃이 그림 7.11과 같다. (a) 이웃 한 명을 무작위로 선택한다(두꺼운 선으로 연결한 파란색 노드). (b) 가운데 노드는 이 이웃의 의견을 취한다.

고 가정하자. 그러면 모든 노드가 의견 1인 상태로 완료되는 실행이 전체 중 30%라 예상하겠지만, 특정한 실행에서 의견 1 또는 의견 0으로 일치가 될지는 미리 단언할 수 없다.

투표자 모델의 변형은 매우 많은데, 공통된 수정사항은 다음과 같다.

- 절대로 의견을 바꾸지 않는 광신자^{zealots}의 존재. 광신자의 의견이 모두 같다면 그 의견으로 쉽게 일치가 일어나고, 그렇지 않다면 의견 일치에는 절대 도달하지 못한다.
- 2개 이상의 의견을 고려하는 것. 이 경우, 충분히 비슷한 의견을 지닌 노드 사이에서만 상호작용이 일어날지도 모른다. 예를 들어 의견이 세 가지(1, 2, 3)이고 이웃한 의견끼리만 상호작용이 가능하다(1과 2, 2와 3은 가능하나 1과 3은 안 된다). 7.3.2절에서 그러한 원리를 더 자세하게 다룬다. 어떤 네트워크에서든 상호작용하지 않는 의견으로 구성된 의견 불일치 배열이 안정 상태다.

- 노드가 자신의 의견을 자발적으로 바꿀 가능성. 예를 들어, 투표자 동역학에서 매 반복 시 특정 확률로 바꾼다.

유사한 수정사항을 불연속 의견 동역학 모델에도 적용할 수 있다.

7.3.2 연속 의견

가능한 선택의 범위가 하나의 극단에서 또 다른 극단까지, 개인의 의견이 부드럽게 바뀔 수 있는 상황이 있다. 예를 들어, 미술품 감상을 표현할 때는 싫어함(0)에서 열광(10)까지 연속으로 다양하게 변할 수 있다. 또는 매우 진보(−1)에서 매우 보수(+1)로 변하는 정치 성향을 모델링하길 원할지도 모른다. 이러한 경우에 의견은 연속된 실수로 표현하는 편이 더 낫다.

불연속 의견 모델에서처럼, 대개 네트워크 노드에 초기 의견을 무작위로 할당한다. 이는 원하는 범위 내에서 난수^{random number}를 생성해 완수한다. 그러면 업데이트를 반복할 때마다 의견값은 바뀐다. 만일 어떤 시점에 가장 많이 변한 어떤 의견값이 미리 정한 문턱값보다 작으면, 시스템이 결국 고정 상태에 도달할 것이므로 시뮬레이션을 중단할 수 있다. 전형적인 고정 상태는 의견 일치^{consensus}, 의견 대립^{polarization}, 또는 의견 분열^{fragmentation}인데, 의견이 각각 하나, 둘, 또는 그 이상의 값에 집중되어 있는가로 결정된다. 시뮬레이션을 무한한 시간 동안 할 수 없다는 한계 때문에, 각 노드는 살아남은 소수의 의견 중 정확히 하나를 취하게 된다.

어떤 사안을 두고 건설적인 논쟁을 벌이는 사람들을 상상해보자. 특히 서로의 의견 위치가 충분히 가깝다면, 서로의 의견에 영향을 미칠 가능성이 있는 사람들이다. 만일 다른 사람의 의견이 정반대 견지라면, 어떤 사람은 상대방을 설득하기 매우 어려울 수 있다. 이 간단한 관찰은 제한된 신뢰 원칙^{principle of bounded confidence}을 이끌어냈다. 이는 두 의견 차이가 신뢰 한계^{confidence bound} 또는 관용^{tolerance}이라 부르는 주어진 양보다 작을 때만 두 의견이 서로 영향을 주고받는다는 원리다.

원래의 제한된 신뢰 모델^{bounded-confidence model}에서는 노드 하나와 그 이웃을 선택해서 업데이트 규칙을 구성한다. 두 노드의 의견 차이가 신뢰 한계보다 작으면 두 의견은 수렴 매개변수로 결정되는 어떤 상대적인 양으로 서로를 향해 둘 다 '움직'인다. 그렇지 않으면 의견은 바뀌지 않는다.

제한된 신뢰 모델에서는 매 반복 단계 t에서 각 노드 i의 의견은 0과 1 사이의 실수인 $o_i(t)$다. 한 반복에서는 동기 수행 방법 또는 무작위 순서로 모든 노드를 한 번 다 훑는다. $t + 1$번째 반복에서는 노드 i의 이웃 한 명인 j를 무작위로 선택한다. ϵ이 신뢰 한계일 때 만약

$$|o_i(t) - o_j(t)| < \epsilon \tag{7.6}$$

이면, 의견값은

$$o_i(t + 1) = o_i(t) + \mu[o_j(t) - o_i(t)] \tag{7.7}$$

$$o_j(t + 1) = o_j(t) + \mu[o_i(t) - o_j(t)] \tag{7.8}$$

로 업데이트하고, 여기서 μ는 양수로 수렴 매개변수^{convergence parameter}다. 만일 $\mu = 1/2$이면 의견은 평균값으로 수렴하고, 이는 두 개인이 공통된 중간 지점을 의견으로 택한다는 뜻이다. $\mu = 1$이면 i는 j의 의견으로, j는 i의 의견으로 바꾼다. 대개 μ는 (0, 1/2] 범위에서 변한다.

식 (7.7)과 식 (7.8)의 양변을 합하고 2로 나누면, 우변의 두 번째 항이 서로 상쇄된다. 업데이트 전과 후에 i와 j의 평균 의견이 같다는, 즉 제한된 신뢰 모델 동역학에서 시스템의 평균 의견이 보존된다는 결론이 나온다! 만일 초기 의견을 [0, 1] 범위에서 무작위로 설정하면 평균값은 1/2이다(약간의 편차가 존재할 수 있다). 따라서 만일 시스템이 결국 의견 일치 상태에 도달하면 모든 노드의 의견은 1/2 근처에 뭉쳐있다.

초기에 무작위한 의견 배열에서 출발하면, 이 동역학은 어떤 네트워크 위에서든 언제나 고정 상태를 만들어낸다. 수렴 매개변수는 오직 수렴 상태에 도달하기까지 필요한 반복 횟수에만 영향을 미친다. 고정 상태에서 의견 덩어리의 수는 신뢰 한계와 네트워크 구조에 의존한다. 신뢰 한계가 낮을수록 최종 의견 덩어리 수가 많아진다.

$\epsilon > 1/2$일 때 어떤 네트워크 구조든 시스템은 의견이 1/2에 집중된 의견 일치 상태에 항상 도달한다.

제한된 신뢰 모델의 변형은 아주 많다. 공통 수정사항은 다음과 같다.

- 모든 사람이 다른 모든 사람처럼 쉽게 설득되지 않는다는 사실을 설명하고자 각자의 신뢰 구간 값을 사용하기. 몇몇 확장에서는 노드의 신뢰 구간을 개인의 의견과 연결 짓는다. 예를 들어, 의견이 범위의 극단값에 가까우면 이 극단주의자는 다른 대부분 사람을 설득하기 더 어렵기 때문에 신뢰 구간이 작다.
- 개인이 각자의 의견을 자발적으로 바꾸는 가능성. 투표자 모델과 그 밖의 모델에서처럼 매 반복마다 노드가 자신의 의견을 어떤 확률로 바꾸도록 설정할 수 있다.

7.3.3 네트워크와 동역학의 공진화

2.1절에서는 특히 소셜 네트워크 같은 많은 실제 그래프에서 노드가 그 이웃과 비슷함을 의미하는 동류성이 발견된다는 사실을 살펴봤다. 또한 동류성의 원인이 되는 두 가지 가능한 메커니즘을 논의했는데, 사회적 영향^{social influence}(이웃이 더욱 비슷해지는 것)과 선택^{selection} 또는 동종선호^{homophily}(비슷한 노드가 이웃이 되는 것)다. 두 메커니즘 모두 실제 그래프에서 관찰한 동류성의 원인이라는 것은 타당하다. 예를 들어 지인과 어떤 사안을 두고 끊임없이 논쟁한다면, 타협하거나 주변에 같은 의견을 공유하는 다른 사람과 시간을 더 많이 보내는 편이 나을지도 모른다. 이런 일은 다른 관점인 사람과 친구를 끊거나 언팔로우하는 소셜 미디어에서 많이 발생한다. 지금까지 논의한 의견 동역학 모델에서 네트워크는 고정됐다. 그래서 어떠한 선택도 허용되지 않았는데, 아주 비슷한 의견인 다른 노드가 이미 이웃이 아니라면 그 노드가 이웃이 될 수 있는 선택지가 없기 때문이다. 마찬가지로, 아주 다른 의견을 지닌 노드와 연결을 끊어낼 수도 없다. 노드는 오직 서로의 의견에만 영향을 미친다. 현실성 있는 모델은 영향력과 선택 모두의 상호작용을 허용해야 한다. 이것이 공진화 모델의 발달을 이끌었고, 공진화 모델은 의견 변화가 네트워크 구조의 변형을 유도하고 구조의 변형이 의견에 영향을 미치기도 한다. 기본적으로 의견과 네트워크는 서로를 채택한다.

한 가지 공진화 모델에서, 의견은 하나 또는 그 이상의 불연속값이다. 초기에는 노드에게 무작위로 의견을 할당한다. 동역학은 선택과 영향력 단계를 교차해 구성하는데, 매개변수로 결정되는 상대적 빈도로 한 단계를 실행한다. 선택 단계에서는 노드가 같은 의견을 지닌 다른 노드와 연결한다. 영향력 단계에서는 노드가 이웃의 의견을 취한다. 그림 7.14는 이 모델의 선택과 영향력 단계의 예시를 보여준다.

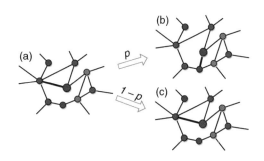

그림 7.14 의견과 네트워크의 공진화. 의견은 색으로 표시했다. (a) 노드를 선택하고(가운데 큰 파란 동그라미) 이웃 한 명(두꺼운 링크로 붙은 빨간 노드)을 따라간다. (b) 확률 p로, 같은 의견을 지닌 다른 노드를 이웃으로 대체한다. (c) 확률 $1 - p$로, 노드가 선택한 이웃의 의견을 취한다.

공진화 모델에서 한 반복마다 동기 수행 방법 또는 무작위 순서로 모든 노드를 한 번 다 훑는다. 노드 i를 조사할 때 i와 다른 의견을 지닌 이웃 j를 무작위로 선택한다.

1. 확률 p로, i에서 i와 j 사이의 링크를 이웃이 아니고 같은 의견을 지닌 다른 노드로 재연결한다(선택).
2. 그렇지 않으면(확률 $1 - p$로), i는 j의 의견을 취한다(영향력).

선택 확률^{selection probability} p는 이 모델의 단일 매개변수다.

선택과 영향력 모두 다른 의견을 지닌 이웃한 노드 쌍의 수를 감소시키는 경향이 있기 때문에, 네트워크는 결국 모든 이웃한 쌍이 같은 의견을 지니는 상태에 도달한다. 이는 네트워크가 분리된 덩어리로 나뉜다는 의미이고, 분리된 덩어리는 서로 끊어지고 각 덩어리 내에 모든 구성원은 같은 의견을 지닌다. 따라서 그림 7.15에 나타난 예시처럼, 균일한 의견 커뮤니티로 분리되는 것을 관찰할 수 있다. 이런 시나리오는 안정 상태로, 의견이나 네트워크 구조에 더 이상의 변화가 일어나지 않고 동역학이 중지된다.

선택 확률이 0에 가까워서 영향력이 두드러지면 네트워크 구조는 거의 안 변한다. 시스템은 기본적으로 초기 네트워크의 연결된 덩어리 내에서 의견만 통일한다. 선택 확률이 1에 가까우면, 선택이 두드러져서 서로에게 의견 영향을 거의 안 미친다. 여기서 시스템의 최종 덩어리는 초기 배열에서처럼 같은 의견을 지닌 노드의 그룹이다.

의견 종류가 많을 때 무슨 일이 일어나는지 살펴보자. 평균 연결선 수가 1보다 큰 무작위 네트워크에서 출발하면 거대 덩어리가 있다는 것을 알고(5.1절), 따라서 선택 확률이

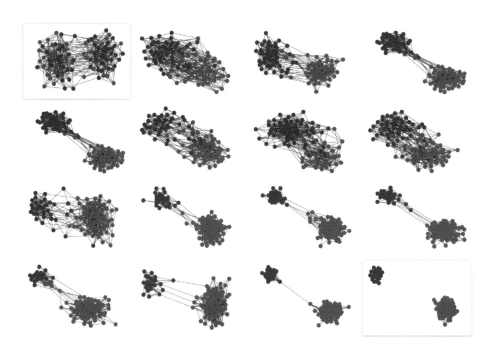

그림 7.15 두 커뮤니티로 구성된 네트워크에서 공진화 모델의 동역학. 초기에(왼쪽 상단) 두 의견은 모든 노드에게 무작위로 할당한다. 선택 확률은 $p = 0.7$이다. 결국(오른쪽 하단), 네트워크는 같은 의견을 지닌 2개의 끊어진 덩어리로 분리된다.

거의 0이면 실행을 오래 했을 때 다수결인 의견으로 구성된 거대 커뮤니티 하나와 다른 의견으로 구성된 작은 커뮤니티가 많이 존재할 것이다. 대신, 선택 확률이 거의 1이면 링크 동역학이 네트워크를 많은 작은 커뮤니티로 부술 테고 각 커뮤니티는 초기에 할당했던 별개의 의견을 지닌 노드로 구성될 것이다. 아주 큰 하나의 다수 의견을 보이는 시나리오와 크기가 비슷한 소수 의견 커뮤니티가 많이 등장하는 시나리오 간의 급격한 전이가 나타난다. 이 전이는 선택 확률의 문턱값에서 발생한다.

같은 의견을 지닌 사람이 함께 모이는 모델은 4.5절에서 논의하고 그림 6.2에 보였듯이 소셜 미디어에서 메아리 방이 발생하는 현상을 공부하는 데 도움을 준다.

7.4 탐색

네트워크와 상호작용할 때 가장 보편적으로 수행하는 활동은 탐색^{search}이다. 네트워크의 어떤 노드에 위치한 자원을 찾고 싶다고 가정하자. 그 자원은 관심 있는 주제를 다루는 정보가 있는 웹사이트, P2P[3] 네트워크에 저장된 영화, 또는 소셜 네트워크에서의 사업 인맥일 수 있고 이는 밀그램의 좁은 세상 실험에서 목표로 한 사람을 찾는 것과 별반 다르지 않다(2.7절). 이런 문제를 해결하려면 정확한 노드에 도달할 때까지 네트워크를 효율적으로 탐색하는 전략을 고안할 필요가 있다. 누군가는 원점이 되는 노드에서 출발해 그 이웃을 방문하고, 이웃의 이웃을 방문하는 등의 전형적인 방법을 쓴다. 더 효율적인 전략을 사용하면 목표에 더 빨리 도달할 수 있다. 이 절에서는 일반적인 탐색 접근 방법 몇 가지를 제시한다. 특히, 현실 세계 네트워크의 기이한 성질이 탐색 과정을 더 신속하게 만드는 데 어떻게 활용되는지 강조하고자 한다.

7.4.1 국소 탐색

2장에서 다룬 너비 우선 탐색은 적어도 시작점 노드가 알려진 연결 덩어리^{connected components} 내에서, 모든 노드를 방문해서 전체 네트워크를 탐색하려는 시도다. 이런 종류의 철저한 **탐색**^{exhaustive search} 접근 방법은 특히 네트워크가 작거나 검색 엔진 쿼리를 지원하는 웹 크롤러가 입증한 것처럼 막대한 계산과 저장 자원을 이용할 수 있는 몇몇 경우에만 문제를 해결한다. 그러나 종종 네트워크에서 **국소 탐색**^{local search}을 수행하는 것(즉, 네트워크의 작은 부분만 탐색해 특정한 검색 쿼리를 수집하는 데 집중해서 수행하는 것)이 더 효율적이거나 심지어는 필수다. 예를 들어, 검색 엔진 색인에 등록되지 않은 웹 콘텐츠의 아주 일부나 새로운 내용에 흥미가 있는 상황을 보자. 이러한 경우 검색 과정에서는 원하는 정보를 포함할 가능성이 가장 높은 네트워크 노드를 가려내는 휴리스틱^{heuristics}을 활용해야만 한다.

국소 탐색이 필수인 또 다른 시나리오는 P2P 네트워크에서 방금 공개된 곡을 다운받고 싶을 때인데, P2P 네트워크는 파일을 공유하려고 서로 직접 연결된 컴퓨터의 집합이다. 이런 시스템은 모든 파일 위치를 저장할 수 있는 중앙 서버가 없다. 이것이 강점인데, 소송이나 서비스 거부 공격^{DoS, denial-of-service}으로 어느 한 노드에 문제가 생겨도 전체 시스템의 기능이 위태로워지는 일이 없기 때문이다. 약점은 원하는 파일의 위치를 모른다는 점이다. 그래서 사용자가 파일을 찾을 때마다, P2P 네트워크에 연결된 다른 사용자의 컴퓨터에 쿼리가 전달된다. 만일 컴퓨터에 요청한 파일이 없으면 하나 또는 그 이상의 이웃에게 쿼리를 전달한다.

너비 우선 탐색은 원칙적으로 국소 탐색에도 사용할 수 있다. 하나의 노드에서 시작해,

---

3 'peer-to-peer'의 약자로, 단순히 '피어(peer)'라고만 부르기도 한다. 개인과 개인이 직접 인터넷으로 연결되어 파일을 공유하는 방식이다. – 옮긴이

첫 번째 층에 있는 모든 노드를 방문하고 이 중 목표 노드가 있는지 확인한다. 만일 없으면 첫 번째 층에 있는 각 노드가 자신의 이웃 모두에게 쿼리를 전달하고, 정확한 노드에 도달할 때까지 이를 반복한다. 이미 다른 이웃에게 받은 쿼리는 무시한다. 가장 초창기 P2P 네트워크인 그누텔라^{Gnutella}가 이 접근법을 사용했다. 그러나 너비 우선 탐색은 효율

글상자 7.1 P2P 네트워크에서의 탐색

파일을 공유할 때 사용하는 P2P 네트워크는 공유한 파일을 높은 효율로 탐색하려고 설계된 구조다. 이 구조는 분배 해시 테이블^{distributed hash table}과 오버레이 네트워크^{overlay network}의 조합으로 구성하는데, 해시 테이블은 파일 정보에 피어 컴퓨터 정보를 저장하고 오버레이 네트워크는 이 피어 노드를 연결한다.

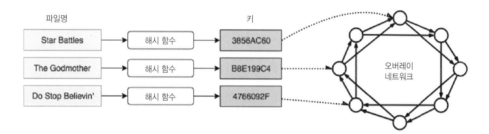

파일을 저장해야 하면, 그 파일에 고유 키^{key}를 생성한다. 이는 임의의 데이터에서 고유한 특징을 생성하는 알고리듬인 해시 함수^{hash function}가 수행한다. 그 파일을 해당 피어에게 보낼 수 있도록 그 네트워크의 특정 노드에 키를 할당한다. 마찬가지로, 파일을 탐색할 때는 그 키를 지닌 파일을 소유한 노드에 도달할 때까지 네트워크 전반에 걸쳐 쿼리를 전달하고자 해당 키를 사용한다. 각 노드는 자기 이웃에 연결된 링크 집합인 라우팅 테이블을 유지하고, 라우팅 테이블은 오버레이 네트워크에서 메시지를 전달할 때 사용한다. 특정한 P2P 네트워크 설계에서 사용하는 분배된 해시 테이블은 탐색을 빨리 하는 방법으로 네트워크 구조를 유지하는 규칙을 암호화한다. 특히 어떤 키에서, 각 노드는 그 키를 소유한 목표 노드를 알거나 목표물에 가까운 노드와 링크로 연결된다. 이 성질 덕분에 간단한 탐욕 경로^{greedy routing} 알고리듬이 목표물에 가장 가까운 이웃에게 메시지를 전달하려고 사용될 수 있다. P2P 네트워크의 또 다른 중요한 성질은 어떤 시간에 어떤 컴퓨터든 합류하고 떠날 수 있다는 점이다. 피어가 떠나고 새로운 피어가 합류할 때, 오직 이웃 피어만 업데이트하면 되고, 네트워크의 나머지 부분은 영향받지 않는다.

이 높은 전략은 아니다. 무엇보다도, 네트워크 구조를 잘 활용하지 않는다. 사실 그누텔라 네트워크에 있는 컴퓨터에는 요청이 넘쳐나고 이 트래픽을 관리하느라 대역폭을 모두 소비한다. 이것이 결국 효율이 높은 탐색 알고리듬으로 설계한 특별한 네트워크 구조 (글상자 7.1)를 사용하는 비트토렌트^{BitTorrent} 같은 최신 P2P 네트워크가 그누텔라를 대체한 이유다.

네트워크 구조를 이용하는 한 가지 방법은 허브 노드의 존재를 이용하는 것이다. 이 아이디어에 기반한 국소 탐색 알고리듬은 각 노드가 이웃 노드 모두에 저장된 정보뿐 아니라 연결선 수도 안다고 가정한다. 따라서 노드가 이용할 수 있는 모든 정보는 국소적이다. 목표 노드의 이웃이 요청을 받으면, 그 이웃이 "나는 네가 찾는 노드는 아니지만, 내 이웃이 그 노드야!"라고 대답하고 목표 노드의 주소를 보낸다. 시작 노드에서 출발해 쿼리를 받은 각 노드는, 자신 또는 자신의 이웃 중 누군가가 목표물이 아닌 이상, 가장 큰 연결선 수를 지닌 이웃에게 그 요청을 전달한다. 목표물의 이웃이 메시지를 받을 때까지 이 과정을 반복한다(그림 7.16). 이 과정 동안 노드를 여러 번 방문할 수 있기 때문에, 한 번 초과로 쿼리를 받은 노드가 없도록, 요청이 전달된 노드는 표시해둔다.

3.3절에서 무작위로 선택한 노드의 이웃은 평균적으로 그 노드에 비해 허브 노드일 가능성이 더 높다는 것을 확인했다. 특히, 연결선 수가 많은 이웃을 탐색하는 것은 그 이웃의 이웃 노드 중 누군가 한 명이 주요 허브 노드일 가능성을 높여준다. 따라서 이 알고리듬은 가장 많은 이웃과 연결된 노드에 빠르게 도달한다. 상위 허브 노드를 확인했으면 이 노드에 표시를 해두고 이후에는 이 노드를 피해서 탐색한다. 그런 다음 상위 허브 노드는 두 번째로 많은 연결선 수를 지녔을 가능성이 높고, 이후도 마찬가지다. 기본적으로 계속해서 이웃이 많은 노드를 방문하는 급격한 과도기를 지나면, 연결선 수가 높은 순서에서 낮은 순서로, 네트워크의 연결선 수 순서의 역순으로 탐색을 이어간다. 허브 노드의 이웃이자 쿼리를 받은 노드 수가 아주 빨리 많아지고 몇 번의 단계만에 목표 노드에 도달한다.

그림 7.16 네트워크에서 국소 탐색 모델. 시작 노드는 s, 목표 노드는 t다. 시작 노드가 이웃이 가장 많은 자신의 이웃(u)에게 쿼리를 보내고, 이 노드는 높은 연결선 수를 지닌 자신의 이웃(v)에게 전달한다. 목표 노드가 v의 이웃이므로 탐색을 종료한다.

허브 중심의 국소 탐색이 탐색을 완료하기까지 필요한 단계 수의 측면에서 이익을 주는 반면, 쿼리를 받아야만 하는 노드 수는 너비 우선 탐색을 사용할 때와 평균적으로 같다. 이는 목표 노드가 원칙적으로 어느 곳이든 있을 수 있기 때문이고, 따라서 두 경우 모두 많은 점검 과정이 필수다. 탐색 단계가 적은 국소 탐색 알고리듬은 매 단계에서 아주 많은 이웃을 훑어봐야 하는데, 이 과정 동안 훑어야 하는 노드의 연결선 수가 크기 때문이다. 그러나 각 노드가 이웃의 정보량을 안다면 노드는 이웃 중 누구에게도 정말로 쿼리를 요청할 필요가 없고, 이는 노드 간의 통신 오버헤드[4]를 눈에 띄게 줄인다. 이는 허브가 거대한 양의 데이터를 저장하도록 요구하고, 매우 큰 네트워크에서는 실행할 수 없다.

7.4.2 탐색 가능성

네트워크를 탐색하는 몇 가지 전략을 살펴봤다. 그러나 모든 네트워크가 '탐색 가능'할까? 어떠한 그래프든 탐색을 하고 합리적으로 짧은 시간 내에 결과를 예측할 수 있을까? 바로 답하자면 '그렇지 않다'이지만, 바로 논의할 중요한 몇 가지 예외가 있다.

네트워크의 탐색 가능성^{searchability} 성질을 살펴보고자, 2.7절에서 다룬 밀그램의 좁은 세상 실험을 떠올리자. 이 실험은 두 가지 교훈을 알려준다. 첫 번째는 익숙한 관찰 결과로, 잘 알고 있듯 소셜 네트워크에 있는 대부분의 쌍은 지인에서 지인으로 이어지는 짧은 사슬로 연결됐다는 점이다. 두 번째는 사람이 이 사슬을 놀랍게도 효율적으로 찾는다는 점이다. 이는 간단하지 않다. 참여자는 오로지 자신이 접촉할 이웃과 목표로 한 사람의 이름과 위치만 알았다. 참여자는 이 편지가 목표 인물에게 더 가까워지길 바라며, 편지를 전달할 친구를 선택할 때 자신의 직감을 신뢰해야만 한다. 이는 (2.1절에서 논의한) 네트워크의 동종선호를 이용하는 것인데, 특히 **지리적 동종선호**^{geographic homophily}로 두 사람이 가까운 곳에 산다면 서로를 알 가능성이 높다는 것이다. 그래도 원칙적으로는 편지가 최종적으로 목표 대상에게 도달하기 전에 많은 사람을 지나치며 보스턴에 더 오래 머물 수도 있다. 성공한 참여자는 적은 단계만에 목표 인물을 찾고자 네트워크 구조와 관련 있는 직감을 추가로 활용했다. 다른 종류의 동종선호를 활용했는데, 직업에 기반한 동종선호로, 예를 들면 변호사는 또 다른 변호사를 알 가능성이 높다는 것이다. 이는 웹에서의 주제 국소성과 밀접한 관련이 있다(4.2.5절).

지리 또는 주제 면에서 목표물에 밀접한 노드와 연결한 것처럼, 위에서 기술한 동종선호 종류에 따라 휴리스틱을 활용해 네트워크를 탐색할 수 있을 때 네트워크가 만족해야

---

4   한 노드에서 다른 노드로 통신하는 데 소요되는 간접적인 처리 시간 또는 메모리 – 옮긴이

만 하는 조건을 분석할 수 있다. 먼저 지리적 탐색 가능성^{geographic searchability}에 초점을 맞춰보자. 네트워크를 지리적으로 탐색할 수 있는 매우 한정된 조건이 있다. 예를 들어, 5.2절에서 논의한 모델로 생성된 좁은 세상 네트워크를 닮은 특별한 구조를 고려하자. 사각 격자에서 출발하는데, 이 격자를 만드는 목적은 마치 사람이 지도 위에 있는 것처럼 지리적 공간 내에 소셜 네트워크를 끼워 넣는 것이다. 그리드 네트워크를 형성하며 각 노드를 가장 가까운 이웃과 연결한다. 그리고 그리드의 노드 쌍 사이에 지름길을 추가한다(그림 7.17). 좁은 세상 모델(그림 5.4(b))을 변형해, 지름길은 노드 쌍을 동일한 확률로 연결하지 않는다. 그보다 그리드에서 노드 사이의 지리적 거리에 따라 연결 확률이 감소한다. 이는 실제 소셜 네트워크에서 대부분의 관계가 지리적 접근성이 높은 사람 사이에서 나타난다는 실증적 관찰 결과인 지리적 동종선호를 설명하고자 고안했다.

각 개인이 목표 인물의 위치뿐만 아니라 목표 인물의 이웃의 지리적 위치도 정확히 안다고 가정하자. 그러면 각 개인은 어떤 이웃이 목표 인물에게 지리적으로 가장 가까운지 정확히 결정할 수 있다. 간단히 하고자, 시작 노드와 목표 노드를 무작위로 선택하고 밀그램의 실험에 영감을 받아 사람들은 탐욕적인 탐색 알고리듬^{greedy search algorithm}을 따른다고 가정하자. 즉, 각 노드는 목표물에 가능한 가까이 있는 링크를 따라 메시지를 전달한다. 전송 시간^{delivery time}을 정의할 수 있고, 이는 목표물에 도달하기까지 메시지가 노드 사이를 통과한 시간의 수다. 밝혀진 것처럼, 지름길 확률이 두 노드 사이의 지리적 거리의 함

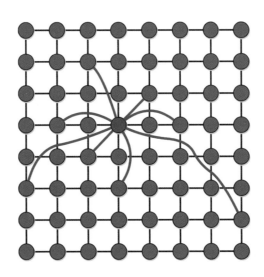

그림 7.17 지리적 소셜 네트워크. 사각 그리드는 사람(노드)이 사는 지리적 면적을 나타낸다. 각 노드는 가장 가까운 이웃 네 명과 연결된다. 가까이 사는 개인 쌍을 선호하며 두 노드 사이의 지름길을 추가한다. 이 그림은 오직 빨간 노드의 지름길만 보여준다.

수로 감소하는 올바른 형태로 주어진다면 전송 시간은 아주 짧다. 그림 7.17에서 보이듯 2차원 그리드의 경우, 지름길 확률이 거리 제곱의 역수로 감소해야만 한다. 예를 들어, 서로 두 걸음 떨어진 위치에 놓인 두 노드 사이의 링크는 그보다 두 배 더 떨어져 연결된 두 노드(네 걸음) 사이의 링크보다 연결된 확률이 네 배여야 한다.

지름길 확률이 노드 사이의 거리에 따라 가파르게 줄어든다면, 먼 거리의 링크가 충분히 존재하지 않고, 따라서 목표물에 도달하기 전에 많은 국소적 링크만 탐험하는 운명에 처할 수밖에 없다. 만일 지름길 확률이 천천히 줄어들면, 먼 링크가 지나치게 많이 있다. 이 시나리오에서는 지름길은 많지만, 서울에서 김서방 찾기처럼 목표물을 찾기가 너무 어렵다. 두 경우 모두 탐색 과정이 매우 비효율적이고, 탐욕적인 탐색 알고리듬은 목표물을 찾기까지 긴 시간이 소요된다.

네트워크의 지리적 탐색 가능성의 조건은 이 시나리오에서 꽤 한정됐지만, 완전히 비현실적이지는 않다. 지리적 동종선호를 웹에서 주제 국소성으로 대체하면, 두 페이지가 주제 거리의 함수로 연결될 확률을 실증적으로 측정할 수 있다. 실제로 두 페이지의 내용물을 살펴서 페이지 간의 유사성을 측정할 수 있다(글상자 4.1을 기억하자). 유사도의 값이 낮으면 거리가 멀다고 대응시킬 수 있고, 반대도 성립한다. 가까운 (유사한) 페이지는 연결됐거나 공통된 이웃이 많을 가능성이 높고, 반면 거리가 먼 (다른) 페이지에서 연결 확률이 감소하는 것은 지리적 탐색 가능성과 호환된다는 사실이 밝혀졌다. 따라서 웹은 탐색 가능한 네트워크의 특별한 경우이고, 링크를 클릭해 흥미로운 정보를 찾을 수 있음을 보증한다. 만일 이게 그 경우가 아니라면, 웹을 검색하는 것은 아무런 희망이 없다.

지리적 탐색 가능성을 탐구하려고 사용하는 네트워크 모델은 여러 면에서 비현실적이다. 사람은 그리드에 놓여 있지도 연결되어 있지도 않다. 더 중요한 것은 지리는 탐색할 네트워크에 있는 노드의 가능한 많은 성질 중 하나일 뿐이라는 점이다. 소셜 네트워크에서 두 사람은 같은 직업에 종사하고, 같은 취미를 즐기고, 같은 학교에 다닐지도 모른다. 탐색 가능성의 관념을, 네트워크 동종선호에 노드의 어떤 성질을 반영할 수 있고 따라서 탐색 과정이 용이할 수 있는 주제 탐색 가능성^{topical searchability}으로 일반화하자. 예를 들어, 전에 언급한 것처럼 목표 인물의 직업이 밀그램 실험에서 중요한 정보였다.

주제 성질에 기반해서 계층 방식으로 네트워크의 노드를 묶을 수 있다. 계층의 꼭대기는 더 작은 분류로 쪼갤 수 있는 가장 일반적인 분류이고, 확인할 수 있는 가장 작은 그룹에 도달할 때까지 계층 아래로 내려가면서 세부 주제 분류가 늘어난다. 그림 7.18에 예시로 있는 것처럼 이렇게 만들어지는 계층 도해가 주제 거리 나무^{topical distance tree}다. 주제 거리 나무는 과학을 다루는 위키백과 항목을 구성할 때 사용되곤 한다. 꼭대기(루트 아래)에는

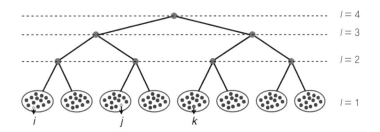

그림 7.18 주제 거리 나무. 노드 i와 j가 속한 그룹의 가장 가까운 공통 조상이 레벨 3에 있으므로($l = 3$인 점선의 왼쪽 위에 있는 초록색 점), 두 노드 사이의 거리는 3이다. 비슷하게, i와 k 또는 j와 k 그룹의 가장 가까운 공통 조상은 루트이므로 두 노드 사이의 거리는 $l = 4$다.

형식 과학, 자연 과학, 생명 과학, 사회 과학, 응용 과학이 있다. 그 아래 레벨[5]에서는 수학, 논리학, 생물학, 화학, 물리학, 심리학, 경제학, 사회학, 공학, 컴퓨터 공학 등의 분야를 발견할 수 있다. 분자생물학, 통계물리학, 머신러닝, 네트워크 과학처럼 더 세부적인 분야는 더 낮은 레벨에 있다. 유사하게, 소셜 네트워크에서 사람을 분류하려고 주제 나무를 사용할 수 있다. 꼭대기에는 전 세계 인구가 있고 더 낮은 레벨은 인구를 대륙, 나라, 도시, 이웃으로 분류한 지리 세부 그룹을 나타낼 수 있다. 다른 사회 특성(예: 직업, 취미, 학교, 종교)은 다른 분류와 나무를 만들어낸다.

주제 거리 나무는 노드 사이의 주제 거리$^{\text{topical distance}}$를 측정할 수 있게 하는 관념 구조다. 두 개인이 동일하고 가장 작은 규모의 인식 가능한 그룹에 속한다면, 둘의 주제 거리는 1이다. 이는 인디애나대학교 블루밍턴에서 같은 대학에 근무하는 두 교수에 해당한다. 그렇지 않다면, 두 사람의 그룹은 계층 나무를 올라가며 결국 합쳐질 것이다. 이 나무에서 두 노드가 공유하는 가장 세부적인 성질을 나타내는 가장 가까운 조상 분류를 만날 때 이 병합이 일어난다. 이 경우 주제 거리는 아래에서 가장 가까운 공통 조상까지 나무의 레벨 수다. 예를 들어, 그림 7.18에서 개인 i와 j는 인디애나주에 있는 다른 대학의 다른 학과에서 일하는 두 교수이고, 따라서 이들은 다른 주제로 그리고 다른 위치에서 근무해서 두 단계의 분리가 추가되므로 두 교수 사이의 주제 거리는 3이다.

계속해서 소셜 네트워크 시나리오를 생각하고 누군가로부터 사람들의 주제 거리를 측정할 수 있다고 가정하자. 이 가정은 개인이 각자의 정확한 위치를 알고 있다는 지리 모델에서 한 가정보다 덜 엄격한 가설이다. 두 노드 사이의 연결 확률이 그들의 주제 거리가 증가할수록 감소 함수에 의해 줄어들어서, 주제 거리 나무가 소셜 네트워크의 동종선

---

5   여기서 레벨은 계층 구조에서 깊이 또는 수직 위치를 나타내는 것으로, 학문적 수준을 뜻하지 않는다. - 옮긴이

호를 포착한다고 더 가정해보자. 탐욕적인 탐색 알고리듬을 사용해서(즉, 각 사람이 목표 인물에게 가장 짧은 주제 거리에 위치한 자신의 이웃에게 메시지를 전달한다), 효율적인 탐색을 돕는 특별한 주제 감소 함수 형태가 존재한다는 것을 볼 수 있다. 이 조건하에서 탐색은 적은 단계만을 거친다.

주제 거리와 연결 확률 사이의 관계로 표현하는, 네트워크에서 주제 탐색 가능성의 조건은 꽤 엄격하다. 그러나 이는 사회학 관점에서 타당성이 있는 조건인데, 이는 밀그램 실험에서 나타난 성공적인 사슬을 이해하는 데 도움을 주었다. 더욱이, 여러 페이지가 어떤 주제 웹 디렉토리에 분류됐는지 분석해 두 웹 페이지가 연결될 확률이 주제 거리에 따라 어떻게 감소하는지 측정할 수 있다. 서핑으로 웹 그래프가 탐색 가능한지 확인해 웹 그래프가 주제 탐색 가능성 조건 또한 만족한다는 사실을 밝혔다.

7.5 요약

네트워크는 아이디어, 의견, 영향력의 확산을 실어 나르는 운송 수단이다. 마찬가지로, 네트워크는 질병, 잘못된 정보, 루머와 같은 해로운 확산 과정도 촉진한다. 이런 현상이 어떻게 펼쳐질지 밝히면 전자의 효율성을 높이고 후자를 방어하는 데 도움이 된다. 네트워크를 탐색하는 것은 정보를 검색할 때 대단히 중요하지만, 네트워크 구조와 노드에 저장된 정보를 모를 때엔 매우 어렵다. 7장에서는 이런 확산 모델을 기술하는 간단한 모델을 살펴보고 다음과 같은 중요한 교훈을 배웠다.

1. 영향력 확산의 문턱값 모델에서 노드/개인은 그들의 모든 이웃 인플루언서의 영향을 받는다. 이웃의 영향력이 문턱값을 넘으면 노드는 영향을 받는다. 독립적인 캐스케이드 모델에서 노드/개인은 어떤 확률로 각 이웃 인플루언서에게 '설득'된다. 가장 실질적인 인플루언서는 이웃이 많고 네트워크에서 중심점에 있다.

2. 전염병 확산의 SIS 모델에서는 감염된 개인이 회복되면 다시 감염될 수 있는 상태가 되고, 따라서 질병에 여러 번 걸릴 수 있다. SIR 모델에서는 감염된 개인이 회복되면 더 이상 감염될 수 없고, 따라서 이 동역학에서 더 이상 아무런 역할을 하지 않는다.

3. 접촉 네트워크에 허브가 있으면, SIR과 SIS 동역학에 의해 확산되는 전염병은 아무리 감염 확률이 낮다 하더라도 허브가 매우 쉽게 감염될 수 있고 위험한 전파자가 될 수 있으므로, 상당한 비율의 인구에 영향을 미칠 수 있다.

4. 루머 확산 모델은 SIR과 비슷하지만, 루머를 더 이상 퍼뜨리지 않겠다는 결심에 대응되는 '회복' 과정은 각 개인에게 자발적으로 나타나는 대신 루머를 아는 개인들이 서로 만난 결과로 나타난다. 루머는 아무리 전파 확률이 낮아도 어떤 네트워크에서든 유의미한 비율에 도달한다.

5. 다수결 모델에서 하나의 노드는 이웃들 대부분이 갖는 의견을 취한다. 최종 단계에서 다양한 의견들이 공존할 수 있다. 의견 일치는 1차원 혹은 2차원 그리드에서만 가능하다. 이 경우, 일치되는 의견은 초기 상태에서 다수가 가졌던 의견이다.

6. 투표자 모델에서 하나의 노드는 이웃들 중에서 무작위로 선택해 의견을 취한다. 모든 종류의 네트워크에서 의견 일치에 도달할 수 있다. 특정 의견으로의 일치는 초기 상태에서 해당 의견을 갖고 있는 노드의 비율과 일치하는 확률로 결정된다.

7. 연속적 의견 동역학에서 제한된 신뢰 모델의 경우, 두 가지 의견의 차이가 신뢰 한계 매개변수보다 작은 경우에만 두 의견이 서로 영향을 주고받는다. 최종적으로 남는 의견 덩어리의 수는 신뢰 한계와 네트워크 구조에 따라 달라진다. 신뢰 한계가 충분히 크면, 어느 네트워크에서든 의견 동역학은 무작위적인 초기 의견 상태에서 일치 상태로 변화한다.

8. 공진화 모델은 선택 과정과 영향력 과정으로 구성된다. 우리가 소개한 모델에서는 하나의 노드가 이웃의 의견을 취하거나, 동일한 의견의 새로운 이웃을 선택할 수 있었다. 이 시스템은 최종 단계에서 서로 떨어져 있는, 동일한 의견을 갖는 커뮤니티들로 구성된다.

9. 웹 크롤러처럼 네트워크를 완벽히 탐색하기 위한 일반적인 접근은 너비 우선 탐색으로, 이는 서로 떨어져 있는 노드들 사이의 거리와 최단 경로를 찾을 때 사용되는 알고리듬이기도 하다. 이 방법은 대규모 네트워크에서는 사용하기가 어렵기 때문에, 경험적 국소 탐색이 필요하다. 국소 탐색의 한 가지 방법은 가장 연결선 수가 많은 노드에게 쿼리를 보내어 가장 큰 허브에 빨리 도달한 다음, 허브와 연결된 많은 수의 이웃을 활용해 적은 수의 걸음으로 목적한 노드를 찾는 것이다.

10. 어떤 네트워크들은 시작 노드와 목표 노드 사이의 최단 경로를 찾는 탐색이 가능하다. 이는 노드 사이에 분포한 링크의 형태적 특이함 때문이기도 하고, 노드가 갖는 특성이나 성질에 따라 형성된 계층적 구조 때문이기도 하다. 계층 구조에서 두 노드의 거리를 측정하면서 목적 노드에 가장 가까운 이웃을 판별할 수 있다.

7.6 더 읽을거리

1.12절에서 소개한 네트워크 과학 책 대부분은 동역학 과정을 여러 장에 걸쳐 소개하고 있다. 배럿 등(Barrat et al., 2008)이 해당 주제로 저술을 남겼고, 7장에서 소개한 대부분의 모델들을 자세히 소개하고 있다.

잘못된 정보의 전파에 대한 과학은 새로운 연구 분야로 떠오르고 있다(Lazer et al., 2018). 네트워크에서의 정보 전파에 대한 연구(Shao et al., 2018a)는 소셜 봇과 같은 것으로 어떻게 소셜 미디어가 조작될 수 있는지를 이해하는 데 핵심적인 역할을 했다.

문턱값 모델은 그라노베터의 고전적인 논문(Granovetter, 1978)에서 소개됐지만, 독립적인 전파 모델은 좀 더 최근에 소개됐다(Goldenberg et al., 2001). 왓츠(Watts, 2002)는 연결선 수 대신 연결선 수의 비율로 문턱값을 정하는 방식을 제안했다. 켐페 등(Kempe et al., 2003)은 가장 큰 영향을 끼칠 수 있는 인플루언서의 집합을 분별하는 문제를 소개했다. 킷삭 등(Kitsak et al., 2010)은 허브들이 필수적으로 가장 효과적인 인플루언서는 아님을 보여줬다. 센톨라와 메이시(Centola and Macy, 2007)는 집합적인 행동의 전파에서 나타나는 복잡한 파급 현상을 탐구했다. 웽 등(Weng et al., 2013b)은 커뮤니티가 소셜 미디어에서 밈^{meme}의 바이럴 전파$^{viral\ spreading}$에 영향을 미치고, 전파 크기는 얼마나 많은 수의 커뮤니티가 전파 초기에 참여하는지와 상관이 있음을 밝혔다.

앤더슨과 메이의 책(Anderson and May, 1992)은 대표적인 전파 모델링에 대한 좋은 참고서다. 파스토르-사토라스 등(Pastor-Satorras et al., 2015)은 네트워크에서의 전염병 전파 모델에 대한 종합적인 리뷰를 출판했다. 스테흘 등(Stehlé et al., 2011)은 학교에서 학생들과 선생님들의 면대면 상호작용을 무선주파수 인식 기기를 활용해 네트워크로 재구현했다. 허브가 있는 네트워크에서 전염병 문턱값의 부재는 파스토르-사토라스와 베스피냐니 (Pastor-Satorras and Vespignani, 2001)가 처음으로 소개했다. 코헨 등(Cohen et al., 2003)은 네트워크의 연결선 수 분포가 두꺼운 꼬리 분포를 따른다면, 무작위로 선택한 아는 사람이 면역력을 갖도록 하는 것이 효과적인 전략이 될 수 있음을 제안했다. 크리스타키스와 파울러(Christakis and Fowler, 2010)는 임의로 선택된 개인의 친구들을 모니터링해 전염병 집단 발생을 초기에 탐지할 수 있음을 보였다. 데일리와 켄달(Daley and Kendall, 1964)은 처음으로 루머 전파 모델을 소개했다.

카스텔라노 등(Castellano et al., 2009)은 의견과 그 밖의 사회 동역학 모델들을 통계물리학의 관점으로 리뷰했다. 다수결 모델은 본래 통계물리학의 스핀 모델 맥락에서 소개됐다(Glauber, 1963). 다수결의 원리에 기반하지만, 7장에서 논의하지 않은 또 다른 모델은 다수결 규칙 모델$^{majority\ rule\ model}$이다(Galam, 2002; Krapivsky and Redner, 2003). 투표자 모델은 여러 종 간의 영토 경쟁을 묘사하기 위해 제안됐다(Clifford and Sudbury, 1973). 모빌리아 등(Mobilia et al., 2007)은 투표자 모델에서 열성 지지자의 역할을 연구했다. 바즈쿠즈 등(Vázquez et al., 2003b)은 제한된 투표자 모델을 개발했는데, 여기서는 오직 유사한 의견들만이 상호작용할 수 있다. 제한된 신뢰 모델의 원리는 페스팅어(Festinger, 1954)의 사회 비교 이론까지 돌아간다. 초기 제한된 신뢰 의견 모델은 데퓨앙 등(Deffuant et al., 2000)이 소개했다. 네트워크 동역학의 첫 번째 공진화 모델과 구조는 홀메와 뉴먼(Holme and Newman, 2006), 그리고 길과 자넷(Gil and Zanette, 2006)이 소개했다.

아다믹 등(Adamic et al., 2001)은 허브가 존재하는 상태에서의 국소적 탐색 전략을 소개했다. 클라인버그(Kleinberg, 2000)는 지형적인 네트워크와 네트워크 탐색 가능성에 대한 상대적인 분석을 소개했다. 구조적인 계층성과 거리에 기반한 탐색 가능성에 대한 분석은 클라인버그(Kleinberg, 2002)와 와츠 등(Watts et al., 2002)에 의해 독립적으로 소개됐다. 멘처(Menczer, 2002)는 웹 그래프가 지형적이고 주제적인 탐색 가능성을 만족함을 보였다.

연습문제

7.1 이 책의 깃허브 저장소에 있는 7장 튜토리얼을 살펴보라.[6] 네트워크 동역학 모델을 위한 시뮬레이션을 코드로 만들고, 동작시킬 수 있도록 돕는 수업이 준비되어 있다.

7.2 그림 7.19의 예를 살펴보자. 선형 문턱값 모델을 따를 때, 노드 1의 문턱값이 4라면 노드 1이 활성화될까? 5라면 어떨까? 해당 대답들은 노드 1과 비활성화 이웃들 사이 링크들의 가중치가 달라지면, 답이 달라지는가?

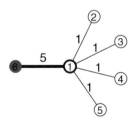

그림 7.19 가중치 있는 영향력 네트워크. 노드 1은 하나의 활동성 있는 노드 6을 이웃으로 갖는다.

---

6 https://github.com/CambridgeUniversityPress/FirstCourseNetworkScience

7.3 어떤 사람이 당신에게 노드의 일부가 활성화된 어떤 네트워크를 주었다고 하자. 그녀는 당신이 어떤 영향력 전파 모델을 사용하든지 모든 노드를 절대 활성화할 수 없을 것이라고 주장한다. 그녀는 어떻게 그렇게 확신할 수 있는가?

7.4 분수 문턱값 모델을 그림 7.20의 네트워크에 적용해보자. 모든 노드의 문턱값은 1/2이다. 전파의 규모가 가장 크려면 어떤 노드를 활성화해야 할까? 그 방법은 유일한 해법인가? 전체 네트워크를 활성화하기 위해 필요한 초기 최소 인플루언서의 수는 얼마인가?

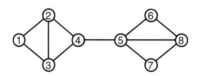

그림 7.20 영향력 네트워크. 각 노드는 문턱값 1/2을 갖는다.

7.5 네트워크 위에서 작동하는 독립적인 캐스케이드 모델을 고려하자. 2개의 활성화된 노드 s와 t의 연결선 수는 각각 4와 10이다. 이 노드들은 이웃들을 1/2(s)의 확률과 1/5(t)의 확률로 설득할 수 있다. 어떤 노드가 평균적으로 더 많은 노드에게 영향력을 줄 수 있을까, s일까 t일까?

7.6 그림 7.21의 네트워크를 생각해보자. 영향력 확률은 대칭적이다. 즉, 노드 **1**이 노드 **2**를 설득할 확률이 노드 **2**가 노드 **1**을 설득할 확률과 동일하다. 독립적인 캐스케이드 모델을 사용해, 노드 **2**를 초기에 활성화했을 때 최종 단계에서 평균적으로 얼마나 많은 노드가 활성화될지 예측해보라.

그림 7.21 대칭성 있는 영향력 확률로 구성된 네트워크로, 확률은 링크 옆에 나타냈다. 노드 **2**는 활성 상태다.

7.7 SIS와 SIR 모델 같은 전염 모델은 역학에서 유래했지만, 네트워크에서 다른 전파 과정을 모델링하는 데도 유용하게 사용된다. 다음 중 네트워크에서 SIS 모델을 가장 잘 설명하는 것은 무엇인가?

a. 지리적인 어떤 구역에서 독가스가 공기를 통해 전파되는 것

b. 어느 수역의 표면에서 기름이 유출되어 퍼져나가는 것

c. 미국 전력망에서 발전소의 고장으로 인한 영향력

d. 커뮤니티의 구성원들 사이에서 특정 스마트폰이 선정되는 것

7.8 게임 〈Pandemic II〉(pandemic2.org)는 정교한 SIR 모델을 기반으로 한다. 게임을 플레이해보고, 이 게임의 다양한 측면이 어떻게 SIR 모델 메커니즘과 대응되는지 짧은 보고서를 작성하라. 이 게임에서 만든 중요한 단순화한 가정이 무엇인지 논의하라. 다양한 게임 선택이 모델 매개변수에 어떻게 영향을 미치는지 기술하라.

7.9 사람에게 진행되는 SIS 모델 동역학을 고려하자. f만큼의 인구 비율은 절대 아프지 않고 이렇게 면역이 된 개인은 균일한 접촉 네트워크(모든 노드의 연결선 수가 비슷하다)에서 무작위로 분포됐다고 가정하자. $f = 0$일 때인 순수한 SIS 모델보다 전염병 확산 위험이 더 큰가 작은가? 만일 SIR 모델을 고려한다면 답이 바뀔 것인가?(힌트: 식 (7.5)의 조건을 이용하라.)

7.10 전염병이 발생했고, 재빨리 기초 감염 재생산 수를 확인해 $R_0 = 2.5$임을 밝혔다. 따라서 지금 전염병 확산 상태로 들어섰다(접촉 네트워크가 균일하다고 가정하자). 정부 당국은 개인이 다른 사람과 접촉하는 수를 평소보다 평균적으로 절반으로 낮추고자, 국민에게 다른 사람과의 접촉을 제한하도록 강력히 권고했다. 의사가 회복률 μ를 상당히 높일 수 있는 약을 개발할 수 있다고 가정하자. 전염병 확산을 멈추려면 μ를 어느 정도 증가시켜야 할까?

7.11 $N = 1000$개의 노드와 연결 확률 $p = 0.01$로 만든 무작위 네트워크 위에서 SIR 동역학을 시뮬레이션하자. 초기에 무작위로 선택한 노드 10개가 감염된다. 회복률은 $\mu = 0.5$다. $\beta = 0.02, 0.05, 0.1, 0.2$인 감염률로 동역학을 실행하자. 각 실행에서, 매 반복 단계 이후 동시에 감염된 사람의 수를 저장해 최댓값을 계산하고, 결과를 해석하자. 최댓값에 도달할 때까지 얼마나 많은 반복 단계가 필요할까? 규모 있는 전염병 발생을 관찰했는가? 왜 관찰했는가, 또는 왜 관찰하지 못했는가?(힌트: 시뮬레이션을 실행할 때 7장 튜토리얼에 있는 코드를 자유롭게 수정하라.)

7.12 어떤 커뮤니티에 좌절한 사람(S), 공격성 있는 사람(I), 평화로운 사람(R), 세 종류의 사람이 있다. 좌절한 개인이 공격성 있는 사람을 만나면, 이들은 확률 β로 공격성 있는 사람이 된다. 공격성 있는 사람이 평화로운 사람을 만나면, 확률 α로 평화로운 상태가 된다. 공격성 있는 사람 두 명이 서로 만나면, 논쟁을 시작한다. 그렇지만 확률 α로, 이 둘은 잠시 후 싸움이 무의미함을 깨닫고 평화로운 상태로 바뀐다. 작은 β 값이 공격성 있는 행동의 큰 확산을 막는가?

7.13 그림 7.22에 나타난 네트워크에서 각 노드는 2개의 가능한 의견에서 하나를 지닌다. 활동 상태인 링크는 다른 의견 상태인 노드와 연결한 링크다. 이 링크를 활동 상태라고 부르는 이유는 모델의 특정한 규칙에 따라 이론상으로 각각의 끝점에서 다른 사람에게 자신의 의견을 수용하도록 설득할 기회가 있기 때문이다. 얼마나 많은 활동 상태인 링크가 있는가?

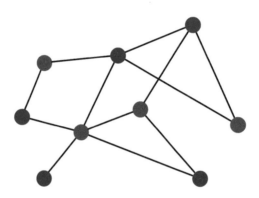

그림 7.22 의견에 따라 빨간색 또는 파란색으로 색칠한 노드로 구성된 네트워크

7.14 네트워크에서 동역학 과정을 시뮬레이션할 때, 업데이트할 다음 노드를 비동기 수행 방법으로 선택하는 방법은 여러 가지가 있다. 보통은 노드를 무작위 순서로 고른다. 또 다른 전략은 무작위로 선택한 링크의 끝점 하나를 선택할 수도 있다. 이것이 동역학에 영향을 미친다고 생각하는가? 그 이유는 무엇인가?

7.15 $N = 20 \times 20 = 400$개의 노드가 있는 사각 그리드에서 다수결 의견 동역학을 시뮬레이션하자. 초기에 노드 절반씩을 무작위로 선택해서 두 가지 의견 중 하나를 할당한다. 시스템이 고정 상태에 도달할 때까지, 다른 초기 무작위 할당으로 시작해 100번의 실행을 수행한다. 얼마나 많은 실행이 의견 일치 상태로 가는가?

의견 불일치인 정적 상태에서 의견 1의 비율을 히스토그램으로 그려보라. 이 배열에서 활동 상태인 링크의 비율을 히스토그램으로 그려보라(활동 상태인 링크는 연습문제 7.13에서 정의했다. 활동 상태인 링크의 비율은 네트워크의 전체 링크 수와 활동 상태인 링크 수의 비율이다. 힌트: 만일 시뮬레이션을 하고자 이 절의 튜토리얼에 있는 코드를 사용한다면, 정적 상태로 수렴하는 것을 보장하기 위해 노드가 비동기 수행 방법과 무작위 순서로 업데이트되는 방식으로 state_transition() 함수를 반드시 기록해야 한다. 또한 정적 상태에 도달할 때 시뮬레이션을 끝낼 중단 조건 함수를 명시해야만 한다).

7.16 $N = 20 \times 20 = 400$개의 노드가 있는 사각 그리드에서 다수결 의견 모델의 탈출 확률을 계산하라. 의견 1인 노드의 초기 비율을 $p = 0.1, 0.2, 0.3, 0.4, 0.5, 0.6, 0.7, 0.8, 0.9$로 두자. 시스템이 고정 상태에 도달하기까지, 각 p 값으로 다른 초기 무작위 할당에서 시작해 20번의 실행을 수행하라. 의견 일치 상태에 도달한 실행만을 고려하고, 각 p에서 의견 1로 의견 일치가 일어난 수행의 비율을 계산하면, 이것이 주어진 p 값의 탈출 확률이다. p의 함수로 결과를 그려보라(힌트: 이전 문제에서 설명했듯이, 시뮬레이션을 실행할 때 7장 튜토리얼에 있는 코드를 자유롭게 수정하라).

7.17 사각 그리드에서 투표자 모델의 탈출 확률을 계산하고 그래프로 그려보라. 연습문제 7.16에 있는 매개변수를 똑같이 사용한다(힌트: 이전 연습문제에서 설명했듯이, 시뮬레이션을 실행할 때 7장 튜토리얼에 있는 코드를 자유롭게 수정하라).

7.18 완전 네트워크 위에서 의견 동역학 모델인 제한된 신뢰 모델을 생각해보자. 모든 노드가 서로 연결됐기 때문에, 두 노드가 충분히 가깝다면 어떤 두 노드든 서로의 의견에 서로 영향을 미칠 수 있다. 수학으로 논의하자면, 만일 초기 의견이 $[0, 1]$ 구간에서 무작위로 분배됐다면 최종 의견 덩어리는 대략 $\frac{1}{2\epsilon}$과 같고 ϵ은 신뢰 한계다. 만일 수학적으로 동의한다면, 어떤 직관으로 이 논의를 설명할 수 있을까?

7.19 $N = 1000$개 노드의 완전 네트워크 위에서 의견 동역학 모델인 제한된 신뢰 모델을 시뮬레이션하자. 초기 의견은 0에서 1 사이의 난수다. $\epsilon = 0.125, 0.25, 0.5$인 세 가지 신뢰 한곗값을 고려하자. 각 ϵ에서 다양한 값의 수렴 매개변수 $\mu = 0.1, 0.3, 0.5$를 사용하자. 연이은 반복 단계 사이에서 각 의견이 1% 미만으로 변할 때까지 모든 시뮬레이션을 실행하고, 최종 의견의 히스토그램을 그려보자. 최종 의견 덩어리는 ϵ에 의존하는가? 그 이유는 무엇인가? μ에 의존하는가? 그 이유는 무엇인가?(힌트: 시뮬레이션을 실행할 때 7장 튜토리얼에 있는 코드를 자유롭게 수정하라.)

7.20 $N = 1000$개의 노드이고 연결 확률이 $p = 0.01$인 무작위 네트워크 위에서 의견 동역학 모델인 제한된 신뢰 모델을 시뮬레이션하자. 초기 의견 배열은 각 노드에 0에서 1까지 난수를 할당해 만든다. 매개변수를 $\mu = 1/2$로 설정하고 신뢰 한계 ϵ을 다양하게 탐색해보자. 연이은 반복 단계 사이에서 각 의견이 1% 미만으로 변할 때까지 모든 시뮬레이션을 실행하자. 최종 상태에서 하나의 의견 덩어리(의견 일치)가 있는 $\epsilon > \epsilon_c$인 문턱값 ϵ_c 값은 얼마인가? 이제 이 모델을 $N = 1000$개의 노드, $k = 4$, 재연결 확률 $p = 0.01$인 좁은 세상 네트워크에서 시뮬레이션하자. 이때 ϵ_c는 얼마인가?(힌트: 시뮬레이션을 실행할 때 7장 튜토리얼에 있는 코드를 자유롭게 수정하라.)

7.21 초기에 두 종류의 의견이 노드에 무작위로 할당된 공진화 모델을 생각해보자. 선택 과정이 두드러진다면(1에 가까운 p), 얼마나 많은 의견 커뮤니티가 있으리라 예상하는가? 커뮤니티의 크기는 대략 얼마일까?(힌트: 네트워크가 지나치게 성기게 연결된 상태가 아니라고 가정할 수 있다.)

7.22 공진화 모델에서 영향력 있는 덩어리는 한 노드가 무작위로 선택한 이웃의 의견을 취하는 투표자 모델의 규칙을 따른다. 만일 다수결 모델로 전환하면 어떤 일이 발생하는지 살펴보자. 새 모델은 다음과 같이 작동한다. 예전 모델처럼 주어진 노드의 링크 하나를 같은 의견을 취하고 이웃이 아닌 노드에 확률 p로 재연결하고, $1 - p$의 확률로 이웃의 과반수가 넘는 의견을 취한다. p가 0과 1에 도달한 극단 상황에서 시스템이 안정 상태에 도달했을 때 예상할 수 있는 최종 배열이 무엇인지 묘사해보자.

7.23 $N = 1000$개의 노드이고 $k = 4$인 상태에서 재연결 확률이 $p = 0.001, 0.01, 0.1,$ 1인 좁은 세상 네트워크를 구성하자. 시작 노드 **s**와 목표 노드 **t**를 무작위로 고르자. 목표물에 가장 가까이 있는 이웃에게 고리를 따라 메시지를 전달하는 탐욕적인 탐색 알고리듬을 적용하고, 각 p 값에서 **s**에서 **t**까지 메시지를 전달할 때 필요한 단계가 얼마인지 계산하자. 결과를 해석해보자(힌트: 각 p에서, 무작위로 선택한 다른 노드 쌍으로 시작한 여러 번의 실행에 대해 측정값을 평균 내자).

7.24 그림 7.18에 있는 주제 거리 나무는 아주 양식화됐고 비현실적이다. 실제 주제 거리 나무는 그림 7.23처럼 대개 비대칭적이다. 표시한 두 개인 사이의 주제 거리는 얼마인가?

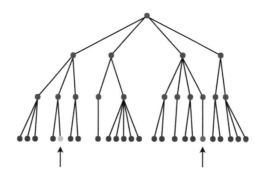

그림 7.23 주제 거리 나무

파이썬 튜토리얼

이 튜토리얼에서는 책의 예제 및 튜토리얼에서 사용되는 파이썬 프로그래밍 언어와 주 피터 노트북^{Jupyter Notebooks}의 특징을 보여준다. 데이터 분석 워크플로우에 사용되는 가장 중요한 데이터 유형과 이러한 사용 사례에 적용된 일반적인 표현과 패턴에 특별히 주의 한다. 이 부록은 파이썬 이외의 프로그래밍 언어에 익숙한 독자에게 특별히 유용할 것 이다.

이 튜토리얼은 각 장의 튜토리얼과 함께 이 책의 깃허브 저장소에서 주피터 노트북으 로 제공된다.[1]

A.1 주피터 노트북

주피터 노트북은 오픈소스 웹 애플리케이션이다. 구글 코랩(Colaboratory, Colab)과 같이 설정이 필요하지 않고 클라우드에서 완전히 실행되는 무료 주피터 환경이 있다.[2] 또한 파이썬, 주피터, NetworkX, 기타 과학적 계산과 데이터 과학을 위해 일반적으로 사용되

---

1   github.com/CambridgeUniversityPress/FirstCourseNetworkScience

2   colab.research.google.com

는 패키지를 포함하는 무료 배포 프로그램인 아나콘다[Anaconda3]와 함께 주피터 노트북을 설치할 수 있다.

파이썬에 정통한 사람들조차 이전에 주피터 노트북을 사용하지 않았을 수 있다. 주된 아이디어는 이 책의 설명 방법과 유사하게 텍스트와 프로그램 코드를 섞어서 쓸 수 있고, 코드는 '셀[cell]' 안에서 실행된다는 것이다. 셀을 클릭하고 Shift + Enter를 누르면 셀을 실행하고 다음 셀로 넘어간다. Ctrl + Enter는 셀을 실행하지만 다음 셀로 넘어가지는 않는다. 주피터의 Cell 메뉴에서 다양한 옵션을 사용해 한 번에 여러 셀을 실행할 수 있다.

부록 A에 제시된 코드 조각은 주피터 노트북 셀처럼 구성되어 있다. 윤곽선으로 표시된 각 섹션은 하나의 셀이다. 다음의 간단한 예에서 볼 수 있듯이, 셀의 코드를 실행한 결과가 있다면 짙은 빨간색 구분 기호 아래에 출력한다.

```
print('Hello from Jupyter')
```
```
Hello from Jupyter
```

주피터 노트북에서 변수를 검사하는 두 가지 방법이 있다. 파이썬에서 print() 함수는 항상 유용하다.

```
my_str = 'Hello'
my_int = 16

print(my_str)
print(my_int)
```
```
Hello
16
```

변수 이름으로 셀을 실행할 수도 있다.

```
my_str
```
```
'Hello'
```

여기서 두 접근 방식의 가장 큰 차이점은 print() 문은 셀당 여러 항목을 출력할 수 있는

---

3 www.anaconda.com

반면, 후자의 접근 방식은 이름이 지정된 마지막 변수만 표시한다는 것이다.

```
my_str
my_int

16
```

print()를 사용하는 첫 번째 예제와 달리 이 방식은 마지막 값만 출력한다.

A.2 조건문

'조건문'은 if 문을 칭하는 멋진 이름이다. 프로그래밍을 해본 적이 있다면 의심할 여지 없이 if-then-else 구조를 알고 있을 것이다. 파이썬에서는 다음과 같이 수행된다.

```
number_of_apples = 5

if number_of_apples < 1:
    print('You have no apples')
elif number_of_apples == 1:
    print('You have one apple')
elif number_of_apples < 4:
    print('You have a few apples')
else:
    print('You have many apples!')

You have many apples!
```

다른 가능한 출력을 얻기 위해 number_of_apples를 변경하고 이전 셀을 다시 실행할 수 있다.

A.3 리스트

파이썬의 가장 다재다능하고 보편적인 데이터 유형 중 하나는 '리스트List'다. 리스트는 중복될 수 있는 아이템들이 순서가 지정되어 있고 변경 가능한 컬렉션collection이다. '순서가 지정됐다'는 것은 컬렉션에 인덱스index로 접근한다는 것을 뜻한다.

```
student_names = ['Alice', 'Bob', 'Carol', 'Dave']
student_names[1]
```
```
'Bob'
```

파이썬에서 인덱스는 0부터 시작한다. 따라서 리스트의 첫 아이템은 인덱스가 0이다.

```
student_names[0]
```
```
'Alice'
```

음수 인덱스를 사용하면 리스트의 마지막 아이템을 얻을 수 있다.

```
student_names[-1]
```
```
'Dave'
```

리스트는 또한 리스트의 부분집합을 얻기 위해 슬라이스slice될 수 있다.

```
student_names[0:2]
```
```
['Alice', 'Bob']
```

```
student_names[1:3]
```
```
['Bob', 'Carol']
```

리스트의 처음부터 슬라이스할 때 혹은 리스트의 마지막까지 슬라이스할 때는 인덱스를 쓰지 않을 수 있다.

```
student_names[:2]
```
```
['Alice', 'Bob']
```

```
student_names[2:]
```
```
['Carol', 'Dave']
```

'변경 가능하다'는 것은 아이템을 추가하거나 제거해 목록을 변경할 수 있음을 의미한다. append()를 사용해 리스트의 끝에 아이템을 추가하는 경우가 가장 흔하다.

```
student_names.append('Esther')
student_names

['Alice', 'Bob', 'Carol', 'Dave', 'Esther']
```

그러나 insert()를 사용하면 임의의 인덱스 어디에든 아이템을 추가할 수 있다.

```
student_names.insert(2, 'Xavier')
student_names

['Alice', 'Bob', 'Xavier', 'Carol', 'Dave', 'Esther']
```

del 키워드로 아이템을 제거할 수 있다.

```
del student_names[2]
student_names

['Alice', 'Bob', 'Carol', 'Dave', 'Esther']
```

리스트의 아이템은 중복될 수 있다. 리스트에 같은 이름을 반복적으로 추가하는 것을 방해하는 것은 없다.

```
student_names.append('Esther')
student_names

['Alice', 'Bob', 'Carol', 'Dave', 'Esther', 'Esther']
```

고유성이 강제되는 컬렉션을 원한다면 딕셔너리^{dictionary}나 셋^{set}을 알아봐야 한다.

컬렉션^{collection}은 둘 이상의 값으로 구성된 데이터 유형을 나타낸다. 리스트가 컬렉션의 한 종류이고 그 밖에 튜플, 딕셔너리, 셋 등이 있다.

리스트를 포함한 변수의 이름을 지정할 때는 이전 예의 student_names와 같이 복수 명사를 사용하는 것이 유용한 관례다. 반대로, 단일 값은 A.1절의 my_str과 같이 단수 명사로 이름을 지정해야 한다. 이렇게 하면 당신과 당신의 코드를 읽는 다른 사용자가 어떤 변수가 컬렉션이고 어떤 것이 단일 아이템인지 바로 확인할 수 있으며, 다음 절에서 볼 수 있듯이 반복문^{loop}을 작성하는 데도 도움이 된다.

A.4 반복문

다른 프로그래밍 언어를 사용해본 경우라면 아마도 한 가지 이상의 반복문 형식을 알고 있을 것이다. 파이썬에서는 특히 반복문의 한 유형인 for 루프에 중점을 둔다. for 루프는 아이템 컬렉션을 반복해서 돌며 각 아이템에 대해 코드를 실행한다.

```
student_names = ['Alice', 'Bob', 'Carol', 'Dave']

for student_name in student_names:
    print('Hello ' + student_name + '!')
_____

Hello Alice!
Hello Bob!
Hello Carol!
Hello Dave!
```

for-in 구성에 사용된 변수 이름을 붙이는 관례에 유의하라.

```
for student_name in student_names:
```

student_names 컬렉션에 복수 명사를 사용해 컬렉션의 각 개별 아이템에 대해 student_name이라는 좋은 이름을 자동으로 갖게 된다. 이 책의 튜토리얼은 가능하면 이런 변수 이름 관례를 사용한다. 이는 독자에게 루프 본문에서 반복하면서 값이 변하는 '루프 변수'가 어떤 변수인지 명확하게 알려준다.

데이터 작업 시 흔한 유형의 작업은 필터링^{filtering} 작업이다. 간단히 말해 이는 작업은 컬렉션을 반복하고, 각 아이템에 대한 기준을 확인한 다음 기준에 맞는 아이템만 다른 컬렉션에 추가하는 작업을 포함한다.

다음 예에서는 student_names 리스트에서 '긴' 이름만 리스트로 만들 것이다. 긴 이름이라는 조건은 4자 이상을 갖는 이름을 말한다. 이 책의 튜토리얼에서 다음과 같은 코드를 종종 보고 작성할 것이다.

```
# 빈 리스트를 초기화하고 여기에 이름이 4자 이상인 학생의 이름을 추가하라.
long_names = []
for student_name in student_names:
    # 이것이 긴 이름의 기준이다.
    if len(student_name) > 4:
        long_names.append(student_name)

long_names
```
```
['Alice', 'Carol']
```

루프는 서로 안에 '내포nested'될 수 있다. 이는 한 컬렉션의 아이템을 동일한 컬렉션의 다른 아이템이나 다른 컬렉션의 아이템들과 맞는지 확인하려는 경우 종종 발생한다. 가능한 모든 학생 쌍의 리스트를 만들어보자.

```
student_names = ['Alice', 'Bob', 'Carol', 'Dave']

student_pairs = []
for student_name_0 in student_names:
    for student_name_1 in student_names:
        student_pairs.append(
            (student_name_0, student_name_1)
        )

student_pairs
```
```
[('Alice', 'Alice'),
 ('Alice', 'Bob'),
 ('Alice', 'Carol'),
 ('Alice', 'Dave'),
 ('Bob', 'Alice'),
 ('Bob', 'Bob'),
 ('Bob', 'Carol'),
 ('Bob', 'Dave'),
 ('Carol', 'Alice'),
 ('Carol', 'Bob'),
 ('Carol', 'Carol'),
 ('Carol', 'Dave'),
 ('Dave', 'Alice'),
 ('Dave', 'Bob'),
 ('Dave', 'Carol'),
 ('Dave', 'Dave')]
```

여기서 student_pairs 리스트에 이름을 추가하는 대신 (student_name_0, student_name_1) 튜플tuple을 추가하는 것에 유의하라. 이는 리스트의 각 아이템이 2튜플임을 의미한다.

```
student_pairs[0]
```

```
('Alice', 'Alice')
```

다음 절에서 튜플에 대해 자세히 설명할 것이다. 두 번째로 주목해야 할 점은 동일한 학생 두 명의 쌍을 포함한다는 것이다. 이를 제거하고 싶다고 가정해보자. 두 번째 for 루프에 if 문을 추가해 이런 같은 이름 반복을 필터링하여 이를 수행할 수 있다.

```
student_names = ['Alice', 'Bob', 'Carol', 'Dave']

student_pairs = []
for student_name_0 in student_names:
    for student_name_1 in student_names:
        # 이것이 추가한 기준이다.
        if student_name_0 != student_name_1:
            student_pairs.append(
                (student_name_0, student_name_1)
            )

student_pairs
```

```
[('Alice', 'Bob'),
 ('Alice', 'Carol'),
 ('Alice', 'Dave'),
 ('Bob', 'Alice'),
 ('Bob', 'Carol'),
 ('Bob', 'Dave'),
 ('Carol', 'Alice'),
 ('Carol', 'Bob'),
 ('Carol', 'Dave'),
 ('Dave', 'Alice'),
 ('Dave', 'Bob'),
 ('Dave', 'Carol')]
```

이제 리스트에 반복된 이름이 없다.

A.5 튜플

경험 많은 파이썬 사용자도 종종 튜플과 리스트의 차이를 혼동한다. 그러니 경험이 있는 경우에도 이 짧은 절을 꼭 읽어보자.

튜플은 순서가 지정된 중복 가능한 아이템의 컬렉션으로, 리스트와 표면적으로 유사하다.

```
student_grade = ('Alice', 'Spanish', 'A-')
student_grade
```

```
('Alice', 'Spanish', 'A-')
```

```
student_grade[0]
```

```
'Alice'
```

리스트와의 큰 차이점은 튜플은 불변immutable이라는 것이다. 다음 각 셀은 예외 처리가 발생해야 한다.

```
student_grade.append('IU Bloomington')

Traceback (most recent call last):
  <ipython-input-24-782d93a0b0cf> in <module>()
  ----> 1 student\_grade.append('IU Bloomington')

  AttributeError: 'tuple' object has no attribute 'append'
```

```
del student_grade[2]

Traceback (most recent call last):
  <ipython-input-25-f8ded3b186ff> in <module>()
  ----> 1 del student\_grade[2]

  TypeError: 'tuple' object doesn't support item deletion
```

```
student_grade[2] = 'C'
```

```
Traceback (most recent call last):
  <ipython-input-26-c9fd9c464431> in <module>()
  ----> 1 student\_grade[2] = 'C'

  TypeError: 'tuple' object does not support item assignment
```

이 불변성은 인덱스가 중요할 때 튜플을 유용하게 만든다. 이 예에서 인덱스는 의미상 중요하다. 인덱스 0은 학생의 이름이고, 인덱스 1은 수업 이름, 인덱스 2는 이 수업에서 학생의 성적이다. 튜플에 아이템을 삽입하거나 추가할 수 없다는 것은 수업 이름이 다른 위치로 이동하지 않는다는 뜻이다.

튜플의 불변성은 언패킹^{unpacking}에 유용하다. 가장 간단하게 튜플 언패킹은 다음을 가능하게 한다.

```
student_grade = ('Alice', 'Spanish', 'A-')
student_name, subject, grade = student_grade

print(student_name)
print(subject)
print(grade)
```

```
Alice
Spanish
A-
```

튜플 언패킹은 루프와 함께 사용할 때 가장 유용하다. 학생들이 좋은 성적을 얻은 것을 축하하는 다음 코드를 생각해보자.

```
student_grades = [
    ('Alice', 'Spanish', 'A'),
    ('Bob', 'French', 'C'),
    ('Carol', 'Italian', 'B+'),
    ('Dave', 'Italian', 'A-'),
]

for student_name, subject, grade in student_grades:
    if grade.startswith('A'):
        print('Congratulations', student_name,
```

```
            'on getting an', grade,
            'in', subject)
```

```
Congratulations Alice on getting an A in Spanish
Congratulations Dave on getting an A- in Italian
```

이를 인덱스를 사용한 같은 코드와 비교해보라.

```
for student_grade in student_grades:
    if student_grade[2].startswith('A'):
        print('Congratulations', student_grade[0],
              'on getting an', student_grade[2],
              'in', student_grade[1])
```

```
Congratulations Alice on getting an A in Spanish
Congratulations Dave on getting an A- in Italian
```

튜플 언패킹은 인덱스를 계속 유지하는 대신에 의미 있는 이름으로 구조화된 데이터를 쉽게 참조할 수 있게 해준다. 두 번째 예는 기능적으로 동일하지만 쓰기가 더 어렵고 읽기도 더 어렵다.

A.6 딕셔너리

다음 유형의 컬렉션은 이전의 두 유형과 다르지만, 파이썬에서 가장 강력한 도구 중 하나인 딕셔너리^{dictionary}다. 딕셔너리는 순서가 지정되지 않고 변경 가능한 고유 아이템의 컬렉션이다. 다른 프로그래밍 언어에서는 딕셔너리를 맵, 매핑, 해시맵, 연관 배열이라고 한다.

'순서가 지정되지 않았다'는 것은 딕셔너리 아이템이 컬렉션에서 위치나 인덱스로 참조되지 않는다는 뜻이다. 대신 딕셔너리 아이템은 값과 연관된 키가 있다. 다음은 매우 기본적인 예다.

```
foreign_languages = {
    'Alice': 'Spanish',
    'Bob': 'French',
    'Carol': 'Italian',
    'Dave': 'Italian',
}
```

여기서 학생 이름이 키이고 언어는 값이다. 따라서 캐롤^{Carol}의 언어를 보기 위해 인덱스 대신 그녀의 이름을 키로 사용한다.

```
foreign_languages['Carol']

'Italian'
```

딕셔너리에 없는 키값을 가져오려고 하면 KeyError가 발생한다.

```
foreign_languages['Zeke']

Traceback (most recent call last):
  <ipython-input-32-1ff8fc89736a> in <module>()
  ----> 1 foreign\_languages['Zeke']

  KeyError: 'Zeke'
```

특정 키가 딕셔너리에 있는지는 in 키워드로 확인할 수 있다.

```
'Zeke' in foreign_languages

False
```

```
'Alice' in foreign_languages

True
```

키는 대소문자를 구분하는 것에 유의하자.

```
'alice' in foreign_languages

False
```

딕셔너리의 항목을 추가, 삭제, 변경할 수 있다.

```
# 존재하지 않는 항목 하나를 추가
foreign_languages['Esther'] = 'French'
foreign_languages
```

```
{'Alice': 'Spanish',
 'Bob': 'French',
 'Carol': 'Italian',
 'Dave': 'Italian',
 'Esther': 'French'}
```

```
# 존재하는 항목 하나를 삭제
del foreign_languages['Bob']
foreign_languages
```

```
{'Alice': 'Spanish',
 'Carol': 'Italian',
 'Dave': 'Italian',
 'Esther': 'French'}
```

```
# 존재하는 항목 하나를 변경
foreign_languages['Esther'] = 'Italian'
foreign_languages
```

```
{'Alice': 'Spanish',
 'Carol': 'Italian',
 'Dave': 'Italian',
 'Esther': 'Italian'}
```

존재하지 않는 항목을 추가하는 것과 기존 항목을 변경하는 문법이 같음에 유의하자. 딕셔너리의 키에 값을 지정하면 키가 존재하지 않는 경우 키를 추가하고, 그렇지 않고 키가 존재하면 키의 값을 업데이트한다. 결과적으로 키는 반드시 고유해야 한다. 딕셔너리에 같은 이름을 갖는 키가 2개 이상 있을 수 없다.

딕셔너리의 항목을 반복문에서 모두 돌아볼 수 있다. 이 작업을 수행하는 한 가지 방법은 다음과 같다.

```
for student, language in foreign_languages.items():
    print(student, 'is taking', language)
```
```
Alice is taking Spanish
Carol is taking Italian
Dave is taking Italian
Esther is taking Italian
```

foreign_languages는 쌍을 이룬 데이터를 갖고 있다. 모든 이름은 과목과 연관되어 있다. 딕셔너리는 종종 단일 항목에 대한 여러 다른 데이터를 포함하는 데 사용된다. 이 미묘한 차이를 설명하기 위해 student_grades의 한 아이템을 살펴보자.

```
student_grade = ('Alice', 'Spanish', 'A')
```

여기서 이 튜플의 아이템은 이름, 과목, 성적이다.

```
student_name, subject, grade = student_grades[0]
print(student_name,
      'got a grade of', grade,
      'in', subject)
```
```
Alice got a grade of A in Spanish
```

이 데이터는 대신 딕셔너리로 표현할 수 있다. 단일 아이템을 설명하는 정보의 딕셔너리를 종종 레코드[record]라고 한다.

```
record = {
    'name': 'Alice',
    'subject': 'Spanish',
    'grade': 'A',
}
print(record['name'],
      'got a grade of', record['grade'],
      'in', record['subject'])
```
```
Alice got a grade of A in Spanish
```

코드가 약간 더 길지만 여기서는 인덱스 매칭과 각 값이 무엇을 나타내는지에 대한 모호함이 전혀 없다. 이 방식은 일부 필드가 선택사항일 수 있는 상황에서도 유용하다.

A.7 데이터 유형 결합

이런 간단한 예에서는 대부분 문자열과 수 같은 간단한 값의 컬렉션으로 작업했지만, 데이터 분석에는 종종 관심 있는 각 항목에 여러 데이터 유형이 연결된 복잡한 데이터 작업이 포함된다. 이 복잡한 데이터는 종종 딕셔너리의 리스트와 같은 컬렉션의 컬렉션으로 표현된다.

주어진 문제에 적절한 데이터 유형을 선택하면 버그 없는 코드를 더 쉽게 작성할 수 있으며, 다른 사람들이 당신의 코드를 더 쉽게 읽을 수 있다. 하지만 최상의 데이터 유형을 알아내는 것은 경험을 통해 얻는 기술이다. 일반적으로 사용되는 데이터 유형 결합을 아래에 설명한다. 하지만 이는 완전한 목록은 아니다.

A.7.1 튜플 리스트

사실 이건 앞서 본 적이 있다. 튜플 언패킹을 다룬 이전 예제의 student_grades 데이터를 생각해보자.

```python
student_grades = [
    ('Alice', 'Spanish', 'A'),
    ('Bob', 'French', 'C'),
    ('Carol', 'Italian', 'B+'),
    ('Dave', 'Italian', 'A-'),
]
```

이것이 튜플의 리스트다.

```python
student_grades[1]
```
```
('Bob', 'French', 'C')
```

각 튜플을 가지고 작업할 수 있다.

```python
student_grades[1][2]
```
```
'C'
```

A.7.2 딕셔너리 리스트

딕셔너리를 다룬 절에서 딕셔너리가 종종 단일 항목에 대한 레코드를 포함하는 데 어떻게 사용되는지 살펴봤다. 튜플 리스트인 student_grades를 레코드 리스트인 student_grade_records로 변환해보자.

```
student_grade_records = []
for student_name, subject, grade in student_grades:
    record = {
        'name': student_name,
        'subject': subject,
        'grade': grade,
    }
    student_grade_records.append(record)

student_grade_records
```
```
[{'name': 'Alice', 'subject': 'Spanish', 'grade': 'A'},
 {'name': 'Bob', 'subject': 'French', 'grade': 'C'},
 {'name': 'Carol', 'subject': 'Italian', 'grade': 'B+'},
 {'name': 'Dave', 'subject': 'Italian', 'grade': 'A-'}]
```

이제 리스트의 각 아이템이 딕셔너리다.

```
student_grade_records[1]
```
```
{'name': 'Bob', 'subject': 'French', 'grade': 'C'}
```

각 레코드를 가지고 작업할 수 있다.

```
student_grade_records[1]['grade']
```
```
'C'
```

이 딕셔너리 리스트는 종종 데이터베이스 또는 API의 데이터를 나타내는 데 사용된다. 튜플 언패킹을 다룬 절에서 했던 것처럼 이 데이터를 사용해 학생들의 좋은 성적을 축하하는 코드를 작성해보자.

```
for record in student_grade_records:
    if record['grade'].startswith('A'):
        print('Congratulations', record['name'],
              'on getting an', record['grade'],
              'in', record['subject'])
```

```
Congratulations Alice on getting an A in Spanish
Congratulations Dave on getting an A- in Italian
```

A.7.3 딕셔너리의 딕셔너리

딕셔너리 리스트는 중복이 가능한 데이터를 다루는 데 매우 유용하다. 앞선 예에서 각 학생은 서로 다른 수업의 여러 성적을 가질 수 있다. 그러나 때로는 특정 이름이나 키로 데이터를 참조하려고 한다. 이 경우 레코드(즉, 다른 딕셔너리)를 값으로 갖는 딕셔너리를 사용할 수 있다.

student_grades 데이터를 다시 사용해보자. 학생의 이름을 키로 사용할 수 있도록 어학 성적만 필요하다고 가정해보자.

```
foreign_language_grades = {}
for student_name, subject, grade in student_grades:
    record = {
        'subject': subject,
        'grade': grade,
    }
    foreign_language_grades[student_name] = record

foreign_language_grades
```

```
{'Alice': {'subject': 'Spanish', 'grade': 'A'},
 'Bob': {'subject': 'French', 'grade': 'C'},
 'Carol': {'subject': 'Italian', 'grade': 'B+'},
 'Dave': {'subject': 'Italian', 'grade': 'A-'}}
```

이제 학생의 이름으로 참조할 수 있다.

```
foreign_language_grades['Alice']
```

```
{'subject': 'Spanish', 'grade': 'A'}
```

그리고 관심 있는 개별 데이터를 얻을 수 있다.

```
foreign_language_grades['Alice']['grade']
```
```
'A'
```

A.7.4 튜플 키를 이용한 딕셔너리

2개 이상의 데이터로 딕셔너리의 키를 입력하는 것이 유용한 경우가 있다. 딕셔너리는 튜플을 포함한 모든 변하지 않는 객체를 키로 사용할 수 있다. 학생 성적 예시를 계속해 보자면 학생의 이름과 과목으로 된 키를 필요로 할 수 있다.

```
course_grades = {}
for student_name, subject, grade in student_grades:
    course_grades[student_name, subject] = grade

course_grades
```
```
{('Alice', 'Spanish'): 'A',
 ('Bob', 'French'): 'C',
 ('Carol', 'Italian'): 'B+',
 ('Dave', 'Italian'): 'A-'}
```

이제 학생의 모든 성적을 표현할 수 있다.

```
course_grades['Alice', 'Math'] = 'A'
course_grades['Alice', 'History'] = 'B'
course_grades
```
```
{('Alice', 'Spanish'): 'A',
 ('Bob', 'French'): 'C',
 ('Carol', 'Italian'): 'B+',
 ('Dave', 'Italian'): 'A-',
 ('Alice', 'Math'): 'A',
 ('Alice', 'History'): 'B'}
```

A.7.5 또 다른 딕셔너리의 딕셔너리

특정 학생을 위해 성적표와 같이 과목-학점 쌍이 종종 필요하다. 학생 이름을 키로 사용하고 값이 과목-학점 쌍의 딕셔너리인 딕셔너리를 만들 수 있다. 이 경우 약간의 확인이 필요한데 그 단계는 아래에 설명되어 있다.

```python
report_cards = {}
for student_name, subject, grade in student_grades:
    # 한 학생에 대한 성적표가 없으면
    # 빈 성적표를 하나 만들 필요가 있다.
    if student_name not in report_cards:
        report_cards[student_name] = {}
    report_cards[student_name][subject] = grade
report_cards
```
```
{'Alice': {'Spanish': 'A'},
 'Bob': {'French': 'C'},
 'Carol': {'Italian': 'B+'},
 'Dave': {'Italian': 'A-'}}
```

이런 추가 작업의 장점은 이제 학생당 여러 과목의 성적을 쉽게 가질 수 있다는 것이다.

```python
report_cards['Alice']['Math'] = 'A'
report_cards['Alice']['History'] = 'B'
report_cards
```
```
{'Alice': {'Spanish': 'A', 'Math': 'A', 'History': 'B'},
 'Bob': {'French': 'C'},
 'Carol': {'Italian': 'B+'},
 'Dave': {'Italian': 'A-'}}
```

그리고 한 학생의 '성적표'를 쉽게 가져올 수 있다.

```python
report_cards['Alice']
```
```
{'Spanish': 'A', 'Math': 'A', 'History': 'B'}
```

B

넷로고 모델

넷로고[NetLogo]는 다중 에이전트 프로그래밍이 가능한 모델링 환경이다. 이는 노스웨스턴 대학교의 CCL[Center for Connected Learning and Computer-Based Modeling](Wilensky, 1999)에서 개발 및 유지 관리한다. 데스크톱 애플리케이션[1]으로 다운로드하거나 웹[2]에서 실행할 수 있는데, 데스크톱 버전을 권장한다.

넷로고는 몇 가지 네트워크 모델을 포함해 방대한 샘플 모델 라이브러리와 함께 제공된다. 이런 사전에 작성된 모델을 사용해 전체 모델을 코딩하지 않고도 실험해볼 수 있다. 다양한 초기 조건과 매개변수를 사용해 모델의 동역학과 결과에 미치는 영향을 관찰할 수 있다. 이러한 방식으로 근본적인 규칙과 창발하는 네트워크 현상을 더 깊이 이해할 수 있다.

라이브러리에서 모델이 읽어 들여지면(애플리케이션의 File 메뉴 또는 웹 버전의 검색 상자를 사용해) 인터페이스, 정보, 코드 탭의 세 가지 패널이 표시된다. 정보 탭은 모델을 소개하고 사용 방법을 설명하며 둘러볼 것들을 제안한다.

---

1   ccl.northwestern.edu/netlogo

2   www.netlogoweb.org

넷로고 모델의 주요 인터페이스 요소인 버튼, 스위치, 슬라이더, 모니터를 간략히 살펴보자. 이 요소들을 사용해 모델과 상호작용할 수 있다. 버튼은 모델을 설정하고, 시작 및 중지하는 데 사용한다. 슬라이더와 스위치는 모델 설정을 변경한다. 모니터와 플롯은 데이터를 표시한다. 모델을 시작하기 위해 먼저 setup 버튼으로 설정해야 한다. 그런 다음 모델을 한 번에 한 스텝씩 실행하거나 go 버튼을 사용해 반복문을 통해 실행할 수 있다. 슬라이더를 사용해 실행 속도를 조절할 수 있다. 스위치와 슬라이더를 통해 모델의 설정과 매개변수에 접근할 수 있으므로 다양한 시나리오나 가설을 탐색해볼 수 있다. 보기를 통해서 모델링 중인 네트워크에 어떤 일이 벌어지는지 볼 수 있다. 플롯과 모니터는 주요 모델 통계가 시간에 따라 어떻게 변하는지 보여준다. 플롯에는 도표의 의미를 해석하기 위한 범례가 있다. 플롯 데이터를 스프레드시트로 내보낼 수 있다.

코드 탭을 통해 모델의 소스 코드에 접근하고 (넷로고 프로그래밍 언어로) 수정할 수 있으며 자신의 모델을 작성할 수도 있다. 여기서는 이 책의 자료와 가장 관련이 있는 몇 가지 라이브러리 모델을 실행하는 데 초점을 맞춘다.

B.1 페이지랭크

페이지랭크^{PageRank} 모델(Stonedahl and Wilensky, 2009)은 그림 B.1에 나와 있다. 페이지랭크는 4.3절에서 설명한다. 이 모델은 마구걷기$^{random\,walk}$(random-surfer) 모델의 에이전트 기반 구현과 페이지랭크 계산을 위한 거듭제곱법$^{power\,method}$[3](diffusion)을 모두 보여준다. 마구걷기 구현에는 '서퍼^{surfer}'의 수를 지정할 수 있는 매개변수가 있다. 에이전트가 어떻게 페이지에서 페이지로 이동하거나 점프하는지를 볼 수 있다. 두 방법의 속도 차이에 유의하라.

이 모델은 각 반복에서 각 노드의 페이지랭크가 어떻게 업데이트되는지 보여준다. 각 노드의 크기는 대략 페이지랭크에 비례한다. 네트워크 선택에는 2개의 간단한 예제 네트워크와 선호적 연결을 통해 만들어진 더 넓은 들어오는 연결선 수 분포를 가진 더 큰 네트워크가 있다. 예제 네트워크 중 하나에서 일부 노드에는 들어오는 링크가 없지만 끝날 때 페이지랭크가 0이 아니다. 감쇠 계수를 사용해 이 값에 어떤 영향을 미치는지 확인해보라. 감쇠 계수가 0 또는 1에 가까울 때 어떤 일이 발생하는지 살펴보라.

---

3   확산 행렬을 여러 번 거듭 곱하여 결과를 얻는 방법 – 옮긴이

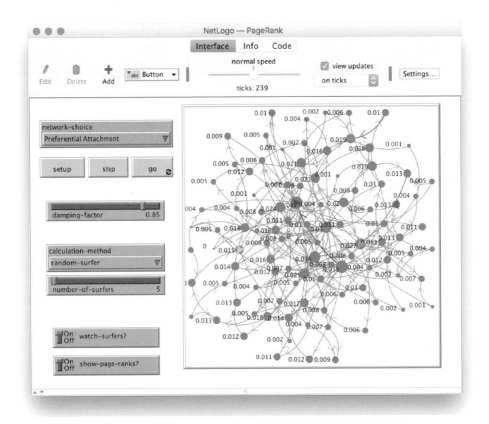

그림 B.1 넷로고 페이지랭크 모델의 스크린샷. CC BY-NC-SA 3.0

B.2 거대 덩어리

거대 덩어리 모델(Wilensky, 2005a)은 그림 B.2에 나와 있다. 5.1절에서 논의했듯이, 평균 연결선 수가 증가할 때 무작위 네트워크에서 거대 덩어리가 얼마나 빨리 나타나는지를 보여준다. 처음에는 링크 확률, 평균 연결선 수, 조밀도 모두 0이다. 링크가 없고 각 노드는 싱글톤이다. 각 단계에서 아직 연결되지 않은 2개의 임의 노드 사이에 링크가 추가된다. 모델이 진행됨에 따라 덩어리가 만들어진다. 처음에는 작지만 새로운 링크로 인해 개별 덩어리가 합쳐짐에 따라 점차 커진다. 거대 덩어리는 빨간색으로 강조됐다.

모델의 유일한 매개변수는 네트워크의 크기다. 플롯은 평균 연결선 수의 함수로 표시되는 시간이 지남에 따라 거대 덩어리가 어떻게 성장하는지 보여준다. 플롯의 수직선은 평균 연결선 수가 1인 지점을 보여준다. 이 임계점$^{\text{critical point}}$ 이후 거대 덩어리의 성장 속도가 어떻게 증가하는지 관찰하라. 네트워크는 많은 작은 덩어리가 있는 조각난 상에서

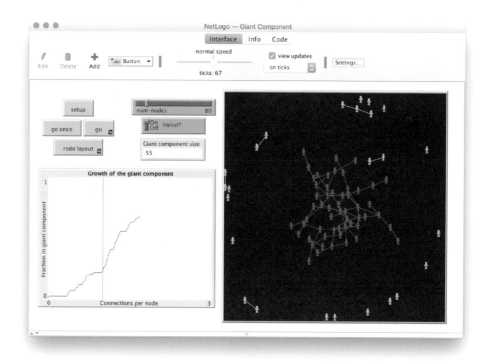

그림 B.2 넷로고 거대 덩어리 모델의 스크린샷. CC BY-NC-SA 3.0

거대한 덩어리와 몇 개의 나머지 작은 덩어리가 있는 대부분이 연결된 상으로 상전이를 한다. 크기가 같은 네트워크와 크기가 다른 네트워크에서 여러 번 실행해보고 경향을 비교해보라.

B.3 좁은 세상

좁은 세상 모델(Wilensky, 2005c)은 그림 B.3에 나와 있다. 5.2절에서 논의한 좁은 세상 모델을 구현해 평균 경로 길이가 짧고 뭉침 계수(클러스터링 계수)가 큰 네트워크를 만드는 방법을 보여준다. 매개변수는 노드 수를 결정한다. 초기 격자 네트워크를 설정한 후 한 번에 하나의 링크를 다시 연결하고 평균 경로 길이와 뭉침 계수가 재연결^{rewiring}되는 링크 비율의 함수로 어떻게 감소하는지 관찰할 수 있다(위쪽 그림). 두 번째 모드는 재연결 확률을 매개변수로 설정한 다음 해당 확률로 모든 링크를 한 번에 재연결하는 것이다. 최종 평균 경로 길이와 뭉침 계수는 재연결 확률에 대해 도표로 표시된다(아래 그림).

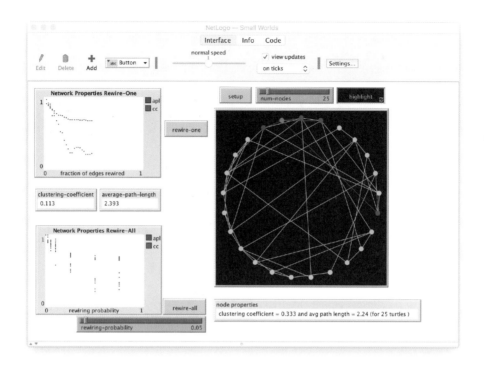

그림 B.3 넷로고 좁은 세상 모델의 스크린샷. CC BY-NC-SA 3.0

다양한 재연결 확률을 사용해 평균 경로 길이와 뭉침 계숫값의 추세를 관찰하라. 특정 범위의 재연결 확률에서 평균 경로 길이가 뭉침 계수보다 빠르게 감소하는 것에 유의하라. 사실, (정규화된) 평균 경로 길이가 (정규화된) 뭉침 계수보다 훨씬 작은 값을 갖는 범위가 있다. 이 범위의 네트워크가 좁은 세상 특성을 보이는 것으로 간주된다. 대략의 범위를 확인하고 한 번에 하나의 링크를 재연결해 좁은 세상 특징을 얻어보라. 추세가 네트워크의 노드 수에 따라 달라지는지 알아보라.

B.4 선호적 연결

선호적 연결 모델(Wilensky, 2005b)은 그림 B.4에 나와 있다. 5.4절에서 논의한 것처럼 허브가 선호적 연결을 통해 어떻게 나타나는지 보여준다. 모델을 하나의 링크로 연결된 2개의 노드에서 시작한다. 각 스텝에서 새로운 노드가 추가되고 기존의 한 노드에 연결된다. 마구잡이로 선택되지만 약간의 편향이 있어서 선택 확률이 노드의 연결선 수에 비

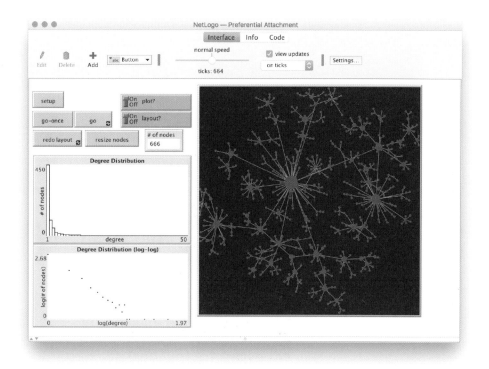

그림 B.4 넷로고 선호적 연결 모델의 스크린샷. CC BY–NC–SA 3.0

례한다. 새 노드당 하나의 링크만 추가되므로 이 모델은 트리 구조를 만드는 것에 유의하라.

허브가 어떻게 발생하는지 관찰할 수 있도록 노드 크기가 연결선 수에 비례하도록 만드는 resize nodes(노드 크기 조정) 버튼을 사용하라. 도입된 지 오래된 노드가 주요 허브가 될 가능성이 높은지 최근에 도입된 노드가 그런지 주목하라. 플롯을 보고 네트워크의 연결선 수 분포를 연구할 수 있다. 상단 플롯은 노드의 연결선 수의 히스토그램이다. 하단 플롯은 동일한 분포를 보여주지만 두 축 모두 로그 스케일이다. 모델을 한동안 실행한 다음 로그-로그 플롯에서 연결선 수 분포의 모양을 설명해보라. 이를 그림 5.8(c)의 분포와 비교하라. 큰 네트워크가 만들어지도록 (layout(레이아웃) 스위치를 끄고 view updates(업데이트 보기) 박스 체크를 해제해) 모델의 속도를 높여라. 네트워크가 커짐에 따라 연결선 수 분포가 어떻게 넓어지는지 조사하고 설명하라.

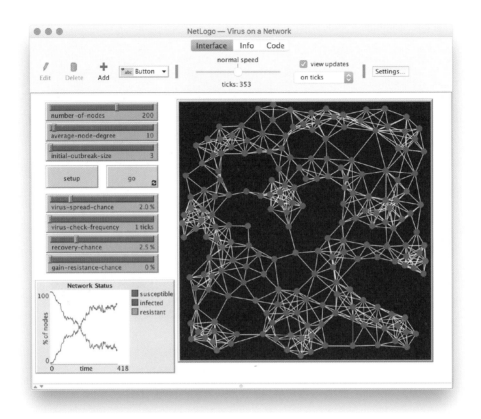

그림 B.5 네트워크상의 바이러스 넷로고 모델의 스크린샷. CC BY-NC-SA 3.0

B.5 네트워크상의 바이러스

네트워크상의 바이러스 모델(Stonedahl and Wilensky, 2008)은 7.2.1절에서 논의된 SIS와 SIR 전염병 확산 모델을 모두 갖고 있다. gain-resistance-chance 매개변수가 두 모델을 섞어놓는다. 이 변수가 0이면 (그림 B.5에서처럼) SIS 모델에 해당하고, 이 변수가 1이면 SIR 모델에 해당한다. 바이러스가 완전히 사라지면 모델 실행이 중지된다. 플롯은 시간에 따라 (S, I, R) 세 가지 상태의 노드 수를 보여준다. 저항력이 있는 노드와 이웃 노드 사이의 연결은 더 이상 바이러스를 전파할 수 없기 때문에 어둡게 표시된다. 네트워크는 균일한 연결선 수를 갖고 지리적 선호를 갖고 있다. (유클리드 거리 기준으로) 서로 가까운 노드만 연결될 수 있다. 모델의 다른 매개변수로는 네트워크 평균 연결선 수, 감염률 infection rate(virus-spread-chance), 회복률recovery rate(recovery-chance)이 있다.

SIS과 SIR 동역학을 재현하기 위해 gain-resistance-chance 매개변수를 극단적인 값으로 실행해보라. SIS 모델에서 감염률과 회복률이 S와 I 집단 간의 균형에 어떻게 영향을 미치는지 관찰하라. SIR 모델에서는 감염률, 회복률, 평균 연결선 수가 최대 감염 노드 수에 미치는 영향을 살펴보라. 먼저 다른 매개변수는 일정하게 유지하면서 각 매개변수를 변경하고 어떤 일이 발생하는지 주목하라. 그런 다음 세 가지 매개변수를 각기 다른 조합으로 사용해 식 (7.5)의 전염병 임곗값으로 설명한 거동을 재현하라. 전염병이 어떤 조건에서 대부분의 네트워크를 통해 확산될 수 있는지 설명하라. 전체 인구를 감염시키지 않고 바이러스가 사라질 때 감염되지 않은 노드를 검사해보라. 전염병 임곗값을 넘어선 경우에도 일부 노드 클러스터는 감염되지 않을 수 있다. 전염병 확산을 좋게 하거나 방해하는 노드, 링크, 커뮤니티의 주요 구조적 특징을 설명해보라.

B.6 언어 변경

언어 변경 모델(Troutman and Wilensky, 2007)은 (7.3.1절의) 의견 동역학의 투표자 모델, 다수결 모델과 (7.1.1절의) 사회 전염의 분수 문턱값 모델을 모두 갖고 있다. update-algorithm 매개변수를 사용하면 다음 모델 중 선택할 수 있다. 그림 B.6에 나오는 individual 알고리듬은 투표자 모델에 해당한다. threshold 알고리듬은 분수 문턱값 모델로, threshold-val 매개변수로 문턱값을 설정할 수 있다. 이 매개변수를 0.5로 설정하면 다수결 모델과 같아진다. 이 모델은 규모가 작은(최대 100개 노드) 선호적 연결 트리 구조의 네트워크에서 실행된다. 0(검정색)과 1(흰색)로 표시되는 grammars는 상태 또는 의견이다. 또 다른 주요 매개변수는 초기 상태 1인 노드의 비율(percent-grammar-1)이다. sink-state-1을 끈 것을 확인하라. 그렇지 않으면 노드가 상태 1을 채택한 후에 상태 0으로 돌아갈 수 없다.

문턱값 모델에서 인플루언서로서 허브의 역할을 관찰하라. 그런 다음 문턱값을 0.5로 설정하고 네트워크가 투표자 모델과 다수결 모델의 정상 상태로 수렴되는 방식을 비교하라. 정상 상태가 합의 상태이거나 공존하는 양극화 상태일 때에 주목하라. 어떤 모델이 합의에 더 자주 도달하는지 보고하라. 노드 수, 초기 설정 등의 조건이 결과에 영향을 미치는지 알아보라. 초기 흰색 노드의 비율에 따라 흰색 상태 합의에 도달할 확률을 구하라. 이 두 모델의 종료 확률이 그림 7.12의 거동과 일치하는지 논의하라.

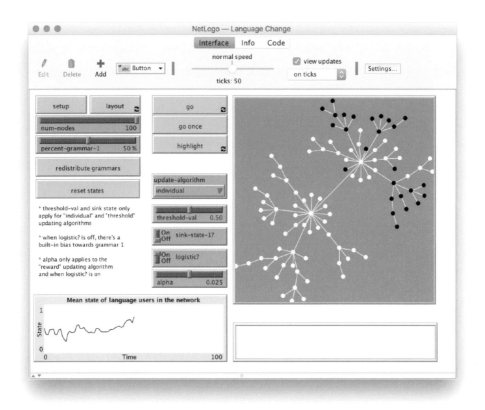

그림 B.6 넷로고 언어 변경 모델의 스크린샷. CC BY-NC-SA 3.0

Achlioptas, D., Clauset, A., Kempe, D., and Moore, C. 2009. On the bias of traceroute sampling: Or, power-law degree distributions in regular graphs. *Journal of the ACM*, **56**(4), 21.

Adamic, L. A., Lukose, R. M., Puniyani, A. R., and Huberman, B. A. 2001. Search in power-law networks. *Physical Review E*, **64**(4), 046135.

Ahn, Y.-Y., Ahnert, S. E., Bagrow, J. P., and Barabási, A.-L. 2011. Flavor network and the principles of food pairing. *Scientific Reports*, **1**, 196.

Aiello, L., Barrat, A., Schifanella, R., Cattuto, C., Markines, B., and Menczer, F. 2012. Friendship prediction and homophily in social media. *ACM Transactions on the Web*, **6**(2), 9.

Albert, R., Jeong, H., and Barabási, A.-L. 1999. Internet: Diameter of the world-wide web. *Nature*, **401**(6749), 130.

Albert, R., Jeong, H., and Barabási, A.-L. 2000. Error and attack tolerance of complex networks. *Nature*, **406**(6794), 378–382.

Anderson, R. M., and May, R. M. 1992. *Infectious Diseases of Humans: Dynamics and Control*. Oxford University Press: Oxford.

Arenas, A., Duch, J., Fernández, A., and Gómez, S. 2007. Size reduction of complex networks preserving modularity. *New Journal of Physics*, **9**(6), 176.

Arenas, A., Fernández, A., and Gómez, S. 2008. Analysis of the structure of complex networks at different resolution levels. *New Journal of Physics*, **10**(5), 053039.

Backstrom, L., Boldi, P., Rosa, M., Ugander, J., and Vigna, S. 2012. Four degrees of separation. In *Proceedings of the 4th Annual ACM Web Science Conference* (WebSci '12), pp. 33–42.

Baeza-Yates, R., and Ribeiro-Neto, B. 2011. *Modern Information Retrieval: The Concepts and Technology Behind Search*, 2nd edn. ACM Press Books Addison-Wesley: New York.

Barabási, A.-L. 2003. *Linked: How Everything is Connected to Everything Else and What it Means for Business, Science, and Everyday Life*. Basic Books: New York.

Barabási, A.-L. 2016. *Network Science*. Cambridge University Press: Cambridge.

Barabási, A.-L., and Albert, R. 1999. Emergence of scaling in random networks. *Science*, **286**(5439), 509–512.

Barrat, A., Barthélemy, M., and Vespignani, A. 2008. *Dynamical Processes on Complex Networks*. Cambridge University Press: Cambridge.

Bastian, M., Heymann, S., Jacomy, M., *et al.* 2009. Gephi: An open source software for exploring and manipulating networks. In *Proceedings of the Third AAAI International Conference on Web and Social Media* (ICWSM), pp. 361–362.

Batagelj, V., Mrvar, A., and Zaveršnik, M. 1999. Partitioning approach to visualization of large graphs. In *International Symposium on Graph Drawing*, pp. 90–97.

Baur, M., Brandes, U., Gaertler, M., and Wagner, D. 2004. Drawing the AS graph in 2.5 dimensions. In *International Symposium on Graph Drawing*, pp. 43–48.

Bavelas, A. 1950. Communication patterns in task-oriented groups. *Journal of the Acoustical Society of America*, **22**(6), 725–730.

Beiró, M. G., Alvarez-Hamelin, J. I., and Busch, J. R. 2008. A low complexity visualization tool that helps to perform complex systems analysis. *New Journal of Physics*, **10**(12), 125003.

Bellman, R. 1958. On a routing problem. *Quarterly of Applied Mathematics*, **16**, 87–90.

Berners-Lee, T., and Fischetti, M. 2000. *Weaving the Web: The Original Design and Ultimate Destiny of the World Wide Web by its Inventor*. HarperCollins: New York.

Bhan, A., Galas, D. J., and Dewey, T. G. 2002. A duplication growth model of gene expression networks. *Bioinformatics*, **18**(11), 1486–1493.

Bianconi, G., and Barabási, A.-L. 2001. Bose–Einstein condensation in complex networks. *Physical Review Letters*, **86**(24), 5632–5635.

Bichot, C.-E., and Siarry, P. 2013. *Graph Partitioning*. Wiley: Hoboken, NJ.

Blondel, V. D., Guillaume, J.-L., Lambiotte, R., and Lefebvre, E. 2008. Fast unfolding of communities in large networks. *Journal of Statistical Mechanics*, P10008.

Boccaletti, S., Bianconi, G., Criado, R., Del Genio, C. I., Gómez-Gardenes, J., Romance, M., *et al.* 2014. The structure and dynamics of multilayer networks. *Physics Reports*, **544**(1), 1–122.

Bollobás, B. 2012. *Graph Theory: An Introductory Course*. Springer: New York.

Brandes, U. 2001. A faster algorithm for betweenness centrality. *Journal of Mathematical Sociology*, **25**(2), 163–177.

Brin, S., and Page, L. 1998. The anatomy of a large-scale hypertextual web search engine. *Computer Networks and ISDN Systems*, **30**(1–7), 107–117.

Broder, A., Kumar, R., Maghoul, F., Raghavan, P., Rajagopalan, S., Stata, R., *et al.* 2000. Graph structure in the web. *Computer Networks*, **33**(1–6), 309–320.

Caldarelli, G. 2007. *Scale-Free Networks*. Oxford University Press: Oxford.

Caldarelli, G., and Chessa, A. 2016. *Data Science and Complex Networks: Real Case Studies with Python*. Oxford University Press: Oxford.

Castellano, C., Fortunato, S., and Loreto, V. 2009. Statistical physics of social dynamics. *Reviews of Modern Physics*, **81**(2), 591–646.

Centola, D., and Macy, M. 2007. Complex contagions and the weakness of long ties. *American Journal of Sociology*, **113**(3), 702–734.

Cha, M., Haddadi, H., Benevenuto, F., and Gummadi, K. P. 2010. Measuring user influence in Twitter: The million follower fallacy. In *Proceedings of the 4th International AAAI Conference on Weblogs and Social Media* (ICWSM), pp. 10–17.

Christakis, N. A., and Fowler, J. H. 2010. Social network sensors for early detection of contagious outbreaks. *PloS ONE*, **5**(9), e12948.

Clauset, A., Newman, M. E. J., and Moore, C. 2004. Finding community structure in very large networks. *Physical Review E*, **70**(6), 066111.

Clifford, P., and Sudbury, A. 1973. A model for spatial conflict. *Biometrika*, **60**(3), 581–588.

Cohen, R., and Havlin, S. 2003. Scale-free networks are ultrasmall. *Physical Review Letters*, **90**(5), 058701.

Cohen, R., and Havlin, S. 2010. *Complex Networks: Structure, Robustness and Function*. Cambridge University Press: Cambridge.

Cohen, R., Erez, K., Ben-Avraham, D., and Havlin, S. 2000. Resilience of the Internet to random breakdowns. *Physical Review Letters*, **85**(21), 4626–4628.

Cohen, R., Erez, K., Ben-Avraham, D., and Havlin, S. 2001. Breakdown of the Internet under intentional attack. *Physical Review Letters*, **86**(16), 3682–3685.

Cohen, R., Havlin, S., and Ben-Avraham, D. 2002. Structural properties of scale-free networks. *Handbook of Graphs and Networks: From the Genome to the Internet*. Wiley: Weinheim.

Cohen, R., Havlin, S., and Ben-Avraham, D. 2003. Efficient immunization strategies for computer networks and populations. *Physical Review Letters*, **91**(24), 247901.

Condon, A., and Karp, R. M. 2001. Algorithms for graph partitioning on the planted partition model. *Random Structures and Algorithms*, **18**, 116–140.

Conover, M., Gonçalves, B., Ratkiewicz, J., Flammini, A., and Menczer, F. 2011a. Predicting the political alignment of Twitter users. In *Proceedings of the 3rd IEEE Conference on Social Computing* (SocialCom), pp. 192–199.

Conover, M., Ratkiewicz, J., Francisco, M., Gonçalves, B., Flammini, A., and Menczer, F. 2011b. Political polarization on Twitter. In *Proceedings of the 5th International AAAI Conference on Weblogs and Social Media* (ICWSM), pp. 89–96.

Daley, D. J., and Kendall, D. G. 1964. Epidemics and rumours. *Nature*, **204**(4963), 1118.

Davison, B. D. 2000. Topical locality in the web. In *Proceedings of the 23rd Annual International ACM Conference on Research and Development in Information Retrieval* (SIGIR), pp. 272–279.

Dawkins, R. 2016. *The Selfish Gene: 40th Anniversary Edition*, 4th edn. Oxford University Press: Oxford.

Deffuant, G., Neau, D., Amblard, F., and Weisbuch, G. 2000. Mixing beliefs among interacting agents. *Advances in Complex Systems*, **3**(01n04), 87–98.

Di Battista, G., Eades, P., Tamassia, R., and Tollis, I. G. 1998. *Graph Drawing: Algorithms for the Visualization of Graphs*. Prentice Hall: Upper Saddle River, NJ.

Dijkstra, E. W. 1959. A note on two problems in connexion with graphs. *Numerische Mathematik*, **1**(1), 269–271.

Dodds, P. S., Muhamad, R., and Watts, D. J. 2003. An experimental study of search in global social networks. *Science*, **301**(5634), 827–829.

Dorogovtsev, S. N., and Mendes, J. F. F. 2013. *Evolution of Networks: From Biological Nets to the Internet and WWW*. Oxford University Press: Oxford.

Dorogovtsev, S. N., Mendes, J. F. F., and Samukhin, A. N. 2000. Structure of growing networks with preferential linking. *Physical Review Letters*, **85**(21), 4633–4636.

Dunbar, R. I. M. 1992. Neocortex size as a constraint on group size in primates. *Journal of Human Evolution*, **22**(6), 469–493.

Dunne, J. A., Williams, R. J., and Martinez, N. D. 2002. Food-web structure and network theory: The role of connectance and size. *Proceedings of the National Academy of Sciences of the USA*, **99**(20), 12917–12922.

Eades, P. 1984. A heuristic for graph drawing. *Congressus Numerantium*, **42**, 149–160.

Easley, D., and Kleinberg, J. 2010. *Networks, Crowds, and Markets: Reasoning About a Highly Connected World.* Cambridge University Press: Cambridge.

Erdös, P., and Rényi, A. 1959. On random graphs. I. *Publicationes Mathematical Debrecen*, **6**, 290–297.

Feld, S. L. 1991. Why your friends have more friends than you do. *American Journal of Sociology*, **96**(6), 1464–1477.

Ferrara, E., Varol, O., Davis, C., Menczer, F., and Flammini, A. 2016. The rise of social bots. *Communications of the ACM*, **59**(7), 96–104.

Festinger, L. 1954. A theory of social comparison processes. *Human Relations*, **7**(2), 117–140.

Fienberg, S. E., and Wasserman, S. 1981. Categorical data analysis of single sociometric relations. *Sociological Methodology*, **12**, 156–192.

Ford Jr., L. R. 1956. *Network Flow Theory.* Technical Report Paper P-923. RAND Corporation.

Fortunato, S. 2010. Community detection in graphs. *Physics Reports*, **486**(3–5), 75–174.

Fortunato, S., and Barthélemy, M. 2007. Resolution limit in community detection. *Proceedings of the National Academy of Sciences of the USA*, **104**(1), 36–41.

Fortunato, S., and Hric, D. 2016. Community detection in networks: A user guide. *Physics Reports*, **659**, 1–44.

Fortunato, S., Flammini, A., and Menczer, F. 2006. Scale-free network growth by ranking. *Physical Review Letters*, **96**(21), 218701.

Fortunato, S., Boguñá, M., Flammini, A., and Menczer, F. 2007. On local estimations of PageRank: A mean field approach. *Internet Mathematics*, **4**(2–3), 245–266.

Fred, A. L. N., and Jain, A. K. 2003. Robust data clustering. In *Proceedings of the 2003 IEEE Computer Society Conference on Computer Vision and Pattern Recognition*, pp. 128–136.

Freedman, D., Pisani, R., and Purves, R. 2007. *Statistics.* W. W. Norton & Co.: New York.

Freeman, L. C. 1977. A set of measures of centrality based on betweenness. *Sociometry*, **40**(1), 35–41.

Fruchterman, T. M. J., and Reingold, E. M. 1991. Graph drawing by force-directed placement. *Software: Practice and Experience*, **21**(11), 1129–1164.

Galam, S. 2002. Minority opinion spreading in random geometry. *The European Physical Journal B: Condensed Matter and Complex Systems*, **25**(4), 403–406.

Gao, J., Buldyrev, S. V., Stanley, H. E., and Havlin, S. 2012. Networks formed from interdependent networks. *Nature Physics*, **8**(1), 40–48.

Gil, S., and Zanette, D. H. 2006. Coevolution of agents and networks: Opinion spreading and community disconnection. *Physics Letters A*, **356**(2), 89–94.

Gilbert, E. N. 1959. Random graphs. *Annals of Mathematical Statistics*, **30**(4), 1141–1144.

Girvan, M., and Newman, M. E. J. 2002. Community structure in social and biological networks. *Proceedings of the National Academy of Sciences of the USA*, **99**(12), 7821–7826.

Glauber, R. J. 1963. Time-dependent statistics of the Ising model. *Journal of Mathematical Physics*, **4**(2), 294–307.

Gleich, D. F. 2015. PageRank beyond the Web. *SIAM Review*, **57**(3), 321–363.

Goel, S., Anderson, A., Hofman, J., and Watts, D. J. 2015. The structural virality of online diffusion. *Management Science*, **62**(1), 180–196.

Goldenberg, J., Libai, B., and Muller, E. 2001. Talk of the network: A complex systems look at the underlying process of word-of-mouth. *Marketing Letters*, **12**(3), 211–223.

Granovetter, M. 1973. The strength of weak ties. *American Journal of Sociology*, **78**(6), 1360–1380.

Granovetter, M. 1978. Threshold models of collective behavior. *American Journal of Sociology*, **83**(6), 1420–1443.

Guimerà, R., Sales-Pardo, M., and Amaral, L. A. 2004. Modularity from fluctuations in random graphs and complex networks. *Physical Review E*, **70**(2), 025101(R).

Holland, P. W., and Leinhardt, S. 1971. Transitivity in structural models of small groups. *Comparative Group Studies*, **2**(2), 107–124.

Holland, P. W., and Leinhardt, S. 1981. An exponential family of probability distributions for directed graphs. *Journal of the American Statistical Association*, **76**(373), 33–50.

Holland, P., Laskey, K. B., and Leinhardt, S. 1983. Stochastic blockmodels: First steps. *Social Networks*, **5**(2), 109–137.

Holme, P., and Newman, M. E. J. 2006. Nonequilibrium phase transition in the coevolution of networks and opinions. *Physical Review E*, **74**(5), 056108.

Holme, P., and Saramäki, J. 2012. Temporal networks. *Physics Reports*, **519**(3), 97–125.

Hric, D., Darst, R. K., and Fortunato, S. 2014. Community detection in networks: Structural communities versus ground truth. *Physical Review E*, **90**(6), 062805.

Hu, Y., Chen, H., Zhang, P., Li, M., Di, Z., and Fan, Y. 2008. Comparative definition of community and corresponding identifying algorithm. *Physical Review E*, **78**(2), 026121.

Jacomy, M., Venturini, T., Heymann, S., and Bastian, M. 2014. ForceAtlas2, a continuous graph layout algorithm for handy network visualization designed for the Gephi software. *PloS ONE*, **9**(6), e98679.

Jagatic, T. N., Johnson, N. A., Jakobsson, M., and Menczer, F. 2007. Social phishing. *Communications of the ACM*, **50**(10), 94–100.

Jain, A. K., Murty, M. N., and Flynn, P. J. 1999. Data clustering: A review. *ACM Computing Surveys*, **31**(3), 264–323.

Jeong, H., Mason, S. P., Barabási, A.-L., and Oltvai, Z. N. 2001. Lethality and centrality in protein networks. *Nature*, **411**(6833), 41–42.

Jernigan, C., and Mistree, B. F. T. 2009. Gaydar: Facebook friendships expose sexual orientation. *First Monday*, **14**(10).

Kamada, T., and Kawai, S. 1989. An algorithm for drawing general undirected graphs. *Information Processing Letters*, **31**(1), 7–15.

Karrer, B., and Newman, M. E. J. 2011. Stochastic blockmodels and community structure in networks. *Physical Review E*, **83**(1), 016107.

Kempe, D., Kleinberg, J., and Tardos, É. 2003. Maximizing the spread of influence through a social network. In *Proceedings of the Ninth ACM SIGKDD International Conference on Knowledge Discovery and Data Mining*, pp. 137–146.

Kernighan, B. W., and Lin, S. 1970. An efficient heuristic procedure for partitioning graphs. *Bell System Technical Journal*, **49**(2), 291–307.

Kitsak, M., Gallos, L. K., Havlin, S., Liljeros, F., Muchnik, L., Stanley, H. E., and Makse, H. A. 2010. Identification of influential spreaders in complex networks. *Nature Physics*, **6**(11), 888–893.

Kivelä, M., Arenas, A., Barthélemy, M., Gleeson, J. P., Moreno, Y., and Porter, M. A. 2014. Multilayer networks. *Journal of Complex Networks*, **2**(3), 203–271.

Kleinberg, J. M. 1999. Authoritative sources in a hyperlinked environment. *Journal of the ACM*, **46**(5), 604–632.

Kleinberg, J. M. 2000. Navigation in a small world. *Nature*, **406**(6798), 845.

Kleinberg, J. M. 2002. Small-world phenomena and the dynamics of information. In *Advances in Neural Information Processing Systems: Proceedings of the First 12 Conferences*, pp. 431–438.

Kleinberg, J. M, Kumar, R., Raghavan, P., Rajagopalan, S., and Tomkins, A. S. 1999. The web as a graph: Measurements, models, and methods. In *Computing and Combinatorics: Proceedings of the 5th Annual International Conference*, pp. 1–17.

Krapivsky, P. L., and Redner, S. 2001. Organization of growing random networks. *Physical Review E*, **63**(6), 066123.

Krapivsky, P. L., and Redner, S. 2003. Dynamics of majority rule in two-state interacting spin systems. *Physical Review Letters*, **90**(23), 238701.

Krapivsky, P. L., Redner, S., and Leyvraz, F. 2000. Connectivity of growing random networks. *Physical Review Letters*, **85**(21), 4629–4632.

Lancichinetti, A., and Fortunato, S. 2009. Community detection algorithms: A comparative analysis. *Physical Review E*, **80**(5), 056117.

Lancichinetti, A., Fortunato, S., and Radicchi, F. 2008. Benchmark graphs for testing community detection algorithms. *Physical Review E*, **78**(4), 046110.

Latora, V., Nicosia, V., and Russo, G. 2017. *Complex Networks: Principles, Methods and Applications*. Cambridge University Press: Cambridge.

Lazarsfeld, P. F., Merton, R. K., *et al.* 1954. Friendship as a social process: A substantive and methodological analysis. *Freedom and Control in Modern Society*, **18**(1), 18–66.

Lazer, D. M. J., Baum, M. A., Benkler, Y., Berinsky, A. J., Greenhill, K. M., Menczer, F., *et al.* 2018. The science of fake news. *Science*, **359**(6380), 1094–1096.

Liljeros, F., Edling, C. R., Amaral, L. A. N., Stanley, H. E., and Åberg, Y. 2001. The web of human sexual contacts. *Nature*, **411**, 907–908.

Liu, B. 2011. *Web Data Mining: Exploring Hyperlinks, Contents, and Usage Data*, 2nd edn. Springer: New York.

Luccio, F., and Sami, M. 1969. On the decomposition of networks into minimally interconnected networks. *IEEE Transactions on Circuit Theory*, **16**(2), 184–188.

Luce, R. D., and Perry, A. D. 1949. A method of matrix analysis of group structure. *Psychometrika*, **14**(2), 95–116.

Manning, C. D., Raghavan, P., and Schütze, H. 2008. *Introduction to Information Retrieval.* Cambridge University Press: Cambridge.

Marchiori, M. 1997. The quest for correct information on the web: Hyper search engines. *Computer Networks and ISDN Systems,* **29**(8–13), 1225–1235.

McPherson, M., Smith-Lovin, L., and Cook, J. M. 2001. Birds of a feather: Homophily in social networks. *Annual Review of Sociology,* **27**(1), 415–444.

Meilă, M. 2007. Comparing clusterings—an information based distance. *Journal of Multivariate Analysis,* **98**(5), 873–895.

Meiss, M., Menczer, F., Fortunato, S., Flammini, A., and Vespignani, A. 2008. Ranking web sites with real user traffic. In *Proceedings of the 1st ACM International Conference on Web Search and Data Mining* (WSDM), pp. 65–75.

Meiss, M., Gonçalves, B., Ramasco, J., Flammini, A., and Menczer, F. 2010. Modeling traffic on the web graph. In *Proceedings of the 7th Workshop on Algorithms and Models for the Web Graph* (WAW), pp. 50–61.

Melián, C. J., and Bascompte, J. 2004. Food web cohesion. *Ecology,* **85**(2), 352–358.

Menczer, F. 2002. Growing and navigating the small world web by local content. *Proceedings of the National Academy of Sciences of the USA,* **99**(22), 14014–14019.

Menczer, F. 2004. Lexical and semantic clustering by web links. *Journal of the American Society for Information Science and Technology,* **55**(14), 1261–1269.

Meusel, R., Vigna, S., Lehmberg, O., and Bizer, C. 2015. The graph structure in the web — analyzed on different aggregation levels. *Journal of Web Science,* **1**(1), 33–47.

Mobilia, M., Petersen, A., and Redner, S. 2007. On the role of zealotry in the voter model. *Journal of Statistical Mechanics: Theory and Experiment,* P08029.

Molloy, M., and Reed, B. 1995. A critical point for random graphs with a given degree sequence. *Random Structures and Algorithms,* **6**(2–3), 161–179.

Moore, E. F. 1959. The shortest path through a maze. In *Proceedings of the International Symposium on Switching Theory 1957, Part II,* pp. 285–292.

Moreno, J. L., and Jennings, H. H. 1934. *Who Shall Survive?* Nervous and Mental Disease Publishing Co.: New York.

Newman, M. E. J. 2001. The structure of scientific collaboration networks. *Proceedings of the National Academy of Sciences of the USA,* **98**(2), 404–409.

Newman, M. E. J. 2002. Assortative mixing in networks. *Physical Review Letters,* **89**(20), 208701.

Newman, M. E. J. 2004a. Fast algorithm for detecting community structure in networks. *Physical Review E,* **69**(6), 066133.

Newman, M. E. J. 2004b. Analysis of weighted networks. *Physical Review E,* **70**(5), 056131.

Newman, M. 2018. *Networks,* 2nd edn. Oxford University Press: Oxford.

Newman, M. E. J., and Girvan, M. 2004. Finding and evaluating community structure in networks. *Physical Review E,* **69**(2), 026113.

Pariser, E. 2011. *The Filter Bubble: What the Internet is Hiding From You.* Penguin: Harmondsworth.

Pastor-Satorras, R., and Vespignani, A. 2001. Epidemic spreading in scale-free networks. *Physical Review Letters,* **86**(14), 3200–3203.

Pastor-Satorras, R., and Vespignani, A. 2007. *Evolution and Structure of the Internet: A Statistical Physics Approach*. Cambridge University Press: Cambridge.

Pastor-Satorras, R., Vázquez, A., and Vespignani, A. 2001. Dynamical and correlation properties of the Internet. *Physical Review Letters*, **87**(25), 258701.

Pastor-Satorras, R., Castellano, C., Van Mieghem, P., and Vespignani, A. 2015. Epidemic processes in complex networks. *Reviews of Modern Physics*, **87**(3), 925–979.

Peixoto, T. P. 2012. Entropy of stochastic blockmodel ensembles. *Physical Review E*, **85**(5), 056122.

Peixoto, T. P. 2014. Hierarchical block structures and high-resolution model selection in large networks. *Physical Review X*, **4**(1), 011047.

Porter, M. A., Onnela, J.-P., and Mucha, P. J. 2009. Communities in networks. *Notices of the American Mathematical Society*, **56**(9), 1082–1097.

Price, D. D. 1976. A general theory of bibliometric and other cumulative advantage processes. *Journal of the American Society of Information Science*, **27**(5), 292–306.

Radicchi, F. 2015. Percolation in real interdependent networks. *Nature Physics*, **11**(7), 597–602.

Radicchi, F., Castellano, C., Cecconi, F., Loreto, V., and Parisi, D. 2004. Defining and identifying communities in networks. *Proceedings of the National Academy of Sciences of the USA*, **101**(9), 2658–2663.

Raghavan, U. N., Albert, R., and Kumara, S. 2007. Near linear time algorithm to detect community structures in large-scale networks. *Physical Review E*, **76**(3), 036106.

Ratkiewicz, J., Conover, M., Meiss, M., Gonçalves, B., Flammini, A., and Menczer, F. 2011. Detecting and tracking political abuse in social media. In *Proceedings of the 5th International AAAI Conference on Weblogs and Social Media* (ICWSM), pp. 297–304.

Reichardt, J., and Bornholdt, S. 2006. Statistical mechanics of community detection. *Physical Review E*, **74**(1), 016110.

Reis, S. D. S., Hu, Y., Babino, A., Andrade Jr., J. S., Canals, S., Sigman, M., and Makse, H. A. 2014. Avoiding catastrophic failure in correlated networks of networks. *Nature Physics*, **10**(10), 762–767.

Rossi, R. A., and Ahmed, N. K. 2015. The network data repository with interactive graph analytics and visualization. In *Proceedings of the 29th AAAI Conference on Artificial Intelligence*, pp. 4292–4293.

Rossi, R. A., Fahmy, S., and Talukder, N. 2013. A multi-level approach for evaluating Internet topology generators. In *Proceedings of the IFIP Networking Conference*, pp. 1–9.

Seeley, J. R. 1949. The net of reciprocal influence: A problem in treating sociometric data. *Canadian Journal of Experimental Psychology*, **3**(4), 234–240.

Serrano, M, Maguitman, A., Boguñá, M., Fortunato, S., and Vespignani, A. 2007. Decoding the structure of the WWW: A comparative analysis of Web crawls. *ACM Transactions on the Web*, **1**(2), 10.

Serrano, M. Á., Boguñá, M., and Vespignani, A. 2009. Extracting the multiscale backbone of complex weighted networks. *Proceedings of the National Academy of Sciences of the USA*, **106**(16), 6483–6488.

Shao, C., Hui, P.-M., Wang, L., Jiang, X., Flammini, A., Menczer, F., and Ciampaglia, G. L. 2018a. Anatomy of an online misinformation network. *PLoS ONE*, **13**(4), e0196087.

Shao, C., Ciampaglia, G. L., Varol, O., Yang, K., Flammini, A., and Menczer, F. 2018b. The spread of low-credibility content by social bots. *Nature Communications*, **9**, 4787.

Shimbel, A. 1955. Structure in communication nets. In *Proceedings of the Symposium on Information Networks*, pp. 199–203.

Solé, R. V., Pastor-Satorras, R., Smith, E., and Kepler, T. B. 2002. A model of large-scale proteome evolution. *Advances in Complex Systems*, **5**(01), 43–54.

Solomonoff, R., and Rapoport, A. 1951. Connectivity of random nets. *The Bulletin of Mathematical Biophysics*, **13**(2), 107–117.

Sporns, O. 2012. *Discovering the Human Connectome*. MIT Press: Boston, MA.

Spring, N., Mahajan, R., and Wetherall, D. 2002. Measuring ISP topologies with Rocketfuel. In *ACM SIGCOMM Computer Communication Review*, pp. 133–145.

Stehlé, J., Voirin, N., Barrat, A., Cattuto, C., Isella, L., Pinton, J.-F., *et al.* 2011. High-resolution measurements of face-to-face contact patterns in a primary school. *PLoS ONE*, **6**(8), e23176.

Stonedahl, F., and Wilensky, U. 2008. *NetLogo Virus on a Network Model*. Center for Connected Learning and Computer-Based Modeling, Northwestern University, Evanston, IL. http://ccl.northwestern.edu/netlogo/models/VirusonaNetwork.

Stonedahl, F., and Wilensky, U. 2009. *NetLogo PageRank Model*. Center for Connected Learning and Computer-Based Modeling, Northwestern University, Evanston, IL. http://ccl.northwestern.edu/netlogo/models/PageRank.

Sunstein, C. R. 2001. *Echo Chambers: Bush v. Gore, Impeachment, and Beyond*. Princeton University Press: Princeton, NJ.

Travers, J., and Milgram, S. 1969. An experimental study of the small world problem. *Sociometry*, **32**(4), 425–443.

Troutman, C., and Wilensky, U. 2007. *NetLogo Language Change Model*. Center for Connected Learning and Computer-Based Modeling, Northwestern University, Evanston, IL. http://ccl.northwestern.edu/netlogo/models/LanguageChange.

Ulanowicz, R. E., and DeAngelis, D. L. 1998. Network analysis of trophic dynamics in South Florida ecosystems. *FY97: The Florida Bay Ecosystem*, 20688–20038.

Vázquez, A. 2003. Growing network with local rules: Preferential attachment, clustering hierarchy, and degree correlations. *Physical Review E*, **67**(5), 056104.

Vázquez, A., Flammini, A., Maritan, A., and Vespignani, A. 2003a. Modeling of protein interaction networks. *Complexus*, **1**(1), 38–44.

Vázquez, F., Krapivsky, P. L., and Redner, S. 2003b. Constrained opinion dynamics: Freezing and slow evolution. *Journal of Physics A: Mathematical and General*, **36**(3), L61–L68.

Vosoughi, S., Roy, D., and Aral, S. 2018. The spread of true and false news online. *Science*, **359**(6380), 1146–1151.

Wagner, A. 1994. Evolution of gene networks by gene duplications: A mathematical model and its implications on genome organization. *Proceedings of the National Academy of Sciences of the USA*, **91**(10), 4387–4391.

Wasserman, S., and Faust, K. 1994. *Social Network Analysis: Methods and Applications*. Cambridge University Press: Cambridge.

Watts, D. J. 2002. A simple model of global cascades on random networks. *Proceedings of the National Academy of Sciences of the USA*, **99**(9), 5766–5771.

Watts, D. J. 2004. *Six Degrees: The Science of a Connected Age.* W. W. Norton & Co.: New York.

Watts, D. J., and Strogatz, S. H. 1998. Collective dynamics of 'small-world' networks. *Nature*, **393**(6684), 440–442.

Watts, D. J., Dodds, P. S., and Newman, M. E. J. 2002. Identity and search in social networks. *Science*, **296**(5571), 1302–1305.

Weng, L., Ratkiewicz, J., Perra, N., Gonçalves, B., Castillo, C., Bonchi, F., *et al.* 2013a. The role of information diffusion in the evolution of social networks. In *Proceedings of the 19th ACM SIGKDD Conference on Knowledge Discovery and Data Mining* (KDD), pp. 356–364.

Weng, L., Menczer, F., and Ahn, Y.-Y. 2013b. Virality prediction and community structure in social networks. *Scientific Reports*, **3**, 2522.

White, J. G., Southgate, E., Thomson, J. N., and Brenner, S. 1986. The structure of the nervous system of the nematode *Caenorhabditis elegans. Philosophical Transactions of the Royal Society of London Series B, Biological Science*, **314**(1165), 1–340.

Wilensky, U. 1999. *NetLogo.* Center for Connected Learning and Computer-Based Modeling, Northwestern University, Evanston, IL. http://ccl.northwestern.edu/netlogo/.

Wilensky, U. 2005a. *NetLogo Giant Component Model.* Center for Connected Learning and Computer-Based Modeling, Northwestern University, Evanston, IL. http://ccl.northwestern.edu/netlogo/models/GiantComponent.

Wilensky, U. 2005b. *NetLogo Preferential Attachment Model.* Center for Connected Learning and Computer-Based Modeling, Northwestern University, Evanston, IL. http://ccl.northwestern.edu/netlogo/models/PreferentialAttachment.

Wilensky, U. 2005c. *NetLogo Small Worlds Model.* Center for Connected Learning and Computer-Based Modeling, Northwestern University, Evanston, IL. http://ccl.northwestern.edu/netlogo/models/SmallWorlds.

Xu, R, and Wunsch, D. 2008. *Clustering.* Wiley: Piscataway, NJ.

Yang, J., and Leskovec, J. 2012. Defining and evaluating network communities based on ground-truth. In *Proceedings of the ACM SIGKDD Workshop on Mining Data Semantics* (MDS '12), pp. 3:1–3:8.

Zachary, W. W. 1977. An information flow model for conflict and fission in small groups. *Journal of Anthropological Research*, **33**(4), 452–473.

찾아보기

네트워크 분석

소셜 미디어에서 신경망까지

발 행 | 2022년 1월 28일

지은이 | 필립포 멘처·산토 포르투나토·칼리튼 데이비스
옮긴이 | 손승우·엄영호·이상훈·이은·김희태·이미진

펴낸이 | 권 성 준
편집장 | 황 영 주
편 집 | 김 진 아
　　　　김 은 비
디자인 | 윤 서 빈

에이콘출판주식회사
서울특별시 양천구 국회대로 287 (목동)
전화 02-2653-7600, 팩스 02-2653-0433
www.acornpub.co.kr / editor@acornpub.co.kr